関西大学東西学術研究所研究叢刊 59

東西学術研究と文化交渉

石濱純太郎没後 50 年記念国際シンポジウム論文集

吾妻 重二 編著

関西大学出版部

JUNTARO ISHIHAMA
第58回泊園記念講座
東西学術研究と文化交渉
——石濵純太郎没後50年記念国際シンポジウム
2018年
10/26｜金｜13:00〜17:00
27｜土｜10:00〜17:00
関西大学千里山キャンパス
以文館4階セミナースペース
同時開催
記念展示
「石濵純太郎とその学問・人脈」展
会期◆2018年10月22日(月)〜11月17日(土)
場所◆総合図書館入口展示室
10/26｜金｜
◆〈石濵純太郎と泊園書院・関西大学〉
吾妻重二（関西大学文学部教授、泊園記念会会長）
◆〈父純太郎の思い出〉
石濱俊造
◆〈石濵純太郎とアジア学1〉
高田時雄（京都大学名誉教授、復旦大学歴史学系特聘教授）
キリル・ソローニン（中国人民大学国学院教授）
劉　進宝（浙江大学歴史系教授兼主任）
池尻陽子（関西大学文学部准教授）
10/27｜土｜
◆〈石濵純太郎とアジア学2〉
中見立夫（東京外国語大学名誉教授）
生田美智子（大阪大学名誉教授）
玄　幸子（関西大学外国語学部教授）
内田慶市（関西大学外国語学部教授）
◆〈石濵純太郎と大阪の学知・文芸〉
湯浅邦弘（大阪大学文学研究科教授）
堤　一昭（大阪大学文学研究科教授）
中谷伸生（関西大学文学部教授）
増田周子（関西大学文学部教授）
◆〈石濵純太郎のルーツをめぐって〉
太田　剛（四国大学文学部教授）
三宅玉峰（「益習の集い」会長）
田山泰三（英明高等学校教諭）
石濱裕美子（早稲田大学教育・総合科学学術院教授）
申込方法
申し込みフォームよりお申込下さい。
個人情報につきましては、本学個人情報管理規程に則り適正に管理し
今後のお知らせに使用させて頂きます。
なお、申込フォームからお申込ができない方はハガキまたはFAX、メールにて
氏名（ふりがな）、住所、電話番号、参加希望日、参加人数を明記しお申込下さい。
問合せ先
〒564-8680　吹田市山手町3-3-35
関西大学　東西学術研究所内　泊園記念会
TEL.06-6368-0653　FAX.06-6339-7721　E-mail　hakuen@ml.kandai.jp
主催：東西学術研究所
共催：泊園記念会、KU-ORCAS、大阪府

シンポジウムポスター

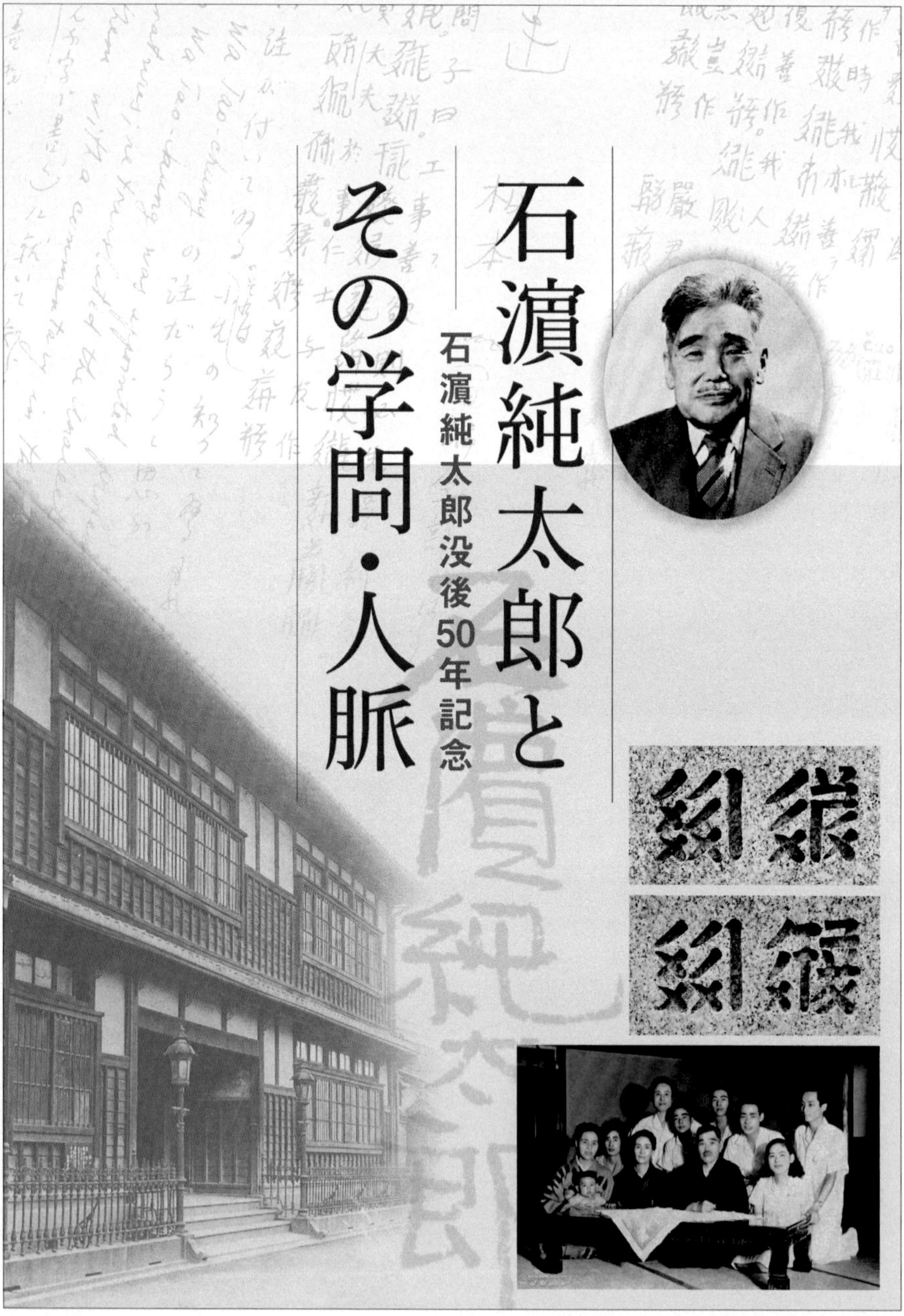

展観目録表紙

目次

石濱純太郎とアジア学1

石濱純太郎とアジア学2

石濱純太郎と大阪の学知・文芸

石濱家のルーツをめぐって

はじめに

一

平成三十年（二〇一八）は石濱純太郎の没後五十年にあたるところから、関係者とはかって記念の国際シンポジウムを開催した。同年十月二十六日（金）・二十七日（土）の両日、「東西学術研究と文化交渉――石濱純太郎没後五十年記念国際シンポジウム」を開いたのである。

石濱は関西大学にとってきわめて大きな存在である。大阪の裕福な商家に生まれた石濱は少年時代、泊園書院で漢学を学び、東京帝国大学支那文学科卒業後は大阪にもどって読書と研究に邁進、泊園書院や関西大学、龍谷大学の講師を兼ね、戦後、関西大学文学部教授となった。この間、多くの著書・論文を著わして日本における近代東洋学のパイオニアの一人となるとともに、東西学術研究所の創設、泊園文庫の受贈、文学部東洋文学科の開設、日本西蔵学会や泊園記念会の創設などを通して関西大学における中国学・東洋学の礎を築き、その発展のために尽くしたのである。

また昭和三十二年（一九五七）には本学最初の文学博士号取得者となるなど、石濱はまさしく本学の人文学発展の礎を築いた功労者の一人であった。現在、我々が推し進める中国学・東洋学あるいは文化交渉学はもとをたどれば石濱が撒いてくれた種の上に成長したものともいえるのであって、その意味で石濱は本学における中国学・東洋学・東西学術研究の大恩人であった。

石濱の業績は、西夏語やモンゴル語、チベット語など東洋諸言語研究の先駆者としてのそれが有名だが、他に大阪文化や漢学の研究にも大きな功績を残している。泊園書院との関係も深い。そればかりか、石濱はその人柄から交友の広さもきわだっており、小出楢重、信時潔、藤澤桓夫、司馬遼太郎といった芸術家や作家と親しく交わり、またこれを支援していたことは逸することができない。

このような石濱の功績をたどり、また顕彰するために、シンポジウムでは内外の研究者に加わっていただいた。ご子息の俊造氏や中国・ロシア人の研究者、東西学術研究所研究員および本学の教員、石濱の学問と関係の深い方々など計十八名の発表が行なわれ、たいへん多くの聴衆の参加を得て盛会裏に終えることができたのである。本書はその際の発表を中心に諸論考をまとめたものである。

二

シンポジウムの詳細は次のとおりである。

第五十八回泊園記念講座

東西学術研究と文化交渉――石濱純太郎没後五十年記念国際シンポジウム

主　催：東西学術研究所

共　催：泊園記念会、KU-ORCAS（関西大学アジア・オープン・リサーチセンター）、大阪府

会　場：関西大学千里山キャンパス以文館四階セミナースペース

プログラム：

十月二十六日（金）

〈石濱純太郎と泊園書院・関西大学〉

シンポジウム開催にあたって――石濱純太郎と泊園書院・関西大学――　吾妻　重二

〈父純太郎の思い出〉

父純太郎の思い出　石濱　俊造

〈石濱純太郎とアジア学1〉

石濱純太郎とアレクセーエフ　高田　時雄

早期對西夏佛教的研究：聶歷山與石濱純太郎　キリル・ソローニン

石濱純太郎的東方学研究　劉　進宝

石濱純太郎と関西大学吉田文庫　池尻　陽子

十月二十七日（土）

〈石濱純太郎とアジア学2〉

石濱純太郎のめざした「東洋学」――その学術活動と収書――　中見　立夫
石濱純太郎とロシアの東洋学者たちとの日露文化交渉――ネフスキーを中心に――　生田美智子
内藤湖南との交流に見る石濱純太郎　玄　幸子
石濱文庫蔵満漢関係文献資料について　内田　慶市
〈石濱純太郎と大阪の学知・文芸〉
石濱純太郎・石濱恒夫と懐徳堂　湯浅　邦弘
大阪大学図書館石濱文庫の調査・研究の現況　堤　一昭
パリ・ソンムラールからの葉書――石濱純太郎宛の小出楢重による便り――　中谷　伸生
石濱純太郎と文学者　増田　周子
〈石濱純太郎のルーツをめぐって〉
近世末期の淡路における儒学者の系譜――石濱家の学問的環境を探る――　太田　剛
淡路島の歴史を探る　益習の集いの活動紹介　三宅　玉峰
石濱家と讃岐　田山　泰三
明治・大正・昭和初期の石濱家～漢学・文学・帝大文脈～　石濱裕美子

本シンポジウムを第五十八回泊園記念講座と重ねたのは、石濱と泊園記念会との関係がある。そもそも、大阪の漢学塾泊園書院を記念する泊園記念会は昭和三十六年（一九六一）、石濱を初代会長として設立され、同年六月、第一回泊園記念講座が朝日新聞大阪本社講堂で開催されたのであった。石濱が始めたこの講座において石濱の記念シンポジウムを開くことにははなはだ意義深いものがあるといえよう。

シンポジウムのポスターを巻頭に掲げたので、それも参照されたい(口絵)。

ところで、シンポジウムの発表に関しては、吾妻は発表とは異なり、今回新たに論文を書き起こすとともに、この機会に従来用いられてきた「石濱純太郎先生年譜略」の補訂版を作成した。三宅玉峰氏と田山泰三氏の発表は、より一般向けの内容であるところから『泊園』第五十八号(二〇一九年七月)に掲載させていただいた。同誌には関大専門部における石濱の受講生であった長谷川雅樹氏の追悼文なども載せてあるので、ぜひそちらも参照していただきたい。また、内田慶市氏の発表は時間の関係等のためここには掲載できなかった。次の機会を待つこととしたい。

また、シンポジウムでは発表されなかったが、陶徳民、大原良通、横山俊一郎の三氏から論考が寄せられたのでここに掲載させていただいた。

三

このほか、シンポジウム開催に合わせて十月二十二日から十一月十七日まで「石濱純太郎の学問と人脈」展を関西大学総合図書館一階展示室で開催し、展観目録も刊行したので触れておきたい(口絵)。

前述したように、石濱は日本近代東洋学のパイオニアとして多くの業績をあげたが、その交友関係は厳格な学者には珍しく、きわめて広く、文学や芸術など多方面にわたっている。我々は石濵―ネフスキー―西田龍雄―大庭脩というつながり、あるいは石濵―小出楢重―信時潔というつながり、そして石濵―藤澤桓夫―石濵恒夫―司馬遼太郎というつながりを想起するだけでも、そのネットワークの広さに改めて驚くのである。また、遡れば内藤湖南や岡田正之など京都と東京の学知がこれに加わり、さらに石濵の学問を生んだ母体として藤澤家を中心とする泊園書院の伝統がある。石濵は大阪の著名な製薬会社の役員であって、大阪商人の経済力をバックにしたこのようなサロンは、江戸中期の木村蒹葭堂のそれを彷彿とさせるところがあるように思われる。大阪文化・文芸の多彩な人脈が、石濵を中心に確かに形づくられていたのである。

展示会ではこのようなことをふまえつつ、石濵の学問のみならず、その交友の広さに迫ろうと心がけてさまざまな資料や写真を展観した。関心のある向きは、泊園記念会にお問い合わせいただければ、その展観目録をお送りする次第である。

さて、本シンポジウム開催後の反響について一つ述べておきたい。それは、関西・大阪二一世紀協会編『なにわ大坂をつくった一〇〇人――その素顔を探し求めて――一八世紀～一九世紀（幕末）篇』（株式会社 澪標、二〇一九年四月）の刊行である。この書には泊園書院創設者の藤澤東畡（一七九五－一八六五）がその百人のうちの一人として、与謝蕪村や木村蒹葭堂、中井竹山、緒方洪庵や福沢諭吉などと並んで大きく取り上げられ、また富永仲基（一七一五－一七四六）の項に富永を顕彰した石濵と、今回のシンポジウムと展示会とが紹介されているのである（宇澤俊記氏執筆）。藤澤東畡が泊園書院の創設者であることはいうまでもない。江戸後期から幕末にかけて大坂をつくった人物として藤澤東畡と富永仲基を挙げるのは当然と思われるが、一般にはまだ十分知られておらず、この機会に広く周知されるようになればと願うものである。

四

さて、本書は泊園書院にかかわる三つ目のシンポジウム論文集でもある。

一度目のシンポジウムは平成二十二年（二〇一〇）十月、泊園記念会創立五十周年を記念して開かれた「東アジアの伝統教育と泊園書院」であり、二度目は平成二十八年（二〇一六）十月、関西大学創立百三十年を記念して開かれた「泊園書院と漢学・大阪・近代日本の水脈」である。いずれも論文集を刊行している。泊園書院や石濱に関しては近年、研究がようやく進みつつあり、関係者の協力によりその研究成果をまとめたのである。次がそうである。

- 『泊園記念会創立五十周年記念論文集』（吾妻重二編、関西大学東西学術研究所国際共同研究シリーズ九、関西大学出版部、全三一〇頁、二〇一一年）
- 『泊園書院と漢学・大阪・近代日本の水脈』（吾妻重二編著、関西大学創立百三十周年記念泊園書院シンポジウム論文集、関西大学東西学術研究所研究叢刊五十六、関西大学出版部、全二三五頁、二〇一七年）

本書はこれらの成果をふまえつつ、石濱の生涯や研究の展開、アジア学の特色、内藤湖南やアレクセーエフ、ネフスキーとの関係、大阪の学知・文芸とのかかわりと人脈、石濱文庫・石濱日記の検討、さらには石濱家のルーツなどの考察を含み、その学問と人物に新たに迫ろうとした特色ある論文集になっていると思われる。本書の刊行は今後、石濱はもちろん、日本漢学や東洋学の歴史に関する研究をいっそう前進させるものとなることであろう。最新のご研究・評論をお寄せくださった発表者・寄稿者の方々には心より感謝申し上げたい。石濱令孫の石濱紅子氏にもさまざまなご配慮を頂戴した。この場を借りて御礼申し上げる次第である。

最後に、「石濱」の表記について述べておきたい。本書では特別な場合を除いて「石濱」で統一し、もとの表記が「石浜」である場合はそれを用いてもよいとした。実は正しい表記は「石濵」であって、石濵自身の署名でも「石濵」と書かれているのだが、過去の印刷物で「石濵」を使った例はまず見当たらないということが理由の一つである。だが、もっと気にかかるのはコンピュータやインターネットにおいて「濱」「浜」と「濵」が別字と判断されるという点である。現在、一般に使う表記である石濱や石浜で検索しても石濵はヒットしないのであって、これは困ったことである。一方、石濱と石浜は相互に通用する。これは単に検索上の便宜の問題なのだが、こうしたことを考慮した結果、一般に使われている「石濱」および「石浜」を用いるのがよいと考え、そのようにした次第である。ご諒解いただきたい。

令和元年（二〇一九）九月十日

吾妻重二

＊本シンポジウムは平成三十年度関西大学国際交流助成基金および泊園記念会の助成を受けて開催したものである。また科学研究費・基盤研究（B）（一般）「泊園書院を中心とする日本漢学の研究とアーカイブ構築」（課題番号 18H00611、二〇一八年度〜二〇二一年度、研究代表者：吾妻重二）に関連する研究成果でもある。

思い出・年譜略

父の思い出

石濵俊造

一　大家族の我が家

石濵純太郎の五男の俊造です。石濵純太郎の沢山おった子供の中の末っ子で、私のみが現在生き残っております。恥ずかしいことに、父が死んで五十年になるのに、一族の中で気が付いたのは、私を始め一人もいませんでした。そのおり関西大学と泊園書院がこのような会を催してくださり、厚く御礼を申し上げたいと思います。どうも有り難うございました。

父は子供が沢山おりまして、私五男ですが、私が生まれる前に二人亡くなっているので、実は九人兄弟の末っ子です。与謝野晶子の「君死にたもうことなかれ」に「末に生まれし君なれば、親の情けはまさりしも」と有りますが、九人目ともなればそうはいかなかったようで、年が離れていたので、小さい頃の父のことはほとんど覚えがありません。

わずかに珍しく寝物語をしてもらった記憶がありますが、普通の子供向けの話ではなく、当時の風潮を反映してか、今は知る人も少ない押川春浪の愛国冒険小説がネタでした。さすが主にタクラマカン砂漠など西域が背景で、当時から敦煌などへのあこがれがあったのだろうと思われます。

二　町人学者の父

何より父は商人の出で、町人学者などと言われましたが、当時大阪の町人の家では、店の一番偉い人から、番頭や丁稚まで朝は漢学塾に行って講義を聴いていましたから、父も早くから塾に通って、漢学に親しんでいたそうです。

その後明治三十四年、その年に出来た市岡中学に一回生として入学し、年間百回を越える遅刻をして学校の記録を作ったと聞いています。何しろ朝、塾に行ってから学校に行くのですから、やむを得なかったのでしょう。

祖父が道修町の老舗の製薬会社の社長でしたから、父は当然後を継ぐべき立場でしたが、学問好きが高じて、社長でなく学者になりたいと言いだしました。社長は創業者一族の世襲制に決まっていた当時としては大問題で、道修町では大騒ぎになったそうです。

そこで偉かったのは「大阪製薬同業組合」の初代組合長でもあった祖父豊蔵で、「おまえは商売には向かないから学問の道に進め」と、父の言い分を認めて、それまでの番頭を後継者にきめ、社長の座を譲ることにしたのです。おかげで父は二十一の時、旧東京帝大の支那文学部に入学できました。

大学卒業後、大城戸恭子と結婚しますが、母はその時十七歳で、「大阪に行けば芝居が見られる」と、だまされて結婚したと言っていました。

父がなぜ東京の人と結婚したのかと、永年疑問に思っていたのですが、最近になって、母の親の大城戸宗重も泊園書院の門人であったことがようやくわかりました。

結婚したとき、父は母に「家の事は総て任せるが、私が買う本については一切文句を言うな」と言ったそうです。実際その後、父は大阪の丸善が輸入する学術書を次々と買ってしまうので、他の学者から資料が手に入らないと、苦情が出ていたようです。

戦後、私が大学に入った頃、父が珍しく話しかけてきて、「今度世界に三冊しかない本をもう一冊手に入れて、二冊になった」とうれしそうに云ったのですが、その時本の名前を聞かなかったので、どんな本だったのかいまだにそれが心残りです。一度調べてみたいと思っています。

その他にも藤澤桓夫が同居してから本の種類が増え、歴史書や文学全集、和洋の小説本から、探偵小説まで、我が家は本であふれていました。最も欠点があって、理科系の本が教科書以外全く無く、そのためか兄弟は誰も理系に進んでいません。

正月には、年始に大阪の学者や作家、詩人など文化人が集まる日が有るのですが、これも文系の人ばかりでした。おかげで、二階の父の二つの部屋は専門書で足の踏み場もない上に、表の蔵まで書庫になっていました。夏には和綴じ本の曝涼を手伝った記憶もありますが、あまりの量でなかなか全部を虫干しに出来ませんでした。終戦後、進駐軍が家にまでＤＤＴの散布に来た時も、これで害虫の駆除が出来ると喜んだのに蔵に入って「OH, books」

とだけ云って帰ってしまいました。おかげで貴重な本は衣魚（しみ）の餌になり放題で、現在大阪大学の図書館に保存されている「石濵文庫」の整理では、大変なご苦労を掛けたようです。

三　我が家の教育

こうした家に育ったので、父の教育はどうであったか思い出してみても、勉強をしろとか、どこの学校に行けとか、私はいわれた覚えは全くありません。年が離れていたのでおぼろげですが、兄や姉たちにはそれぞれ家庭教師が付いていたようです。

私の場合は小学校に入った年に戦争が始まった事もあり、家庭教師は付きませんでした。その上、私が生まれた頃に従兄の藤澤桓夫が同居したので、もっぱら彼が教育係でした。

と言っても、一緒に寝て読んでくれる本が、「真山青果全集」や「講談全集」なので、私も小さい頃から、「西遊記」や「水滸伝」、「三国志演義」から「漢和大辞典」が愛読書でした。

おまけに、寝る頃になってから将棋の相手をさされ、夜更かしの習慣まで教えられました。

四　博士号の取得

昭和二十九年に、父は大阪府のなにわ賞を受賞します。その数年後、制度が変わってそれぞれの大学で博士号が取れるようになったようですが、その時大学で「まず先生に取ってもらわないと、他の者が先にとるわけにはいかない」と言われたので取ることにしたと、父に手伝いを頼まれました。

する事は論文の資料作りで、Ｇペンでカードに項目などを記入する仕事でした。やがて論文を提出した頃、父が帰ってきて、今日は論文の口頭諮問の予定なのに、担当の教授が、「先生に口頭諮問など我々には出来ません。結構ですから、帰ってください」と言われたとぼやいていました。しかし、昭和三十二年春には、めでたく関西大学の最初の博士号を授与されました。

大した仕事ではなかったのですが、少しは父と関西大学の役に立ったかと思い出します。

五　父の教え

父はよく私たちに、何処の方言か「言い訳とすな」と言っていました。

こうした父の元で私たち兄姉が学んだ事は、何事も自分で学び、自分で考え、自分で実行することだったと思います。お陰で、孫の世代を含めて、それぞれ好きな道に進んで、作家や、俳優、新聞記者、テレビディレクター、編集者、ミュージシャンまでいますが、ひ孫の中には電子工学関係まで、さまざまな分野に広がっています。

あらためて、父に感謝です。

石濱純太郎先生年譜略　補訂版

吾妻重二

これまで我々が依拠してきた石濱の年譜は、その古稀を記念して編まれた「石濱純太郎先生年譜略」（『石濱先生古稀記念東洋学論叢』所収、関西大学文学部、一九五八年）であるが、この機会にこれを補訂することにする。というのも、この年譜にはいくらか誤りがあり、また当然ながら古稀までの事項しか記載されておらず、それ以後の事項が欠けているからである。

補訂は具体的には次のとおりである。

一、古稀すなわち昭和三十三年（一九五八）の前年まではおおむね上記「年譜略」を載せたが、それ以降死去まで、さらに死去後から昨年に至るまでの関連記事を補った。

二、「年譜略」には西暦がないが、この度それを入れた。

三、漢字は原則として常用漢字を用いた。

四、年齢はもとのまま数え年とした。

五、「年譜略」にいくらか訂正を加えた。

1. 明治四十一年と四十二年　東京帝大文科大学入学および卒業の学科名

↓入学時は「文学科」であり、卒業時が「文学科支那文学科」である。

2. 明治四十四年　卒業論文題目

↓「欧陽脩研究」ではなく、「欧陽脩攻究」である。

3. 昭和四年　関西大学法文学部文学科講師を嘱託さる

↓「文学部」は誤りであり「法文学部文学科」と改めた。

4. 昭和十七年　石濱の三女弥栄子の結婚年

↓嫁ぎ先の松本家の指摘により改めた。

5. 昭和二十一年　関西大学法学部・経済学部講師を嘱託さる

↓「法経学部」は正確ではなく「法学部・経済学部」と改めた。

6. 昭和二十一年以降　「現在にいたる」の語

↓在職に関してこの語が多数あるが、すべて省いた。ただし、そこにいう「現在」の時点すなわち古稀の昭和三十三年までその職にあったことは明らかなので、それがわかるよう＊を附しておいた。

六、古稀以前の事柄に関してもいくつか記事を補った。

1. 大正十年と十一年　『泊園書院学会々報』第一冊および第二冊の刊行

2. 昭和二年　新聞『泊園』の発刊

3. 昭和十三年　懐徳堂における第七回漢学大会の開催

4．昭和十六年　龍谷大学における第十回漢学大会の開催

○

明治二十一年（一八八八）一歳
八月二十七日　大阪市北区堂島中二丁目百八十六番屋敷において　父　豊蔵（二十八歳）母　平山氏カヤ（二十二歳）の長男として誕生　姉カツ（三歳）あり
十一月十六日　大阪市東区高麗橋一丁目五十五番屋敷へ移る
明治二十二年（一八八九）二歳
明治二十三年（一八九〇）三歳
三月二十日　大阪市東区淡路町二丁目百五十八番屋敷へ移る
十一月二日　弟敬次郎生る
明治二十四年（一八九一）四歳
明治二十五年（一八九二）五歳
明治二十六年（一八九三）六歳
一月十四日　大阪市東区淡路町二丁目四十三番屋敷へ移る
明治二十七年（一八九四）七歳
四月一日　大阪市東区汎愛尋常小学校に入学す
九月二十五日　妹利生る

明治二十八年（一八九五）八歳
明治二十九年（一八九六）九歳
　三月八日　妹静生る
　十月八日　母カヤ死す　享年三十
明治三十年（一八九七）十歳
　四月　泊園書院に入学し　藤澤南岳氏より業を受く
　六月十八日　妹利死す
明治三十一年（一八九八）十一歳
　三月　汎愛尋常小学校卒業
　四月一日　大阪市東区第一高等小学校に入学す
明治三十二年（一八九九）十二歳
明治三十三年（一九〇〇）十三歳
明治三十四年（一九〇一）十四歳
　三月　第一高等小学校三年終了退学
　四月一日　大阪府立市岡中学校に入学　同校第一回入学生なり　同期に小出楢重　田宮猛雄　信時潔の諸氏あり
明治三十五年（一九〇二）十五歳
　十二月八日　姉カツ　東区備後町二丁目五十七番地　藤澤章次郎（黄坡）に嫁す

明治三十六年（一九〇三）十六歳
明治三十七年（一九〇四）十七歳
明治三十八年（一九〇五）十八歳
　　　　　この頃大阪市住吉区千躰町十五番地に移転寄留す
明治三十九年（一九〇六）十九歳
　三月三十一日　大阪府立市岡中学校卒業
明治四十年（一九〇七）二十歳
明治四十一年（一九〇八）二十一歳
　八月　　　第一高等学校において東京帝国大学入学試験を受験す
　九月　　　試験の結果の発表なきまゝ　坪内逍遥につき英文学を修めんと思い　早稲田大学受験を
　　　　　　企つるも　時期既に遅くして果さず
　十月　　　東京帝国大学文科大学文学科に入学し　岡田正之教授につく　八月の受験者四十数名中
　　　　　　理科亀田豊治朗氏とのみ許可さる
明治四十二年（一九〇九）二十二歳
明治四十三年（一九一〇）二十三歳
　三月三十日　父豊蔵死す　享年五十
　四月六日　家督を相続す　丸石製薬合名会社社員となる
明治四十四年（一九一一）二十四歳

七月十日　東京帝国大学文科大学文学科支那文学科を卒業す　卒業論文題目「欧陽脩攷究」（漢文）
　同期の国文学科卒業生に Serge Elisséeff 氏あり
十二月一日　歩兵第八聯隊第十二中隊に一年志願兵として入隊す
明治四十五年（一九一二）二十五歳
六月一日　東京市牛込区払方町九番地　大城戸宗重の二女恭子（十七歳）を娶る
十一月三十日（大正元年）陸軍歩兵伍長に任ぜらる　除隊す
大正二年（一九一三）二十六歳
大正三年（一九一四）二十七歳
五月三十一日　長女璋子生る
大正四年（一九一五）二十八歳
この年　西村天囚氏の誘により大阪の文会「景社」に入り　長尾雨山　籾山衣洲　武内義雄らの
　諸氏と相知る
大正五年（一九一六）二十九歳
七月十六日　宇治花屋敷において　京都の文会　麗沢社と景社との第一回連合会あり　内藤湖南（虎
　次郎）狩野君山（直喜）青木正児　岡崎文夫　神田喜一郎　小島祐馬　富岡謙蔵　佐賀
　東周　那波利貞　福井貞一　藤林広超　本田成之らの諸氏と初めて会う
九月十九日　次女直子生る
大正六年（一九一七）三十歳

大正七年（一九一八）三十一歳
十月十一日　次女直子死す
大正八年（一九一九）三十二歳
大正九年（一九二〇）三十三歳
一月十六日　妹静　兵庫県武庫郡御影町御影　増井正治に嫁す
三月五日　三女弥栄子生る
七月　弟敬次郎分家す
大正十年（一九二一）三十四歳
二月　『泊園書院学会々報』第一冊を刊行す
この頃　石田幹之助氏と相知る
大正十一年（一九二二）三十五歳
四月八日　大阪外国語学校蒙古語部へ選科委託生として入学す　亀田次郎氏国語科の教職にあり相知る
六月　『泊園書院学会々報』第二冊を刊行す
七月－九月　東京帝国大学図書館にて蒙文蔵経を調査し　傍らゴムボパドマヂャブより蒙古語を学ぶ
大正十二年（一九二三）三十六歳
二月二十四日　長男恒夫生る
四月　私立泊園書院に出講す　この年羽田亨氏外国語学校に出講　相知る

六月　Nicholas Nevsky 氏と大阪東洋学会をつくる
大正十三年（一九二四）三十七歳
三月　大阪外国語学校第二学年修了　退学す
七月六日　京都帝国大学教授内藤虎次郎氏に随伴し　内藤乾吉氏と共に東洋語書籍調査のため　ヨーロッパにむけ神戸を出帆す
上海停舶中董康氏を訪う　同地より　鴛淵一氏行に加わる
マルセーユに上陸　パリを経て　ロンドンにおもむき　かねてより留学中の今西龍氏も加わりて　大英博物館において　約一ヶ月間敦煌遺書等を調査す
ついでドイツ　オーストリヤ　スイス　に遊ぶ　ウィーンにおいては　留学中の　上原専禄氏の案内を得
後パリの　国民図書館及び Paul Pelliot 氏宅において敦煌遺書を調査す　時に Serge Elisséeff 氏　松本信広氏　等もパリに在り調査につき斡旋援助せらる　滞在約二ヶ月　帰途ロシア　アメリカ旅行を企つるもいずれも果たさず　イタリーを旅行し　十二月二十八日マルセーユより乗船
大正十四年（一九二五）三十八歳
二月二日　ヨーロッパより帰朝す
十二月二日　次男祐次郎生る
大正十五年（一九二六）三十九歳

四月十五日　関西大学専門部講師を嘱託さる
昭和二年（一九二七）四十歳
九月　浅井慧倫　笹谷良造　高橋盛孝　Nicholas Nevsky の諸氏と静安学社を発起し幹事となる
十二月二十二日　藤澤黄坡とともに新聞『泊園』を発刊す（昭和十八年まで）
昭和三年（一九二八）四十一歳
一月　大阪高等学校漢文科講師を嘱託さる
五月　龍谷大学史学科講師を嘱託さる
五月三日　四女郁子生る
十一月十日　長女璋子死す
昭和四年（一九二九）四十二歳
三月　大阪高等学校講師を解かる
四月　関西大学法文学部文学科講師を嘱託さる
九月五日　三男浩三生る
昭和五年（一九三〇）四十三歳
昭和六年（一九三一）四十四歳
十月　大阪高等学校講師を嘱託さる
昭和七年（一九三二）四十五歳

一月廿九日　四男典夫生る
三月　大阪高等学校講師を解かる
昭和八年（一九三三）四十六歳
四月　関西大学第一予科講師を嘱託さる
九月十二日　五男俊造生る
昭和九年（一九三四）四十七歳
四月　関西大学法文学部講師を嘱託さる
昭和十年（一九三五）四十八歳
五月　龍谷大学史学科東洋史学主任代理を依託さる
昭和十一年（一九三六）四十九歳
六月　静安学社幹事を解かる
十一月五日　丸石製薬合名会社の改組にともない　丸石製薬株式会社監査役となる＊
昭和十二年（一九三七）五十歳
四月　京都帝国大学文学部講師を嘱託さる
昭和十三年（一九三八）五十一歳
十月十六日　第七回漢学大会　漢学会・斯文会合同主催により懐徳堂を会場として開かれ　委員として開催を主宰す
昭和十四年（一九三九）五十二歳

昭和十五年（一九四〇）五十三歳
昭和十六年（一九四一）五十四歳
十一月二日　第十回漢学大会　漢学会・斯文会合同主催により龍谷大学を会場として開かれ　委員として開催を主宰す
昭和十七年（一九四二）五十五歳
二月　大阪言語学会を創立発会す
十一月廿日　三女弥栄子　鳥取市松本正威に嫁す
昭和十八年（一九四三）五十六歳
昭和十九年（一九四四）五十七歳
九月　戦争酣なるにより関西大学法文学部講師を解かる
十月　龍谷大学文学部講師を解かる
昭和二十年（一九四五）五十八歳
昭和二十一年（一九四六）五十九歳
五月　大阪外事専門学校講師を嘱託さる
六月　龍谷大学史学科講師を嘱託さる＊
十月　関西大学法学部・経済学部講師を嘱託さる
昭和二十二年（一九四七）六十歳
五月　鳳高等学園講師を嘱託さる

昭和二十三年（一九四八）六十一歳
昭和二十四年（一九四九）六十二歳
三月　大阪外事専門学校　大阪外国語大学となり同学講師を嘱託せらる＊
四月　関西大学文学部教授に任ぜらる＊
五月　天理大学講師を嘱託さる＊
昭和二十五年（一九五〇）六十三歳
四月　帝塚山学院短期大学講師を嘱託さる＊
六月　関西大学文学部大学院教授兼務を命ぜらる＊
昭和二十六年（一九五一）六十四歳
三月　京都大学文学部講師を解かる
昭和二十七年（一九五二）六十五歳
昭和二十八年（一九五三）六十六歳
十一月　日本西蔵学会会長に推選さる
昭和二十九年（一九五四）六十七歳
十月十七日　妻恭子死す　享年五十九
十一月三日　大阪の先覚を顕彰し大阪の教育の振興に貢献したる功績に対し　大阪府よりなにわ賞を受く
昭和三十年（一九五五）六十八歳

昭和三十一年（一九五六）六十九歳
昭和三十二年（一九五七）七十歳
三月十一日　著書『支那学論攷』等により関西大学より文学博士の学位を受く
昭和三十三年（一九五八）七十一歳
三月　関西大学を定年退職し　名誉教授となる
十一月　『石濱先生古稀記念東洋學論叢』（関西大学文学部東洋史研究室・石濱先生古稀記念会）出版さる
十二月　『石濱先生還暦記念論文集』第一集および第二集（関西大学東西学術研究所）合本して刊行さる
昭和三十四年（一九五九）七十二歳
七月　『史泉』第十五号「石濱先生古稀記念特集号」刊行（関西大学史学会）　吉川幸次郎と高田真治　祝賀の漢詩を寄す
昭和三十五年（一九六〇）七十三歳
四月　大阪市教育委員会「泊園書院跡」の碑を淡路町一丁目に建つ
昭和三十六年（一九六一）七十四歳
六月三日　泊園記念会設立　初代会長となる　第一回泊園記念講座　中之島の朝日新聞大阪本社講堂で開催さる　以後　泊園記念講座毎年一回開かれ現在に至る
昭和三十七年（一九六二）七十五歳

五月五日　泊園記念会の雑誌『泊園』創刊号出版さる
昭和三十八年（一九六三）七十六歳
十二月十六日　香川県塩江町において東畡百年祭記念碑除幕式　挙行さる　黄坡未亡人カツ　石濱純太郎　大庭脩が出席　東畡顕彰会「庭闈春色新　藤澤甫」の記念碑を塩江中学校校庭に建つ
昭和四十三年（一九六八）八十一歳
二月十一日　大阪府立住吉病院で卒す　満七十九歳　大阪市北区東寺町宝珠院の石濱家墓所に葬らる
昭和四十五年（一九七〇）
三月　蔵書四万二千余冊「石濱文庫」として大阪外国語大学（現大阪大学）に寄贈さる
昭和四十九年（一九七四）
二月十一日　石濱純太郎七回忌　淡路島洲本市栄町の遍照院に石濱純太郎供養碑　建てらる　西夏語で「日出づ」「日没す」の四字を刻む
昭和五十一年（一九七六）
十二月二十七日　姉カツ（藤澤黄坡夫人）卒す
平成二年（一九九〇）
十一月十五日「泊園記念会設立三十周年・泊園記念講座開設第三十回記念行事」関西大学で開催　講演および展示会催さる
平成二十二年（二〇一〇）

十月二十三日　泊園記念会創立五十周年記念国際シンポジウム「東アジアの伝等教育と泊園書院」関西大学で開催　あわせて特別記念展示「藤澤東畡・南岳・黄鵠・黄坡と石濱純太郎の学統」催さる

平成三十年（一九一八）

十月二十二日　「石濱純太郎の学問と人脈」展を関西大学総合図書館一階展示室で開催す（十一月十七日まで）

十月二十六日　関西大学で「東西学術研究と文化交渉――石濱純太郎没後五〇年記念国際シンポジウム」を開催す（翌二十七日まで）

十月三十日　『石濱純太郎　續・東洋學の話』（高田時雄編　映日叢書第四種　臨川書店）刊行さる

付記

本稿は科学研究費・基盤研究（B）（一般）「泊園書院を中心とする日本漢学の研究とアーカイブ構築」（課題番号18H00611、二〇一八年度～二〇二一年度、研究代表者：吾妻重二）による研究成果の一部である。

石濱純太郎とアジア学1

石濱純太郎の修業時代——新資料を中心に

吾妻重二

はじめに

石濱純太郎（一八八八—一九六八）は、関西大学にとってきわめて大きな存在である。

大阪の裕福な商家に生まれた石濱は少年時代に泊園書院で漢学を学び、東京帝国大学卒業後は大阪にもどって読書と研究に没頭、そして戦後、関西大学文学部教授となった。この間、多くの著書・論文を著わして日本における近代東洋学のパイオニアの一人となるとともに、東西学術研究所の創設、泊園文庫の受贈、文学部東洋文学科の開設、日本西蔵学会や泊園記念会の創設などを通して関西大学における中国学・東洋学の礎を築き、その発展のために尽くしたのである。

昨年すなわち二〇一八年は石濱の逝去五十年目にあたるところから、関係者一同とはかって十月二十六日（金）・二十七日（土）の両日、泊園記念講座として「東西学術研究と文化交渉——石濱純太郎没後五十年記念国際シンポジウム」を開催した。このシンポジウムでは中国やロシア人学者を含む計十八名の発表が披露され、たいへん多くの聴衆の参加を得ることができた。またこれに合わせて十月二十二日から十一月十七日まで「石濱純太郎の学問と人脈」展を関西大学総合図書館一階展示室で開催するとともに、展観目録を刊行したところである[1]。

石濱は多くの先駆的業績を残したが、そこには今なお我々にとって参照するに足る豊かな内容と清新な精神を含んでいると思われる。ここではそのような石濱の学問をよりよく理解するための導入として、石濱の学問の歩み、特にその修業時代に関して述べたい。石濱の博大な学問がどのようにして形成されたのかを解く鍵がこの時期にあると思われるからである。

石濱の評伝はすでに横田健一と大庭脩によって書かれているが、なお不明なことも多い。幸い今回のシンポジウムおよび展示会開催をきっかけとして、これまで知られていなかった新資料が少なからず見つかった。そこで従来の伝記類との重複はなるべく避け[2]、これら新資料を用いつつ考察し、またその学問の性格などについても論じてみたい。

なお、典拠に関しては、「石濱純太郎先生年譜略[3]」に載る事項についてはいちいち記さず、これに載らないものについて注記を附した。

一　石濱家の家風と教養

石濱は明治二十一年（一八八八）、大阪の製薬会社、丸石商会を営む父豊蔵（一八六一―一九一〇）の長男として生まれた。後につけられた字は士精、号は太壺のほか鈍庵、残雪軒、魚石、甘菱、白水生、狐寂野老など。石濱家はもともと淡路島の出で、祖父の勝蔵は淡路島洲本町で薬種商「石濱屋」を営み、洲本城中にも出入りしていた商人であった。ただし金儲けだけに走るのではなく、教養豊かな文人気質の人物であり、三浦梅園の学の流れを汲んで梅槃もしくは梅顛と号し、篆刻にも堪能だったと伝えられる。[4] また広瀬淡窓の咸宜園で漢学を、長崎で蘭学を学んだというから、はなはだ勉強熱心な人物であった〈図1〉。[5] その後、いわゆる明治三年（一八七〇）に起こった稲田騒動、すなわち淡路島分藩をめぐる紛争に巻き込まれたらしく勝蔵の家はすっかり没落してしまうが、そうした中で勝蔵の長男喜久蔵は兵庫に出て医者となり、次男の豊蔵は家業を再興すべく、十九歳の時、知友からわずかな金銭を借りて大阪に出たのである。[6]

図1　石濱勝蔵墓
（淡路市栄町　遍照院　筆者撮影）

　豊蔵はその後、オランダの製薬法を学んだ西山良造の門に入り、苦学して製薬業を修得、明治二十一年（一八八八）、大阪淡路町にガレヌス製剤の製造販売会社「丸石商会」を設立し、明治三十五年（一九〇二）にはさらに大阪製薬同

図2　石濱豊蔵肖像
（『丸石製薬百年史』）

業組合初代組長となって大阪の製薬会社を統括する地位についた[7]。

よく知られるように、大阪には江戸時代から道修町を中心に薬種商が栄え、現在も武田薬品をはじめ塩野義製薬、田辺三菱製薬、あるいは丸石商会の後身である丸石製薬など大規模な製薬会社が多数存在しているが、大阪における近代草創期製薬業の中心人物となった豊蔵の努力は並大抵のものではなかったであろう。

このほか、豊蔵が見込みのある奉公人に学問をさせたエピソードも伝わっている。丁稚奉公に入っていた安住伊三郎（一八六七―一九四九）の向学心を見込んで、学資を出して大阪英語学校に通学させた例がそれで、さらに卒業後には独立の資金と資本を無利子無担保で貸してやったという。この安住伊三郎はのち大阪に安住大薬房を創立し、蚊取り線香と蚤取り粉の製造販売を開始して中国など海外にも販路を広げる実業家となった。大正二年（一九一三）には大阪商業会議所が作った大阪貿易学校（現：開明中学校・開明高等学校）の創立にも加わっている。大阪貿易学校は外国との貿易に携わる人材の育成のため、英語・中国語・ロシア語の語学教育に重点をおく専修学校であった。安住もまた教養豊かな商人だったわけで、豊蔵を「大恩人」として敬慕している〈図2〉[8]。

これらから知られるのは、石濱家が勤勉で学問好きな家風を持っていたということである。商人でありつつ教養豊かな人間であろうとするこうしたエートスは実は石濱家に限らず、大阪の商人に昔から広く見られるものであって、そのことは大阪の商人が出資して設立した学問所懐徳堂や、醤油醸造業・漬物商の家に生まれた富永仲基、両替商番頭だった山片蟠桃、豪商としても知られた木村蒹葭堂や篠崎三島、さらには泊園書院の門人たちなどの例を想起すれば足りるであろう。

特に篠崎三島（一七三七―一八一三）の家風や生き方は石濱と似たところがあり、父の長兵衛が一銭ももたずに四国伊予から上阪し、才覚によって財をなしたこと、三島が父の学問好きを受け継いで商売のかたわら漢学に励んだこと、のち家業を廃して私塾梅花社を開き、多くの門弟を育てたことなど、石濱を彷彿とさせるところがある。[9] ついでにいえば、三島が師事した菅甘谷は泊園書院の大阪における祖でもあるから、梅花社と泊園書院は時代は隔たるものの同じ流れの分枝ということになる。

こうした大阪における商人と学問との関係を考えるとき、泊園書院第二代院主藤澤南岳の孫で、小説家として活躍した藤澤桓夫（黄坡の子で石濱の甥、一九〇四―一九八九）が、

「衣食足りて礼節を知る」とは古人の言だが、ゆらい大阪の一流の商人の間には学問を尊ぶ気風があり、船場・島之内の商家で子弟を祖父の許に通わせた家も多かったようだ。[10]

といっているのは間違いのない指摘といえよう。ここでいう「祖父」とは藤澤南岳のことで、明治・大正時代、大阪市中の商人は泊園書院で子弟に勉強させる例が多かったというのである。

学問・教育を尊び、進取の気性に富むこうした近世以来の大阪商人の気風を石濱家は確かに受け継いでいた。石濱の姉で泊園書院第四代院主藤澤黄坡（南岳の次男、一八七六―一九四八）に嫁いだカツ（一八八六―一九七六）は、

父豊蔵と弟石濱についてこう回想している。

父は商売人でしたが、学問が好きで、日本文学全集や他のいろいろの全集などをよくとっておりましたので、（石濱は――引用者注）そうした本をなんでも片っぱしからよく見ておったようです。

やはりそのころだったと思いますが、山田さんという外国へ行って帰られた方に、英語を見てもらっておりました。それは私が高等小学校から女学校二年生に転校しましたが、高等小学校では英語がありませんでしたので、ついて行きにくかったので家に来ていただいて見てもらいました。弟はそのとき私と一緒に稽古をしておりました。父が学問好きでしたので、そういうことには理解がありました。[11]

豊蔵が「学問好き」で文学全集のたぐいを購入していたこと、子供たちのためにわざわざ英語の家庭教師をつけてやったことなどは、のちの石濱の文学好き――石濱は東京帝大受験の前、坪内逍遥について英文学を修めようと早稲田大学受験を企てたことがある――そして語学好きに、大きく影響したはずである。藤澤桓夫はさらに石濱について、

叔父は学者だったが、若いころから文学好きで、殊に鷗外・漱石の明治の二文豪に傾倒し、二人の著書はほとんどその初版を出た時に買っていた。[12]

と記している。石濱の文学好きは少年時代に培われたものであった。

さて、明治三十年（一八九七）になると、豊蔵は十歳の石濱を泊園書院に通わせる。この時石濱は汎愛小学校の生徒だったから、朝もしくは放課後に通塾したことになろう。石濱はその入門の日のことを、

僕の入門は小學の三四年頃だから明治卅二三年頃だつたらう。學年の變つた四月に親爺さんがもうこれから漢文を稽古に行けと云はれて入門した。稽古の最初の日に大きな坂本さんの机の上で大學の素讀を習ひ初めた。[13]

と回想している。ここにいう「坂本さん」とは南岳高弟の篠田栗夫（一八七二―一九三六）のことで、坂本はその旧姓である。この頃、坂本は書院の塾長だったらしい。[14] もちろん石濱は南岳からも課業を授かっている。こうして少年石濱は泊園書院で漢学の初歩を学び、結果的にこの経験がのちの石濱の生き方を方向づけることになった。文学から漢学、そして中国学・東洋学へという道筋である。先ほども触れた石濱の姉カツがなぜ泊園書院の黄坡に嫁いだのか詳細は不明だが、これも豊蔵の学問好きと無縁ではないはずである。おそらく豊蔵には学問に対する憧れのようなものがあり、それが石濱の学究への道を準備することとなったといえる。

二　市岡中学校時代

石濱は明治三十四年（一九〇一）四月、大阪市東区第一高等小学校を三年で退学して大阪府立市岡中学校（現：市岡高等学校）に入学する。市岡中学校の第一期生であり、同級生に小出楢重、信時潔、田宮猛雄らがいた。小出はのち大阪を代表する洋画家として、信時は東京音楽学校（現：東京芸術大学）教授・作曲家として、田宮は東京大学医学部教授・日本医師会会長として、それぞれ大活躍することは有名で、石濱は彼らと終生、親交を保ち続けた。

この度、興味深いことに、石濱らの市岡中学校時代の成績表が見出された。同校第二学年（明治三十五年四月〜三十六年三月、この場合の第二学年は創立二年目の意味）、第三学年（明治三十六年四月〜三十七年三月）、第五学年（明治三十八年四月〜三十九年三月）の三つであり、年ごとに全年級の生徒の成績を載せている。いずれも本学人間健康学部の浦和男准教授が古書店から入手されたものである〈図3〉。

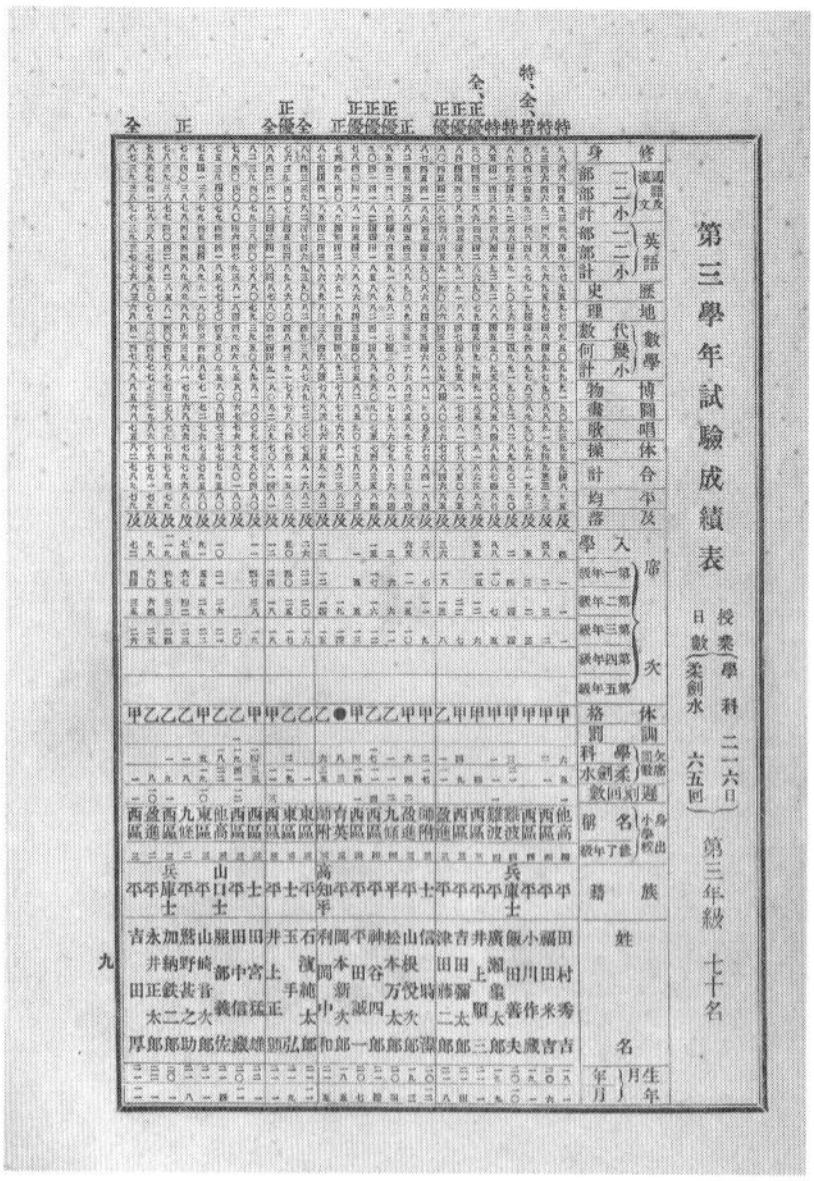
第三學年試驗成績表
授業日數（學科　二一六日／柔劍水　六五回）
第三年級　七十名

図3　市岡中学校の試験成績表（第3学年第3年級）
石濱のほか、信時潔、田宮猛雄の名も見える。

このうち第三学年の第三年級（すなわち創立三年目の三年生）の成績を見ると、全七十名のうち、信時が合計八四一点で第九位、石濱が八一六点で第十六位、田宮が八〇四点で第十九位であって、いずれも上位にいることがわかる。石濱の成績は英語が九十三点で最も良く、他もほぼまんべんなく好成績を収めている。石濱はこの頃から語学が得意だったらしい。

この市岡中学校の成績表については、小出龍太郎『聞書き小出楢重』（中央公論美術出版、一九八一年）の「石濱家を訪ねて」においてもすでに言及されている。石濱の長子の恒夫が家蔵の成績表を見せてくれたというもので、これは石濱自身が持っていた成績表である。当時、成績表は印刷して全生徒に配っていたらしい[15]。

なお、市岡中学校の明治三十九年第一回卒業生写真も見出された。本学総合図書館の鬼洞文庫に蔵する『大阪府立市岡中学校　創立拾周年記念帖』（市岡中学校、一九一一年）に載るもので、最後列左から三人目が田宮猛雄、後ろから二列目右から六人目が石濱であって、少年時代の貴重な写真である〈図4〉。

三　東京帝大入学と卒業論文をめぐって

明治三十九年（一九〇六）三月に市岡中学校を卒業した石濱は、二年後の明治四十一年（一九〇八）九月東京帝国大学文科大学に入学、三年後の明治四十四年（一九一一）七月に卒業する。

これまで石濱は文科大学の支那文学科に入学したとされてきたが、正確にいえば入学したのは「文学科」であ

図4　市岡中学校　明治39年第1回卒業生写真
（『大阪府立市岡中学校　創立拾周年記念帖』）

り、卒業したのが「文学科支那文学科」である。この頃、東京帝大は明治三十七年（一九〇四）の改革により哲学科、史学科、文学科の三学科から成っており、学生は入学後に初めてどの学科の卒業試験を受けるかを決めていた。これが「受験学科」、のちにいう「専修学科」であって――受験というのが入学試験ではなく卒業試験であることに注意――、支那文学科は支那哲学科や東洋史学科などとともに十九の受験学科（専修学科）のうちの一つであった[16]。

石濱が入学後、なぜ東洋史学科や支那哲学科、もしくは言語学科を選ばずに支那文学科を選んだのかは、年来の文学好きが主な理由だったと思われる。

さて今回、石濱の東京帝大における卒業論文の原本も新たに見出された。石濱の旧蔵書コレクションである大阪大学の「石濱文庫」に蔵されるもので、同大学の堤一昭教授の調査により確認されたものである[17]〈図5〉。

この卒論は漢文、それも句読点なしの白文で墨書され、「歐陽脩攻究」と題されている。これまで卒論は「歐陽脩研究」と伝えられてきたが、この原本の発見により正確な題名が初めて明らかになった。大きさは二十三×十五・五センチ、表紙を除き百三十九葉、四つ目綴で「せのや」の罫紙を使っている。

まず、冒頭に記された石濱自身の序は貴重な情報を含むので、いま全文を句読点をつけて引用し、書き下し文をつけておく〈図6〉。

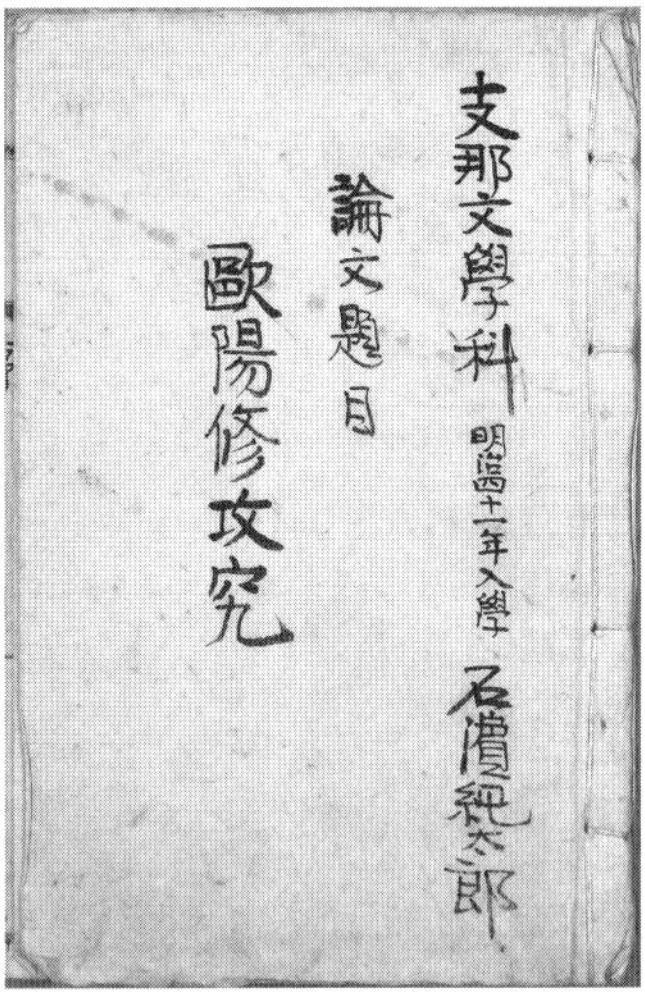
支那文學科　明治四十一年入學　石濱純太郎
論文題目
歐陽修攻究

図５　石濱卒業論文　表紙
（大阪大学附属図書館「石濱文庫」蔵）

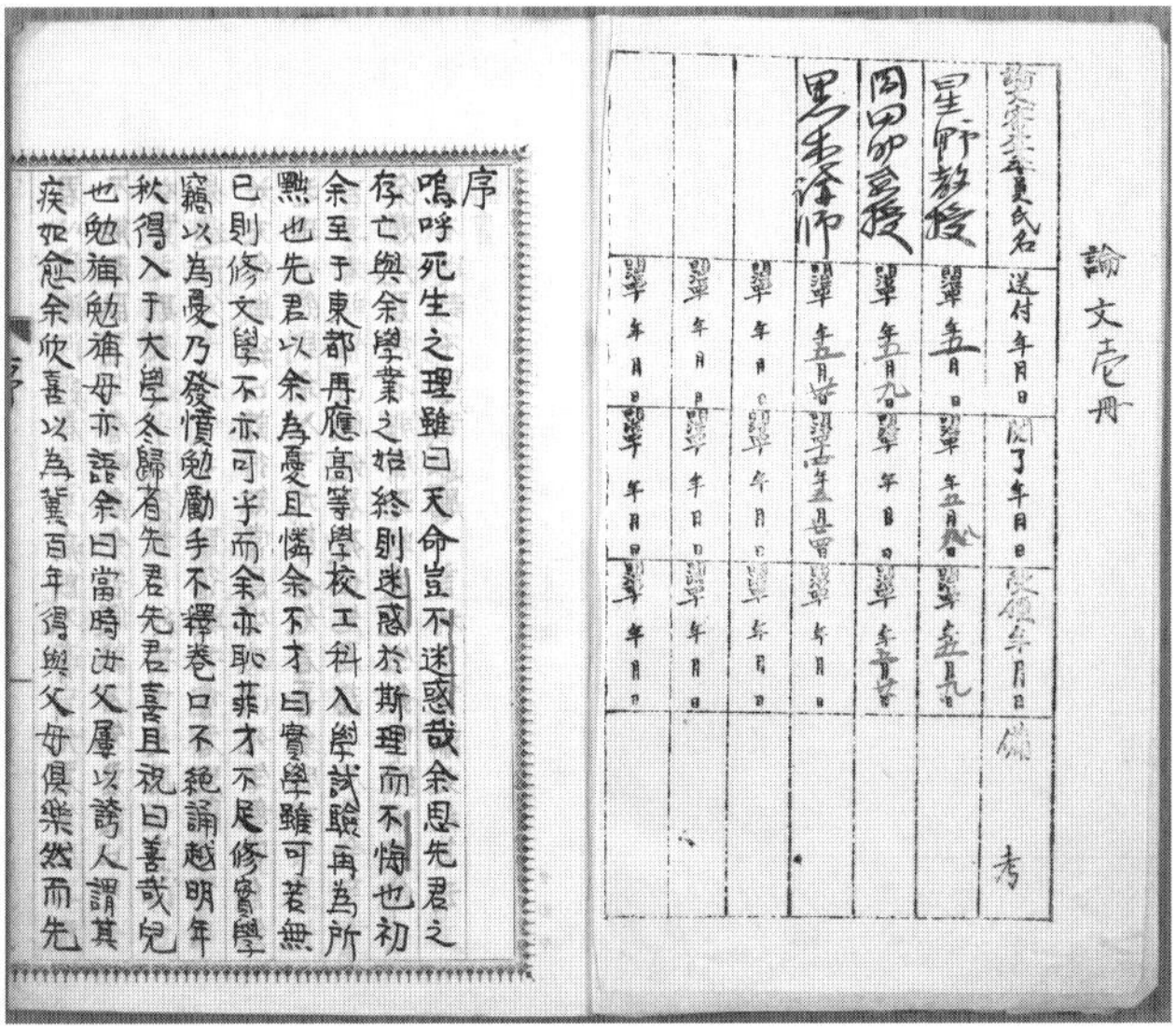
序
嗚呼死生之理雖曰天命豈不迷惑哉余思先君之
存亡與余學業之始終則迷惑於斯理而不悔也初
余至于東都再應高等學校工科入學試驗再為所
黜也先君以余為憂且憐余不才曰實學雖可若無
已則修文學不亦可乎而余亦恥菲才不足修實學
竊以為憂乃發憤勉勵手不釋卷口不絶誦越明年
秋得入于大學冬歸省先君先君喜且祝曰善哉兒
也勉旃勉旃母亦語余曰當時汝父屢以誇人謂其
疾如愈余欣喜以為冀百年得與父母俱樂然而先

図６　石濱卒業論文　冒頭部分

序

嗚呼、死生之理雖曰天命、豈不迷惑哉。余思先君之存亡與余學業之始終、則迷惑於斯理而不悔也。初余至于東郡再応高等学校工科入学試験、再爲所黜也。先君以余爲憂且憐、余不才曰、実学雖可、若無已、則修文学不亦可乎。而余亦恥菲才、不足修実学、窃以爲憂乃発憤勉励、手不釈巻、口不絶誦。越明年秋、得入于大学。冬帰省先君、先君喜且祝曰、善哉、児也、勉旃勉旃。母亦語余曰、当時汝父屢以誇人、謂其疾如愈。余欣喜以爲冀百年得與父母倶楽。然而先君心疾漸深、経春至夏、病既入膏肓。先君坐床上而不能起臥、翌年春疾病。余告假帰省、先君語曰、児也、卒業之期在來夏乎。而後数日終捐世矣。悲哉。豈浮世易過而父子懽娯之時難得歟、抑会者定離而皆自於天命歟。経曰、諸行無常、是生滅之法、死生無常、自然之理也。然則余入于大学也、先君喜余成功、余喜先君喜者、非恒法歟。先君歿也、先君悲不及余卒業。余悲先君悲者、非常理歟。夫死生無常、雖曰天命、余豈不迷惑哉、不惑哉。遂題一言於卒業論文之首云。

（嗚呼、死生の理は天命と曰うと雖も、豈《あ》に迷惑せざんや。余、先君の存亡と余の学業の始終を思えば、則ち斯《こ》の理に迷惑するも而も悔いざるなり。初め余、東郡に至りて再び高等学校工科入学試験に応ずるも、再び黜《しりぞ》く所と為《な》るなり。先君、余を以て憂いと為し、且つ余の不才を憐れみて曰く、「実学は可なりと雖も、若《も》し已《や》む無くんば、則ち文学を修むるも亦た可ならずや」と。而して余も亦た菲才にして、実学を修むるに足らざるを恥じ、窃《ひそ》かに以て憂いと為し、乃ち発憤勉励し、手に巻を釈《お》かず、口に誦を絶たず。越えて明年秋、大学に入るを得たり。冬帰りて先君を省るに、先君喜び且つ祝いて曰く、「善きかな、児や。旃《これ》を勉め旃を勉めよ」と。母も亦た余に語げて曰く、「当時汝の父、屢《しば》しば以て人に誇り、其の疾《やまい》愈ゆるが如しと謂う」と。余欣喜して以為《おもえ》らく、百年父母と倶に楽しむを得んことを冀《ねが》わんと。然り而して先君心疾漸《ようや》く深く、春を経て夏に至るに、病既に膏肓に入る。先君、床上に坐して起臥する能わず。翌年春、疾病《へい》なり。余仮を告げて帰省するに、先君語《つ》げて曰く「児や、卒業の期は来夏に在るか」と。而して後数日にして終に世を捐《す》つ。悲しいかな。豈に浮世は過ぎ易くして父子懽娯の時は得難きか、抑《そも》そも会する者は定めて離れて皆な天命に自《よ》るか。経に曰く、諸行無常は是《こ》れ生滅の法、死生無常は自然の理なりと。然らば則ち余大学に入るや、先君余の成功を喜び、余先君の喜ぶを喜ぶは、恒《つね》の法に非ざるか。先君歿するや、先君余の業を卒《お》うるに及ばざるを悲しみ、余先君の悲しむを悲しむは、常の理に非ざるか。夫れ死生の無常なるは、天命なりと曰うと雖も、余豈に迷わざらんや、惑わざらんや。遂に一言を卒業論文の首に題すと云う。

この漢文にはやや生硬なところがあるが、それにしてもいま興味深いのは東京帝大入学前の事柄であって、「初め余、東郡に至りて再び高等学校工科入学試験に応ずるも、再び黜《しりぞ》く所と為《な》るなり」といっている。つまり石濱は東京で二度、第一高等学校を受験し、二度とも不合格になったのである。石濱が市岡中学校を卒業したのが明治三十九年（一九〇六）だから、おそらくその年と翌明治四十年の二回、受験したのであろう。また、石濱が受験したのが一高の工科であること、すなわち第二部甲類であって、東京帝大工科大学入学を目指していたこともおそらく初めて知られた新事実と思われる[18]。製薬会社丸石商会の跡継ぎとしては、それが自然な選択だったのだろう。

ところでこの頃、高等学校は全国統一試験であり、第一志望が不合格になっても、入試得点により第二志望以下の高等学校に入学することができた。当時、高等学校は一高（東京）、二高（仙台）、三高（京都）、四高（金沢）、五高（熊本）、六高（岡山）、七高（鹿児島）の七つがあり、石濱がそのどこにも入れなかったとは考えにくい[19]。石濱は一高専願だったのではないかと思われる。

しかしその後、石濱は父と相談して工学から文学へと方向転換する。姉のカツの回想に「実学もいいが、やむを得ないなら文学を修めるのもいいだろう」というのが父の意見だったという。「父は、はじめのうちは純太郎に店の仕事をつがせるつもりだったようですが、あとからは、〝どうも純太郎は勉強にひかれて、商売はようせんやろ〟と申しておりましたように思います[20]」というのは、あるいはこの前後のことだったかもしれない。

こうして晴れて父の許しを得た石濱は文科を目指して猛勉強を重ねた結果、高等学校卒業の学力検定試験に合格し、東京帝大文科大学文学科に入学した[21]。高校を経ずに帝国大学に入学するこの検定試験は難関中の難関で、「年譜」によれば受験者四十数名中、合格したのは石濱と理科大学の亀田豊治朗二人だけだったという[22]。こうして石濱は、正規に高校に合格した同期生よりも一年早く大学に進んだのである。

さて、カツの回想として、中学の頃まで、おとなしくて気難しかった石濱が、東京に出てから「がらっと性格が変り」、ほがらかになって「おもしろい話しなどをするように」なったとある[23]。想像するに、これは文科の学問にみずからの進む道を見出し、前途に自信をもつことができたためではあるまいか。

次に、この卒論に審査委員として星野教授、岡田助教授、黒木講師の三名の名が冒頭に記されていることが注意される。それぞれ星野恒《ひさし》、岡田正之、黒木安雄である。そこには査読の時期も記されており、三人はこの原本一部を順番に回し読みしたことがわかる。欄外や本文内には毛筆による彼らの書き入れも少なからず見られる。

そもそも題目を欧陽脩に選んだのは岡田の教示によるもので、そのことは卒論の緒言の一に「初余自選擇論文題目也、不決、遂往訪岡田助教授請之。先生開口曰、歐陽脩奈何。余不待語、終曰可也」（初め余、自ら論文の題目を選択するや、決せず、遂に往きて岡田助教授を訪ねて之を請う。先生開口曰く、「欧陽脩は奈何」と。余語ぐ《つ》るを待たずして終に曰く、「可なり」と）と記されるとおりである。

巻末には岡田と黒木の評語が自筆（毛筆）により記され、この卒論に対して、いずれも高い評価を与えている。特に注目されるのは岡田が、

我大學支那文學科剏置以來、卒業者十有餘人、無以漢文撰次論文者、今見斯篇、使人有馬頭米嚢之感、吾子幸勉而不息、他日之大成、可幾而待也。

（我が大学の支那文学科剏置以来、業を卒《お》ゆる者十有余人なるも、漢文を以て論文を撰次する者無し。今斯《こ》の篇を見るに、人をして馬頭米嚢の感有らしむ。吾子《ごし》、幸《ねが》わくは勉めて息《や》まざらんことを。他日の大成、幾《ほとん》ど待つべきなり。）

と記していることで、東京帝大支那文学科の開設以来、これが漢文で書かれた最初の卒論だという。先述のように、東京帝大の支那文学科は明治三十七年（一九〇四）に設置されているから、この時までですでに七年が経っている。(24) この卒論が岡田ら東京帝大の教授陣を驚かせたのは間違いない。文中にいう「馬頭米嚢」は馬に乗った旅人が故郷に美しく咲く「米嚢」すなわちケシの花を見て帰郷の感慨を深くすることで、遠い旅からやっと帰郷することを意味する。漢文で書かれた石濱の卒論を見て、岡田はこれこそ支那文学科本来のあり方にふさわしいと称賛したのであり、さらに「他日の大成、幾ど待つべきなり」と将来に大いに期待をかけている。

もう一つ卒論で面白いのは、巻末の「書後」が漢文（古典中国語）ではなく、現代中国語で書かれていること

である。その主旨は中国を研究する以上、中国語が話せなければならないが、大学の中国語の授業が「ひどく少ない」（原文は「少得利害」）ため上達しなかったことを遺憾とするという内容で、必ずしも上手な中国語とはいえないが、青年石濱の習作として留意さるべきものである。

卒論の内容についてはこれ以上詳論する余裕がないが、その実証性、とりわけ書誌方面の博捜において際立っていると思われる。そのことは年譜や芸文（著述目録）に多くの紙幅を割いていることによってもわかる。

四　岡田正之との関係

次に石濱と岡田正之（一八六四—一九二七）の関係をめぐって考えてみたい。

東京帝大出身の石濱ではあったが、じつは東京も東京帝大も好きではなかったらしい。このことは従来しばしば指摘されているとおりで、関大で同僚だった横田健一は「大学では岡田正之博士（『近江奈良朝の漢文学』等の著で有名）についたが、教授とはしっくりしなかったということである」と記す。これは石濱から直接聞いた話であろう。石濱の学生で、のち関大教授となった大庭脩も関西における石濱の活躍に触れて「石浜の大阪贔屓《びいき》、東京嫌いと相まって、東大の呉三桂と言われる所以である」といっている。呉三桂云々は、これまたおそらく石濱自身の語であって、明朝の武将であった呉は清朝に協力し、その中国平定に尽力した。この場合、明朝が東大、清朝が内藤湖南を擁する京大、そして反乱者の呉が石濱ということである。

岡田との関係は実際にはどうなのであろうか。これについては、藤枝晃（一九一一―一九九八）の証言が最も注意される。

東大の卒業論文の口頭試問で教授とケンカして、大阪へ帰った。「あれは恩師ではなく怨師だ」と口で言うだけならまだしも、東京には容易なことでは行こうとしないのである。結局それから八十一で死ぬまでの間に、東京の土を踏んだことは、せいぜい四五回しかなかったらしい。[25]

のちに京都大学人文科学研究所教授となる藤枝は京都帝大の学生時代、大阪住吉の実家に帰省するたびに近くの石濱邸を訪ね、いわゆる「石濱サロン」に加わっていたから、この「恩師ではなく怨師だ」の語は石濱から直接聞いた話なのである。口頭試問でケンカしたというのも石濱が実際にそう語ったのだろうし、事実と思われる。もう一つ、藤枝は石濱死去の際の訃報記事の中でも、

東大の支那文学科を卒業するときに、卒業論文の口頭試問で教授とケンカしたあげくに東京と縁を切り、ずっと大阪に住んで勝手な研究をしていた。[26]

といっている。

これに関して、静安学社や懐徳堂を通して石濱から教えを受けた村田忠兵衛は、「また聞き」と断りつつ次のような話を伝えている。

先生のこの卒論が立派な出來榮えであったことは、この成績なら、大學に殘しては……という議が、當時の文科大學の教授陣の中から生じ、もし本人が殘るというなら、銀時計組に入れてもよいというところまで來て、御本人卽ち石濱先生に、打診が行われたという。一方先生は家督相續人として、又丸石製藥の代表社員として、歸阪せねばならぬ立場にあった上に、いわゆる官學の牙城、東大の雰圍氣を必ずしも好んでもおられなかった。加うるに、銀時計と引換えに、大學に殘れとは學問の第一義から考えて甚だ筋が通らぬ、もし卒論が、銀時計に値いするなら、默って無條件で呉れればよいではないか、とばかり、その打診を一蹴されたらしい。これは先生の身邊に近い方から承った一つのエピソードであるが、事の性質上、實證的な資料があるわけではないし〔中略〕想像の域を出ないのはやむをえない。

銀時計とは「恩賜の銀時計」ともいい、天皇もしくはその代行が東京帝大の卒業証書授与式に臨幸して優秀な卒業生に下賜するものである。つまり、岡田らは石濱を引き止めようとして銀時計授与を交換条件に使おうとしたが、石濱はそれを断わったというのである。もしこれが本当なら石濱は東京帝大（もしくは東京）に残るつもりはなかったことになろう。残るつもりなら銀時計授与は交換条件にならず、石濱にとって一挙両得だからである。ここに「歸阪せねばならぬ立場にあった」というのはおそらく事実で、石濱の他の随筆を見てもそう推察される。[27]もちろん、この話の真偽のほどはわからないのだが、右にも見た石濱の卒論の出来ばえや教授陣による高評価からして、銀時計の話自体は事実だったかもしれない。

しかし、そうだとしても、はたしてこの銀時計の一件だけが石濱をして岡田を「怨師」とまで呼ばしめる原因になったのか、にわかには信じがたく、他にも何か理由があるようにも思われる。

岡田や東京帝大との軋轢を増幅させているのは、石濱が「官學の牙城、東大の雰圍氣」を好まなかったこと、いいかえれば、人を見下すような官僚臭さが大嫌いだったことであり、もう一つは学問に関して厳格で、時によっては辛辣な批評や罵倒をいとわなかったことである。藤澤桓夫は次のようにいっている。

叔父は若い頃から肥っていて、人柄は温厚で、気の永い呑気なところのある一面で、相当なつむじ曲がりで、人間の好き嫌いが実にはっきりしていて、殊に学問の世界では、他人の学説をちょっと失敬して偉そうな顔をしている人物のことなど、「あいつは詰らんやつや」と口を極めて罵倒した。自分の専門の学問では、大阪人らしく他人の真似をすることが一番嫌いで、世界中で誰もまだ手をつけていない分野を何んとか開拓してやろうと、つねに新風を求めていたようだ。(28)

このような辛辣さ、厳しさについては他にも証言があり、高名な学者のあり方として特に異にとするに足りないが、これが東京の学者に対する敵愾心のようなものを増幅させたことは想像できよう。

今回、石濱関係の著作を調べていて初めて気づいたことだが、石濱の還暦記念論文集や古稀記念論集に論文を寄せているのは大部分が関西の学者で、東京の学者や東大教授は実はほとんどいない。前者は『石濱先生還暦記念論文集』第一集および第二集で、昭和二十七年（一九五二）から一篇ずつ順次刊行され、昭和三十三年（一九五八）十二月、石濱の還暦から十年経ってすべて合冊し、関西大学東西学術研究所から出版された。この論文集は合計二十八篇、二十八名の著名な研究者が執筆しているが、東京の学者は東大教養学部教授の牧野巽と、東洋文庫の岩井大慧の二人ぐらいしかいない。牧野巽が入っているのはその父の牧野謙次郎が泊園書院出身で南岳門人だったからに違いないし、岩井大慧が入っているのは、おそらく東洋文庫の石田幹之助との関係かと思われる。

次の『石濱先生古稀記念東洋学論叢』は昭和三十三年（一九五八）、石濱の古稀を祝い、日本を代表する東洋学者・中国学者五十三名が論文五十二篇を寄せた大冊であるが[29]、よく見ると、錚々たる顔ぶれがずらりと並ぶうち東京の学者は石田幹之助と東大東洋文化研究所教授の仁井田陞、当時二松学舎講師だった橋川時雄、立正大学教授の吉岡義豊ぐらいしかいない。たった四人である。しかし橋川は前年の昭和三十二年に大阪市立大学教授を定年退職したばかりで、しかも同年、関西大学から文学博士の学位を授与されている[30]。その主査は石濱だったのではないかと思われる。

また石田幹之助（一八九一―一九七四）は千葉県の出身で、一高、東京帝大文科大学東洋史学科の出身だが、もっぱら民間の財団法人東洋文庫で活躍し、のち日本大学および国学院大学教授となった。また昭和四十三年（一九六八）日本学士院会員に選ばれ、同四十九年には東方学会会長となる。年齢は石濱より三歳年下であるが、東西交渉史研究や欧米の東洋学研究紹介に尽力し、洋の東西にわたる博覧強記ぶりは石濱に類似する。そのためであろう、石濱は東京の学者の中では例外的に石田を尊敬していた。昭和九年（一九三四）には大阪の静安学社における研究発表を集録した論文集『東洋学叢編』王静安先生記念冊を石田との共編により刊行しており、昭和十八年（一九四三）に出版された石濱の代表作『東洋学の話』（創元社）には巻頭に「石田杜村先生に献ぐ」と見える。杜村は石田の号である。

このように見てくると、石濱は確かに「東京嫌い」の癖があり、その矛先は指導教授だった岡田に対しても向けられたということなのであろう。

一方、岡田が石濱を高く評価していたことは間違いない。そのことは先の卒論評が物語っているが、さらに武

内義雄は、

その後先生（西村天囚のこと――引用者注）は東京に出られたとき、岡田博士から「住吉に石浜という秀才が居て、卒業論文を漢文で書いた」ということを聞きこまれ、わざわざ住吉にまで駕を枉げられた。(31)

と述べている。西村天囚は上京した際、旧知の岡田から、卒論を漢文で書いた「石浜という秀才」が大阪住吉にいるという話を聞かされ、わざわざ石濱の自宅を訪ねて景社への参加を誘ったという。こうして石濱は景社に加わるわけだが（後述）、岡田が石濱の力量を認め、推奨していたことはここからもわかる。

いったい、岡田の石濱への影響はないのであろうか。筆者は、あると考える。そもそも岡田は富山藩儒の子で、号は剣西。重野安繹に学んだあと、東京大学文学部附属古典講習科（漢書科）を卒業、のち学習院教授などを経て東京帝大助教授、そして教授となった。没後の昭和四年（一九二九）に刊行された『日本漢文学史』（共立社書店）は東大での講義を長澤規矩也が整理編輯したものでわが国最初期の本格的漢文学史研究として評価が高く、戦後の昭和二十九年（一九五四）、山岸徳平・長澤規矩也による増補を経て吉川弘文館より増訂版が刊行され、長く読み継がれた。ちなみに長澤規矩也（一九〇二―一九八〇）は東京帝国大学文学部支那文学科における岡田晩年の受講生で、石濱の十五年後輩に当たる。

岡田は他にも大正時代、富山房・漢文大系に収められた『楚辞』や『古詩賞析』の校訂・注釈も行なっているが、これらは他の学者の協力を借りているとはいえ、日本や清朝の考証学的成果を多く取り入れた実証的な仕事であって、今日から見ても使用にたえる水準を保っている。

また中国学・中国語学研究者として著名な倉石武四郎（一八九七―一九七五）は東京帝大文科大学支那文学科における石濱のちょうど十年後輩にあたり、岡田から日本漢文学史を教わっているが、倉石は終生、岡田の真摯な講義に推服していた。[32] こうしたことからも岡田がすぐれた研究者だったことは間違いないのである。

先述したように、石濱の卒論の題目自体がそもそも岡田の勧めによって決められたものであった。また卒論の内容についていえば、歴史的考証や書誌事項など、実証性において際立っているのは岡田の影響を抜きにしては考えられない。もちろん、岡田の仕事は伝統的漢学の延長上にあり、石濱のような語学力や中央アジア・欧米への関心は乏しく、それがまた石濱の不満をつのらせたのであろうが、実はこの実証性こそ、のちの石濱の仕事の生命線となったものであった。岡田は個人的関係や確執はどうあれ、やはり石濱の「師」であったというべきである。

五　中央アジアへの関心と内藤湖南との関係

1　中央アジアへの関心

さて、東京帝大卒業後、石濱はどのように研究を進めていたのであろうか。注目したいのは何といっても中央アジア（西域）への興味と内藤湖南との関係である。

中央アジアへの関心は実はかなり早くから萌していたようで、大庭脩は評伝でこう記している。

令息石浜恒夫の談によると、石浜の日記が長年月にわたって残って居り、その明治三十六年、十六歳の中学生であった石浜は、東横堀にできた「博物寮」に内国博覧会を見物し、河口慧海《えかい》がチベットから持ち帰った品物の展示にいたく感激し、何頁にもわたって詳しく、絵入りで記録をしている由で、泊園書院で仕込まれる漢学の素養の外に、そういう未知の世界からの知見に深い興味を持っていた。(33)

ここにいう石濱の日記を現在見ることができないのを遺憾とするが、中央アジアへの関心はすでに少年時代に芽生えていたのである。なかでも石濱が注目していたのは大谷探検隊であって、石濱自身の回想によれば、

我國の新疆探檢として僕の初めて注意を引いたのは明治末年だったかの日野强少佐のそれであった。その旅行記の大册を讀んで好奇の情を大に唆られたものであった。……

次いで無性に嬉しくなったのは大谷光瑞猊下の中亞探檢であった。その旅行記や講演は如何に僕を喜ばしたろう。二樂莊での展觀は僕を如何に驚喜せしめたらう。固りその將來品が僕の研究して見ようと思ふ學問に非常に關係が深かったからでもあらう。もう何でも新疆發掘の資料を土臺と出來ぬ學問は手を着けない位になった。それで外國の書物でも外國の新疆探檢隊の旅行記や研究報告にのみ注意する事となってしまった。スタイン博士の第一探檢の巨大な報告書を見た時などは、學校を卒業したら親爺にこの高價な本をネダッて買って貰はうと心竊かに決めてゐたものだった。然し早く死んでしまったから親爺に買って貰へなかった。(34)

という。ここにいう日野強（一八六六―一九二〇）は軍人で明治末年に中央アジアを探検し、その記録を『伊犂紀行』上下二巻（一九〇九年、博文館）として出版した。石濱のいう日野の旅行記とはこの書のことと思われる。

大谷光瑞（一八七六―一九四八）は浄土真宗本願寺派法主であり、仏教文化探求のために中央アジアに出向いた大谷探検隊についてはよく知られているところであろう。探検は第一次（一九〇二年―一九〇四年）、第二次（一九〇八年―一九〇九年）、第三次（一九一〇年―一九一四年）の三回にわたって行なわれ、多くの貴重な文物・文献がもたらされた。また、ここにいう「二楽荘」は明治四十二年（一九〇九）九月、兵庫県六甲山麓岡本に建てられた大谷の壮大な別荘である。大正三年（一九一四）三月に閉鎖されるまで、図書館や測候所なども併設され、探検隊の収集品も展示されたという。

欲しかったスタインの「巨大な報告書」とはおそらく *Ancient Khotan*（古代コータン、オックスフォード、一九〇七年）二冊のことで、スタインの第一次中央アジア探検（一九〇〇年～一九〇一年）の調査結果をまとめた報告書である。

このように、市岡中学校時代から東京帝大在学中、および卒業の頃まで、すでに中央アジアや大谷探検隊の活動は石濱にとって大きな興味の対象であり、石濱はこれを興奮して受けとめるとともにその資料文献の収集にもいち早く手をつけていたのである。

この時期の西域探検に関するもう一つの回想を見てみよう。

　光瑞猊下の西域探検は私の中学生時代のことだったでしょう。大変に興奮されたものです。あの日露戦争前後の冒険小説の盛んな時代であったためかも知れないし、又多少西洋の探検談を読んだりしたからかも知れません。……

段々興味が増していったんでしょうが、浪人時代から脱して大学へ入学して支那文学科にはいりますと、黒木安雄先生が居られて、盛んにペリオ探検隊の将来した敦煌遺書の写真を振り回して気焔をあげられたので、全く中亞探検に心酔する始末でした。外国探検隊のことを知るにつれて大谷ミッションにも注意して、『毎日新聞』か何かに連載された旅行記を切抜いたものです。(35)

ここで注意したいのは東京帝大の学生時代、講師の黒木安雄がペリオ将来の敦煌文書を盛んに持ち上げたことで、石濱はそれに刺激されて敦煌学に心酔するようになったという点である。

黒木安雄（一八六六―一九二三）は先述したように石濱の卒業論文を査読した人物である。四国高松の出身で、号は欽堂。岡田正之と同じく東京大学文学部附属古典講習科（漢書課）の卒業で、この頃は東京帝大のほか東京美術学校などの講師を務め、また東亜学術研究会評議員でもあった。のち月刊誌『書苑』を発行するなど近代書道の発展にも尽力した。そもそも黒木が高松時代に学んだ片山冲堂は泊園書院の藤澤東畡に師事し、南岳とも親交があったため、黒木と石濱とはいわば同門の関係にある。(36) 石濱はこうした泊園書院の人脈を通して黒木に親近感を抱いていたようで、その影響を受けたことになる。

総じて、石濱は中学から大学時代にすでに中央アジアや敦煌に強い関心を寄せていた。初めは少年らしい憧憬でしかなかったが、時が経つにつれて文献資料や関連書籍の収集を始め、その研究に着手するようになった。この関心が大学卒業後、ついには重要なライフワークとしてはっきりとした形をとることになるわけである。

2　内藤湖南との関係

内藤湖南とは大正五年（一九一六）七月、京都の麗澤社と大阪の景社の連合会において初めて出会う。これ以後、石濱は内藤から大きな影響を受け、以後の研究の方向が決定づけられる[37]。内藤を通して京都帝大の東洋学者たちとの繋がりができ、東洋学という広い領域の中で確固としたスタンスを持つことになるからである。ただし、出会う前から石濱は内藤の論文を読み、傾倒していたらしい。石濱の回想に次のようにある。「先生」とは内藤のことである。

先生への病み付きは僕の大學入學前後から始まる。丁度『藝文』の創刊される頃で、それへ出る先生の論文に接して全く感服して了い、それからは先生の書かれたものは新しいものでも古いものでも分るものも分らないものも貪り獨り喜んでゐた。西村碩園先生の御伴をして麗澤社景社の聯合文會の席上で初めて御目に掛ったので非常に嬉しくなり、時々御宅迄伺っていろいろお話を承った[38]。

大学入学の前後から内藤の著作をみな愛読していたという。内藤は明治四十年（一九〇七）、前年に開設された京都帝国大学文科大学の講師となり、二年後の明治四十二年（一九〇九）に教授となっていた。ちょうど石濱が浪人し、また東京帝大学生だった頃のことである。

この回想にいう『芸文』は京都帝大文科大学を拠点とする「京都文学会」の雑誌で、明治四十三年（一九一〇）四月に創刊された。この頃、京都帝大文科大学はようやく陣容を整えつつあり、きわめて意気盛んであった。ここに「先生の書かれたものは新しいものでも古いものでも分るものも分らないものも貪り獨り喜んでゐた」というように、石濱は東京帝大在学中から内藤に「病み付き」、私淑していた。そして、のちに実際に内藤に出会うことによって、ますますこれに傾倒するのである。

六　東京帝大卒業後

さて、次に考えたいのは、そもそも東京帝大卒業後、内藤と出会う頃までの数年間、石濱は何をどのように研究していたのかということである。調べてみると、この時期はブランクではなく、逆に石濱の勉学がきわめて充実していた時期らしい。石濱が学生から学者へと脱皮する時期にあたるのである。

明治四十四年（一九一一）七月に東京帝大を卒業し大阪に戻った石濱は同年末から徴兵制にもとづく一年志願兵の務めを終えると、自宅での学究生活に入る。石濱の最も早く公刊された文章は、いま知られるところでは大正四年（一九一五年）一月、『東亜研究』第五巻第一号に載った翻訳「中央亜細亜の研究に就いて」である。東京帝大卒業後、三年半あまり経っている。ついで同誌第五巻第四・五号に「コズロフ蒐集」（同年五月）が載った。これ以後、石濱は『東亜研究』に続けざまに論文を載せていくことになる。

この『東亜研究』は東京帝大文科大学を拠点とする「東亜学術研究会」が刊行していた雑誌である。もとの名称は『漢学』といい、明治四十三年（一九一〇）五月、すなわち石濱が大学二年の時の創刊で、石濱は在学中からその会員であった[39]。

以下、『東亜研究』所載の石濱の論文をすべて示し、いくらか説明を加えておきたい。

一、中央亜細亜の研究に就いて　シルワン・レ井氏述　石濱純太郎　同　敬次郎　共訳『東亜研究』第五巻第一号　大正四年（一九一五）一月

フランスの東洋学者シルヴァン・レヴィ（Sylvain Lévi）が *The Journal of the Royal Asiatic Society of Great Britain and Ireland* 27（Cambridge University Press, Oct. 1914）に載せた論文 "Central Asian Studies"（英文）を訳したもの。共訳者の石濱敬次郎は二歳年下の弟であり、英語に堪能であった[40]〈図7〉。

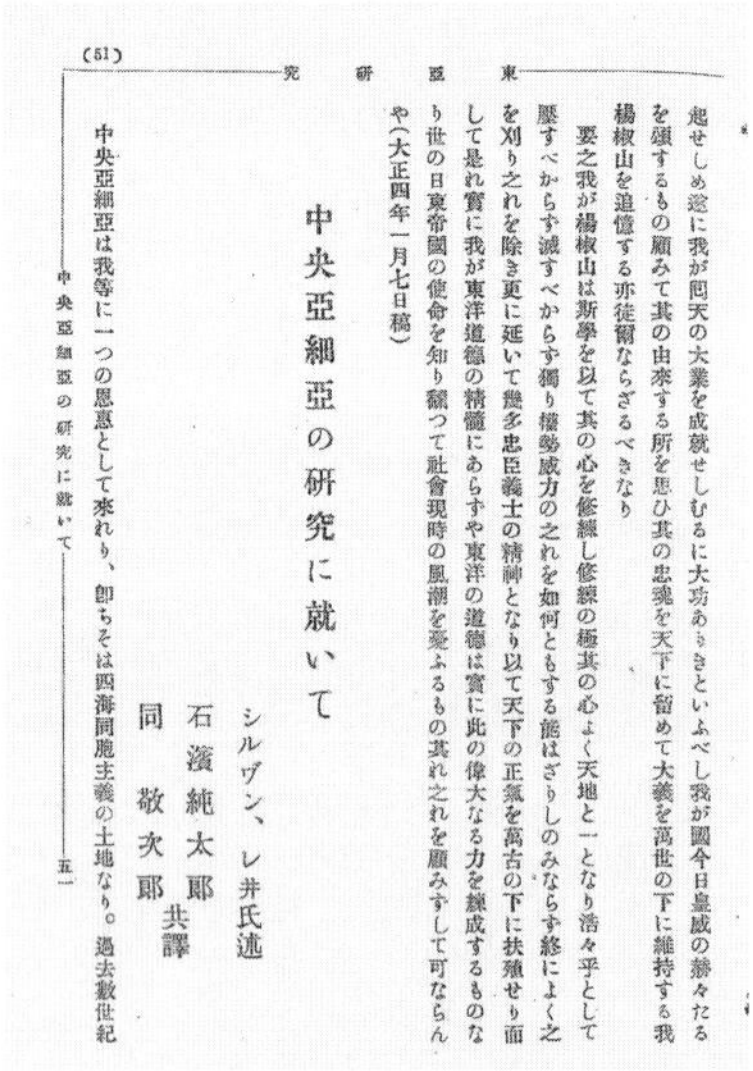
東亞研究　(51)

起せしめ遂に我が囘天の大業を成就せしむるに大功ありきといふべし我が國今日皇威の赫々たるを頌するもの顧みて其の由來する所を思ひ其の忠魂を天下に留めて大義を萬世の下に維持する我楊椒山を追憶する亦徒爾ならざるべきなり

要之我が楊椒山は斯學を以て其の心を修練し修練の極其の心よく天地と一となり浩々乎として壓すべからず滅すべからず獨り權勢威力の之れを如何ともする能はざりしのみならず終によく之を刈り之れを除き更に延いて幾多忠臣義士の精神となり以て天下の正氣を萬古の下に扶殖せり而して是れ實に我が東洋道德の精髓にあらずや東洋の道德は實に此の偉大なる力を練成するものなり世の日東帝國の使命を知り竊つて社會現時の風潮を憂ふるもの其れ之れを顧みずして可ならんや（大正四年一月七日稿）

中央亞細亞の研究に就いて

シルヴン、レ井氏述

石濱純太郎
同　敬次郎　共譯

中央亞細亞は我等に一つの恩惠として來れり、卽ちそは四海同胞主義の土地なり。過去數世紀

中央亞細亞の研究に就いて　五一

図7　石濱純太郎・敬次郎共訳「中央亜細亜の研究に就いて」（『東亜研究』第5巻第1号）

原論文と比べてみると、この翻訳には原論文にはない文献を数多く附している。すなわち次の雑誌の関連論文の書誌が引用されている。

Journal of the Royal Asiatic Society of Great Britain and Ireland, London

Journal Asiatique, Paris

Bulletin de l'Ecole française d'Extême Orient, Hanoï

T'oung Pao, Leiden

Bulletin de l'Académie Imperiale des Sciences, Petrograd

Sitzugsberichte der Kaiser, Preussisch, Akademie der Wissenshaften, Berlin

羅振玉・王国維共撰『流沙墜簡』、羅氏宸翰楼、一九一四年

イギリスのほか、フランスやオランダ、ドイツ、ロシアなどの学術雑誌、さらに当時京都に亡命していた羅振玉・王国維の近作『流沙墜簡』も参照されているわけで、この時点で多言語にわたる語学力をすでに一定程度有していたこと、また多くの国外の雑誌を実見していたことがわかる。おそらくこれらの雑誌は石濱自身が購入したものであったろう。

なお、この翻訳を石濱の著作目録は論文としているが[41]、正しくは翻訳であり、題目を「中央アジア」とするのも「中央亜細亜」が正しい。

二、コズロフ蒐集　石濱純太郎　『東亜研究』第五巻第四・五号　大正四年（一九一五）五月

コズロフはロシアの陸軍大佐で、一九〇七年から九年にかけてモンゴルと甘粛省を探検、収集した文献につき記録を残した。またフランスの東洋学者ペリオがその収集文献につき論文を書いており、石濱はそれらにもとづいて関連文献の一部を紹介している。ロシアのイヴァノフや狩野直喜、瀧精一の論文も参照されている[42]。

三、群書治要の論語鄭註　石濱純太郎　『東亜研究』第五巻第六号　大正四年（一九一五）六月

鄭玄の『論語』注は二十世紀初頭、中央アジアから断片が出土したが、ここでは日本に伝わった中国の佚書『群書治要』に『論語』鄭注の佚文が引用されていることを指摘している。この論文はのちに、石濱

の博士論文となった『支那学論攷』（全国書房、一九四三年）に収められた。

四、河南出土の亀甲獣骨（上）Samuel Couling 述　石濱純太郎　同　敬次郎　共訳　『東亜研究』第五巻第七号　大正四年（一九一五）八月

イギリスの漢学者コーリングが *Journal of the North China Branch of the Royal Asiatic Society* 45（Shanghai, Kelly & Walsh, 1914）に載せた論文 "The Oracle Bones from Honan"（英文）を弟敬次郎とともに翻訳したもの。原文にない補注を多く加える。

五、河南出土の亀甲獣骨（下）Samuel Couling 述　石濱純太郎　同　敬次郎　共訳　『東亜研究』第五巻第八号　大正四年（一九一五）九月

四の翻訳の後半部分である。末尾の「文籍目録」はもとの参考文献を大幅に増補・訂正したものになっている。

六、群書治要の尚書舜典　石濱純太郎　『東亜研究』第五巻第十・十一号　大正五年（一九一六）四月

『群書治要』巻二に引用される『尚書』舜典の孔安国伝につき、敦煌の新出本のほか多数の伝世文献を渉猟してテキストの異同を論じている。のち石濱『支那学論攷』に収められた。

七、釈経小記　『東亜研究』第六巻第四号　大正五年（一九一六）四月

仏典の『文殊師利一百八名梵語讃』および『千臂千鉢経』につき、ロシアのスタール・ホルシュタインの論文をふまえつつ、チベット蔵経や漢訳などをふまえつつ書誌事項を考察した短文である。(43)

八、元朝秘史蒙文札記（一）　石濱純太郎　『東亜研究』第六巻第六号　大正五年（一九一六）六月

『元朝秘史』が歴史学のみならず、言語学的にも貴重な資料であるところから、同書により古モンゴル

語の研究を行ったもの。那珂通世の日本語訳をふまえつつ、ロシアやフランスの研究、橘瑞超、鳥居龍蔵ら日本の研究をあまた参照する。三回連載。

九、元朝秘史蒙文札記（二）　石濱純太郎　『東亜研究』第六巻第七号　大正五年（一九一六）七月

十、元朝秘史蒙文札記（三）　石濱純太郎　『東亜研究』第六巻第八号　大正五年（一九一六）九月

十一、蒙古芸文雑録　石濱純太郎　『東亜研究』第六巻第九・十号　大正五年（一九一六）十一月

はしがきに「蒙古語で書いた書籍に関して、私が見聞した所を書きつけて置く」というように、モンゴル語で書かれた主な古代文献をとり上げ、その詳細な解題をつけたもの。当時、モンゴル学が最も進んでいたロシアにおける研究を多く引用する。七回連載。

十二、蒙古芸文雑録　石濱純太郎　『東亜研究』第六巻第十一・十二号　大正六年（一九一七）一月

十三、蒙古芸文雑録（承前）　石濱純太郎　『東亜研究』第七巻第一号　大正六年（一九一七）二月

十四、蒙古芸文雑録（承前）　石濱純太郎　『東亜研究』第七巻第二号　大正六年（一九一七）四月

十五、蒙古芸文雑録（承前）　石濱純太郎　『東亜研究』第七巻第三号　大正六年（一九一七）五月

十六、蒙古芸文雑録　石濱純太郎　『東亜研究』第七巻第四号　大正六年（一九一七）十月

十七、蒙古芸文雑録　石濱純太郎　『東亜研究』第七巻第六号　大正七年（一九一七）一月

これらを見ると、英語、ロシア語、フランス語、ドイツ語など最新の著書論文をおびただしく引用していることに驚かされる。同時代の西洋の関連研究に遺漏のないよう目配りしているのである。また、それらの研究成果を駆使してモンゴル語や蒙古研究に取り組んでいることにも目を瞠る思いがする。モンゴル語について筆者は門

外漢ではあるが、これらの論文・翻訳によって、青年石濱の語学力がすでに抜群だったこと、漢文文献を自家薬籠中のものにしていること、また、すでにこの時期、漢学を超えて東洋学の領域に大胆に踏み込んでいたことなどが知られるのである。

これら石濱の論文・翻訳は、『東亜研究』の中で断然異彩を放っている。たとえば「中央亜細亜の研究に就いて」が載った『東亜研究』第五巻第一号の他の収載論文は次のとおりである。

支那上代の田制考　文学博士　星野恒
朱成功（即ち鄭成功）につきて　文学士　中村久四郎
呂氏春秋の哲学　文学士　宇野哲人
楊椒山の学と其の影響　柿村重松

これらの論文がおおむね伝統的漢学の範囲にとどまっているのと比べて、石濱の研究が清新な内容をもつことがわかる。

これに関連して、関大で石濱と同僚だった高橋盛孝は回想の中で次のようにいっている。

既に学生時代から、漢学のみならず[44]、英仏独露等の語学を学び、蒙古、西蔵、満州の文献を独力研究された。先生の初めての蒙古語研究の論文は当時の『漢学』という雑誌に連載されている。『蒙古語語頭のH音について』の研究などフランスのペリオの同名の論文よりもはるかに早くこの雑誌で発表されている。難を言え

ば例文がやや少ない程度である。このことは、先生自身、私に話されたことがある。(45)

ここで石濱が東京帝大在学中にモンゴル語研究の論文を雑誌『漢学』に連載したというのは高橋の思い違いで、上述した『東亜研究』に載せた「元朝秘史蒙文札記」をいうと思われる。『東亜研究』は『漢学』の後継誌であるためこの誤解が生じたのであろう。高橋の回想には少しわかりにくいところがあるが、「元朝秘史蒙文札記」(二)の「四　語頭の母音が伴ふ父音」を見ると、確かにモンゴル語における語頭のh音につき論じられている。またペリオの論文は一九二五年に発表された Paul Pelliot, Les mots à h initiale, aujourd, hui amuie, dans le mongol des XIIIe et XIVe siècles(*Journal Asiatique* 206)をいうらしい。高田時雄教授の教示によれば、このペリオ論文は古モンゴル語に、現代は消失している語頭のhが存在していたことを論じたものであり、当時の学界に新しい知見をもたらしたものという。そうであれば、石濱はペリオよりも九年も前に十全ではないながら新知見を指摘していたわけで、青年石濱のモンゴル語研究は世界的に見ても先駆的な内容を含むことになる。

この時期にはまた、内藤湖南および京都帝大との関係ができつつあった。十二の「蒙古芸文雑録」の文末に「ポズドネエフの著書の拜借を御快諾下さつた内藤湖南先生に私は謹んで感謝の意を表する」といっている。この論文が脱稿されたのは文末の注記によれば大正五年(一九一六)十月二十一日だから、原稿執筆の時間を考えると、同年七月の麗澤社・景社連合会での最初の出会いのあとすぐにこの書を内藤から借りたことになる。ポズドネエフの著書とは、Pozdneev, A. M., *Mongol'skaja letopis' "Erdeniin erihe": Materialy dlja istorii halhi 1636-1736*(Sankt-Peterburg, 1883)である。

京都帝大との関係でいえば、この頃、次の論文が京都帝大の雑誌に掲載されている。

十八、「回鶻文女子売渡文書」に就いて　石濱純太郎　『芸文』第七巻十号　大正五年（一九一六）十月[46]
十九、元国書官印　石濱純太郎　『史林』第二巻第二号　大正六年（一九一七）四月

いずれも短いものだが、内藤に会ったその年には『芸文』に論文を載せ、その翌年には『史林』に論文を載せていることになる。『芸文』についてはすでに述べたとおりであり、『史林』は大正五年（一九一六）一月、京都帝大文科大学を拠点とする「史学研究会」から創刊された。石濱は大正五年三月にはこの会の会員となっている。[47]

このように、石濱は東京帝大卒業後、それまでの関心事であった中央アジア・西域研究に積極的に取り組むようになり、またそれに伴って内藤湖南を中心とする京都帝大とも関係を持つようになった。高橋盛孝がいうように、石濱は確かに学生時代から「英仏独露等の語学を学び、蒙古、西蔵、満州の文献を独力研究」し、そうした国際派として研究は右の十九篇の論文に見るとおり、この時期はっきりとした形をとりつつあった。大学卒業後の数年間、すなわち大正五年（一九一六）、二十九歳頃までに、その東洋学の原型はすでにできあがっていたわけで、この時期は石濱にとってきわめて充実した時期であったといえよう。

七　石濱日記にちなんで

今回見出された資料としてはさらに石濱の日記がある。

そもそも石濱の日記の存在はこれまである程度知られていたが、すでに散佚してしまったものと思われていた[48]。ところが、今回のシンポジウム開催に先立って、神戸学院大学の大原良通教授および石濱家の協力により、大正二年（一九一三）、大正九年（一九二〇）、大正十一年（一九二二）、大正十二年（一九二三）、大正十五年（一九二六）、大正十六年（一九二七）の六冊が見出されたのである〈図8[49]〉。

このうち大正十六年のものが国民出版社の「當用日記」であるほかは、他は春陽堂の「新案　當用日記」で、大きさは十九・二×十三センチほど。万年筆――おそらくオノト製万年筆[50]――によって身辺の出来事や交遊、研究の様子などが生き生きと記されており、石濱の修業時代とその延長時期に関する貴重な記録である。

少しだけ内容を紹介しておくと、たとえば大正十二年（一九二三）二月の日記には次のように見える。石濱三十六歳の時の記録である〈図9、図10〉。

二月廿三日　学校。羽田氏よりの華夷譯語を受取りて帰る。入浴。
　ネフスキイ来訪。

二月廿四日　晴。学校。午後帰れば男子が生れてゐた。武内君へ命
　名を依頼の電報を出す。
　敦煌本切韻を調べる。

図8　石濱日記　大正12年（石濱家蔵）

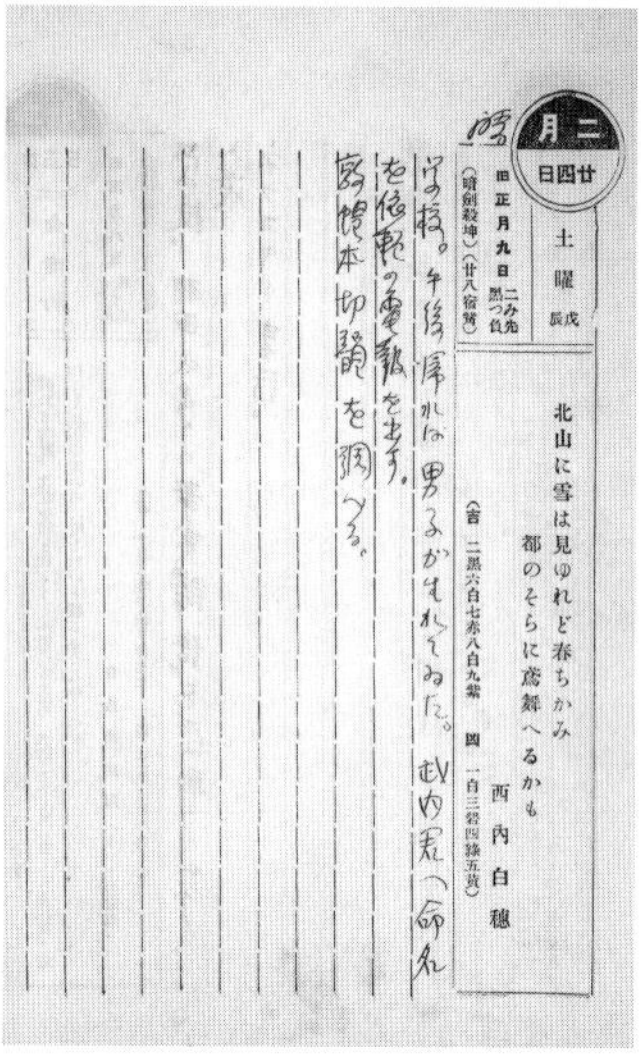

図 9　石濱日記　大正 12 年 2 月 24 日

図 10　石濱日記　大正 12 年 2 月 25 日

二月廿五日　切韻残巻王跋書後を作る。

　　武内婦人来訪。恒夫と云ふ名を持参せられる。南岳先生を名を頂戴したる様にて此上なし。

　　ネフスキイを誘って景社へ行く。

　　武内、松山、倉石、神田諸君集る。

　　神田君将来の華夷譯語と云ふは西番譯語と題せるものと猓玀譯語との両種にして、西番諸種猓玀のものにて西藏語に非ず。蓋し世界の珍。大変なものなり。帰途東瀛倶楽部にて会食して愉快なり。


解説を加えておくと、二月二十三日の日記冒頭にいう「学校」とは前年の大正十一年（一九二二）四月に新設された大阪外国語学校のことで、石濱はその蒙古語部に選科委託生として入学し、モンゴル語を学んでいた。当時、同校は大阪市東区（現：天王寺区）上本町にあり、石濱自宅の東成郡墨江村（現：大阪市住吉区墨江）からわりあい近かった。

ついで「羽田氏」とは東洋史学者羽田亨（一八八二―一九五五）のことで、当時、京都帝国大学文科大学文学科助教授（言語学講座）だった羽田は大正十二年から大阪外国語学校蒙古語部に出講していた。[51] 大阪外国語学校に通っていた石濱は羽田を通して『華夷譯語』を借用したわけである。『華夷譯語』とは中国の明清時代に増訂・編集された漢語と外国語との対訳語彙・文例集で、当時のアジア諸言語に関する重要資料である。

「ネフスキイ」はロシアの言語学者、ニコライ・ネフスキー（一八九二―一九三七）のこと。大正十一年（一九二二）、小樽高等商業学校から新設の大阪外国語学校に転勤し、当時その露語部講師としてロシア語を教えていた。ネフスキーは日本民俗学のほか西夏語の先駆的研究で知られるが、そもそも彼に西夏語研究を勧めたのは石濱であった。[52] 石濱はこの年の六月、ネフスキーと大阪東洋学会を作って西夏語研究を本格化させるから、この日記はちょうど二人が西夏語研究を始めた草創期にあたっている。

のちに石濱の教示を受けて西夏語研究を大成させた西田龍雄（一九二八―二〇一二）は、石濱について「人をおだてて、いろんなことをやらせるので有名でした」と追想しているが、ネフスキーの場合もそうであったろう。[53] 石濱は学問的には厳格だったが、誰も知らない新事実を開拓する魅力をよく知っており、その面白さを若い学人に伝えるのに巧みだったようである。

翌日の二月二十四日には「敦煌本切韻を調べる」とある。敦煌から出土した韻書『切韻』は唐写本の残巻で、もともとイギリスのスタインの発見にかかる。その写真をフランスのペリオが羅振玉に送り、それを得た王国維がみずから手写して一九二一年十一月、石印により『唐写本切韻残巻』一冊として刊行した。これによって従来散佚していた『切韻』の存在が学界に大いに注目されることになったわけで、[54] 石濱もこれに着目して研究を行なったわけである。さらに翌二十五日の日記に「切韻残巻王跋書後」を作ったとあるが、「王跋」とはおそらく同書に附された王国維の跋文であり、それに対するコメントを書いたであろう。

さて、二十五日にはネフスキーを連れて景社の集まりに出かけ、松山（直蔵）、倉石（武四郎）、神田（喜一郎）に会っている。松山がやや年長なのを除けば、いずれものちに日本の中国学を担う俊秀たちであって、石濱の交友の広さがわかる。倉石と神田はともに明治三十年（一八九七）の生まれで当時二十五歳、倉石は東京から京都に移って京都帝大の大学院生であり、神田は京都帝大文学部史学科支那史学専攻を卒業して大谷大学予科教授になっていた。(55)

そもそも、景社というのは漢文を互いに添削する文会（サークル）で、明治四十四年（一九一一）二月、西村天囚によって作られた。名の由来は天神様を景《した》うという意味で、大阪天満宮の縁日である毎月二十五日に開かれ、近作の漢文一篇を必ず持ち寄るきまりになっていた。会場は主に同人の家を使い、西村天囚の自宅や料亭、あるいは大阪市東区豊後町（現：中央区本橋町）にあった重建懐徳堂を使うこともあった。(56) 石濱は西村の誘いにより大正四年（一九一五）からこれに加わっており、武内義雄（一八八六―一九六六）と親交を結んだのもこの会においてであった。(57) その頃の交遊を武内は後年、次のように回顧している。

石浜君も先生（西村天囚のこと――引用者注）の御熱心に感激して景社に加盟せられ、ここに石浜君と私とが落ち合う機会ができた。その後私と石浜君とは会を重ぬるに従って親密の度を加え、遂には二人で会の常任幹事を引き受けて、ともども教えを請うようになり、先生の門に出入りすることが数多くなった。うち明けたところ、私は最初大阪に興味をもたず怏々《おうおう》として楽しまなかったが、先生に知られ石浜君に交わってから、大阪に対する感じが一変して、今では第二の故郷のように思われえて、夢寐の間にも忘じがたい[58]。

これを読むと石濱と武内の親交の様子がよく伝わってくる。京都帝大文科大学支那哲学史学科卒で狩野直喜の指導を受けた武内は石濱より二歳年上で、大正八年（一九一九）四月から翌年九月まで財団法人懐徳堂から派遣されて北京に留学、この当時は懐徳堂講師であった[59]。当初大阪になじめなかった武内は景社における西村と石濱のつき合いを通して愉快な日々を過ごすことができるようになったという。

武内はこの日記が書かれて間もなく、三月末、新設なった東北帝国大学法文学部の支那学第一講座（中国哲学）担当教授として仙台に赴任し、大阪を離れることになるが、石濱はずっと武内を尊敬し、これに兄事していた。そのことは戦後、石濱の関西大学文学博士の主論文となった『支那学論攷』が巻頭に「武内誼卿先生に献ず　眷弟純太郎」と題し、武内に献上する形をとっていること、同書のあとがきに武内との好誼にわざわざ触れていることからも知られる。誼卿は武内の字である。

次に、この時の景社の集まりに神田喜一郎が持参した『華夷譯語』は西番訳語と猓玀譯語の二種類からなっていたという。西番は四川省西北地域における蔵緬語群、猓玀は雲南・視線地域におけるロロ語であり、石濱は「世界の珍。大変なものなり」と狂喜している。確かにこれは貴重な新発見資料であり、日本における『華夷譯語』研究のごく草創期に属し、のちに羽田亨や石田幹之助、西田龍雄らの研究に繋がっていくことになる[60]。なお、この『華夷譯語』テキストは現在、神田の旧蔵書のコレクションである大谷大学の神田文庫に所蔵されているものがそれらしい[61]。

また、この時に長男が生まれたこと、命名を武内義雄に依頼したこと、恒夫の名が南岳の名（恒）をもらったようでこの上なくうれしかったとも記されている。泊園書院における石濱の恩師、南岳は二年前の大正九年（一九二〇）二月に死去しており、石濱にはその面影が揺曳していたのであろう。それにしても「午後、大阪外語での勉強から帰ってきたら男の子が生まれていた」という書きぶりには、学問追究に日々没頭する石濱の姿のうちに飄々たる生き方が示されていて、たいへんほほえましい。

今回見いだされた日記は六冊にとどまり、ここではさらにそのうちの三日間の記事だけを例示したにすぎないが、それでもこれだけの背景や情報が引き出せるわけで、今後の活用が期待されるところである。

八　ヨーロッパ調査旅行

石濱は大正十三年（一九二四）七月から翌年二月まで内藤に随伴してヨーロッパに出かけ、東洋諸言語文献を調査する。随行者は他に内藤女婿の鴛淵一、内藤の子の内藤乾吉であった。この時、大英博物館で一カ月ほど敦煌遺書などを調査したこと、パリの国民図書館やペリオ宅で文献を調査したことは、日本の東洋学に貴重な収穫をもたらすが、内藤にとって西洋の諸言語のみならず、東洋の諸言語に通じた石濱の存在は調査を進める上で大きな支えであったろう。[62]

ここに紹介する写真は、ヨーロッパに向かう途中、エジプトのスフィンクス前で撮られたもので、本学の内藤湖南文庫に蔵する貴重な写真である[63]（図11）。内藤の『航歐日記』の大正十三年八月十二日に「駱駝に乗かへ、ピラミッド、スフヰンクスを見て帰り」云々とあるので[64]、この時に撮影されたものとわかる。

石濱三十七歳から三十八歳の時に行われたこのヨーロッパ調査旅行はその唯一の外遊であり、その修業時代の終わりを告げるものでもあった。帰国翌年の大正十五年（一九二六）年、石濱は関西大学専門部講師になり、次の年の昭和二年（一九二七）には浅井慧倫、笹谷良造、高橋盛孝、ネフスキーらと静安学社を発起するなど、研究者として自立し、自信作を陸続と発表するとともに、多くの後進を育てていくのである。

小結

本稿では若き石濱の修業時代について考え、どのような経過をたどってその東洋学が形成さ

図11　スフィンクス訪問
後列左から三人目が石濱、十人目が内藤

れていったのかを見てきた。

石濱の学問人生の第一の起点が泊園書院での漢学学習、第二の起点が東京帝大での中国学研究とすれば、内藤湖南との出会いは、東洋学という領域に足場を固める第三の起点になったといえよう。第一の起点の師は藤澤南岳、第二の起点の師は岡田正之、第三の起点の師は内藤湖南である。

ただし、第三の起点についていえば、その萌芽はすでに東京帝大時代には始まっており、内藤と出会う大正五年（一九一六）、二十九歳頃には、すでに旺盛な勉学によりその東洋学の原型ができあがっていたことが雑誌掲載論文等によってわかる。この方向が内藤との出会いによって明確になり、中国や中央アジア、モンゴル、満洲、チベット、そして日本にわたる広範な石濱東洋学がかたちづくられるのである。西洋の研究動向に精通した国際派としての相貌も、その中ではっきりした姿をとってくる。

本稿ではこれらの過程を跡づけるなかで、新資料による新たな知見をいくらか提示することができたと思う。最後に二つほど、石濱の学問についてつけ加えておきたい。

一つは、いわゆる「町人学者」という呼び方に関してである。石濱を「最後の町人学者」などと呼ぶ例はこれまでも多い[65]。しかし、少し考えればわかることだが、石濱は町人学者ではない。町人学者というのは「町人」（商人）でありつつ学者でもあるということのはずだが、石濱は丸石商会（のちの丸石製薬）の役員ではあったものの、その会社経営に直接タッチしたことがないからである[66]。本稿でも触れたように、大阪にはかつて町人学者といえる人々がおり、石濱がその系譜に連なることは確かであって、製薬会社の豊かな経済力をバックに自由に研究を進めたのは事実であるが、しかし石濱を「町人学者」と呼ぶのは正しくない。かりに石濱がどこの大学の専任にもならず市井の学者として一生を過ごしたならそのように言えるかもしれないが、実際はそうではない。町人学者の伝統を受け継ぐが、町人学者ではないというべきであろう。

もう一つは、石濱の学問の性格というか、なぜ石濱は学問研究をしたのかということについてである。石濱の著作の中にイデオロギー的性格を見出すことは困難である。何かのイデオロギーや理念を実現するために学問するというのではなく、興味を引く事柄につき、それを「面白い」と思ってとことん調べ、新しい事実を見出していくという態度がここにはある。石濱は昭和初期、自分の名が羽田亨や石田幹之助と並んで「えらい學者」として新聞記事にとり上げられているのを知り、「光榮至極でもあるが、又実に恐縮至極のことであった」とし、「學問は自分の娯樂程度にしよう、別に外に何を好きと云ふ娯樂もないからさうしようと思ひ込んでゐた」と書いたことがある。(67) ここには石濱一流の照れ隠しが含まれているが、しかし単なる謙辞やカムフラージュでもあるまい。

そのような意味で、石濱は偉大なディレッタントでもあった。ディレッタントであるから、その好奇心は限りなく広がっていって止まるところを知らない。もしも何らかのイデオロギーや理念を明らかにするためなら、それが証明された時点で研究は終わるであろう。この場合、研究はイデオロギーや理念に奉仕するものとなる。しかし、未知の事柄の圧倒的な魅力の追求は、けっして終わるところがない。石濱の学問の新知見にあふれる該博さは、こうしたディレッタント的性格に由来するように思われる。東京の官僚臭さや「気取り」を嫌ったのもここに大きな理由が見出せる。おのれの出世や地位に無頓着であったことも、ディレッタントだからこそであろう。そうであれば、石濱がかつての大阪の町人学者と酷似するのは、こうしたディレッタンティズムの精神ではなかったかと思われるのである。

注

（1）吾妻重二編集『石濱純太郎没後五〇年記念　石濱純太郎とその学問・人脈』展観目録（関西大学東西学術研究所泊園記念会、二〇一八年）。

（2）横田健一「石浜純太郎」（関西大学百年史編纂委員会『関西大学百年史』人物編、学校法人関西大学、一九八六年）、大庭脩「石浜純太郎」（江上波夫編『東洋学の系譜』第二集、大修館書店、一九九四年）。これらはいずれも吾妻重二編著『泊園書院歴史資料集』（泊園書院資料集成一、関西大学出版部、二〇一〇年）に再録した。このほか村田忠兵衛「大壺石濱純太郎先生——特に大阪人として——」（『懐徳』第四二号、懐徳堂堂友会、一九七二年）も参考になる。

（3）『石濱先生古稀記念東洋学論叢』（関西大学文学部、一九五八年）所収。ただし今回、この年譜を補訂して本論文のあとに附したので参照されたい。

（4）石濱恒夫「創業者祖父・石濱豊藏」（『丸石製薬百年史』所収、丸石製薬株式会社、一九八九年）。石濱恒夫は石濱の長子で、小説家・作詞家として活躍した。

（5）末弟子「大壺先生を憶ふ」（『混沌』創刊号、中尾松泉堂書店、一九七四年）。

（6）注4所掲、石濱恒夫「創業者祖父・石濱豊藏」。

（7）注4所掲『丸石製薬百年史』二六頁、『大阪製薬業史』第一巻（大阪製薬同業組合事務所、一九四三年）四五一頁。なお詳細は不明だが、豊蔵は製薬法を学ぶ前は教員をしていたらしい。製薬業者の回想に「石濱氏は教員をしてゐられたが西山氏のもとでは製造の事に従つてゐた」という。『大阪製薬業史』第一巻、四六七頁。

（8）注4所掲、石濱恒夫「創業者祖父・石濱豊藏」、『日本人名大辞典』（講談社、二〇〇一年）および三善善司編『大阪人物辞典』（清文堂、二〇〇〇年）の「安住伊三郎」の項参照。

（9）篠崎小竹「三島先生行状」、『事実文編』巻四六所収（『事実文編』三、関西大学出版・広報部、一九七九年）。

（10）藤澤桓夫『大阪自叙伝』（朝日新聞社、一九七四年）二九頁。

（11）藤沢かつ「若き日の弟石浜」（『泊園』第七号、泊園記念会、一九六八年）。いま注2所掲、吾妻重二編著『泊園書院歴史資料集』に収む。

（12）藤澤桓夫『私の大阪』（創元社、一九八二年）三五頁。

(13) 石濱純太郎「泊園の思出ばなし」(新聞『泊園』第十二号、一九三四年十一月一日)。新聞『泊園』は吾妻重二編著『新聞「泊園」附 記事名・執筆者一覧 人名索引』(泊園書院歴史資料集成三、関西大学出版部、二〇一七年)に影印。

(14) 篠田栗夫については、吾妻重二「泊園書院出身の東洋学者たち」(吾妻重二編著『泊園書院と漢学・大阪・近代日本の水脈』、関西大学出版部、二〇一七年)一八八頁。

(15) ただし、この書が文中で石濱純太郎を「大阪外国語大学名誉教授」とするのはいただけない。「関西大学名誉教授」が正しい。

(16)『東京大学百年史 部局史二』(東京大学出版会、一九八六年)四二一—四二三頁、五一一頁、七二六頁。なお当時、文科大学は三年制であり(帝国大学以前の東京大学時代は四年制)、学年暦は九月入学、七月卒業であった(旧制高校も同じ)。現在のように四月入学、三月卒業に改められたのは大正十年からである。

(17) 堤一昭「大阪大学図書館石濱文庫の調査・研究の現況」(『東西学術研究と文化交渉——石濱純太郎没後五十年記念国際シンポジウム』予稿集、二〇一八年)を参照されたい。

(18)「工科」とは、正確には一高大学予科の三部(一部は法学・政治学・文学、二部は工学・理学・農学・薬学、三部は医学)のうちの二部・工学科(第二部甲類)である。

(19) 明治三十、四十年代の高等学校入試については竹内洋『立志・苦学・出世 受験生の社会史』(講談社学術文庫、二〇一五年)二二頁以下を参照。

(20) 注11所掲、藤沢かつ「若き日の石浜」。

(21) 制度面を確認すると、当時、帝国大学の各分科大学の入学者に欠員のある場合に限り、学力試験によって高校卒業相当の学力を認められた者に分科大学への入学が許されていた。明治二十六年(一八九三)年六月の高等中学科学力検定試験に関する文部大臣訓令に次のようにある。

高等中学校ノ卒業生ニアラスシテ帝国大学分科大学へ入学志願ノ者アルトキハ別紙規 定ニ依リ高等中学科学力検定試験ヲ施行スヘシ

(別紙)

第一 高等中学科学力検定試験ハ帝国大学分科大学ヨリ其入学志願者ノ学力検定試験執行ノ通告アル場合ニ限

リ高等中学校ニ於テ施行スルモノトス

第二　高等中学科学力検定試験ハ高等中学校本科卒業ノ程度ニ拠ル（以下略）

高等中学校は明治二十七年（一八九四）六月の「高等学校令」によって高等学校に改められるが、この学力検定試験の規定が準用されたようである。『東京大学百年史』通史一（東京大学出版会、一九八四年）九八四頁、九二二～九二三頁。

(22) 亀田豊治朗はのち数学者となり、内閣統計局統計官などを経て厚生省保険院数理課長兼統計課長となった。

(23) 注11所掲、藤沢かつ「若き日の石浜」。

(24) それまでの支那文学科卒業生は次のとおり。石濱同期を含めて合計十六名である。『東京帝国大学一覧　従明治四十四至明治四十五年』（東京帝国大学、一九一一年）による。

明治三十八年七月卒業　木村欣一
明治三十九年七月卒業　武藤長平　吉田貞一　佐久節　佐々木菊若
明治四十一年七月卒業　田中豊蔵　大橋廓道　服部品吉
明治四十二年七月卒業　岡田秀夫　橋本精次　野田豁太郎
明治四十三年七月卒業　三上勝　安藤圓秀
明治四十四年七月卒業　石濱純太郎　小田龍太　板原瑛夫

(25) 藤枝晃「町人学者・石濱純太郎」（『図書』二三四号、岩波書店、一九六九年）。

(26) 藤枝晃「大阪文化に〝オアシス〟　石浜純太郎先生をいたむ」。『読売新聞』昭和四十三年（一九六八）二月十三日、第七面。

(27) たとえば帰阪してしばらく後のこととして「僕は學問の都會でない大阪に住んで、家を離れ得ない事情もあるから」云々と述べている。石濱「遠方の友――殘雪軒夜話」（『東西』第一巻第五号、一九四六年）。いま、高田時雄編『石濱純太郎　續・東洋學の話』（臨川書店、二〇一八年）に収む。

(28) 注12所掲、藤澤桓夫『私の大阪』三五頁。

(29) 注３参照。

(30)今村与志雄編著「橋川時雄年譜」(今村編『橋川時雄の詩文と追憶』所収、汲古書院、二〇〇六年)五五〇頁。
(31)武内義雄「碩園先生の遺訓」(『武内義雄全集』第十巻、角川書店、一九七九年)。
(32)戸川芳郎「倉石武四郎」(江上波夫編『東洋学の系譜』第二集、大修館書店、一九九四年)二〇三頁。
(33)注2所掲、大庭脩「石浜純太郎」。
(34)石濱純太郎「新疆の話」(『関西大学学報』第一六二号、一九三八年)。いま、注27所掲、高田時雄編『石濱純太郎　續・東洋學の話』に収む。
(35)石濱純太郎「中亞探検心酔の顛末――あれから、はや七年」(『大乗:プディストマガジン』第五巻第十号、一九五四年)。いま、注27所掲、高田時雄編『石濱純太郎　續・東洋學の話』に収む。
(36)ちなみに現在、高松市にある黒木欽堂の墓表および碑銘は長尾雨山の撰ならびに書である。長尾雨山(一八六四―一九四二)は石濱より二十四歳年長で、あとにいう大阪の景社において石濱と親交があった。
(37)堤一昭氏の教示によれば、大正五年(一九一六)四月二十五日、景社の例会に石濱と内藤がともに参加した記録があるため、二人の出会いはこの時に遡る可能性があるとのことである。ただしすぐあとに引用するように、石濱自身、麗澤社と景社の連合会で内藤と初めて会ったと述べているので、四月の景社例会では二人は参加していたとしても特に話は交わさなかったのではあるまいか。
(38)石濱純太郎「僕の憂鬱」(『支那学』第七巻第三号、一九三四年)。いま、注27所掲、高田時雄編『石濱純太郎　續・東洋學の話』に収む。
(39)『漢学』第一編第一号(一九一〇年五月)。第一編第三号(一九一〇年七月)以降に所載の東亜学術研究会会員名簿に石濱の名が見える。
(40)石濱敬次郎は石濱より二歳年下で市岡中学校卒業だが、大正九年(一九二〇)七月に石濱家から分家した(「年譜略」)。その仕事としては藤澤桓夫との共訳『オウ・ヘンリー短篇集:ユーモア小説』(大阪:輝文館、一九四〇年)があり、その「訳者の言葉」で桓夫は敬次郎が隠棲の英語学者であること、「優に大学教授としての学識を持ちながら、世に出ることを好まぬ性質のため五十歳の今日まで悠々自適しながら独りで本を読んでいる奇人」と紹介している。谷沢永一『署名のある紙礫―私の書物随筆―』(浪速書林、一九七四年)の「古書即売会に学ぶ」二四〇頁以下参照。

(41) 注3所掲、『石濱先生古稀記念東洋学論叢』所収の「石濱純太郎先生著作目録」。
(42) この論文は、注27所掲、高田時雄編『石濱純太郎　續・東洋學の話』に収む。
(43) いま、注27所掲の高田時雄『石濱純太郎　續・東洋学の話』に収む。
(44) 原文は「漢の学みならず」だが、明らかな誤植なので訂正した。
(45) 高橋盛孝「石浜大壷先生の思い出」(機関誌『関大』第一五三号、一九六八年三月十五日)。
(46) 注27所掲、高田時雄編『石濱純太郎　續・東洋學の話』に収む。
(47) 『史林』第一巻第二号会報欄。
(48) 先に引用した大庭脩「石浜純太郎」にも「令息石浜恒夫の談によると、石浜の日記が長年月にわたって残って居り」云々とある。また、注4所掲の石濱恒夫「創業者祖父・石濱豊藏」にも「府立市岡中学校の第一回生でありました亡父の、明治三十六年、三年生時分の日記が遺っております」、「亡父の日記は、実はそれ以来、手足がまったくの不自由になります歿年の三年ほどまえまで、短くともきちんと書きつづけておりまして」という。しかしその日記の大部分は現在、所在不明である。
(49) これらの日記は現在、石濱家蔵。石濱の令孫石濱紅子氏によると、石濱の没後、その蔵書が「石濱文庫」として大阪外国語大学(現：大阪大学)に入庫した際、石濱の日記もこれに含まれていたが、プライベートなものなので石濱家に返却されたという。その後、家財を整理する中で石濱家から散佚したとのことで、現在、石濱家に他の日記は残っていない由である。本書所収の大原論文を参照されたい。
(50) 藤澤桓夫の証言に、石濱は「ずっとオノトを愛用していた」といい、それはオノト製を使っている夏目漱石に憧れたからだろうという。ちなみに桓夫が今宮中学に入学した際に石濱が記念に贈ってくれた万年筆もオノト製だったという。注12所掲、『私の大阪』六五頁。
(51) 堤一昭「石濱純太郎の〝モンゴル学事始〟」(『ＯＵＦＣブックレット』一〇―一、大阪大学中国文化フォーラム、二〇一七年)。
(52) 石濱はのちに西夏語研究に関し、「頻りに吾友ネフスキ君を煽動して、ロシアには巨大な西夏蒐集があり他に比倫すべきものが無いに関らず研究は見るべきものが出ない様だから是非君が着手すべきものであると口説きました結果、私の所蔵の文献を貸して試みる事となりました」と追想している。石濱純太郎「西夏語研究の話」（石濱『東洋學の話』、創元社、一九四三年）一九四頁。
(53)「學問の思い出　西田龍雄博士を圍んで」（『東方學』第一一九輯、二〇一〇年）二一二頁。
(54) 高田時雄「敦煌韻書の發見とその意義」（高田編『草創期の敦煌学』所収、知泉書館、二〇〇二年）。
(55) 注32所掲、戸川芳郎「倉石武四郎」、『神田喜一郎全集』第十巻（同朋舎、一九九七年）「略歴」。
(56) 西村天囚「景社同約」および「景社題名記」（『碩園先生文集』巻三、碩園先生遺集、懐徳堂記念会、一九三六年）、注31所掲の武内義雄「碩園先生の遺訓」、また『石濱日記』大正十二年一月二十八日。
(57) 注31所掲、武内義雄「碩園先生の遺訓」。
(58) 注31所掲、武内義雄「碩園先生の遺訓」。
(59) 武内義雄の経歴については、『金谷治中国思想論集』下巻（平河出版社、一九九七年）の「先師懐想」に収める「武内義雄—東洋学の系譜—」、「誼卿武内義雄先生の学問」などを参照。
(60) 日本における『華夷譯語』研究については、山崎忠「我が國における華夷譯語研究史」（『朝鮮学報』第五輯、一九五三年）参照。
(61) 三宅伸一郎・松川節共編『『華夷譯語』（西番譯語四種　猓玀譯語一種）影印と研究』（大谷大学文献研究叢書一、松香堂、二〇一五年）は『華夷譯語』のうち、四種類の『西番譯語』と一種類の『猓玀譯語』の影印に解説を付したもの。原本は大谷大学の神田文庫蔵。
(62) この時の調査ノートが本学の内藤湖南文庫に残されており、その多くが石濱の自筆による。玄幸子・高田時雄編『内藤湖南　敦煌遺書調査記録　續編——英佛調査ノート』（関西大学出版部、二〇一七年）収録。ただしその「解題」で、【37-3 スタイン将來資料】のノートにつき「ほぼ石濱純太郎によって記録されている」とあるのは正しくないと思われる。この部分の筆跡が石濱ものでないことは明らかである。
(63) この写真については本学の陶徳民教授の教示による。
(64)『内藤湖南全集』第六巻（筑摩書房、一九七二年）四七八頁。
(65)『朝日新聞』昭和四十三年（一九六八）二月十二日の訃報記事「〝町人学者〟石浜さん死去」、注25所掲の藤枝晃「町

人学者・石濱純太郎」、注2所掲の横田健一「石浜純太郎」などが石濱を「町人学者」と呼んでいる。

(66) 藤澤桓夫は「現実には、叔父は商人として薬屋の業務に携わったことは一日もなかった」(注12所掲『私の大阪』三五頁)といい、高橋盛孝も「先生は中年から、この方の仕事(丸石商会の仕事——引用者注)は老番頭にまかせ、時々重役会議に顔を出されるだけだった」(注45所掲「石浜大壷先生の思い出」)という。

(67) 石濱「獏の夢」(『学灯』第四六巻第九号、一九三二年)、いま、注27所掲、高田時雄編『石濱純太郎　續・東洋學の話』に収む。

付記　本稿は科学研究費・基盤研究(B)(一般)「泊園書院を中心とする日本漢学の研究とアーカイブ構築」(課題番号18H00611、二〇一八年度~二〇二一年度、研究代表者:吾妻重二)による研究成果の一部である。

アレクセーエフの石濱純太郎宛書簡

高田時雄

一　石濱純太郎とロシア人脈

戦前の日本中国学或いは東洋学の分野において、ロシアと交流のあった学者は決して多くない。その中にあって、石濱純太郎の場合は特筆すべき稀有な一例と云えよう。明治二十一年（一八八八）大阪に生まれた石濱は、市岡中学をその第一期生として卒業した後、高等学校に進学せず、東京帝国大学を直接受験して合格、支那文学科を卒業した。その後すぐ大阪に戻り、没年に到るまでずっと大阪の地で民間の学者として読書と研究に没頭した。石濱は関西一円の大学等で講師として教壇に立つことはあったが、大学の専任教員になったのは、昭和二十四年（一九四九）、還暦を過ぎた六十二歳のときであった。同年四月、石濱は関西大学文学部教授となり、東洋史学を講じた。したがって、その一生を概括すれば、まさに大阪の町人学者だったのであり、そのことは我も人も認めていた。そのローカルな学者が常に欧米東洋学の動向にアンテナをめぐらせ、重価を惜しまず文献の購収を事とし得たのには、裕福な家庭環境に恵まれ、第一級の教育を受けたことがその背景にあったとしても、やはり本人の資質と学問に対する熱誠が然らしめたものと云わざるを得ない。[1]

さて石濱とロシア学界との縁はひとえにネフスキーと知り合ったことに由来する。石濱は後に回想して、「たゞ元の大阪外語の露語教師であったネフスキーと交際するやうになったから、彼を通じてロシアの学者を多少知るに至ったのだ」と云っている。[2] ニコライ・アレクサンドロヴィッチ・ネフスキー（Николай Александрович Невский, 1892-1937）はロシアの学者で、日本民俗学、東洋言語学などの分野で傑出した業績を挙げたことでよく知られる。ネフスキーはペテルブルグ大学を卒業し、帝政ロシアの留学生として一九一五年以来日本に滞在していたが、折からの革命騒動で日本に留まることを余儀なくされ、生活の糧をもとめて一九一九年、小樽高等商業学校のロシア語教師となり、次いで一九二二年四月、大阪に外国語学校が開設されると、同校のロシア語教師に転じた。石濱のほうは、大阪に外国語学校が出来たと聞いて、早速その蒙古語部に委託生として入学した。[3] かくして石濱とネフスキーは相知り合うことになるのだが、やがて彼ら二人は学術面で極めて密接な協力関係を築くようになっていく。彼らが知り合った翌年、大正十二年（一九二三）に早速、大阪外語の校内に大阪東洋学会を立ち上げ、『亜細亜研究』[4] 誌の刊行を開始したほか、昭和二年（一九二七）九月には浅井恵倫、高橋盛孝らと語って「静安学社」（Societas Orientalis Osaka'ensis in memoriam Wang Kuo-wei）を設立した。王国維の名を冠した社名はネフスキーが提案したものだという。[5] その第一回集会にはコンラド（Николай Иосифович Конрад, 1891-1970）が「サウェトロシアに於ける東洋学研究」と題して講演をした。[6] ネフスキーは昭和四年（一九二九）年九月、ソ連に帰国するが、その間、石濱とネフスキーは西夏文献の共同研究に取り組み、連名で論文を発表している。それらは初期西夏学の優れた研究成果であり、その後の西夏学発展の礎を築いたものである。ネフスキーは帰国後レニングラード大学で教鞭を執る以外に、アカデミーのアジア博物館（Азиатский музей）研究員を兼ね、事あるごとに同僚たちに石濱のことを吹聴してまわった。なかでも、大学時代には自分の先生であり、いまは同僚でもあるアレクセーエフには、帰国前からしばしば石濱を推薦していたが、[7] レニングラードに帰って顔を合わせることが増えると、石濱に言及する機会は一層多くなったようだ。アレクセーエフは中国学者であり、石濱とは共通の話題が多かったので、彼らのあいだにはそれらをめぐって頻繁な通信が行われた。同じ中国学者では、やはりアレクセーエフの学生であったシューツキー、[8] ワシーリエフ、[9] ブナコフ[10] といった学者たちと交流をもった。なかでもシューツキーは昭和三年（一九二八）四月から九月まで大阪に遊学し、泊園書院で石濱の講義に出席したこともあって、非常に親しい関係であった。[11] 更に石濱の今一つの専門であるモンゴル関係では、ヴラディミルツォフ、[12] ポッペなどとも、アレクセーエフの紹介で交流のあったことをうかがわせる（以下に載せるアレクセーエフの石濱宛書翰を参照）。石濱はヴラディミルツォフの逝去に際して、追悼文を書いている。[13] かくして二十世紀の二〇年代後半から三〇年代前半にかけての一時期、石濱はロシア（ソ連）の、とりわけレニングラードの東洋学界と極めて密接な交流をもった。

二　中国学者アレクセーエフ

さて小文の主題であるアレクセーエフについて語らねばならない。ワシーリー・ミハイロヴィッチ・アレクセーエフ（Василий Михайлович Алексеев）は、ソビエト時代のロシアを代表する中国学者である。ソ連邦科学アカデミー正会員であり、長く第一人者として指導力を発揮し、その門下から多くのソビエト中国学者を輩出し、アレクセーエフ学派を形成した。その影響力は今日でもなお大きいものがある。彼自身が用いた漢名は阿理克だが、中国では阿列克謝耶夫と書かれる場合もある。以下、その生涯を簡単に振り返ってみよう。

アレクセーエフは、一八八一年サンクト・ペテルブルグの貧しい家庭に生まれたが、天性の才能と努力によって、一八九八年サンクト・ペテルブルグ大学の東方言語学部中国語満州蒙古語専攻に入学。一九〇二年大学卒業後は、エルミタージュ博物館で中国古銭の整理研究に従事し、兼ねてアジア博物館で中文書目の編纂を行った。一九〇四年～〇六年、中国学研修のため英、仏、独に派遣された。フランスではとりわけシャヴァンヌ（Edouard Chavannes）の強い影響を受けた。またメイエ（Antoine Meillet）やルスロー（Jean-Pierre Rousselot）といった学者に師事し、言語学、音声学を学んだ。一九〇六年～一九〇九年中国に滞在して、中国語を学ぶとともに、各地を旅行して見聞を広めた。とりわけ一九〇七年四月～十月にはシャヴァンヌとともに、華北一帯を旅行した。その旅行記『一九〇七年中国紀行』[14]は若きアレクセーエフの興味の所在がわかり興味深い。一九一〇年一月に帰国し、サンクト・ペテルブルグ大学東方言語学部の教職に就いた。一九一一年、再度パリ及びロンドンへ赴き調査を行い、コレージュ・ド・フランスでは再びシャヴァンヌの教えを受ける。また一九一二年には、中国南部を旅行して、民族学的調査を行った。一九一六年『司空図の詩品』[15]によって準博士（кандидат）の学位を得た。一九二三年、ソ連邦アカデミー通信会員。次いで一九二九年には、博士の学位を取得し、アカデミー正会員となった。レニングラード大学東方学部に加えて、一九三〇年からはソ連邦科学アカデミー東方学研究所中国研究室の主任を兼務した。

アレクセーエフは司空図『詩品』の研究によって中国学者としての一歩を踏み出したが、早くから民間の芸術や文学さらには言語遊戯などにも深い興味を示し、とりわけ年画の収集と研究には力を注いだ。ただ彼が企図した年画の出版は生前には実現せず、死後十五年たってようやく出版された。[16]彼の業績の中でもっとも著名なものは『聊齋志異』の研究と翻訳で、そのロシア語訳は今でも版を重ねている。[17]アレクセーエフは若い頃に言語学を研究したことがあり、その能力を生かして中国語のラテン文字化にも積極的に関与した。[18]またレニングラードの研究所の後輩らとともに「中露大辞典」の編纂にも手を染めたが、完成には至らなかった。[19]流石に三年間北京で研鑽を積んだだけあって、アレクセーエフの中国語はすこぶる堂に入ったものだったらしく、一九一二年欧州に遊学した狩野直喜は、往路サンクト・ペテルブルグに立ち寄った際、アレクセーエフにも面会したが、その中国語の堪能なことに驚いている。[20]

三　アレクセーエフと石濱純太郎の間に交わされた通信

一九二四年六月にネフスキーがアレクセーエフに宛てて石濱を紹介する手紙を書いたことは上掲注七でも触れたが、これは湖南一行がレニングラード行きを取りやめたため、用を為さなかった。今日、彼ら二人の間に交わされた通信は、ペテルブルグと大阪とに分かれて保存されている。すなわち石濱からアレクセーエフに宛てた書簡は、ロシア科学アカデミー文書館サンクト・ペテルブルグ文部に所蔵（編号はФ.820, оп.3, ед. хр.385）される、一九二七年九月四日から一九三四年九月八日発信分に至る計七通である。第四通が漢文である以外はすべて英文で書かれている。一方、アレクセーエフが石濱に宛てた分は、大阪大学附属図書館石濱文庫にあり、一九二七年六月二十日～一九三六年九月十四日発信の全二十四通（葉書三枚を含む）である。[21] こちらも一通が露文である以外はすべて英文である。両者を対照してみると、石濱の書翰はあるべくしてないものがあり、完全には保存されていないように思われる。一方、石濱文庫中のアレクセーエフ書翰はかなりの数量が残っているが、これとても全てであったかどうかは疑わしい。現在保存されているアレクセーエフの書翰は一九三六年九月十四日のものが最後であるが、[22] その前は一九三三年二月六日であり、三年半以上の空白があるのは不自然である。事実、石濱の一九三四年十一月七日書翰は明らかにアレクセーエフの依頼に応えてネフスキーの業績をまとめたもので、[23] これに対応するアレクセーエフ書翰があった筈である。ちなみに筆者は、石濱がアレクセーエフに宛てた七通を、日本語に訳して『続・東洋学の話』に附載しておいた。[24] 今回更にアレクセーエフが石濱に宛てた書簡を翻訳紹介することで、両者の学的交流の実際をより具体的に知り得るようになれば幸いである。[25]

四　幾つかの注目すべき書翰

二人の間に交わされた書翰の内容は、書籍や文献の交換に関してのものが多いが、幾つか注目すべきものがある。以下、それらを簡単に紹介しておきたい。

まず一九二七年六月三十日の書翰（①）は、両者が文通をはじめることになった最初の手紙である。そこには三十三項目の質問状が同封されているが、当時のアレクセーエフの興味の所在を知ることができて非常に面白い。質問は主に参考文献を尋ねるもので、ネフスキーが石濱のこの方面で豊富な知識をもっていることを吹聴した結果と思われる。もっとも中には随分奇妙な質問や、少なくとも石濱にとっては的外れなものもあり、それらには石濱も正直に「知りません」と答えている[26]。ただこの一連の厄介な質問に対して、石濱は全体として非常に丁寧な回答をしており、かなりの時間を費やしたものと想像される。この初回の応答によって、アレクセーエフも石濱の人間性に深く感じ入るところがあったと見え、その後も通信を継続することになった。

とりわけ筆者の注意を引くのは、石濱が、「この書翰の最後に、オルデンブルグ・ミッションがロシアに持ち帰った敦煌遺書コレクションについてのお願いを附け加えさせて下さい。小生は同ミッションのソグド文写本に関してローゼンベルグ氏が『亜細亜雑纂』（*Mélanges Asiatique*）の新シリーズに寄せた論考を読み、ロシアに敦煌写本のコレクションがあり、貴下が同ミッションの中国写本目録を編纂中であることを知りました。小生は同ミッションについて知る所がありませんので、もしオルデンブルグの最近のミッション（一九一四～一九一七）に関する情報なり報告なりにつきご教示いただくとともに、貴下の目録を一部拝見できれば、小生の喜びこれに勝るものはありません。小生が主に研究しているのは敦煌写本なのです[27]」と言っている点である。オルデンブルグ（Сергей Фёдорович Ольденбург, 1863-1934）の第二回探険隊がもたらした敦煌遺書については、正式の報告書が公刊されなかったこともあって、国外には全く知られていなかった。西側の研究者がロシアに敦煌遺書の存在することを知るのは、ようやく一九六〇年モスクワで国際東方学者会議が開催された時であるから、石濱がすでにこの時点でオルデンブルグ将来の敦煌遺書の存在を知り、アレクセーエフに問い合わせているのは、驚異としか言いようがない。[28] 敦煌学史上に特筆すべき事実である。[29] アレクセーエフのほうでは石濱に対し、敦煌本『文選注』写本（Φ二四二）、或いは（カラホト出土の）西夏文献の写真なら提供できるかもしれないと言っている（書翰③）。ところが、その後の手紙では、『文選注』はすでに狩野（直喜）教授に提供してしまったので、[30] 他のものではどうかと打診し、結局西夏語の写本が提供されることになった（書翰④～⑥）。

石濱は面倒を厭わず多くの書物や資料をロシアの同僚たちに提供した。アレクセーエフには、中国文学関係の新刊書で彼が興味を引きそうなものをその都度選んで送り届けている。もちろん石濱もしばしば交換としてロシアの出版物を要求し、日本では容易に購入できない文献を手に入れることが出来た。それらをすべて大阪大学石濱文庫のなかに見ることが出来るのは幸いである。

ネフスキーやシューツキーなど石濱の友人たちが、スターリンの大粛清の犠牲となって次々と非業の死を遂げていくなかで、アクレセーエフもまた『プラウダ』紙上で反動的な世界観の持ち主であるとして猛烈な批判にさらされた。[31] 大粛清の始まりは一九三四年十二月のキーロフ暗殺に胚胎すると云われるが、その後三七、三八年をピークに夥しい数の犠牲を生んだ。アレクセーエフが石濱に宛てた最後の書翰（㉓）で、送ってもらった書物を「自身が受け取れなかった」と言っているのには、何か困難な事情があったものかと推測する。さらに上で見たように、一九三三年二月以降この三六年九月の最後の手紙の間に三年以上の空白があるのも、穿った見方をすれば、石濱との交信をひかえていたという見方も成立する。

アレクセーエフと石濱は生涯ついに相会う機会をもたなかった。しかし文通を通じて、アレクセーエフは石濱の学識に深く敬服し、アカデミーの会員に推挙しようとまでしたらしい。もっとも石濱のほうが履歴書を送らなかったので、これは沙汰止みになったようだ。[32]

五　アレクセーエフの石濱純太郎宛書翰（訳文）

①

一九二七年六月三十日

大阪、石濱純太郎博士

前略、

われらが友人ニコライ・ネフスキー氏が、話の中で私に貴下のことを紹介してくれました。そして中国文献に関する私の質問に答えて頂けるというかけがえのない御同意も頂戴しております。

さて私は今、解決し得ずに困っているこれらの問題すべてにつき、是非ご検討をお願いしたいと存じます。それらを書き出しながら、これらに詳しくお答えいただくには、どれほど貴下にご面倒をお掛けするかはよく存じておりますが、なにとぞ貴下の記憶が情報と文献から遠くに逸れてしまわないうち、速やかにご回答いただくよう、切にお願いするものです。

どのようなヒントでも結構ですので、頂戴できれば感謝いたします。お返しに私の貧しい経験によって知り得た事柄につき、貴兄ご自身のご下問に対して何度でもお答えする積もりであることをご承知置き下さるようにお願いいたします。勿論この私の感謝の念は貴下に対してただただ「仁」の名において為されるものであること言うまでもありません。

貴下ご自身の研究成果を御恵投いただくことは、私一個にとっても、また我々アジア博物館の大コレクションにとっても、常に歓迎し感謝するところです。私は現在該博物館コレクションの主任を務めております。もし貴下が拙著をご所望ということでしたら、すぐにでもご送付させていただきます。
貴下のお仕事のお邪魔をすることに対しお怒りのなきことを念じつつ、草々。

バジル・M・アレクセーエフ

お願い
我が同僚学者であり高名な石濱純太郎氏におかれては、親切かつ丁寧なご教示を賜らんことをお願いいたします。以下、中国文献及び参考書目につき、是非とも貴下のご意見を請いたく存じます。

一、有用かつ重要な中国関係の参考書のリスト。
二、「中国語の研究と教授法入門」という大きな著作を計劃していますが、中国語或は日本語で読める書物を推薦して下さい。
三、中国の最重要な学会の最も価値ある刊行物は何でしょうか?
四、旧中国を支持し鼓吹する人物で重要かつ興味有る人物は、林紓以外にいますでしょうか。林紓を批判する論説はどこで見られるでしょう? 『新青年』(?)は現在では簡単には見られません。
五、東と西を説明し対比評論した著作は、『東西文化与其哲学』以外にありますでしょうか?
六、数ある中国文学史の中で、中国国内の学術界から見て最良のものはどれでしょうか? 謝无量、曽(毅)或いはその他のもの?

七、文（言）の最良の文法についてお尋ねします。
八、唐司空図撰『詩品二十四首』の権威ある注本をご覧になったことがありますか？この著作の日本語訳或いは返り点付きの版本、また日本の学者による編著や研究はどうでしょう？
九、陶淵明と李白に関する最も重要な著作、或いは刊本はどうでしょうか？
十、掃葉山房出版の『璇璣碎錦春吟回文合刻』の著者衡陽李禺山はどういう人でしょう、また回文詩に関するまともな目録はありますか？
十一、いま「茶に関する中国詩」及び「中国の無神論」という書物を書こうと準備しています。「中国茶趣詩説」といったような本はありますか？
十二、「文学革命」に反対する主要な論点はどこで見られるでしょう？孔子会（孔子教会）からこれまで目立った活動はあったでしょうか？
十三、『宋元戯曲史』、『戯考』以外、中国戯曲に関する最良の著作は何でしょう？
十四、故王国維の完全な著作目録はどこで見られますか？
十五、私は『聊齋志異』の翻訳を随分していますが、同書の最善の版本について、また何か著者に関する研究、著者への褒貶、評価一般について、何かあればご教示いただくと幸いです。
十六、例えば「孔子教研究」といったような問題の本質を概観する最良の著作は誰のものでしょう？胡適が『中国哲学史大綱』で行っている論述より優れたものはありますか？
十七、観音、城隍、娘娘、財神など民間の神格について中国学者が研究したものはご覧になったことがありますか？

十八、東方文庫の中に過去十年間の中国学術を略述したものがありますが、同じ主題について、また中国の学術一般について、より浩瀚かつ重要な著作は何でしょうか？

十九、対聯の一般的な作法に関する著作はあるでしょうか？『楹聯新譜』は幾つか異なる版本を持っていますが、全部ひどいものです。

二十、中国の古銭学に関する信頼できる書物はありますか？『銭志新編』や『古泉匯』のようなものでなく。

二十一、『耕香館画勝』の普通に知られているものより良い版本が出ていますでしょうか？

二十二、儒家の用語（仁、文、道、君子など）について良い参考書はありますか？

二十三、『新中国』一九二〇年に出た理解困難な記事以外、ボクサー（義和団）に関するものを見ないのですが。

二十四、中国の樹木崇拝について、どこかに記述がありますか？

二十五、金髪の男（ブロンド・マン）の演目については如何でしょう？

二十六、中国の廟堂一般について、何か（中国語の）良い文献はありますか？

二十七、司馬遷の廟堂祭祀について、（地理学的、考古学的な著作以外）あまり直接的な情報を知らないのですが。

二十八、中国の人名について、その命名法と意味合いに関する概説書。

二十九、修身セオリーについて、何か前向きのマニュアルはありますか？

三十、昨年中国に居たとき『皎然詩集』の良い版本が全く手に入りませんでした。『全唐詩』に収録されているのは明らかですが、唐代のこの優れた詩人に関する良い註釈と他の研究書について教えていただきたいと思います。

三十一、元代の呉澄という人物とその活動を評価されますか？

三十二、『聊斎志異』の物語りの前に付いている「咏」の著者に就いて、それは誰とお考えですか?もちろん「異史氏曰」が著者自身によって書かれたことは云うまでもないとして。
三十三、葛洪『抱朴子』について、良い註釈付きの本はありますか?
以上、前もって感謝申し上げつつ、草々。

バジル・M・アレクセーエフ

②

一九二七年九月二十三日
前略
今しがた貴下の貴重なご労作、(一)「北堂書鈔の舜典孔伝」、(二)「無量壽宗要経考補」を拝受いたしました。謹んで感謝申し上げます。
一九二七年六月三十日付けの私の手紙は無事に着いていることと存じますが、質問の量が度を過ぎてしまったかと危惧しております。どうかお許し下さい。重ねてお礼を申し上げるとともに、お詫びいたします。草々。

バジル・M・アレクセーエフ

③

一九二七年十二月十八日
石濱さま

九月十一日付けのご親切なまた内容豊富な貴簡についてですが、私の興味本位の質問に対して貴方が骨折り苦労してご回答いただいたことに対しては、私に生じた感謝の気持ちを正確にお伝えするのには随分な時間が掛かると存じます。私が常に貴方のお役に立てることを念じつつ、先ずは心から御礼申し上げます。

ご返信がかくも遅くなったことについては、どうか怪しまれませんように。実は身体の具合がたいへん悪かったのです。右腕に神経痛が出て、しかも非常にしつこく、実に長い間苦しんでおりました。その後、博物館の他の多くの仕事や、中国語に関する学術的講義や実習など無数の授業に戻りました。現在ようやく思い出して貴下に長い手紙を差し上げる次第です。それで、以下申し述べる事柄に先だって、まず貴下のご厚意に対し感謝するとともに、私のことを決して不愉快な通信相手だと考えないでいただきたいと思います。誠に申し訳ありません（真対不起的很了——原文中国語）。

さて貴下が下された情報はすべて感謝をもって頂戴するとともに、すぐにも利用させていただく所存で、いま北京に居る友人に、貴下がリスト中に示されたすべての書物を購入するように依頼しております。このように、勿論私なりのやり方でありますが、「君命を辱めざる」（不辱君命）ようにつとめており、「璧を全うして趙に帰る」（完璧帰趙）つもりです。

『三訂国学用書撰要』はすでに所持していますが、貴下もこれを信頼すべき目録であるとお考えの由、嬉しく思います。梁啓超に対する「深慕古代文学之優美，而又曲殉時流之謬見」（一三七頁）という評価はとりわけ優れたものです。残念ながら李〔笠〕（『撰要』の著者——筆者注）は『辞源』の解釈に対して軽侮の発言をする以上には何も言っておりません。しかし我々にとってこの辞書は軸となる存在で（学生にとってという意味です）、それについて詳しい評価を承れると嬉しく存じます。この辞書に対する中国或いは日本の書評を何かご存知でしょうか？

また謝无量の『文学史』に対する御批評、ありがとうございます。日本中国学をないがしろにしては、実際にはなにも大したことができないということですね。謝〔无量〕ですら、中国趣味の初心者でしかないグルーベ（Grube）やジャイルズ（Giles）よりは優れています。貴下は日本の中国文学史の著者としては誰が最良だとお考えですか？

貴下のご友人のうち、神田喜一郎氏と倉石武四郎氏をご紹介いただければ幸いです。お二人にはすぐにでも手紙で通信を求めたいと思いますが、まことに恥ずかしながら日本語は分かりませんので、申し訳ありませんが、英語かその他の言語でお願いしたいと思います。私自身が将来日本に行くような場合には、新しい環境には不慣れではないので、大切な日本のことばの初歩程度は出来るようになるかと思います。

貴下のご友人、仙台の大学の武内教授につきましても同様にご紹介いただきますようにお願いいたします。私が「孔子伝説」と呼ぶものについては（原則的というより概略としてですが）彼と同意見です。私のことを彼にお伝えいただくと嬉しく思います。

またニコライ・アレクサンドロヴィッチ〔・ネフスキー〕を通じて頂戴した『貨布文字考』についてもお礼申し上げます。

私は大学で『老子』の講読を教えていましたとき、呉澄の『老子』研究にお世話になりました。出発点として、暗黙的で難解なものよりは明示的な注釈を選ぶべきで、XをXで、YをYで説明するようなものは避けたかったのです。勿論、私は貴下の意見に同意です。これからもずっと彼の手引きに従うべきとは思いません。

さて、私は貴下の行き届いたお手紙のどの一行にも感謝すべきですが、いまお手紙の最後の部分に触れてみたいと思います。いかにも、オルデンブルグ探険隊が敦煌で獲得したロシア蒐集品が存在します。しかしその目録について「アレクセーエフが編纂している」という決まり文句はこれから先もずっとそうであるとは限りません。研究よりも苦労ばかり多くて報われない教育のほうを選ばねばならないために、私は実際に出来ることよりもずっと多くをこなさねばなりません。もとより「その初に復す」(復其初也)などは全く見込みがなく、「半途にして廃す」(半途而廃)しかありません。

一九一四〜一五年の探険には報告書もありませんし、書いたものもありません。写本の写真を何枚か貴下にお送りできるくらいが関の山でしょうか。例えば敦煌発見の『文選』の新たな注釈を撮影した写真を数枚、または西夏の刻本の写真とか。どうかご希望を言っていただければ、喜んで応じさせていただきます。

この長い手紙はここまでです、石濱さまへ、草々。

バジル・M・アレクセーエフ

④

一九二八年三月九日

大阪、石濱教授

前略

一九二八年一月二十八日付けの、ご親切なそして興味深いお手紙を拝見して、大きな感謝の念でいっぱいです。私は貴下の友人である日本の中国学者の住所を書きとめましたので、必ずやこの最初の機会を利用して、彼等に援助を求めたいと思います。中国文献に対する見識では、どのヨーロッパの中国学者をとっても日本の中国学者に対して誇れるような力量はないのですから。

今のところあまりに忙しくて、とても貴下の静安学社論集[33]に執筆できる状況ではありません。手許にある唯一の印刷にまわせる原稿（仏文）は貴下の刊行物に向くような本格的なものではありません。
さて、オルデンブルグ所獲品中の『文選』ですが、私は狩野教授の読解に委ねるべくコピーを依頼しました。貴下が第二のもので同意していただけるとは思いませんが、私はいま貴下に調べてもらうために（なんならネフスキーとともに）西夏文献を幾つか頼んでいます。担当している写真師は年寄りで、日常の仕事もはなはだ緩慢なのが問題です。実は館蔵品の写本コピーを彼に頼んでいるのは私だけでないということもあって、遅滞が起こるわけです。ともあれ少しお待ちいただければ、できるだけ多くをお送りできるようにいたします。
ラウファー博士のロシア語版「蒙文文献概説」を同封いたします（*）。貴下ご自身の蒙文文献研究を頂戴できれば、我々としても嬉しく思います。私の名前を出して
ボリス・ヤコヴレヴィッチ・ヴラディミルツォフ教授（レニングラード、科学院アジア博物館）および
ニコライ・ニコラエヴィッチ・ポッペ准教授[34]（住所同上）に手紙を書いて下さい。
私の理解する限り、彼らは喜んで貴下と通信することと思います。私の親友ヴラディミルツォフは概して良識ある人物で、わが博物館におけるモンゴル研究の第一人者ですが、決して狭い意味の専門家ではありません。N・N・ポッペは二六、七歳の極めて有能な若者で、優れた言語学者、そして創造性がある好人物です。
貴下には何度も繰り返し感謝したいと思います。そしていつか「水草」（萍）のように相見える日を楽しみにしています。草々。

バジル・M・アレクセーエフ

（＊）ヴラディミルツォフの『パンチャタントラ』は次便で送ります。（コトビチの）『文法』（第八版）は見付かったら送ります。ヴラディミルツォフの『モンゴル手册』はまだ刊行されていません。

⑤

一九二八年三月十四日
大阪、石濱純太郎様
前略
西夏語の写真を六枚お送り致します。貴下がそれらを解読されることを心より期待致します。ネフスキーはすでに貴下との共同研究を始めていると、彼から聞きましたので、彼にはコピーを送ることはしません。草々。

バジル・M・アレクセーエフ

⑥（露文）

一九二八年五月二十八日
大阪、石濱純太郎教授
アジア博物館から貴下にお送りした西夏文献を日本語或いは英語で出版することにつき科学院から許可が下りましたのでお知らせいたします。
事由：一九二八年五月十六日付け国家安全委員会文書第十一号抜粋、科学院書記Ｉ・Ｙｕ・クラチュコフスキー署名

草々、

アジア博物館高級学術管理員　B・アレクセーエフ

⑦

一九二八年九月十三日

石濱様

さてこの程、残念ながら私の良き友人たるユリアン・コンスタンチノヴィッチ・シューツキーのミッションは既に終了しましたが、古き極東の地でこれまで誰も受けたことのないような無類のおもてなしを彼が受けたことに対し、貴下に心からなる感謝を捧げたいと存じます。「其仁可知矣」です。彼が最近呉れた手紙には、私自身に宛てた貴下の素晴らしい贈りもののことも書かれていました。これにはとりわけ強く感謝したいと思います。これらの書物は必ずや私の最も期待するものに違いありませんから。

貴下の御手紙をいつもお待ちしています。そのうち多分もっとお近づきになれると存じます。草々、

バジル・M・アレクセーエフ

⑧

一九二八年十月二十七日

石濱教授

貴下が我々の東洋学に関する幾つかの著作を入手されたい旨、シューツキーから伺いましたので、何個かの書

籍小包でお送りします。その中には以下の拙作も含んでいます。

『中国詩についての詩――司空図詩品』、一九一六年
『中国考古学の将来』

『聊斎志異』

さらにラドロフの『金光明経』や他の書物もあります。それらが無事に到着することを祈ります。

貴下が希望されている他のものについても、手許にないものは借りてでも（好いものを）、出来るだけ早く実現できるように努力します。ただ例えば『東方』（Восток）などはバックナンバー全部を入手するのは極めて困難です。

シューツキーの決して盡きることのない話と貴下の書かれた彼の「入門」とを楽しんで読んでいます。あの幸せな男は美しくも輝かしい貴国で素敵な滞在をしたようです。敬具。

バジル・M・アレクセーエフ

⑨
一九二八年十一月十二日
大阪、石濱教授
前略
有正書局編の（序文もなく何等の文献学的記載もない）はなはだ不正確な『原本聊齋志異』(35) の書評を考えていて、ふと頭に浮かんだ疑問点につきご教示を請います。「俗本」（もちろん複数の意味です）による極度の本文改変に対

しての厳しい批判はさて措いて、貴下はこの版本をおおむね考慮に入れる価値があるとお考えでしょうか？あるいはこの点に関してどなたに伺えばよいでしょうか？それから、一七六五年版の刊行者兪（余）集、そしてそのパトロンであり当時杭州の長官であった山左趙公[36]の詳しい伝記はどこで見られるでしょうか？日本には『聊齋』本文の歴史を扱った著作が何かあるでしょうか？また私の質問を満たしていただけるような、本文の形成に対するヒントが何かないでしょうか？

我々がお送りした書籍小包は無事に受け取られたことと思います。他のご希望についても常に気にかけておきます。質問ぜめで申し訳ありません。草々。

バジル・M・アレクセーエフ

⑩

一九二八年十二月三十一日

日本国大阪、石濱純太郎教授

前略

ずいぶん遅れましたがようやく貴論文の冊子と中国詩及び中国詩人に関する多くの貴重な書物を拝受しました。これらに対し心より感謝申し上げます。シュ―ツキーと私とは、かくも大量の書物を頂戴したことに興奮しています。書目は貴下が選んでいただいたということで、我ら両人は貴下の門前に立って繰り返し「師として之を拝し」（師拜之）たく思います。貴下の親切な思いやりはそれ自体すばらしいものですが、加えてその敏速な対応を我々は心に留めることでしょう。

私が最近お送りしたもの（二八年十月二十七日）は無事に着いたかと存じます。数日中には『東方』[37]を二冊（当地ではこれだけしか見付かりません）お送りしますが、他の巻もそのうちにはお送りできるかも知れません。

この手紙は大晦日当日に書いていますが、ここに謹んで新年のご挨拶とともに、すべてが良好かつ豊かなものとなることをお祈り申し上げます。私は少し前にネフスキーに手紙を書いて、貴下の悲しみに対する深い同情を伝えてくれるように頼みました。亡くなったお子様を知っていたシューツキーからも貴下の悲しみの大きさが伝えられています。更なる感謝と祝賀の意を込めて、草々。

バジル・M・アレクセーエフ

⑪

一九二九年一月十日

石濱教授

ついに我々の『東方』雑誌第一、第二号をお送りすることが出来て嬉しく思います。他の号もあるかも知れません。もう一度探してみます。

最近、唐の駱賓王の「冒雨尋菊序」を読んでいて（その文学的価値とは別に）、大きな困難に出くわしました。その詩的完全性を確保しながら、我々ロシア語の性質の許す限り同じリズムで翻訳してみましたが、全体として正確であるかどうか、私は（シューツキーともども）なお疑いを禁じ得ません。とりわけ以下の問題について小註のかたちでご意見を頂けませんでしょうか？

一、この作品で取り上げられている人物は誰、或いは誰々でしょう？

二、彼の最後の要約部分は、自己否定でしょうか、或いは自己賛美でしょうか？
当地の中国の友人たちはこの種の事柄には絶望的な人々です。私は貴下の見識ある援助を頼りにしていますので、速やかにご返答いただければ感謝この上ありません。草々。

バジル・M・アレクセーエフ

⑫

一九三〇年三月一日

大阪、石濱教授

前略

N・A・ネフスキーから貴下がシチェルバトゥコイの『仏教文庫』第二十三巻[38]を御所望とお聞きしましたので、喜んでお送りいたします。いま我々は共通の友人とも話して、我々の極めて稀少な文献である満文甘珠爾の美麗な一巻から何枚かの写真を貴下にお送りしても問題なかろうと考えました。私はその題名を書いておきましたが、もし貴下にご興味がおありなら幸いです。到着したら是非ともお知らせ下さい。

草々

バジル・M・アレクセーエフ

⑬

一九三〇年三月十九日

石濱様

一九二六年の『科学院紀要』（Доклады Академии Наук）一冊をお届けできて幸いです。わが友人ヴラディミルツォフの論文が掲載されています。

N・A・ネフスキーは、彼自身の希望書目の中に私の分も入れてくれるとのことです。次にお送りする分にはどうぞそれに見合ったものを言って下さい。ご家族にもよろしく。不一。

バジル・M・アレクセーエフ

⑭

一九三〇年六月十日

大阪、石濱教授

拝啓

先だって葉書で御連絡いただいた『支那文学研究』及び『業間録』[39]の入った小包を拝受しました。これらの素晴らしい書物に対し感謝申し上げるとともに、当方でも出来る限りお役に立てるよう迅速に対処いたします。

先日の科学院の会合で、私は戴錫章（海珊）の『西夏記』[40]を全部ロシア語に翻訳することを提案しましたが、私の支持者が要求に従って反対派にまわったため決まりませんでした。この件に関して貴下の貴重なご意見をお願いします。私の主張は沢山ありますが、主なものはコズロフの「神秘性」を繰り返したり、異なる人々による共同作業の可能性といった萎びた主張に対する嫌悪感です。わが国には西夏の人々の文字を解読しているシャンポリオンが存在しているというだけではありません。そもそも彼らは西夏の歴史については頑固なほど無知なのです。

〔追伸〕コズロフ発見の宋刊本『荘子』の写真一組を同封いたします。嘗てペリオが一九一三年[41]の『亜細亜学報』（*Journal Asiatique*）に呂観文編として紹介したものです。全葉を確認されるほうがよいか、それともこれらサンプルのみで十分とお考えでしょうか？貴下から助言をいただければ、強くまた心から感謝する次第です。

バジル・M・アレクセーエフ

⑮

一九三〇年六月十二日（葉書）

石濱教授

先日の葉書を頂戴してから、『支那文学概論講話[42]』の小包を拝受いたしました。すぐにワシーリエフ[43]に渡します。申し訳ありませんが、小生の名前を彙文堂に伝えていただけませんでしょうか。同店の目録『册府』が欲しいのです。もし貴下が東洋文庫に関係しておられるなら、先方から送ってもらったものの不着になっている小包について情報を知りたがってる旨、伝えていただきたいのです。不一。

バジル・M・アレクセーエフ

⑯

一九三〇年九月十二日（葉書[44]）

〔石濱〕教授

以下をお送りします。

一、『イラン』(Иран)第二号

二、『ゲセル・ボグド』本文篇(Гэсэр-Богдо)

三、N・N・ポッペ『ダグール方言』(Дагурское наречие)

〔　　　　〕についてお聞きできれば幸いです。

〔追伸〕〔　　　　〕

⑰

一九三〇年十月十九日

石濱様

先に石鹸を一箱などと、まことにつまらないお願いをしてしまいました。ネフスキーが自分の家庭のことをよそにして、貴兄宛の手紙でお頼みしてしまったものですから。(45) 私としてはこのことに本当に困惑しており、取り急ぎお詫び申し上げます。

しかしながら、その一箱に対して当地で科せられる一九〇ルーブルの税を支払えないため、中国人のいうように「完璧帰趙」(46) せねばならぬと一層気に病んでおります。この事柄についてはもともと誤解があったとはいえ、お送りいただいたご親切に感謝申し上げます。とはいえそれを役立てることの出来ないのは残念至極です。

この手紙を差し上げる時点で当該小包を受け取っていないことをお知らせするとともに、然るべき期日に貴下のところへ返送されることを願っております。草々

バジル・M・アレクセーエフ

⑱

一九三〇年十月二十八日

石濱様

三〇年十月九日付けの素晴らしい漢文の「手畢（筆）」を頂戴して嬉しく思います。またそれと同時に、貴下と同じように文語でご返事を差し上げることが出来ないのが残念です。私の文言はあまりに浅薄なうえ、白話で言上するのも貴下の「雅教」には釣り合いがとれません。呂氏の『荘子』について貴重な情報をありがとうございました。また狩野教授の論文に対する書後で著者を特定していただいたことにも感謝します。近々論文のかたちで貴下の問題提起を読むのを楽しみにしています。

すぐに貴下に『モンゴル族民間文学選』本文篇の第一巻第三冊（**Образцы народной словесности монгольских племён. Тексты, Том I, выпуск 3**）をお送りすべく必要な手続きをしますが、無事に到着することを祈ります。

十月十九日の手紙はこれより前に着いていると思いますが、そこに「完璧帰趙」（皂早遭槽）[47]についてのわが苦い後悔を記しておきました。貴下には謝罪とともに感謝いたします。

ネフスキーとシューツキーが心からよろしくとのことです。私のほうからもご多幸をお祈りいたします。

バジル・M・アレクセーエフ

⑲
一九三〇年十二月二十六日（葉書）
石濱教授
ネフスキーから聞いたのですが、シューツキーの訳した狩野教授の論文がまだ貴下のところに届いていないということで、申し訳ありません。もう一度調べて見ますが、到着することを祈ります。もしまた紛失という場合にはお知らせ下さい。草々、

バジル・M・アレクセーエフ

⑳
一九三一年三月十五日
大阪、石濱教授
石濱教授
貴下の近作「故バルトオルド先生」、「西域出土の西蔵本」、「殿版蒙文大蔵経考」、「京都帝国大学所蔵蒙文甘殊爾記」及び「満州語訳大蔵経考」を拝受いたしました。謹んでお礼申し上げます。最初の御作については、小生にも又我々全員にとっても深く関係するものなので、貴下に対し、私自身及び我ら全員から、とりわけ大きな感謝を捧げたいと思います。貴下が（ずいぶん以前に）故バルトリド教授の著作の完全なセットを入手出来ないのが残念だと言われたということを、ネフスキーが申しますので、私はいま可能な限り完全なものを貴下に進呈すべく必要な手続きを進めているところです。それらが届き次第お知らせいただくと幸いです。

我々がお互いにお会い出来ないのは残念なことですが、我らの共通の友人であるネフスキーが、大阪に於ける貴下との雅交について常々話してくれますので、私の脳裏には貴下が文雅の人として焼き付いています。草々、

バジル・M・アレクセーエフ

㉑

一九三一年三月十八日

石濱様

私の要請によって、〔科学アカデミーの〕アジア博物館から故バルトリド教授の抜刷り五〇種が貴下に送附されます。(48) つきましては我々の博物館において保存したいと思いますので、亡くなった学者に関する貴下の追悼文及び貴下の論文の抜刷りをそれぞれ二部宛お送りいただくと幸いに存じます。

小包が到着次第お知らせ下さい。草々、

バジル・M・アレクセーエフ

〔追伸〕これは昨日の手紙の追加です。

㉒

一九三三年二月六日〔葉書〕

石濱教授

私の親友であり、我らが偉大なモンゴル学者であるボリス・ヤコヴレヴィッチ・ヴラディミルツォフの死が我々

に引き起こした最も深い悲しみを分かち合って頂くようお願いします。彼は八月十七日に逝去しました。もし詳しい状況をお望みであれば、お話しできるようになりましたらお知らせしたいと思います。草々、

バジル・M・アレクセーエフ

㉓

一九三三年二月六日

石濱教授

今日、『通俗古今奇観』の綺麗な本をネフスキーから頂戴しました。[49] 深くお礼申し上げます。私はいま該書の翻訳を出版しようと考えていたので、この本は大変参考になると期待しております。御礼かたがた、草々。

バジル・M・アレクセーエフ

㉔

一九三六年九月十四日

石濱教授

『聊齋志異外書磨難曲』[50]（＊）及び『泊園』紙、感謝の言葉もありません。それらを私自身が受け取れなかったことについて、是非ともご了解頂きたいと思います。草々、

バジル・M・アレクセーエフ

（＊）また貴下の「伯希和蒐集燉煌遺書中の三編」[51] は創見に満ちています。

注

(1) ここでは石濱純太郎の人と学問について詳しく述べることはしない。『石濱先生古稀記念東洋学論叢』(同記念会編、一九五八年刊)附載の「石濱純太郎先生年譜略」、藤枝晃「町人学者・石濱純太郎」『図書』二三四(一九六九年)、三〇～三三頁、村田忠兵衛「大壷石濱純太郎先生・人と生涯――特に大阪人として」『懐徳』四二(一九七二)、五～二〇頁、などを参照されたい。

(2) 「遠方の友」『文学雑誌 東西』第一巻第五号(一九四六年九月)一五頁。高田時雄編『続・東洋学の話』(京都：臨川書店、二〇一八年)に再録、その一二八頁。

(3) 『大阪外国語学校一覧』大正十一年至十二年版、八七頁に委託生として石濱の名が見える。但し出身中学は八尾と誤って記載されている。また同大正十二至十三年版では、出身中学は市岡に訂正され、文学士という肩書きが加わっているほか、その身分は選科生の蒙古語部第二学年となっている(一〇二頁)。「大阪外国語学校学則」によれば、「本校ハ官庁学校会社等ノ委嘱ニ応ジ委託生ノ教授ヲナスコトアルヘシ」(第五十二条)とあり、また「委託生ハ本科生選科生又ハ別科生トシテ入学セシム」(第五十三条)とあるから、委託生にせよ選科生にせよ、どちらも間違いではない。

(4) 英文名称は *Research Review of the Osaka Asiatic Society*、以後第十二号(一九三五年一月)まで刊行された。一般の雑誌形式ではなく、各号が専刊の形式を採用しており、第四号(一九二六年三月)としてネフスキーの「西蔵文字対照西夏文字抄覧」(A Brief Manual of the Si-hia Characters with Tibetan Transcriptions)が刊行された。

(5) 石濱「静安学社」『芸文』第十八年第八号(一九二七年八月)、六四五頁。『続・東洋学の話』八一頁に再録。

(6) 『静安学社通報』第一期(昭和二年十二月)の「三、集会記事」による。また該誌末尾の「六、社員社友名録」には、名誉社友としてコンラドが掲載されているほか、社友として言語学者プレトネル(Орест Викторович Плетнер, 1892-1970)の名も見える。プレトネルは当時天理外国語学校のロシア語教師であったが、大阪外語でも講師としてロシア語と言語学を教えていた。彼もまた石濱のロシア人脈の一人である。

(7) ネフスキーがアレクセーエフに対して最初に石濱を紹介したのは、ネフスキーがまだ大阪に居た頃、石濱が内藤湖南に随行してヨーロッパ調査旅行を行ったときであったらしい。一九二四年六月付けのネフスキーから石濱をアレクセーエフに紹介する手紙がのこっている。そこに「石濱氏は東京大学の文科(中国科)を卒業し、主として中央アジアの歴史と言語に関心を持っています」と言っている口吻からすると、これがネフスキーの石濱をアレクセーエフに取り持った最初だったと考えてよい。しかし湖南一行はもとヨーロッパ滞在中レニングラードにも足を運ぶ計画であったらしいが、時間と経費との関係で断念を余儀なくされてしまう。そういったわけでこの紹介状は使われることなく石濱の手許に残ったのである。高田「内藤湖南のヨーロッパ調査行」、玄幸子・高田時雄編『内藤湖南敦煌遺書調査記録続編――英仏調査ノート』（関西大学東西学術研究所資料集刊四一、関西大学出版部、二〇一七）一〇頁を参照。該紹介状は現在大阪大学附属図書館石濱文庫中に所蔵され、録文が生田美智子編『資料が語るネフスキー』（大阪外国語大学、二〇〇三年）一八五頁に見えている。

（8）Юлиан Константинович Щуцкий, 1897-1938. 中国哲学史の研究者で、そのロシア語訳『易経』*Книга перемен*, 1937は定評があり、現在も版を重ねているほか、『易経』に関する論考は英訳も存在する。Iulian Shchutskii, *Researches on the I Ching*. Princeton University Press, 1979.

（9）Борис Александрович Васильев, 1899-1937. 中国文学、とくに戯曲小説の研究を行った。

（10）Юрий Владимирович Бунаков, 1908-1942. ビブリオグラファー、また甲骨文などの古文字に関心を寄せた。

（11）石濱「楚紫気先生の入門」『泊園』第六号（一九二八年八月三〇日）、同「シューツキー氏の帰国」『泊園』第七号（一九二八年十月三十一日）、『続・東洋学の話』に再録、その八三～八五頁。

（12）Борис Яковлевич Владимирцов, 1884-1931. ソ連の代表的モンゴル学者で、アカデミー会員。『蒙古社会制度史』など多くの著作があるが、若くして世を去った。

（13）「故ヴラディミルツォフ先生」『龍谷史壇』第十一号（一九三二年十一月）、七～十三頁。『続・東洋学の話』八九～九四頁に再録。

（14）В старом Китае. Дневники путешествия 1907 г. М. Восточная литература. 1958 г. 第二版（二〇一二年）にはリフチン（Б. Л. Рифтин）の序文が附いている。また閻国棟による中国語訳『一九〇七年中国紀行』（雲南人民出版社、二〇〇一年、二〇一六年再版）もある。

（15）Китайская поэма о поэте: Стансы Сыкун Ту (837-908). Фототипия Дресслера, 1916. 二〇〇八年、東方文献出版社（Восточная литература）による新版がある。

（16）Китайская народная картина / Ответственный редактор Л. З. Эйдлин. Составитель М. В. Баньковская. Предисловие Б. Л. Рифтина, М. Л. Рудовой. Комментарий и библиография Б. Л. Рифтина. М.: «Наука», ГРВЛ, 1966.

（17）最初の翻訳は一九二二年に出版された抄訳『狐の企み』Лисы чары, Всемирная литература だが、その後精力的に他の作品の翻訳を進め、現在に到るまで数多くの版がある。

（18）関連する著作に Китайская иероглифическая письменность и ее латинизация, Изд-во Академии наук СССР, 1932.

（19）ごく一部の見本が Китайско-русский словарь составленный коллективом китаистов Института / под редакцией В. М. Алексеева, Москва: Изд-во Академии наук СССР, 1948 として公刊されている。オシャーニン（И. М. Ошанин）主編の『大俄漢辞典』四巻本（Большой китайско-русский словарь по русской графической системе в 4 томах, Москва, 1983-1984）には彼らの収集した語料が提供されたと伝えられる。

（20）「此人は専ら支那文学の方面を担当致候由にて大学にて面会致候が、第一驚き候は支那語に堪能なることにて、一寸屏風を隔てて聴きたらば北京ッ子と間違へ可しと存候。」狩野直喜「海外通信」『芸文』第四年（一九一三）第一号、一七二～三頁。

（21）アレクセーエフの石濱宛書簡は、『東洋学者・石濱純太郎をめぐる学術ネットワークの研究』（平成二十四年度大阪大学文学研究科共同研究成果報告書、研究代表者：堤一昭）、二〇一三年三月、四四～四五頁に一覧が掲載されている。ただし小文ではそこに含まれない、一九二七年九月十三日付けの書簡⑦を補った。

（22）『資料が語るネフスキー』一八五頁注四に、一九三〇年九月九日付ネフスキーの石濱宛書簡には「一九三六年十一月十八日付のアレクセーエフから石濱純太郎宛の書簡が添付されている」と見える。とすればこれがアレクセーエフが石濱に宛てた最も新しい書翰ということになるが、石濱文庫で原件を確認した所、これはアレクセーエフの学生ブナコフが石濱に宛てたものであることが分かった。

（23）この時期、アレクセーエフはネフスキーをアカデミー通信会員に推挙しようとしていた。そのためにネフスキーの学問をもっともよく知る石濱に対してこの依頼があったものと考えられる。ちなみに石濱によるこの書翰のネフスキーの学術貢献概要とでも称すべき部分はアーカイブ資料としてロシア語に翻訳されている。Архив Востоковедов Института Народов Ахзии Академии Наук СССР, Бюллетень. No. 3. Ленинград, 1963 г. С. 48-52.

(24) 同書二八七～三〇四頁。

(25) 第一信、すなわち一九二七年六月三十日附のアレクセーエフ書翰のみは、石濱の返信との対照が不可欠であるために、すでに『続・東洋学の話』に収録しておいた。なお往復書簡の原文については近く別途公刊の機会を得たいと考えている。

(26) 『続・東洋学の話』二八七～二九一頁に載せた石濱の返信を参照。

(27) 同上、二九〇～二九一頁。

(28) 高田「ロシアの中央アジア探険隊所獲品と日本学者」『シルクロード 文字を辿って――ロシア探険隊の文物』、京都国立博物館、二〇〇九年七月、二八～二九頁を参照。

(29) もっとも矢吹慶輝（一八七九～一九三九）が、一九一六年十二月、大英図書館での調査の帰途、ペトログラード（当時）に立ち寄り、到着したばかりの敦煌写本を目睹して、「露都ペトログラードに於ける古経跋及疏讃類」（『宗教界』第十三巻第五号、一九一七年）を発表しているから、ロシアの敦煌遺書に言及したのは石濱が最初というわけではないが、当時の状況を考えると稀有な事柄であることは否定しがたい。

(30) 狩野はアレクセーエフ提供の写真により「唐鈔本文選残篇跋」を書いた。この一文は最初『支那学』第五巻第一号（一九二九年三月）一五三～一五九頁に発表され、次いで静安学社編『東洋学叢編』第一冊（東京：刀江書院、一九三四年）に写真とともに再刊された（五一～八一頁）。これには石濱の「書後」も附いている。『続・東洋学の話』所収の一九三〇年十月三〇日付け石濱書翰を参照。なお狩野の跋文はシューツキーによってロシア語訳され、アカデミーの紀要に掲載された。Кано Н., О фрагменте старой рукописи «Литературного изборника», хранящегося в Азиатском музее Академии наук., Известия Академии наук, 1930, No.2, отдел. гуман. наук, c.135-144.

(31) 藤枝晃「アレクセーエフ教授の業績」『東方学報・京都』第十冊第一分（一九三九年七月）、一三八～一四四頁。

(32) 次のような談話記録が残っている。「ソ連とは国交がこんなになる前には交流をしていたね。彼の地は地理的にも恵まれ、水準も高いし資料文献も多い。バシリエフ（アレクセーエフの誤り――筆者）という学者、この人は権威者だ。この人とは親交があった。この人からソ連アカデミーの会員に貴殿を推薦したいから履歴書を送れと云って来た。僕もね、日本の学士院会員なんかより魅力があるしアカデミシアンも満更でもないと悦に入ったが、その履歴書は出来るだけ宣伝的に書けという一札がある。筆を採ったがどうも自分のことを宣伝するのは恥ずかしくてね、やめちゃったよ。」『関西大学新報』第四六号、一九五四年五月十五日、第四面「チベット学者四方山話」。真偽の程は不明だが、満更そういった話がまったくなかった訳でもなかろうと思われる。

(33) 静安学社編『東洋学叢編』第一册、一九三四年、東京：刀江書院刊。石濱は一九二八年一月二十八日付けの書簡でアレクセーエフに論文を寄せてくれるよう依頼していた。『続・東洋学の話』二九四頁を参照。

(34) 原文には доцент とある。制度の違いがあって、日本語への翻訳が難しい。正教授ではないが、教授相当の地位である。假に准教授としておいた。

(35) 正しくは『原本加批聊齋志異』、上海：有正書局刊、刊年不詳。

(36) 山左趙公は山東萊陽の人趙起杲のことで、乾隆三十年（一七六五）に厳州（現在の杭州建徳）の知府となった。その刊行した『聊齋志異』は青柯亭本と称され、『聊齋』最初の刻本として著名である。アレクセーエフの原文は兪集とあるが、余集の誤りである。巻首にその序文を載せるので、刊行者と解されたものと思われるが、余は実際には趙起杲の下で、他の幕僚とともに校勘を擔当した。

(37) Восток: журнал литературы, науки и искусства（『東方、文学・学術・芸術雑誌』）、一九二二年から二五年にかけてモスクワ及びレニングラードで世界文学出版社（Издательство всемирная литература）から計五号が刊行された。

(38) *Abhisamayālankāra-Prajñāpāramitā-Upadeśa-Śāstra : the work of Bodhisattva Maitreya*, edited, explained and translated by Th. Stcherbatsky and E. Obermiller. 一九二九年、ソ連邦科学院刊。ちなみに『仏教文庫』（Bibliotheca Buddhica）は一八九七年、オルデンブルグ（С.Ф. Ольденбург）により創始された仏教文献の一大叢書で、革命後も継続刊行された。

(39)『支那文学研究』（京都：弘文堂書房、一九二五年刊）及び『業間録』（京都：弘文堂書房、一九二八年刊）はともに京都大学教授鈴木虎雄（一八七八〜一九六三）の著作。

(40)『西夏記』二十八巻は民国の歴史家戴錫章が著した西夏国の歴史。先人の業績を踏まえつつ、訛誤を訂正してあり、且つ用いた材料はすべて出処が示されていて、参照に便利である。民国十三年（一九二四）北京の京華印書局排印本、十冊。

(41) 一九一三年は一九一四年の誤り。Pelliot, Documents chinois trouvés par la mission Kozlov, *JA*, mai-juin 1914, pp. 509-10.

(42) 塩谷温述、一九一九年五月、大日本雄辯会刊。
(43) ワシーリエフ(Б. А. Васильев)、一八九九〜一九三七。アレクセーエフの学生で中国文学研究者。
(44) この葉書は右下部が破れてしまっていて、文字が読めない。その箇所を〔 〕で示しておいた。
(45) 一九三〇年七月六日付けのネフスキーから石濱に宛てた手紙に「阿里克先生のお願ひですが顔洗石鹸一キログラム(brutto)を阿先生宛に遣して下さい」とある。『資料が語るネフスキー』一五二頁を参照。
(46) 他の書簡にも見える、ア先生お気に入りの言葉。ここでは「the intact gem to Chao」と英訳してある。
(47) 「完璧帰趙」は前掲一九二七年十二月十八日付書簡中の表現と関連すると思われるが、ここに括弧で示された「皂早遺槽」がどういう意図であるのかは当面理解し得ない。
(48) 実際に石濱に送られたのは三十四点の抜き刷りであった。一九三一年六月七日付けの石濱からアレクセーエフ宛の書簡を参照。『続・東洋学の話』三〇〇頁。
(49) 恐らくは青木正兒訳註『通俗古今奇観』(岩波文庫)で、同書は前年(一九三二)の二月に刊行されている。
(50) 蒲松齢著、路大荒編輯兼註解『聊齋誌異外書磨難曲』、文求堂書店、一九三六年三月刊。
(51) 『服部先生古稀祝賀記念論文集』(東京:冨山房、一九三六年四月刊)に掲載。石濱はその抜き刷りを送ったものと思われる。

石濱純太郎とニコライ・ネフスキーの西夏仏教研究について

キリル・ソローニン
ジェレミー・ウッド訳

はじめに

まずは、名門である関西大学で私の研究を披露する機会を頂き、深く感謝申し上げます。大阪は現代の西夏学の発祥の地であると言えます。ニコライ・ネフスキー（N. A. Nevskij）（敬称を略す）がソ連に帰国する前に大阪に住み、働いていました。彼は大阪で西夏語を習得し、関西の研究者たちと交流する機会も持っていました。特に大阪では、石濱純太郎と協力する機会を得、王静如やその他の学者たちと日本や世界中で西夏学の先駆者の一人となりました。関西の西夏学の発展の影響についてはまだ検討が乏しいのですが、私のこの研究が今後の研究に役立つことを願います。仕事の都合で北京から離れられないので自ら発表することはできませんが、このような機会を光栄に思います。

石濱純太郎は多数の東洋の言語に通じていただけでなく、西夏学を含む東洋学の先駆者でもありました。関西の東洋学の伝統の継承者として、主流の中国学だけでなく周辺分野の仏教学、中央アジアの言語、版本学などにも学識が高かったのです。これらの知識は中国学には欠かせないものでありますが、ネフスキーのような西洋学者たちにとっては習得の難しいものでした。ネフスキーの研究には、石濱純太郎の専門的知識が欠かせないものでした。石濱は特に関心を持っていた中央アジアの言語で書かれている仏典を中心に西夏学の研究課題を設けました。ネフスキーや西田龍雄に比べ、石濱の西夏学に与えた貢献は西洋だけではなく日本でもあまり知られていません。しかしながら、日本における西夏学の基盤が石濱によって作られ、その研究の一部が石濱の生徒である西田龍雄を含むのちの研究者に認められました。西田は、京都大学での石濱の生徒であり、石濱の前世代のベルトルト・ラウファー（Berthold Laufer）の研究や石濱自身の『番漢合時掌中珠』の研究に基づく講義を受け、初めて西夏学の道へ進んだ人物です[1]。この講義は十三世紀以降、おそらく世界で初めての西夏語の講義であったと思われます。石濱の『番漢合時掌中珠』や、他の西夏語のテキストに関する研究が“Si-hia-Tangutica I”（『関西大学文学論集』二―一、一九五二年八月、一―七頁）、「番漢合時掌中珠」（『史林』一五―一、一九三〇年一月、五四―五六頁、口絵　五―九頁[2]）等の論文で発表されています。このような石濱の西夏学関係資料や出版物は私の友である京都大学の池田巧によって収集され目録が作成されました（付録参照）。私はここで、石濱の研究成果の一つ、西夏語訳仏典に関して発表します。

石濱の西夏仏教に関する論著はネフスキーと協力して発表されています。それらの論文は「西夏文般若経の断片」、「西夏文地蔵菩薩本願経残紙」、「西夏語訳大蔵経考」、「西夏文八千頌般若経合璧考釈」、「西夏語訳大方広仏華厳経入不可思議解脱境界普賢行願品」で、中国と日本で発表されています。そのほとんどが『国立北平図書館館刊』の西夏学特集に載せられています。その論題からわかるように、各研究が最初の段階の西夏学に則っています。つまり、「対読」という方法を用いて研究が行われました。対読というのは、原文の中国語・蔵語の仏典と照らし合わせ、西夏語の仏典を読解していくという方法です。

これらの論文は短いものであるにもかかわらず、石濱が当時の西夏学の水準についていかに詳しく、そしていかに西夏語に通じていたかがよくわかります。石濱は、自身のキャリアを通して西夏学に関心を持ち続け、後年の著作には西夏学に関するものも含まれていました。彼の研究成果の一部は『西域古代語之仏典』（一九六一年）の中に窺えます。その後年の研究課題は、西夏語訳「大蔵経」の編纂過程と刊行に関するものでした。ネフスキーも西夏語訳大蔵経に関心を持っていました。石濱は生涯ネフスキーに誠実で、ネフスキーが最終的に悲劇的な状況に陥っていたことに気付かないまま、最期まで再会を願っていました。約百年経った今でも、ネフスキーと石濱の共著に見られる見解は彼らの学識の高さと重要性を物語っています。

西夏語訳仏典と中国語訳仏典を対比して読めば、中国と西夏の仏教伝統に似通っている部分があることに気づきます。その似通っている部分が、石濱とネフスキーが西夏語訳大蔵経を研究するきっかけとなりました。そして、ネフスキーと石濱は西夏語訳大蔵経が西夏の文化の頂点だと考えていました。この見解は、聶鴻音など現代の西夏学の研究者からも賛同を得ています。その中国語と西夏語の仏典の比較対照的研究が、西夏語の辞典を作成するための基盤ともなりました。ネフスキー自身が語っているように、日本滞在中の石濱と共同研究をしていた時期に、西夏語辞典の作成が始められました。ネフスキーの仏教語の知識のほとんどは、様々な言語に詳しかった石濱から学んだものと思われます。ネフスキーはソ連への帰国後、その研究材料はもちろん増えましたが、石濱との交流は途絶えないように務めていました。石濱との共同研究は継続したかったので手紙等で続けようとしましたが、それは叶わず、石濱は仕方なく自分の名前のみで論文を発表していきました。

石濱とネフスキーの西夏語訳大蔵経研究

「西夏語訳大蔵経考」という論文が、一九二九年に『龍谷大学論叢』に掲載されました。これは、おそらく西夏語訳大蔵経の諸問題を初めて体系的に論じたものと考えられます。その中国語訳版が一九三二年、周一良によって書かれ、『国立北平図書館館刊』に掲載されました。この論文では、石濱とネフスキーが王国維の西夏語仏典の研究方法に疑問を持っていたため、王国維の意見に反論するために、西夏語の様々な資料を紹介しています。王国維の研究は、たった一点のみの西夏語資料の墨と紙を考察し論じているものでした。王国維の主張は、すべての西夏語の典籍、特に王国維が題材にした『華厳経』が元代のものだというものでした。自らの研究結果から、『元史』と『大宗地玄文本論』の中にも西夏語訳大蔵経が元代に普及していたとの記述があるのは正しいといえると王国維は主張しています。

ネフスキーと石濱は「西夏語訳大蔵経考」の中で、管主八が元代に刊行した西夏語訳大蔵経が、元代に発行されていた公式な大蔵経の復刻版であるという王国維の主張を論駁しようとしていました。入手可能な各典籍の奥付に基づいて、ネフスキーと石濱はさらに重要な課題を設けました。それは、西夏語訳大蔵経が西夏朝の時期に存在していたのか、または元代のものだったのか、というものでした。本文批評と書誌学的考察に基づいて、西夏語訳大蔵経はおそらく西夏朝時代には存在していなかった、というのがネフスキーと石濱の主張でした。王国維は西夏語の典籍の版本の均一性を主張していたが、似た形態を持っている版本が元代と宋代にも見られるため、すべての版本が同一系統のものだとは言い切れないとネフスキーと石濱は主張しています。現存している西夏語のテキストは、宋代と元代の同類の中国語テキストとの関連性のあるものとないものとの、両方の場合がありますす（王国維の調査対象としていた『華厳経』が敦煌で発掘されたテキストであったため、そのテキストが元代のもとであるという主張は正しいと思われるが、それ以外の推測に関しては疑問が残ります）。

石濱とネフスキーの論文で、仏典の西夏語訳には二系統のものがあると主張しています。それは、中国語仏典を原典とする西夏語訳とチベット語仏典を原典とする西夏語訳の二系統です。この主張の正当性は今では明らかとなっていますが、一九三〇年代、特に王静如が西夏語訳の仏典がチベット語の仏典と関係があることを証明する以前は、明らかではありませんでした。王静如の「河西字蔵経雕版考」（一九三二年、『西夏研究』第一巻所載）では、石濱とネフスキーの研究について直接触れてはいないものの、王静如が『国立北平図書館館刊』の西夏学特集の序文を書いていることから、石濱とネフスキーの研究も知っていたはずだと考えられます。王静如も石濱とネフスキーのように、王国維の『華厳経』研究に反論しています。

石濱とネフスキーの跋文に基づく研究は、西夏語訳大蔵経が何度も複写と編集を繰り返され、場合によっては再度訳されたりしていることを明示しています。このことは西夏語訳の仏典の系統に関する不器用な解釈を生み出しました。王静如が四系統の西夏語訳大蔵経の仮説を提案したのです。まず一つ目は、写本の系統（仮説されていた西北写経に基づく）、次の二つの系統は版本の系統（原本とその復刻本）、四つ目は管主八が元代に刊行した大蔵経です。この四系統の説は、元代と西夏朝の西夏語典籍の歴史的関連性を裏付けようとする強引な構想であり、現在の視点から見ると、西夏朝における大蔵経の体系的完全版の存在はただの仮説にすぎません。「大蔵経」を意味する西夏語が中国の開宝蔵など特定の出版物を指しているわけではなく、一定量の仏典を指しています（涼州の石碑などに「伝大蔵経」の語が見られます）。私の意見としては、王静如よりも石濱とネフスキーの主張の方が現在の理解に近いと思われます。私の視点からすると、大蔵経を後から新しい経典が付加されてもいいようなオープンシステムとして理解している石濱の見解が正確だと考えるのです。

後年発表された論文を見ると、ネフスキーは大蔵経の研究には戻りませんでしたが、中国語とチベット語を原典とするという西夏語訳仏典の二系統の説を保持し続けていました。ネフスキーの専門は言語学と文学で、大蔵経と仏教の研究を続ける機会を得られず、西夏の文学に関わる問題を中心に研究していきました。このことから、石濱とネフスキーの共同研究は、大蔵経と仏教により詳しい石濱がそれらを中心に研究し、ネフスキーは西夏語の言語学的要素を中心に研究していたと考えられます。これは本当の意味で共同研究の良い例であるといえます。

ここでもう一つ取り上げるべきことは、いわゆる「遼の仮説」です。ネフスキーは“Tangut Language and the Tangut Literature”（「西夏語と西夏文学」）という論文の中で、西夏の仏教徒の中のいくぶんかは遼人だった可能性を論じています。この仮説は一九三〇年代に初めて発表されましたが、実際に西夏の仏教が遼との関係を持っていると、ある程度確信を得た説が入矢義高によって一九七〇年代に発表されました。ただし、二十一世紀に遼と西夏の仏教の関係が証明されるまでは、学界にはその仮説はあまり知られていませんでした。これといった証拠は見出していませんが、一九二〇年、一九三〇年代の日本の仏教学の水準から推測すると、この説は直接石濱からの影響ではないにしても日本人の研究から影響を受けたもののように考えられます。

以上、ネフスキーと石濱の学術的交流の性質やその共同研究の重要性、現在の研究におけるその価値について論じてみました。実際、彼ら西夏学の先駆者たちは、現在の西夏学の抱えている問題をすでに認識していたため、こうした先行研究を見直すことで、我々はみずからの研究をより良いものにすることができるといえます。

最後に、このような機会を与えてくださり感謝申し上げます。特に吾妻重二先生、高田時雄先生、そしてこの行事に関わったすべての皆様に感謝申し上げます。出席できず申し訳ありませんが、学会の成功を心より願う次第です。

〈付録〉 石濱純太郎　西夏研究文献目録

□読書随筆　二　西夏学小記『支那学』一－三　一九二〇（大正九）年十一月　六七～六九頁。
［中文譯］劉紅軍、劉克斌訳「西夏学小記」　孫伯君編『国外早期西夏学論集』（一）民族出版社　二〇〇五年十月　二九七～二九九頁。

□西夏学小記続『支那学』三－二　一九二二（大正十一）年十一月　六六～七〇頁。

□西夏遺文雑録（序文に代へて）ニコラス・ネフスキー『西蔵文字対照西夏文字抄覧』大阪東洋学会『北亜細亜研究』四　一九二六（大正十五）年三月　III－XVII頁。
［中文訳］劉紅軍、孫伯君訳「西夏遺文雑録（代序）」　孫伯君編『国外早期西夏学論集』（二）民族出版社　二〇〇五年十月　三～八頁。

□西夏文般若経の断片（ニコライ・ネフスキー　共著）『芸文』一八－五　一九二七（昭和二）年五月　五一～五六頁。

□西夏文地蔵菩薩本願経残紙（ニコライ・ネフスキー　共釈）『典籍之研究』六　一九二七（昭和二）年八月　三頁＋。

□西夏語訳大蔵経考（ニコライ・ネフスキー 共著）『龍谷大学論叢』二八七 一九二九（昭和四）年十月 一八～二五頁。口絵に西夏経典二葉として仏説宝雨経巻第十および仏説仏母出生三法蔵般若波羅蜜多経第十七を掲載。

［中文訳］周一良 訳「西夏語訳大蔵経考」『国立北京図書館館刊』四－三 西夏文専号 一九三二（民国二十一）年一月 二五七五～二五八一頁。孫伯君編『国外早期西夏学論集』（二）民族出版社 二〇〇五年十月 一二一～一二六頁。

□番漢合時掌中珠（ニコライ・ネフスキー 共著）『史林』一五－一 一九三〇（昭和五）年一月 五四～五六頁。口絵（五～九頁）に「番漢合時掌中珠」の書影五点を反転写真で附載。

［中文訳］劉紅軍、孫伯君訳「番漢合時掌中珠」 孫伯君編『国外早期西夏学論集』（二）民族出版社 二〇〇五年十月 一三二～一三六頁。

□西夏文八千頌般若経合璧考釈（Nicolas A. Nevsky 共著）『国立北京図書館館刊』四－三 西夏文専号 一九三二（民国二十一）年一月 二七五一～二七六二頁。

□西夏国名考補正（ニコライ・ネフスキー 共著）『龍谷学報』三〇五 一九三三（昭和八）年二月 一〇一～一一二頁。

□西夏語訳大方広仏華厳経入不可思議解脱境界普賢行願品（Nicolas Nevsky, 廣瀬督と共著）『マユーラ』二 一九三三（昭和八）年十二月 八～一〇頁。参考資料留影に普賢行願讃西夏文（写真版）、普賢行願讃西夏文（凸版）：［録文］を収録。

□西夏語研究の話『徳雲』五－二 一九三五（昭和十）年八月 六一～八二頁。口絵に「合時掌中珠」、不明佛典、「大般若経」巻第百四十六の反転写真を掲載、のち『東洋学の話』創元社 一九四三（昭和十八）年四月 一八

三～二一二頁に再録、口絵の写真は反転を正して掲載。
□西夏文の外典『京都漢学大會紀要』一九四二（昭和十七）年四月　六八～七一頁。
□Si-hia-Tangutica I『関西大学文学論集』二－一　一九五二（昭和二十七）年八月　一～七頁。
［中文訳］管彦波、侯麗傑 訳「西夏学之二」孫伯君編『国外早期西夏学論集』（二）民族出版社　二〇〇五年十月　二六〇～二六三頁。
□西夏語訳呂恵卿孝経伝『文化』二〇－六　一九五六（昭和三十一）年十一月　八六五～八六九頁。

以上

注

（1）西田龍雄著、荒川慎太郎等編『西夏語研究新論』、（東京、松香書店、二〇一二）、五七六～五七七頁。
（2）中文訳：管彦波、侯麗傑訳「西夏学之一」孫伯君編『国外早期西夏学論集』（二）民族出版社　二〇〇五年十月　二六〇～二六三頁等

石濱純太郎の東方学研究

劉　進　宝
畑野吉則訳

石濱純太郎（一八八八〜一九六八）は世界的に著名な東方学者であり、国際的な東方学の分野において重要な地位を占める。本年（二〇一八）は折しも石濱の逝去五十年にあたり、関西大学が石濱の記念国際シンポジウムを開催する。この機会に、石濱の東方学研究における貢献について紹介したい。

一　石濱東方学の背景と貢献

石濱が生きた時代において、国際的な学術の潮流は東方学にあった。東方学は、西洋による東方侵略や占領下において形成された一つの学問であり、十九世紀前半に西洋の植民地主義が東方侵略に向かう過程で次第に形成、発展してきた。しかしそれには一定の学問体系や理論構造がなく、研究対象も非常に分散して不明確であった。そして必要に応じて研究の重点と地域が絶えず転換していった。

西方における「東方学」の隆盛に伴い、歴史比較言語学は学界の主流となった。「歴史比較言語学とインド・ヨーロッパ語族の発見は人々の視野を広げ、人間には元来、親縁関係があったことに気づかせてくれた」とされる[1]。その特徴は、様々な東方・西方言語文字を把握するだけでなく、さらに様々な東方の民族言語や死語化した言語を把握し、各種の文字史料を利用して種族氏族・言語文字および制度に対する検討が進められたことである。石濱はまさにそのような学者であった。

神田喜一郎は以下のように述べる。

大阪という土地は、ときどき異常な天才学者を生む。石濱純太郎博士もその一人であると思う。博士は東洋学者として、まれに見る博大な知識をもたれ、その点全く他人の追随を許さぬものがあった。日本では内藤湖南先生、西洋ではフランスのペリエ教授と、この二人の学者を博士はつねに尊敬されていたが、博士の学問もそれに近かった。[2]

ポール・ペリエは複数の言語文字に精通した東方学の大家である。また、内藤湖南は著名な歴史学者であり、彼が提唱した「唐宋変革論」は中国古代史における重要な命題となった。

さらに神田喜一郎は以下のように述べる。

（石濱）博士は英、独、仏語をはじめロシヤ語にまで精通し、それらの諸国で出た新しい研究なども絶えず注意されていた。しかも驚くのは、それらの言語をほとんど独学で勉強されたことで、博士の語学力は、まったく天稟であったといってよい。(3)

このように石濱は、英語、ドイツ語、フランス語、ロシア語などの国際的に使用される言語に精通しているほか、モンゴル語、満州語、トルコ語にも精通し、チベット語、サンスクリット語、西夏語を研究したことがあり、歴史比較言語学の研究を行なううえで最良の基礎を備えていた。

敦煌文献が発見されてヨーロッパに流入した後、一九一〇年二月、東京帝国大学の黒板勝美博士が二年のヨーロッパ留学生活を終えて帰国し、西側諸国による中央アジア探検で獲得した様々な成果の情報を持ち帰ったとき、折しも日本の大谷光瑞探検隊は、新疆考察で得た成果を京都に運んでいた。これを内藤湖南は一九一〇年八月三日から六日までの朝日新聞で、「西本願寺の発掘物」と題して報じた。十数年後の大正十三年（一九二四）七月、内藤湖南は長男の内藤乾吉、弟子で大阪外国語学校の石濱純太郎、娘婿の鴛淵一を帯同して、英仏独伊各国の調査を実施し、翌年二月に帰国した。この期間、彼らはヨーロッパ所蔵の敦煌西域出土文献およびその研究状況について詳細な調査を実施して、特にポール・ペリオが発見した敦煌文献六七〇部を閲覧し、そのうち一〇〇部近くを撮影して写真を日本に持ち帰った。(4) 日本のシルクロード研究者の長沢和俊は、石濱が内藤に随行してヨーロッパ各地の西域出土古文書を調査して以降、「関西における西域古文書、敦煌胡語文書研究の第一人者となった」と述べる。(5) 今回のヨーロッパ調査は、石濱の視野を広げ、国際学術界における敦煌西域の出土文物および文献に関する研究の歴史と現状について、深い理解をもたらすこととなった。このヨーロッパ調査があったからこそ、

石濱は一九二五年八月に大阪で「敦煌学」に関する講演を行なうこととなったのである。(6)

王冀青によると、一九二五年八月、石濱は大阪懐徳堂の夏期講演で、「敦煌石室遺書について」と題して、毎回一時間半の講演を四夜行なった。その後、石濱はその講義ノートを増補し、『敦煌石室の遺書(懐徳堂夏期講演)』を、一九二五年十二月に出版した。この本は一冊九六頁の小冊子で、しかも「非売品」で印刷部数が少なく、原本を見るのは困難であったが、のちに再び整理改定して『東洋学の話』(創元社、一九四三年)に収められ、敦煌学を学ぶための必読書となった。(7)

一九二五年八月の懐徳堂での講演およびその後の著作中で、石濱は何度も「敦煌学」という言葉に言及した。例えば、「(ポール・ペリオは)フランス学院の西域学の教授で、敦煌学を講義している」、「フランスの敦煌学によって研究が繁栄した」、「イギリスの敦煌学は、かなりの程度各国の学者の筆に依拠している」、「まだ『石室秘宝』と題された影印本があり、これは中国の敦煌学の第一号の影印出版物で、最も記念すべきもの」、「中国学をかじってみようとしたり、ちょっと東洋学を学んでみようとしたりする人にとって、もしもすでに世界的な学問になっている敦煌学を論じないのであれば、それは恐らくだめであろう」、「私がここで話したのは、敦煌学を啓蒙する最も簡単な内容に過ぎない」、「敦煌学は多趣多様」、「世界上に敦煌学が出現したことは、喜ぶべきこと」、「広義の敦煌学の定義」、「敦煌学の内容は、中央アジア探検で発見されたすべての資料を包括すべき」などがある。

上述した「敦煌学」という言葉の内容や意味を見ると、それはすでに成熟し、かつ多くの学者が認識していた言葉であったと考えられる。そのため石濱はこれを普通に用いることができたのである。言語の発生と発展の観点から見ると、「敦煌学」という用語が出現したのはおそらく一九二五年以前のことである。これより前に日本の学術界には、すでに「敦煌派」「敦煌家」「敦煌党」「敦煌屋」などの語があり、「敦煌学」はこれら用語の発展

を基礎として形成され、およそ大正年間（一九一二～一九二五）に誕生したものと考えられる。(8)

前述したように、石濱は東方学者である。東方学の範囲は非常に広く、その中には敦煌学のほかに、チベット学、西夏学、モンゴル学など、元来「漢学」に属する内容も含まれている。これ以外にも、エジプト学、インド学、アッシリア学などもある。

石濱は、敦煌学における貢献のほかに、さらにモンゴル学、西夏学においても卓越した貢献が見られる。

（石濱）博士がもっとも精力を注がれたのは、蒙古語の研究であったと思う。その研究には、早くから世界のあらゆる関係文献をあつめ、蒙古の歴史や地理、それに土俗に関するものまでも広くあつめられた。そのうえ蒙古語とおなじくウラル・アルタイ系におなじくする満州語とかトルコ語の文献まで手を延ばされた。博士の蒙古学研究は、そうした基礎の上に立って、おのずから一種の学風を形成されていた。しかも博士はまた、チベット語やサンスクリット語の研究をしたり、西夏文字の解読に一時熱中されたようなこともあった。(9)

日本の敦煌学者である高田時雄によると、石濱の学術範囲は、「中国本土はもちろん、満蒙から中央アジア、インドに至るまで、関心の及ぶ領域は非常に広く、しかも自身の優れた経済条件を十分に利用し、東洋学の方面の書籍の極めて豊富なコレクションを作りあげた」とされる。石濱がソ連を訪れる機会はなかったが、積極的にロシア語の文献を収集し、当時の日本で最もソ連の学術動向に精通した学者であった。一九二七年に発表された文章の中には「（オルデンブルグ探検隊が発掘した）敦煌千仏洞出土」に言及している。それと同時に、第二次オルデンブルク探検隊が入手した文献を理解していたため、ロシア・チベット敦煌文献の大部分が漢文文献であることを知り得ていた。またソグディアナ語二葉、サンスクリット語、ウイグル語、西夏語などの残片があり、エヴゲーニイ・エリセーエフが目録を編纂していたことも知っていた。[10]

さらに石濱は、西夏文献の研究にも傑出した業績がある。一九二二年、石濱は選科生として大阪外国語学校の蒙語専攻に入学した。モンゴル語の教師は京都大学より出講していた羽田亨であった。折しも、ソビエト連邦の西夏学の専門家であるニコライ・ネフスキーが大阪外国語学校にきてロシア語を教えていた。ネフスキーは石濱の薦めにより西夏文研究を始め、石濱と西夏文献の共同研究を行なった。[11] 史金波は、日本において本格的な西夏研究を行ないかつ重要な貢献をしたのは、著名な学者である石濱であり、彼は一九二〇年に発表した「西夏学小記」において「西夏学」という言葉を提示した、と指摘する。[12] 聶鴻音はさらに明確に、「一九二〇年、日本人学者である石濱純太郎は雑誌『支那学』において一篇の短文を発表し、率先して『西夏学』という学術用語を使用することにより、ひとつの新たな学問の誕生を宣言した」と述べる。[13]

二　石濱と『西域文化研究』

日本における西域中央アジア研究は、第二次世界大戦以降に停滞期に入り、特に重要な論著は発表されず、ただささやかな文章が世に出てくるだけであったが、一九五〇年代初め、ふたたび新たな活況を見せることとなった。その主な要因は以下の四つである。

第一に、龍谷大学の図書館で、長い間行方不明となっていた大谷探検隊が獲得した敦煌トルファン文書の発見である。第二に、山本達郎と榎一雄の尽力により、大英博物館とインド省図書館（旧英連邦）が所蔵していたスタイン漢文・チベット文写本のマイクロフィルムを日本へと持ち帰り、東洋文庫や京都大学などに収蔵した。まもなくして、ふたたび資料の交換により、北京図書館が所蔵していたマイクロフィルムを獲得した。第三に、敦煌千仏洞が対外開放され、各国の敦煌学者が自ら現地に行って考察することができるようになった。例えば、画家の福田豊四郎は、大谷探検隊の帰国以後、五十年目にして、初めて敦煌に訪れた日本人である。第四に、中国の王重民等編『敦煌遺書総目索引』とソ連のレフ・ニコラエヴィチ・メンシコフ（孟列夫）主編『アジア民族研究所収蔵敦煌漢文写本注記目録』の出版により、敦煌学研究者に多くの新たな材料が提供されたことである。

上述の背景のもと、一九五三年一月、石濱、羽田亨らが発起となり、龍谷大学に石濱を会長とする「西域文化研究会」を設立し、幅広い多くの分野の専門家を集め、新たに発見した大谷文書や各種敦煌文献についての研究を深化させた。彼らは一九五八年から一九六三年にかけて『西域文化研究』六巻七冊を出版した。一九五八年に第一巻「敦煌仏教資料」、一九五九年に第二巻「敦煌吐魯番社会経済資料（上）」、一九六〇年に第三巻「敦煌吐魯番社会経済資料（下）」、一九六一年に第四巻「中央アジア古代語文献」と「中央アジア古代語文献・別冊」、一九六二年に第五巻「中央アジア仏教美術」、一九六三年に第六巻「歴史と美術の諸問題」が出版された。

（一）『西域文化研究』の内容

『西域文化研究』第一巻は「敦煌仏教資料」である。巻頭には吉川小一郎が一九一一年に撮影した敦煌千仏洞の図版と、一九五七年に敦煌に訪問した日本考古学代表団団員であった岡崎敬の解説「大谷探検隊と敦煌千仏洞――一九一一年撮影図版解説――」が付された。つづいて、本巻の研究を総述した塚本善隆「敦煌仏教史概説」では、一部の仏教経典の図版を解説する。巻末には「龍谷大学所蔵敦煌古経目録」および「敦煌仏教史年表」、「中央アジア研究文献目録」が付された。

第二、三巻は「敦煌吐魯番社会経済資料」である。これは歴史学研究における最も重要な資料である。周知の如く、これまで出土文献を利用した社会経済史の研究は、主として敦煌文書に基づいたものであり、トルファンや新疆など、そのほかの地域の出土文書についてはは関心が低かった。この原因は、中国が所蔵していたトルファン文書が、一九八〇年代初めになってようやく、唐長孺のもとで整理出版を始めたためであった。そのため西域文化研究会は、大谷探険隊が獲得したトルファン文書の整理と研究に取り組んでいくうちに、次第にそれが「社会経済史の諸問題を明らかにするもの」と認識し[14]、さらなる関心を抱くこととなった。第二巻「敦煌吐魯番社会経済資料（上）」は次の七編の論文から成る。那波利貞「千仏岩莫高窟と敦煌文書」、仁井田陞「唐末五代の敦煌寺院佃戸関係文書――人格的不自由規定について――」、周藤吉之「佃人文書の研究――唐代前期の佃人制――」、西嶋定生「吐魯番出土文書より見たる均田制の施行状態――給田文書・退田文書を中心として――」、西村元佑「唐代吐魯番における均田制の意義――大谷探検隊将来、欠田文書を中心として――」、大庭脩「吐魯番出土北館文書――中国駅伝制度史上の一資料――」、小笠原宣秀「龍谷大学所蔵大谷探検隊将来吐魯番出土古文書素描」。これらの論文は、主として敦煌・トルファン文書を利用して、中古時期の土地制度、とりわけ均田制を研究したものである。

第三巻「敦煌吐魯番社会経済資料（下）」は八篇の論文から成る。内藤乾吉「西域発見の唐代官文書の研究」、小笠原宣秀・西村元佑「唐代役制関係文書考」、仁井田陞「吐魯番出土の唐代取引法関係文書」、周藤吉之「唐代中期における戸税の研究――周氏一族文書を中心として――」、小笠原宣秀「吐魯番出土の宗教生活文書」、大庭脩「唐告身の古文書学的研究」、西村元祐「唐代敦煌差科簿の研究――大谷探検隊将来敦煌・吐魯番古文書を参考資料として」、西嶋定生「吐魯番出土文書より見たる均田制の施行状態　補遺・補正」。これらの論文は官文書の紹介と研究を中心としている。

第四巻「中央アジア古代語文献」は関係資料および八篇の論文を収録する。真田有美「大谷探検隊将来梵語仏典資料」、真田有美・清田寂雲「ペトロフスキー本法華経梵本の研究」、羽田明・山田信夫「大谷探検隊将来ウイグル文字資料目録」、山田信夫「大谷探検隊将来ウイグル文売買貸借文書」、護雅夫「ウイグル文消貸費借文書」、芳村修基「チベット医学文献の残葉」、堀賢雄「堀賢雄西域旅行日記（二）」、井ノ口泰淳「トカラ語及びウテン語の仏典」、西田竜雄「西夏語と西夏文字」。上記八篇の論文より、本巻はサンスクリット語、ウイグル語、チベット語、西夏語、トカラ語、ウテン語などに及ぶことがわかる。民族言語文字の製版印刷は困難であり、加えてページ数も多い。この第四巻にはさらに『別冊』があり、内容は主としてトカラ語およびウテン語仏典の原文と日本語翻訳である。

第五巻「中央アジア仏教美術」は八篇の論文から成る。羽渓了諦「西域仏教美術序説」、熊谷宣夫「西域の美術」、佐和隆研「敦煌石窟の壁画」、上野照夫「西域の彫塑」、神田喜一郎「中国書法史上より見たる大谷探検隊の将来品について」、禿氏祐祥・小川貫弌「十王生七経讃図巻の構造」、那波利貞「喀喇和卓の高昌国人の墳墓内から発見せられた神像図」、芳村修基「牧民の仏教美術」。

第六巻「中央アジア仏教美術」は九篇の論文から成る。龍村謙「大谷探検隊将来の古代錦綾類」、秋山好和「弥勒下生経変白描粉本と敦煌壁画の制作」、月輪賢隆「チベット所伝釈尊入滅の図相」、土橋秀高「敦煌本にみられる種々の菩薩戒儀――スタイン本を中心として――」、牧田諦亮「敦煌出土要行捨身経」、佐藤哲英「敦煌出土法照和尚念仏讃」、福原亮厳「敦煌出土瑜伽師地論決択分分門記　巻第一」、松本善海「吐魯番文書より見たる唐代の鄰保制」、山田信夫「ウイグル文売買契約書の書式」。

以上、『西域文化研究』六巻七冊を簡単に紹介した。その豊富な内容により、これらの書に収録された数十人の日本学者の研究論文が、大谷光瑞探検隊による三度の考察活動について、仏教学、歴史、考古学、地理、美術などの分野で、最も早く全面的な研究成果をまとめたものであることがわかり、日本における西域・中央アジア研究の金字塔として讃えられる。

（二）石濱による大谷探検隊の紹介と評価

『西域文化研究』の出版については、石濱の貢献を抜きには語れない。西域文化研究会が成立した背景および石濱が研究会に加入したときの状況について、石濱は「年来大谷光瑞師の雄図に敬服していたもので、更にそれは曽て私をして敦煌学に熱中せしめた一因でもあり、なお現在にいたるまで西域探検の学績研究に情熱を温存している次第であった」と述べる。[15]龍谷大学の図書館で大谷探険隊将来の西域文化資料が発見されたことにより、西域文化研究会を設立して整理と研究を行なう計画が立てられた。その際、石濱は龍谷大学長の森川智徳に研究会へ班主としての参画を求められ、加えて羽田亨による説得もあり、「意を決して承諾の返答を致した」とその経緯を述べる。[16]

『西域文化研究』の表紙をめくると、各巻の巻頭に石濱の「はしがき」がある。これらの「はしがき」には、各巻の編集原則、主要な内容、研究の進捗状況などを述べるだけでなく、多くの学術的情報――例えば大谷探検隊の歴史と獲得した古文化資料、大谷文書の収蔵状況など――が得られる。

石濱は、昭和三十三年（一九五八）三月十日に記した『西域文化研究』第一巻の「はしがき」で、まず大谷探検隊の三回にわたる西域探検の経験および獲得した古文化資料の詳細について、「第一回探検によつて得たものの多くはクホータン及びクチャ周辺の仏教遺蹟よりの出土品であり、第二回・第三回探検によつて得られたものはトウルファン近郊を中心とし、クチャ及び敦煌地域の出土品が注目せらる」と述べ、大谷探検隊を「日本人として最も誇るべき」「西域探検の壮挙」と讃える。[17]

大谷探検隊派遣の動機について、大谷光瑞は大正四年（一九一五）三月刊行『西域考古図譜』の序文においてこのように記す。

凡そこの前後三次の探究に於て、予の目的とせし所は一にして止まらず。而もその最も著しきものは仏教東漸の経路を明かにし、往昔支那の漸求法僧が印度に入りし遺跡を訪ね、又中央亜細亜が夙に回教徒の手に落ちたる為に仏教の蒙りし圧迫の状況を推究するが如き、仏教史上に於ける諸の疑団を解かんとするに在りき。次に此地に遺存する経論・仏像・仏具等を蒐集し、以て仏教々義の討究及び考古学上の研鑽に資せんとし、若し能うべくんば地理学、地質学及び気象学上の種々なる疑団をも併せて氷解せしめんと欲したり。[18]すなわち「アジアの光、釈尊唱道の仏教が如何なる経路をもつて西域よりシナ大陸に迄流播したかを明らかにすることはアジアの若き仏教徒による最も聖なる所業」であった。[19]石濱は大谷西域探検の目的を、第一に仏教史の研究達成、第二に仏教教義の研究推進、第三に仏教徒文化諸般ならびに自然現象との関連考究、の三点に総括するが、[20]これが大谷探検隊の真の目的であろうか、さらに重要な動機はないのであろうか。

今日の学者にとって、関連する資料や文書の公表によって学術研究は深化し、大谷探検隊の状況はすでに熟知されている。しかし一九五〇～六〇年代は、大谷探検隊の状況の大部分はまだ不明瞭であった。このような背景において、石濱の紹介は重要なものであったといえる。

石濱は早い時期から大谷文書の内容を把握し理解していた学者である。彼は大谷光瑞の雄大な計画に敬服し、大谷探検隊の事業に対しても心血を注いだ。そのため、彼の大谷探検隊についての記述は、資料が大量に公開された今日でも、いまだ多くの新しい知見がある。

大谷による西域中央アジアへの探検隊派遣は、仏教伝播の究明という目的のもとで計画されたが、大谷がイギリスの首都ロンドンに留学していた時期に、ヨーロッパで中央アジア探検の風潮が高まっていたことも多大な影響を与えたであろう。「探検隊に参加した渡辺・堀・橘・野村・吉川等の諸氏はすべて光瑞師の手足の如くに動いて」おり、[21]第一回探検において「渡辺・堀両氏によるクホータン・クチャ・カラシャール・トゥルファン・ウルムチ等の調査は、歴史的に真に有意義なるものとなつた。併し明治三十七年（一九〇四）三月、陝西省西安に帰来した両氏が、その間、敦煌の地を踏まなかつたことは、大体に千仏洞への関心がなお高まつていない時期である点に諒とすべきものがある」[22]。第三回探検のとき、折しも中国では辛亥革命が始まり、大谷は消息不明となった橘瑞超を案じて、新たに京都より吉川小一郎を派遣した。「吉川氏の出発は四十四年（一九一一）五月であった。氏はこの時年齢二十七歳、最も血気に富める時代であった。助手として李毓慶を伴い、上海・漢口・西安等を経由して、秋十月に敦煌に到着した。一方には橘氏の情報を得ることに力めつつ、一方には使命に基ずく考古学的調査をなしたのである。当時はすでに敦煌千仏洞の盛名がスタイン・ペリオ両氏によつて世界に広く報ぜられていた。しかし乍ら他国人の実地調査はなお僅少で、吉川は日本人として最初に敦煌千仏洞に足跡を印した人である。この時興味あるは、住持王道士は吉川氏に対し千仏洞修理費の為にと所蔵唐経の購入方を依頼したことである。かくてその年も漸く暮れ、翌年正月下旬にいたり、幸にもかねて消息を求めていた橘氏が敦煌の宿舎に吉川氏を尋ね、感激の対面をした。茲に合体をした両氏は再び千仏洞を訪れ、数日間滞在し、約に依り王道士より若干巻の唐経の譲渡をうけた」と詳述する[23]。

（三）石濱の『西域文化研究』刊行における貢献

編著『西域文化研究』の背景と内容について、「三回に亙る西域探検の結果として得られた古文化資料は如何なるものであつたかと云うに、仏教経典に関するものを第一とし、以下中国の経籍・古文書・胡語文献・絵画・彫塑・染織・刺繍・古銭・印本・木簡其の他雑品等、実に多岐に亙」るとする[24]。大正四年（一九一五）に刊行された『西域考古図譜』で、前述した三回にわたる西域探検の収集品を図版として紹介したものの、「当時の本願寺の経済的事情の為、吉川小一郎氏の将来品は或る程度保留せられたため、従って敦煌出土品については全体を掲出することがなかった」[25]。その後、昭和十二年（一九三七）に『新西域記』（上原芳太郎編、有光社、一九三七年）上下二冊が出版され、探検隊員の日記・紀行文および収集品の図版などが掲載された。しかしそれら収集品の実物は、「京城博物館と旅順博物館とに収蔵されていたのであつて、過般の戦争終末の結果としては我々の視聴の彼方に存在するに至つた。我々知りたき事は上述二書によつて見うる古文化資料がその後如何になつたかということであるが、それらを現在龍大図書館所蔵品と関連づけて調査研究するならば学会を被益すること大なるもの」があったと石濱は述べる[26]。これにより、西域文化研究会は昭和二十八年（一九五三）に、龍谷大学図書館収蔵品のうち敦煌仏教資料について整理・研究を行ない、『西域文化研究』第一巻は、『西域考古図譜』および『新西域記』に収録されなかった「吉川氏将来の敦煌出土品、その他大陸より順次流入せる品を加えた」点が特色である[27]。

石濱は半生を『西域文化研究』の編集出版に捧げた。ここには大谷探検隊に対する崇敬があり、大谷光瑞本人は言うまでもないが、橘瑞超や吉川小一郎に対しても「橘師の如き明治四十一年（一九〇八）に初めて抜擢をうけし時は、十八才にして紅顔純真の美少年であつたといわれる。而して橘師の性格は豪気にて積極性に富み、数度に亘り地図と磁石を便りに西域の流砂山野を跋渉し殆ど生死の境を彷徨しつつ遂に目的を達成したことは驚異に値する。私の青年時代を回顧すれば橘瑞超師の名前は一種尊敬の的であつたとともに、私の西域に対する興趣をいやが上に昂揚せしめた所以であることを告白せざるを得ない」、「吉川も亦一偉才たる」と記している[28]。如上の大谷光瑞および探検隊員たちの卓越した探検精神は、石濱に『西域文化研究』を整理・編集する決心をさせた。さらに学問的使命感も抱いており、「大谷探検隊の目的を継承し、研究を遂行しつつある私共は本会設立の意義を考え、目標達成のためには、一日も早く探検隊員の将来資料に基づく諸研究を公けにして、学会の要望に答えると共に、より一層探検隊の真価を発揮して世界に顕彰するようにしなければならぬ。幸に昨年はその第一着手として『西域文化研究』の第一巻「敦煌仏教資料」を公刊し、続いて本年はその第二巻を送ることが出来たのを、私かに欣快とする」と述べる[29]。

石濱は、昭和三十四年（一九五九）三月十日、第二巻の「はしがき」を記したとき、すでに古希を迎えていた。彼は感慨深げに「顧れば本研究会発足以来已に満六ヶ年を経過した。その間、関係各位の協力を得て、ようやく昨年度より、その成果の発表に着手し得、ここにその第二巻を送ることとなつた」、「昨秋図らずも知友諸賢によつて古希を頌せられた。これ寔に望外の幸福であつた。この上は唯本研究の完成を庶幾」した、と記す[30]。また第四巻「はしがき」では、「本巻の刊行に着手した当初予想していたのに比して、印刷の困難さはそれをはるかに上まわるものがあつた。〔中略〕数年来、健康全からざる私に代つて、これらの困難な状況の処置に当られた研究会の当事者、及び、それに十全の協力を尽された出版社法蔵館及び印刷所の関係各位に対し、衷心の謝意を表し度いと思う」と述べ、さらに「本書第一巻を刊行以来、年々一巻づつを刊行し、ここに四ヶ年を経た。実のところ、このような大冊を年一冊の割で刊行することは、当初より予想されたところではあつたが、かなり困難な仕事であつた。しかし、その困難さをのりこえて、ようやくにして今日に到りえたことについては、内外のはかり知れない恩恵に浴している。本書全巻の完成をあと一歩にひかえ、感謝の思い、いよいよ新たなもの」があったようである。そして第五巻「はしがき」では、「西域文化研究会結成以来十年、『西域文化研究』の刊行に着手してより六年を経過した。その間、経済的にも時間的にも可成りの悪条件を克服しえて、ようやくここまで辿りつき得たことは、ひとえに研究会内外の関係諸氏の理解と援助によるものであつた。この点、研究代表者として、唯、感謝の思いあるのみである。今後共に、従来同様の協力を与えられんことを切望して止まない」と述べる。

最後に第六巻「はしがき」では、石濱は感慨深げに「私が本書各巻の冒頭に『はしがき』を草することも已に六度を数える。顧みれば、昭和二十八年春龍谷大学に於て西域文化研究会が結成されてより満十年、本書第一巻『敦煌仏教資料』の刊行に着手してより六ヶ年を経過した。その間、研究会の内外に於て、われわれの研究活動に参加し、或は、支持を与えられた人々は、その数六十名を超え、就中、全六巻中に寄せわれた論攷の数は延六十数編に達している」と述べ[31]、また編集・出版については、「時間的な、又、経済的な制約が大きく作用し、更に、かくも広範な分野を覆うには編集の面が余りにも手薄であつた。われわれ編集の任に当たつたものは十分の努力を竭したつもりではあるけれども、力の及ばなかったことを痛感し、読者諸賢の学的批判に対しては謙虚に従い度いとおもう」と述べた[32]。

石濱が各巻の「はしがき」を記した時期は次の通りである。

第一巻　昭和三十三年（一九五八）三月十日
第二巻　昭和三十四年（一九五九）三月十日
第三巻　昭和三十五年（一九六〇）三月十日
第四巻　昭和三十六年（一九六一）三月
第五巻　昭和三十七年（一九六二）三月二十日
第六巻　昭和三十八年（一九六三）二月二十日

右記のとおり、基本的に「はしがき」の執筆時期は毎年三月で、第六巻のみ二月となっている。このような記念碑的なプロジェクトは、計画どおりに毎年一冊を出版するのは容易ではない。もし石濱がこの困難な仕事に多くの心血を注がなければ、このような結果を成せなかったであろう。

以上の「はしがき」により、『西域文化研究』には石濱の情熱や責任が溢れ、自らの半生を捧げたことがわかる。第一巻の「はしがき」で石濱は、『西域文化研究』は全五巻で出版する計画であると述べるが、第五巻の編集が終わった後、その中の数篇の論文を収録することが出来なかったため、さらに一冊を出版する準備をした。この点について第六巻の「はしがき」で次のように説明する。「前巻『はしがき』にも申述べたように、諸種の事情より前五巻中に収載しえなかった論文を集めて本巻を編した。従つて、前五巻が夫々同一分野に属するもの、集成であるのに対して、本巻はそのような統一的なテーマを立てえなかった。しかし、本書に収むるところのものは前五巻中の夫々の部門に於て不可欠のものであって、彼此併せて一具の計画を全うするものであることを諒され度い」[33]。

（四）『西域文化研究』の学術的価値

前述のとおり、『西域文化研究』は、宗教、歴史、言語、民族、芸術などの各分野から西域中央アジアに対して全面的な検討を行なっており、これは日本における敦煌・トルファン研究の金字塔である。筆者の専門とする歴史学の視点から言えば、『西域文化研究』第二・三巻の「敦煌吐魯番社会経済資料」は最も重要で、ここに掲載されている資料はそれ以前に公表されていなかったものである。現在はこれらの資料に対する精密な研究を通じて、中古社会経済、特に均田制の研究に多大な貢献を成した。石濱が第二巻「はしがき」で述べるとおり、「均田制施行の記録に基づく解釈は、多くの創見を含み学界に大きな影響を及ぼすものと考えている。即ち従来、唐代均田制施行の実状について種々の方法論の下に学界諸氏により多くの説が出されているが、今度の吐魯番出土古文書群の均田制に関する資料発表によつて、唐代西辺の吐魯番地域にて均田制が完全に実施せられたことが判り、而も具体的に個人に対する配分方法までも、文書の記録によつて立派に論証」された[34]。

敦煌文書はトルファン文書よりも早期に発見され、数量も多く、比較的整然と収蔵されていた。そのため出土文書を利用した社会経済史研究では、主として敦煌文書が使用されていた。この状況をうけて『西域文化研究』では、「本書においては先ず吐魯番文書研究の前に、敦煌文書に関する那波利貞氏の総説、及び仁井田陞氏の寺院佃戸文書の研究論文を載せ、西域文書群の中核たる敦煌文書を概観」している[35]。

トルファンおよび敦煌はともに中国の北西辺境に属しており、トルファン文書と敦煌文書にも類似するものが多く、密接な関係があると言える。そのためトルファン文書の整理と研究を中心とした『西域文化研究』では、敦煌文書あるいは敦煌文書とトルファン文書についての総合的研究の論文も同時に発表された。この点について石濱は次のように説明する。「敦煌文書に関しては発見以来半世紀に及ぶ間、明らかにせられた著書論文も決して尠しとしない。併しこれらの文書全般についての論述は甚だ少いから、この点において那波博士の敦煌文書への導引は最もふさわしいものということができる。次に仁井田博士の敦煌文書に基づく法制史的解明は、爾後の周藤吉之以下の諸論文が主として論述するところの唐代吐魯番地域の均田制・佃人制等に関連しており、敦煌における佃戸制を明らかにすることは、唐代直轄地たる西州地方の同趣の問題を解明する示唆ともなるので、これ亦吐魯番文書への導引たる意味をもつ」[36]。

石濱は、大谷文書の刊行およびイギリスのスタイン敦煌文書の写真の研究、敦煌壁画展観などを一体的なものとして扱い、文書と壁画の有機的な結合を考え、日本に「敦煌学の隆盛期」を迎えさせた。このうち大谷文書は原本のため、「スタイン、ペリオ両氏の蒐集品、また北京図書館の敦煌本等に比して、独自の価値を持」ち[37]、「中国古文書学に於いては、敦煌文書と吐魯番文書とは夫々独立のものとして取り扱われようとしており、そのこと自体に異議があるわけではないが、その反面、両文書のつながりも無視することは出来ないと思う。〔中略〕敦煌・吐魯番両文書群間その相互関係の問題については将来更に検討が加えられるべき」だと述べた。[38]

前述のとおり、石濱は、それまでの学術界では敦煌文書とトルファン文書の関係が等閑視されていたと考え、両者の相互関係を重視することを提示し、その結びつきを総合的に検討するよう呼びかけた。これは非常に卓見であった。その二十年後、甘粛省蘭州で中国敦煌トルファン学会が設立され、一体となって全面的な整理と研究が行なわれるようになった。

先述の通り、『西域文化研究』第二、三巻には、敦煌・トルファン社会経済資料に関する論文が収録されており、大谷文書の一部を公表しただけでなく、学術的価値も非常に高い。中国の学者の研究にとって啓発に富むものであった。「日本の学者はトルファン文書の研究において、顕著な成果を出した。特に彼らは研究を通じて、唐代トルファン地域で実施された均田制の具体的状況を明らかにし、唐代西州地域における租佃関係、戸税、傜役制度、交易法、駅伝制度など、社会経済生活の各方面について論述した。これにより、『西域文化研究』という著作は、魏晋南北朝隋唐史および我が国の西北地域地方史研究には不可欠な重要な参考書となった。[39]一九八〇年代初め、中国国内の学術界のため、中国社会科学院歴史研究所の姜鎮慶と那向斧が、そのなかの十篇の論文を中国語に翻訳し、『敦煌学訳文集――敦煌吐魯番出土社会経済文書研究』を甘粛省人民出版社より刊行した。この『敦煌学訳文集』に収録された十篇の翻訳論文は、『西域文化研究』第二、三巻の原文をそのまま翻訳したわけではなく、少し異なるものもある。[40]

以上、石濱純太郎の東方学研究、特に編著『西域文化研究』への貢献について簡単な紹介と評述を行なった。

ここから、石濱は著名な東方学者であり、なおかつ敦煌学・モンゴル学・西夏学などの分野でいずれも傑出した貢献があり、祈念と表彰を行なうべき学者であったことがわかる。

注

(1)劉建「東方与西方：二元対立抑交光互影――東方学研究中的幾個理論与実践問題」(曽琼・曽慶盈編『認識東方学』、北京：北京大学出版社、二〇一四年)、五〇頁。
(2)神田喜一郎「石濱純太郎博士を悼む」(『敦煌学五十年』、筑摩書房、一九七〇年)一八九頁。【中文版】高野雪・初曉波・高野哲次訳『敦煌学五十年』(北京：北京大学出版社、二〇〇四年、一二四頁)所収。
(3)前掲注2神田喜一郎「石濱純太郎博士を悼む」一九〇頁。
(4)高田時雄「敦煌写本を求めて――日本人学者のヨーロッパ訪書行」(『仏教芸術』二七一号、二〇〇三年十一月)参照。【中文版】『近代中国的学術与藏書』(中華書局、二〇一八年、一〇二～一〇三頁)所収。
(5)長澤和俊「石濱純太郎」(『日本人名大辞典』現代、東京：平凡社、一九七九年。王冀青「論〝敦煌学〟一詞的詞源」、『敦煌学輯刊』二〇〇〇年第二期、一二二頁に転載)。
(6)拙稿「東方学背景下的敦煌学」(『敦煌研究』二〇一七年第三期)参照。
(7)前掲注5王冀青「論〝敦煌学〟一詞的詞源」参照。
(8)前掲注6拙稿「東方学背景下的敦煌学」、前掲注5王冀青「論〝敦煌学〟一詞的詞源」参照。
(9)前掲注2神田喜一郎「石濱純太郎博士を悼む」一八九頁。
(10)高田時雄「俄国中亜考察団所獲藏品与日本学者」(劉進宝主編『絲路文明』第一輯、上海：上海古籍出版社、二〇一六年)参照。アレクセイエフの学術については、劉進宝「孟列夫与俄藏敦煌文献研究」(劉進宝主編『絲路文明』第一輯、上海：上海古籍出版社、二〇一六年)参照。
(11)前掲注10高田時雄「俄国中亜考察団所獲藏品与日本学者」、二二一～二二二頁。
(12)史金波「二十世紀日本西夏学研究」(杜建録主編『二十世紀西夏学』、銀川：寧夏人民出版社、二〇〇四年)二五〇頁。

史金波氏が文中で注記する「西夏学小記」は、『支那学』一巻三号（一九二〇年）所収。「西夏学小記続」は『支那学』三巻二号（一九二二年）所収。
(13) 聶鴻音「西夏文献：解読的理想和理想的解読」（『中国社会科学院院報』、二〇〇六年九月二十八日）。
(14) 石濱純太郎『西域文化研究』第二巻「はしがき」（法蔵館、一九五九年）、四頁。
(15) 石濱純太郎『西域文化研究』第一巻「はしがき」（法蔵館、一九五八年）、二頁。
(16) 前掲注15、石濱純太郎『西域文化研究』第一巻「はしがき」、二頁。
(17) 前掲注15、石濱純太郎『西域文化研究』第一巻「はしがき」、四頁。
(18) 前掲注14、石濱純太郎『西域文化研究』第二巻「はしがき」、二頁。
(19) 前掲注15、石濱純太郎『西域文化研究』第一巻「はしがき」、二～三頁。
(20) 前掲注14、石濱純太郎『西域文化研究』第二巻「はしがき」、二頁。
(21) 前掲注14、石濱純太郎『西域文化研究』第二巻「はしがき」、三頁。
(22) 前掲注15、石濱純太郎『西域文化研究』第一巻「はしがき」、三頁。
(23) 前掲注15、石濱純太郎『西域文化研究』第一巻「はしがき」、三～四頁。
(24) 前掲注15、石濱純太郎『西域文化研究』第一巻「はしがき」、四頁。
(25) 前掲注15、石濱純太郎『西域文化研究』第一巻「はしがき」、四頁。
(26) 前掲注15、石濱純太郎『西域文化研究』第一巻「はしがき」、四頁。
(27) 前掲注15、石濱純太郎『西域文化研究』第一巻「はしがき」、五頁。
(28) 前掲注14、石濱純太郎『西域文化研究』第二巻「はしがき」、三頁。
(29) 前掲注14、石濱純太郎『西域文化研究』第二巻「はしがき」、三頁。
(30) 前掲注14、石濱純太郎『西域文化研究』第二巻「はしがき」、五頁。
(31) 石濱純太郎『西域文化研究』第六巻「はしがき」（法蔵館、一九六三年）、四頁。
(32) 前掲注31、石濱純太郎『西域文化研究』第六巻「はしがき」、五頁。
(33) 前掲注31、石濱純太郎『西域文化研究』第六巻「はしがき」、四～五頁。

(34) 前掲注14、石濱純太郎『西域文化研究』第二巻「はしがき」、四頁。
(35) 前掲注14、石濱純太郎『西域文化研究』第二巻「はしがき」、四頁。
(36) 前掲注14、石濱純太郎『西域文化研究』第二巻「はしがき」、四頁。
(37) 前掲注14、石濱純太郎『西域文化研究』第二巻「はしがき」、四頁。
(38) 石濱純太郎「はしがき」(『西域文化研究』第三巻、法蔵館、一九六〇年)、二〜三頁。
(39) 姜鎮慶・那向芹『敦煌学訳文集』訳者前言([日]周藤吉之等著、姜鎮慶・那向芹『敦煌学訳文集――敦煌吐魯番出土社会経済文書研究』、甘粛人民出版社、一九八五年)。
(40) 前掲注39、姜鎮慶・那向芹『敦煌学訳文集』に収録された「吐魯番出土佃人文書的研究」、「唐中期戸税的研究」、「佃人文書研究補考」は、周藤吉之著『唐宋社会経済史研究』(東京大学出版会、一九六五年)所収の論文に基づく。「従吐魯番出土文書看実施均田制的状況」は、西嶋定生著『中国経済史研究』(東京大学出版会、一九六六年)所収の論文に基づく。「通過唐代敦煌差科簿看唐代均田制時代的徭役制度」は、西村元佑著『中国経済史研究』(東洋史研究会、一九六八年)所収の論文に基づく。

石濱純太郎と関西大学吉田文庫

池尻陽子

はじめに

【図1】
リットン調査団の満洲視察への同行を終え帰国する吉田大使（うらる丸甲板にて）。昭和7年（1932）9月11日、大使の東上を伝える報道より
（日本電報通信社撮影、共同通信イメージズ提供）。

石濱純太郎（一八八八～一九六八）は、自身四万冊以上もの図書・資料を蒐集し、現在それら旧蔵書は石濱文庫として大阪大学・外国学図書館に所蔵されている。一方、石濱は関西大学在職中、関西大学図書館への東洋学関係大型図書コレクションの寄贈斡旋にも尽力した。その代表例が泊園文庫であり、この石濱自身も学んだ漢籍塾・泊園

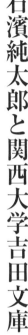

書院の質の高い漢籍や書画、印章等のコレクション寄贈が契機となって、関西大学に東西学術研究所や文学部東洋文学科が設立されたのであった。(1) まさに戦後の関西大学における東洋学研究の礎となった貴重資料群であるといえる。本稿で取り上げる吉田文庫も、そのような石濱純太郎の仲介によって設立された関西大学図書館所蔵特殊コレクションの一つである。にもかかわらず、同図書館所蔵の東洋学関係コレクションとしては、泊園文庫や内藤文庫に比して規模が小さいためか、広く認知・利用されているとは言いがたい現状にある。

この関西大学吉田文庫は、戦前期に土耳其《トルコ》国駐劄特命全権大使（以下、駐トルコ大使と略称）を務めた吉田伊三郎（一八七八～一九三二）の旧蔵書であり、昭和二五年（一九五〇）に石濱純太郎の仲介によって吉田家より関西大学図書館に譲られたものである。旧蔵者吉田伊三郎は京都府出身の外交官で、明治末から大正、昭和初期にかけて活躍した人物である。その華々しい活躍の一つとして、駐トルコ大使在任中の昭和七年（一九三二）、いわゆる満洲事変の調査のために国際連盟から派遣されたリットン調査団の活動に日本側参与員として同行した経歴がよく知られている。吉田が外交官として世界各地で蒐集した和漢洋書約二四〇〇冊からなる吉田文庫は、東洋学や外交研究に資する多くの貴重書を含む。今般、石濱純太郎没後五〇年を振り返るにあたり、小稿では石濱がその価値を見出し関西大学に将来したこの吉田文庫について、文庫設立の経緯と概要を改めて紹介するとともに、旧蔵者吉田伊三郎の外交官としての活動と本コレクションとの関連を探ってみたい。

一　吉田文庫の概要

（一）書誌学者天野敬太郎による吉田文庫紹介

関西大学図書館所蔵吉田文庫がいかなるコレクションであるか、まずはその概要を紹介したい。昭和二五年（一九五〇）、石濱純太郎の仲介によって関西大学図書館に入庫が決まった吉田伊三郎蔵書コレクションは、当時図書課長の職にあった天野敬太郎（一九〇一～一九九二）のもとで整理作業が進められた。天野は京都市出身で、小学校卒業後の大正一一年（一九一四）から二〇年以上京都大学図書館に司書として勤務した後、終戦後の昭和二三年（一九四八）、関西大学図書館長であった森川太郎の求めに応じて同図書館図書課長に就任した。[2]戦後の図書館の復興と発展に実務的に寄与しただけでなく、図書館学・書誌学の研究においても多大な業績をあげた人物であり、石濱純太郎もその手腕を高く評価していた。[3]その天野による吉田文庫の概要紹介を以下に抜粋して示す。

吉田文庫は、アジア関係及び外交関係の洋書を中心として、古くは一一〇〇年代の中頃から、一九三二年に至る凡そ七八〇年間の種々な和漢洋書を収容していて、一八世紀末（一七九九）までの刊本が二二種も含まれている。洋書約三五〇部、和漢書一〇〇余部（約四〇〇冊）、合計二四〇〇冊と云われているが、数の割合に優秀なものがよく集っていて、実に貴重な文庫である。アジア関係では、中国を主とし、これに蒙古、チベットが多く、その他の地域、特にシベリアのものが、かなりあり、アジア研究に必要とする重要な文献が揃っている。ヨーロッパでは、イギリスやフランスの研究書を中心に、アメリカ、アフリカなどでも、各国の関係文献が見られる。その上に、一六一人の外交官や政治家などの伝記類があることは、特筆すべきである。その他、国際関係や国際法に関するものがあり、かつ、古刊本にも珍らし《ママ》いものが相当にある。[4]

なお、天野は昭和四二年（一九六七）に関西大学を退職し東京に拠点を移すが、その後も万里小路通宗図書課長らが天野の方針を引き継いで整理作業を進め、昭和四七年（一九七二）には『関西大学所蔵吉田文庫目録』が刊行されている。[5]この目録をみれば、右に引用した天野の紹介のとおり、アジア研究、そして当代の外交や国際関係、国際法などに関する書籍が並び、旧蔵者吉田伊三郎のその方面への造詣と関心がうかがえる。

その中で、外交官吉田伊三郎の経歴と関連するユニークな一冊が、南満洲鉄道株式会社特製の『御製盛京賦』抄録である。いかなる書籍であるのか、ここでも天野の簡潔にして充実した紹介文を以下に引用する。

御製盛京賦（清）高宗撰　南満洲鉄道株式会社刊　帙入　一九三二

西暦一七四三年、清の乾隆帝は満洲巡遊の際に、己のが皇祖発祥地である奉天及びその周辺を礼讃歌した一大詩篇を編成した。そしてそれを漢字の篆体三二種と満洲字の篆体三二種と合計六四種の文字を以って印刻せしめた。在華フランス宣教師アミオ[6]はこれを仏訳し、詳細な註解を付けて、一七七〇年パリで発行したが、それによって、フランス文豪ヴォルテールは乾隆帝と相識るに至ったのである。昭和七年（一九三二）、満鉄がリットン卿満洲調査団に対し、記念として特に六四種の各第一ページを復製し、これに英文の解説（衛藤利夫解説）を付け、限定八〇冊印刷した。そして、それを関係者のみに配布したのであるから、極めて稀

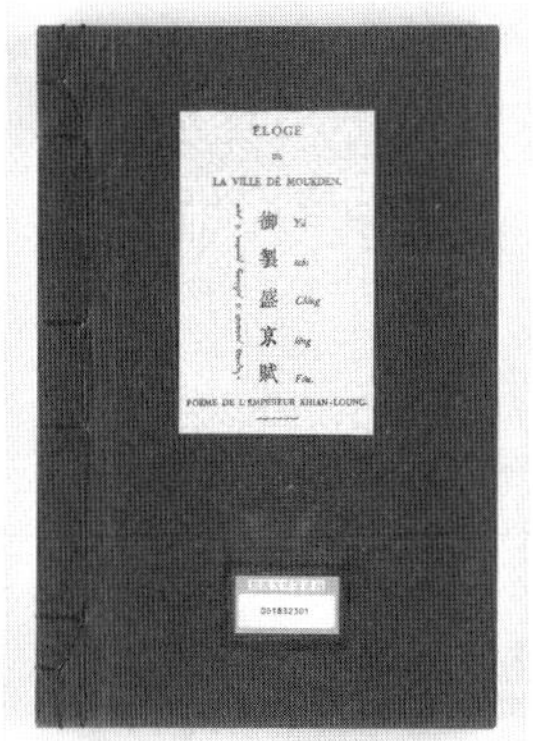

【図2】満鉄製『御製盛京賦』表紙

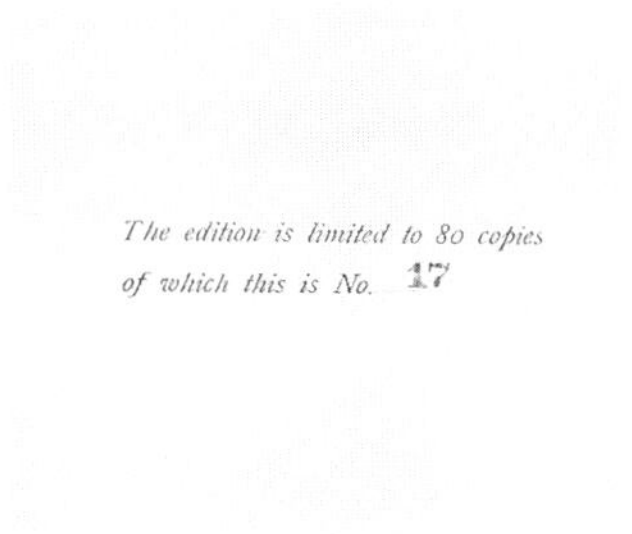

【図3】『御製盛京賦』シリアルナンバー

少なものである。その中の第一七号が吉田伊三郎に当ったわけで、本書が即ちそれである。

つまるところ、これは満鉄からリットン調査団への「お土産」である。中見立夫氏によると、これは当時の満鉄奉天図書館長衛藤利夫（一八八三～一九五三）の考案によるものだという。(7)『御製盛京賦』としては六四種の各字の第一頁目を抄録しただけの不完全なものではあるが、リットン調査団の参与員として帯同した吉田伊三郎本人に贈られた記念品という意味で、特異な価値を有するものといえよう。【図3】に示すとおり、限定八〇冊の内の第一七号であることを示すシリアルナンバーが確認できる。

（二）国立民族学博物館所蔵「吉田伊三郎関係文書」

関西大学吉田文庫所蔵資料のより詳しい具体像については、前掲の［天野 一九八五］にさらに幾つかの書籍が紹介されているほか、各自の関心に沿って『吉田文庫目録』を検索、参照いただくことが望ましい。紙幅も限られていることから、本稿ではこれ以上の紹介は割愛する。その代わり、ここでは「もう一つの吉田コレクション」について少し触れておきたい。それは、国立民族学博物館（大阪府吹田市）が所蔵する吉田伊三郎の遺品コレクションである。これらは同館の大阪府指定有形民俗文化財「玩具及び関連世相資料」（通称「時代玩具コレクション」）に含まれているもので、「江戸時代から戦後にかけての玩具を中心とした子どもに関わる様々なモノから構成される、総数五万数千点に及ぶ膨大な資料群である」(8)という。古美術商多田敏捷氏の旧蔵品であるため「多田コレクション」とも呼ばれ、平成二五年（二〇一三）に大阪府から国立民族学博物館へと寄贈されたものである。「時代玩具コレクション」の整理・研究を主導してきた是澤博昭氏（大妻女子大学教授）は、本コレクション中の「吉田伊三郎関係文書」について以下のように紹介している。

コレクションには、外交官として国際連盟の日本代表や中国で山東問題の解決に尽力した吉田伊三郎関係文書など、政治・外交史に関係するものも含まれている。

一九三〇年九月、トルコ大使であった吉田が宮中に玩具を献上した際の受取状は興味深い。…（中略）…犬養首相によって官邸で開かれた同視察団（リットン調査団：筆者注）への晩餐会招待状と食事のメニュー、奈良市長宛のリットンの礼状の封筒と名刺、国際連盟で発表する日本政府の意見書をスイスの松岡洋右に持参するにあたり、吉田に天皇への奏上を命じた書状とパスポート、日本代表団宿泊ホテル絵葉書など、これらの資料は当時の状況を伝えている。

さらに渡欧中の画家竹久夢二が、ジュネーブでの国際連盟の会議を傍聴してスケッチしたリットンや顧維鈞（中華民国代表）の似顔絵、二人の姿を中心にした会議風景を図案化したメンコなど、いずれも近代史に

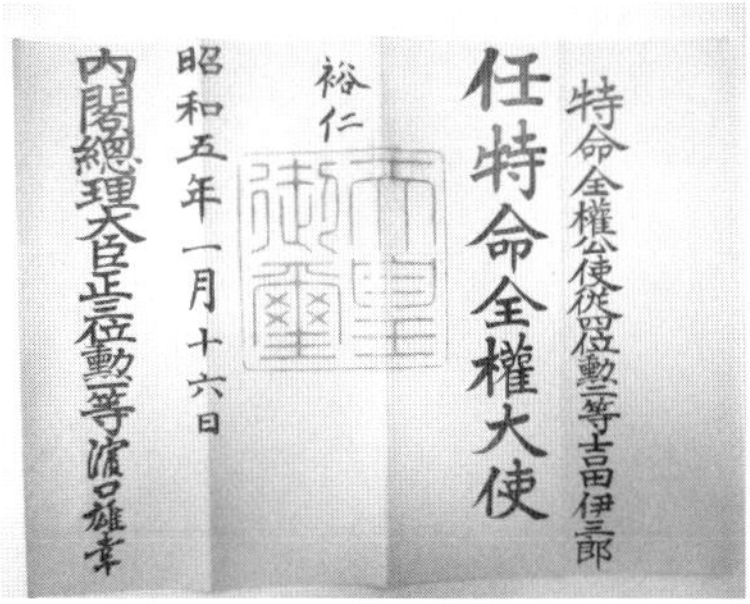
特命全權公使從四位勳三等吉田伊三郎
任特命全權大使
裕仁
天皇御璽
昭和五年一月十六日
内閣總理大臣正三位勳一等濱口雄幸

【図4】
吉田伊三郎への駐トルコ全権大使任命書
（国立民族学博物館所蔵）

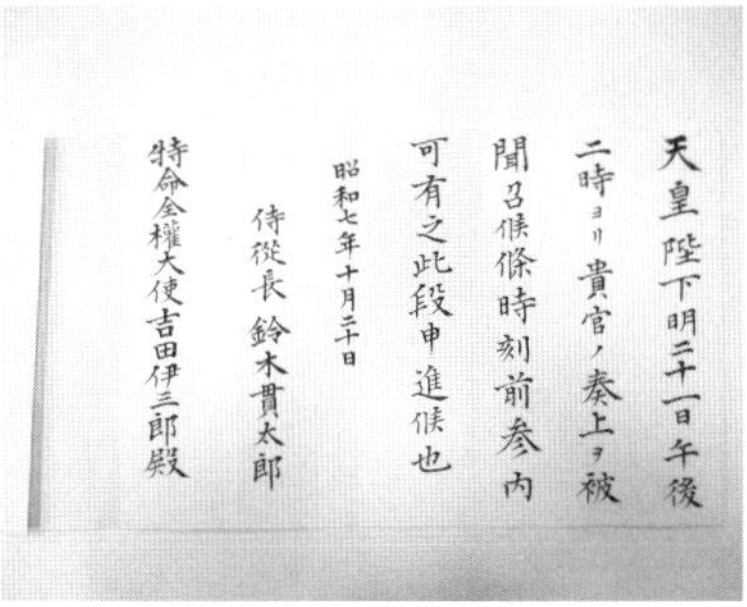
天皇陛下明二十一日午後
二時ヨリ貴官ノ奏上ヲ被
聞召候條時刻前參内
可有之此段申進候也
昭和七年十月二十日
侍従長 鈴木貫太郎
特命全權大使吉田伊三郎殿

【図5】
吉田伊三郎に奏上を命じる宮中からの書状
（国立民族学博物館所蔵）

新たな発見をもたらすものではないが、日本が国際連盟を脱退し、孤立化の途にふみだす時代の雰囲気に触れるものだ。(9)

このように、コレクションには吉田伊三郎が宮中に玩具を献上した受取状や、リットン調査団関連のメンコなど玩具が含まれており、恐らくはこうしたことから「時代玩具コレクション」として保管されてきたのだと思われる。元来の玩具コレクションを収集した多田氏がどういう経緯で吉田伊三郎関連資料を入手したのかについては、残念ながら筆者は現段階で知り得ていない。ただ、パスポートや書信、招待状といった、明らかに吉田伊三郎の遺品といえるものが含まれていることから、関西大学吉田文庫と同じく、いずれかの時期に遺族が手放したものが、巡り巡って国立民族学博物館に所蔵されることになったものと思われる。つまり、現在、関大と民博という、奇しくも同じ吹田市に所在する二つの研究機関に吉田伊三郎関連コレクションが分蔵されていることになる。今後、両機関の吉田コレクションが周知され、有効に活用されることを願うものである。(10) 特に、関西大学吉田文庫については、古い洋書コレクションとしてだけでなく、戦前期の時代性を伝える歴史資料としての位置づけについても再考していく必要があろう。

二　吉田文庫と日本西蔵学会の発足

さて、昭和二五年に寄贈が決まった関西大学吉田伊三郎蔵書コレクションであるが、実際にその入庫が完了したのは昭和二八年（一九五三）三月のことであったという。[11]そしてその同じ年の十一月二八日、関西大学東西学術研究所にて日本西蔵学会なる新学会の発足式が挙行された。この日本西蔵学会（現在の表記は日本チベット学会）は、世界で最も古いチベット学関連の学会組織であるといわれている。[12]その初代会長に就任したのが石濱純太郎であり、その後石濱が昭和四三年（一九六八）に亡くなるまでのおよそ一五年間、関西大学東西学術研究所内に学会本部が置かれることとなるのだが、実はこの学会設立の経緯に吉田コレクションが大きく関わっている。以下に挙げる三上諦聴による『日本西蔵学会々報』への寄稿文「日本西蔵学会成立経過」からその経緯を知ることができる。

日本の西蔵学研究はまだその歴史が浅いようであるが、河口慧海・多田等観・青木文教諸氏[13]の入蔵以来、それぞれ将来の西蔵大蔵経その他を中心に研究が進められて、仏教学者には西蔵語の学習は必枢要件となり公私の大学に殊に仏教系の諸大学には西蔵語の講座が設けられまた東洋史言語学の方面に於いても漸く重大視されるに到り、斯学の研究者も漸く多きを加えて来た。

ところが斯学の研究者の間に餘り横の連絡がないようで、互に一堂に会して討論、研摩する機会にめぐまれていないので、一度斯学の研究の方々の横の連絡によって研究の成果をより一層挙げたいという要望が大分以前から山口先生[14]その他からあった。
　こうした要請に答えるには、全然西蔵の講座もなく、図書もない関西大学では及びもつかないことであったが、幸い石濱《ママ》教授の御尽力によって前駐土大使であった故吉田伊三郎氏が任地で蒐集されました中央亜細亜に関する組織的洋書のコレクションがそっくり関西大学に這入ることになったのが一昨年（一昨々年の誤り：筆者注）そして本年三月（昭和二八年：筆者注）その全部が入庫した、そのなかに西蔵に関する珍しい文献が七、八〇点まとまっていた。これは一つ学界の諸氏にお目にかけてもよいものと思われたのが起縁になって、殊に斯学の研究者が関東より関西に多いところから、大谷大学・京都大学・龍谷大学・高野山大学・神戸大学・大阪大学・大阪市立大学等の有力な諸先生の熱心な御援助御協力によって、殊に神戸大学の佐藤長氏の御催促御支援もあって漸く本年八月頃より具体化して、入庫図書の展観を兼ねてささやかな西蔵研究会の発足を計画するに到った[15]。

　ここでは、当時日本国内でチベットに関連する学問分野（特に仏教学、言語学、東洋史学について言及されている）の研究者の間で「餘り横の連絡がない」状況にあり、「互に一堂に会して討論、研摩する機会」を切望する声があがっていたことが述べられている。そして、「全然西蔵の講座もなく、図書もない」状況であったにも関わらず、石濱純太郎を会長として関西大学で第一回研究会が催される事となったきっかけが、吉田コレクションの入庫だったのである。文中、三上は吉田コレクションを「中央亜細亜に関する組織的洋書のコレクション」と表現している。これはとりもなおさず、入庫を斡旋した石濱純太郎自身の本コレクションに対する認識に他ならないであろう。これに関連して、長年関西大学に奉職し石濱純太郎の学統を継承した東洋史学者の一人である大庭脩（一九二七〜二〇〇二）は、後年吉田文庫について次のように述懐している。

いろいろな文庫——内藤、増田、泊園、そのほかに長沢規矩也氏の長沢文庫もいずれそのうちに公開いたしますし、それから中村幸彦先生の中村文庫もそのうちに整理をして公開されるでありましょう。そのほかに、我々の東洋学といたしましては、大変関連の深いものに吉田文庫というのがございまして、戦前にトルコの駐在特命全権公使をやられた吉田伊三郎氏のお持ちになっていた書物が購入されまして、吉田文庫として残っております。私はこの吉田文庫の書物の中にあったAurel Stein の*"Innermost Asia"*を使って漢簡の研究には大変役に立ったということがございます。極東国際軍事裁判の記録も、吉田文庫も、泊園文庫同様石浜先生の紹介があって関西大学へ入ったのであります。(17)

洋書の研究書を入手することが今ほどは容易でなく、気軽にコピーなどもできない時代にあって、漢代の木簡を発見したスウェン＝ヘディン（一八六五〜一九五二）やオーレル＝スタイン（一八六二〜一九四三）らの研究書を多数含む「中央亜細亜に関する組織的洋書のコレクション」の存在は、名高い大庭脩の漢簡研究にも少なからず寄与していたのであった。(18)

日本西蔵学会に話を戻す。先の三上の説明に「西蔵に関する珍しい文献が七、八〇点」とあるとおり、『吉田文庫目録』の「Tibet」の項目には、フランスのチベット学者ジャック＝バコー（一八七七〜一九六五）の旅行記（*Dans les marches tibetaines; autour du Dokerla, novembre 1906- janvler 1908*, Plon-Nourrit: Paris, 1909）から、ドイツ出身の人類学・中国学者ベルトルト＝ラウファー（一八七四〜一九三四）によるミラレパのテキスト抄訳（*Milarapa: tibetische*

Texte, in Auswahl übertragen von Berthold Laufer, Folkwang-Verlag: Hagen i W. & Darmstadt, 1922）まで、名だたる研究者、外交官、探検家らの著作が並んでいる。流通のグローバル化や書籍のデジタル化が進む現代にあってはもはや入手困難とは言えないものも多いが、当時この分野のまとまった量の洋書を大学図書館で閲覧できる環境は貴重であったに違いない。

先にも述べたように、この日本西蔵学会は世界的にも「最も古いチベット学会」組織であるといわれている。当時、チベット学関係者が集う学会としては、ハンガリー東方学会（Society of Hungarian Orientalists、ケレシ＝チョーマ学会 Körösi Csoma Society とも呼ばれる）や国際東洋学者会議（International Congress of Orientalists）などがあったが、国際東洋学者会議においてチベット学の専門部会が初めて開かれたのが一九七三年、[19] チベット学専門の国際会議である国際チベット学会（IATS, International Association for Tibetan Studies）が発足するには一九七九年まで待たねばならない。[20] それらに二〇年も先駆けて、インターディシプリナリーでありながらチベット学に特化した学会組織が日本に誕生し、現在まで続いているのである。

また、同じ昭和二八年（一九五三）の一月、日本西蔵学会発足より一〇ヶ月余り先駆けて、龍谷大学に西域文化研究会が発足していることにも注目したい。こちらも石濱純太郎が発起人の一人となって発足した、いわゆる敦煌学・西夏学に関する研究を主軸とする学会である。日本西蔵学会と分野・関心が重なり合い、初代会長に石濱純太郎が就任した点も共通する、いわば兄弟学会ということができるであろう。西域文化研究会の設立経緯と石濱の貢献については、劉進宝氏の論考（本書一二三〜一四四頁）に詳説されているのでそちらを参照されたい。

本節で論じた日本西蔵学会設立も、そうした石濱の東洋学への大いなる貢献の一つであり、吉田文庫の果たした役割とともに、改めてその重要性を認識するものである。しかし残念なことに、関西大学にはその後石濱純太郎のチベット学の学統が根付くことはなかった。石濱の逝去の翌年度から学会事務局は東洋文庫に移転し、第二代会長には長尾雅人京都大学教授が就任している。[21] 吉田文庫を含め、石濱純太郎蒐集による関西大学所蔵チベット学関連図書については長く等閑視され現在に至っている。今後その全容把握と整理、活用が望まれる。

三　外交官吉田伊三郎の生涯

（一）外交官としての経歴

最後に、コレクションの旧蔵者である吉田伊三郎の外交官としての活動にスポットを当てる。まずは、吉田の経歴を概観してみたい。

【略年表】

- 明治一一年（一八七八）吉田伊助の長男として京都府に生まれる。
- 明治二九年（一八九六）京都府尋常中学を卒業。
- 明治三六年（一九〇三）東京帝国大学法科大学を卒業。
- 明治三七年（一九〇四）外交官及領事官試験に合格。

・明治三八年（一九〇五）
同年、領事官補として香港へ赴任[22]。
外交官補として米国へ赴任[23]。
・大正元年（一九一二）
二等書記官として神聖アンナ第三等勲章叙勲[24]。
＊大使石井菊次郎、参事官幣原喜重郎らとともに叙勲。
同年末、在英大使館三等書記官として英国に赴任[25]。
・大正五年（一九一五）
在英大使館一等書記官[26]。
＊参事官は幣原喜重郎。
・大正一〇年（一九二一）
在中国大使館参事官（後、臨時代理公使）。全権公使小幡酉吉（一九二三年からは芳澤謙吉）らとともに山東問題に従事。
・大正一三年（一九二四）
駐米臨時代理大使を務める。
・大正一四年（一九二五）
駐英臨時代理大使を務める。
・大正一五年（一九二六）
特命全権公使としてスイスに駐在。国際連盟に日本代表として参加。
・昭和五年（一九三〇）
エチオピア皇帝の戴冠式に出席。
この年から特命全権大使としてトルコに赴任。
＊前任は小幡酉吉で、この年からドイツに赴任。
・昭和七年（一九三二）
リットン調査団に日本側参与員として同行。
＊五一五事件
・昭和八年（一九三三）
出張先のアンカラでチフスのため急逝。

吉田伊三郎は明治一一年に京都市に生まれた。京都時代の吉田については資料に乏しいが、後述するように吉田家の邸宅は戦前下鴨にあったのだという。明治二九年に京都府尋常中学を卒業するが、これは後の京都一中、現在の洛北高校にあたる。その中学時代の同級生に、戦前台湾総督府交通局総長や京浜電鉄取締役などを務めた生野団六（一八七八～一九七三）がおり、戦後同窓会誌に寄稿した文章に以下のような回想がある。

同級生中大道良太君は四高より京大法科に吉田伊三郎君は東大法科に進み、…［中略］…吉田君は外交官となり土耳古（トルコ）駐在大使となったが二人とも早世して大成しなかったのは遺憾である。[27]

生野と吉田が特に親しかったという訳でもなさそうだが、それでも同級生中の秀才の一人として生野の印象に残っていたものと思われる。なお、在学期間は重ならないものの、同中学の卒業生として東洋史学者の桑原隲蔵（明治二三年卒業）がいる。

外交官としての経歴をみると、吉田は基本的に欧米を主とする在外大使館・領事館で活躍してきたことが分かる。イギリス時代やアメリカ時代を通じて幣原喜重郎（一八七二～一九五一）と任地・在任期間を共にすることが多く、いわゆる「英米派」に近い立場であったか、少なくとも関係は良好であったようだ。[28] ただし、吉田は政務よりも通商事務に主に従事する実務派だったようで、吉田とともに当時ロンドンの大使館に勤務していた澤田節蔵（一八八四～一九七六）は、第一次大戦勃発後に大使館でイギリス政府との通商交渉が激増した際、「これを担当していた吉田一等書記官が日夜あまりにも多忙になったため、私もときどき手伝いを頼まれた」と述懐している。[29]

大正一〇年以降は、大陸での日本の利権について欧米諸国との交渉にあたる任務を支えた。山東問題処理のために中国大使館に勤務していた際には、溥儀（一九〇六〜一九六七）の家庭教師として知られるスコットランド人レジナルド＝ジョンストン（一八七四〜一九三八）と親交があり、ジョンストンは著書 *Twilight in the Forbidden City*（紫禁城の黄昏）の中で、当時溥儀と謁見し得た日本人の一人として「私の友人である吉田氏（my friend Mr. Yoshida）」とわざわざ紹介しているほどである。[30] 親しい外交官仲間としては、この時共に山東問題処理に当たった小幡酉吉（一八七三〜一九四七）がおり、吉田が小幡に宛てた書簡も一通残っている。[31]

既に繰り返し述べたように、昭和七年（一九三二）吉田はリットン調査団の満洲視察に日本側参与員として加わるのであるが、彼がその任に選ばれた理由を及ばずながら考察すると、まずは既述の如く大陸での利権問題に長く関わってきたことによる人脈と経験が買われたものと考えられる。加えて、国際法に精通していた法学専門家としての側面も見逃せない。これを如実に表すものとして、吉田の在英大使館書記官時代のエピソードを紹介したい。以下は、先にも挙げた澤田節蔵による回想である。

明治外交の主役を演じた小村外相の顧問で、小村外交の陰の人と自他共に評した米国人デニソン氏[32]は私のロンドン勤務中に長逝した。外務省ではその後任として英米人から適当な人物を得たく、ロンドンの大使館にも適任者を推薦するよう訓令を出した。一等書記官の吉田伊三郎氏は元来法律に詳しく、英国法曹界に知己を持っていたので、大使の命を受けて適任者を探し始めた。そのお蔭でオックスフォード大学の国際法フェローだったトマス・ベイティ博士が候補者として浮かびあがってきた。幣原参事官は本省で多年デニソン氏を補佐しておられたので、大使とともにベイティ博士を引見され、結局本省に同氏を推挙することになった。[34]

ここでは、トーマス＝ベイティ（一八六九～一九五四）が日本外務省顧問に就任するに至る経緯が述べられている。ベイティを見出し推薦した人物こそが、「英国法曹界に知己を持っていた」吉田伊三郎だったのである。ベイティはイギリスの著名な国際法学者であり、リットン報告書に対する日本政府の意見書の作成を補助したことでも知られる。[35]そしてその意見書をジュネーブに携行したのが吉田伊三郎である。吉田文庫にも国際法に関する書籍が多数含まれているが、そうした国際的な法学の知識と人脈を見込まれての人選だったであろう。[36]

（二）吉田伊三郎の死

昭和七年（一九三二）リットン調査団の満洲視察に同行した吉田伊三郎は、ジュネーブにおける国際連盟総会に赴きリットン報告書に対する日本政府の意見書を提出した後、トルコに帰任する。なお、この時の国際連盟総会では、日本首席全権・松岡洋右（一八八〇～一九四六）が国際連盟脱退を表明し、日本の国際的立場は急変する。そうした中、吉田は昭和八年（一九三三）三月、出張でアンカラに滞在中にチフスに罹患、翌月逝去してしまう。享年五六（満五五歳）であった。『外務省報』第二七五号（昭和八年五月一五日付、雑報）「吉田駐土大使薨去」の記事によると、吉田の最期は以下のようであった。

まず、アンカラ滞在中の吉田は三月二〇日に発熱、流感の疑いで現地の病院に入院、後にチフスであると診断された。入院中には大統領代理[37]や首相[38]らが見舞いに訪れ、特にイスメト首相はイスタンブールから自身の主治医や医科大学の専門家三名をアンカラに特派するなど、吉田の回復に手を尽くしたという。しかしその甲斐虚しく、吉田は四月二二日に急性腹膜炎を併発し、翌二三日に死亡した。同月二七日、アンカラ事務所にて葬儀が行われ

【図6】
昭和八年（1933）6月23日に東京築地本願寺で行われた吉田大使の追悼式にて焼香する内田康哉外相（日本電報通信社撮影、共同通信イメージズ提供）。

ると、翌日霊柩はイスタンブールに運ばれ、トルコ政府の奉葬礼を受けた後、海路マルセイユに移送された。五月八日に当地のサンピエール火葬場において荼毘に附され、五月一二日、吉田の遺骨はマルセイユ発の貨客船・伏見丸にて帰国の途に就いたのであった(39)。

以上が吉田伊三郎死去前後の経緯である。イスタンブールの吉田の遺品も遺骨とともに送られたであろうから、そこに蔵書も一部含まれていたに違いない。とはいえ、二四〇〇冊もの蔵書全てをイスタンブールに持ち込んでいたとは考えにくく、大半は日本の自宅等で保管していたと考えられる。ここで、先に挙げた『外務省報』の訃報記事をみると、

因ニ遺族ハ京都西圓寺ニ於テ五月六日午後二時ヨリ葬儀ヲ執リ行ヒタルヲ以テ、畏キ邊ヨリハ儀仗兵三個中隊ヲ差遣セラル、所アリ。又内田大臣ハ川島公使ヲ代理トシテ参列セシメタリ。

とあるように、遺骨の到着を待たずに京都にて葬儀が営まれており、吉田の自宅は出生の地京都にあったようである。葬儀の会場としては、「京都西圓寺」の名がみえる。京都市内には同名の寺が複数現存するが、ここで言及されているのは京都市上京区河原町今出川に今も続く浄土真宗本願寺派の西圓寺である。筆者が西圓寺の現ご住職にお話を伺ったところ、吉田大使の葬儀は確かに本寺で執り行われたとの回答を得た。それについては先々代ご住職がよく記憶されており、引用文中にもあるように、皇室から「儀仗兵三個中隊」が遣わされての荘重な葬儀であったため、その時の様子は語り草であったという。吉田家についても、代々下鴨に邸宅があったが、吉田大使の死後（恐らく戦後）のある時期に吉田家は宗旨替えをし、他所（恐らくは関東）へ転居してしまったとのことであった。[40] 筆者は現時点で吉田家のその後の消息を得ていない。

むすびにかえて——吉田コレクションと石濱純太郎

以上、石濱純太郎が入庫を斡旋した吉田伊三郎の旧蔵コレクション「吉田文庫」について、雑駁ながらその入庫のあらましと意義、旧蔵者吉田伊三郎の生涯について紹介してきた。管見の限り、石濱純太郎と吉田伊三郎が旧知であったことを示す資料は見当たらず、石濱がどうやって吉田伊三郎の旧蔵書の存在を知り、関西大学図書館への入庫を斡旋することになったのか、詳しい経緯は不明である。『関西大学所蔵吉田文庫目録』の序文をみても、「昭和二五年秋、森川太郎館長の時に故石浜《ママ》純太郎教授の斡旋で、元トルコ駐在特命全権公使故吉田伊三郎氏の御遺族から譲り受けた」と述べられるだけで、その他の資料も同様の説明を記すのみである。[41]ただ、「御遺族から譲り受けた」という記述からは、少なくとも吉田の死から関西大学図書館への寄贈までの一七年間、遺族の手元で保管されていたことは確かであろう。寄贈先が関西大学であることからみて、京都下鴨の吉田邸に保管されていたものと考えてよいだろう。先の吉田家の旧菩提寺西圓寺ご住職の証言と合わせて考えると、恐らくは戦後吉田家が下鴨の邸を引き払うに際して、二四〇〇冊に上る吉田大使の蔵書コレクション譲渡の話が持ち上がったのではなかろうか。

関西大学で石濱の同僚であった横田健一（一九一六～二〇一二）は、石濱を「書魔といわれる位、書物好き」（一八七頁）と評し、「そのように本好きであるだけに、本学の図書館にもよい文庫類を世話して買わせた」として、「とくに元駐トルコ大使吉田伊三郎氏旧蔵書の吉田文庫は中央アジアと近代外交史関係の好コレクション」と紹介している。[42]吉田文庫の設立を石濱純太郎の「本好き」と関連付けて説明しているのである。また、当時の状況について大庭脩は、

昭和二十年代は、文部省は必ず新設学部・学科に関係のある書物をどれぐらい持っておるかということを調べに参りました。泊園文庫があるから［関西大学］東洋文学科は大丈夫と言われたわけで、その当時は個人の蔵書を借りてきて、文部省が来るときに並べた大学は幾つもある。[43]

と述懐している。このような戦後の大学と蔵書をめぐる状況と石濱自身の蒐書熱が相まって、常にそうした図書コレクションに対してアンテナを張っていた石濱が、恐らくは古書業者などを通じて吉田コレクションの存在を

知り、関西大学図書館への入庫を斡旋したのであろう。

繰り返しになるが、石濱純太郎のビブリオマニアぶりは有名で、「大正八、九年頃から昭和一二、三年頃までの間に、丸善を通じて輸入された東洋学関係の洋書は、ほとんどもれなく買ったという噂がある」[44]ほどである。一方の吉田伊三郎についても、エチオピア皇帝の依頼で丸善に書籍を注文したエピソードが『丸善百年史』に掲載されているが、その発注の手際の良さについて「吉田が『洋書輸入商丸善』を特に選んだのは、外交官として日ごろ洋書に親しんでいたから、咄嗟の才覚で丸善に注文したものと思われる」と述べられている。[45]研究者ではない吉田が、在外勤務中心の外交官生活で二四〇〇冊もの書籍を蒐集していることからも、その蔵書家としての一面がうかがい知れよう。東洋学者石濱純太郎と外交官吉田伊三郎、関西生まれの二人の蔵書家の蒐書熱は、二人の間に直接の接点こそなかったようであるが、縁あって「関西大学吉田文庫」という形で結実し、受け継がれている。小稿が石濱純太郎と吉田伊三郎、そして関西大学吉田文庫の東洋学への貢献を再認識する一助となることを願う。

注

（1）吾妻重二編著『泊園書院歴史資料集――泊園書院資料集成一――』（関西大学出版部、二〇一〇）五三九頁。

（2）竹内市子「天野敬太郎教授年譜」（天野敬太郎先生古稀記念会編『図書館学とその周辺――天野敬太郎先生古稀記念論文集』（巌南堂書店、一九七一）一〇一六～一〇二三頁。

（3）石濱は「西蔵研究文献目録について」という論考の中で、天野が京都大学図書館司書時代に編纂した『大東亜資料総覧』（一九四四、大雅堂）について、「分類著録編纂の態度に群倫を出でたるものがある」と評している（『日本西蔵学会々報』第一号、一九五四、一頁）。

（4）ここに示したのは、天野が一九八五年に関西大学図書館報『籍苑』に寄稿した文章からの抜粋である（『籍苑』二〇、一九八五）。なお、同文が関西大学図書館ホームページにも転載されている。http://opac.lib.kansai-u.ac.jp/?page_id=17242（二〇一九年三月三〇日閲覧）。

（5）『関西大学所蔵吉田文庫目録』関西大学図書館、一九七二。

（6）ジャン＝ジョゼフ＝マリー＝アミオ（一七一八～一七九三）。乾隆帝に仕えたイエズス会士で、満洲語、漢語に精通していた。

（7）中見立夫「衛藤利夫と『韃靼』――戦前期中国東北地域における図書館と図書館人」（衛藤利夫『韃靼』中央公論社）。

（8）国立民族学博物館共同研究プロジェクト「モノにみる近代日本の子どもの文化と社会の総合的研究――国立民族学博物館所蔵多田コレクションを中心に」（研究期間：二〇一四年一〇月～二〇一八年三月、代表者：是澤博昭）、プロジェクト「目的」より。http://www.minpaku.ac.jp/research/activity/project/iurp/14jr171（二〇一九年五月三〇日閲覧）。

（9）是澤博昭「玩具にみる日本の近代――関東大震災から満州国承認まで」（『民博通信』一五三号、二〇一六、二〇頁）。

（10）筆者は二〇一八年一〇月、国立民族学博物館のご厚意により、同館所蔵の吉田伊三郎関係文書を実際に閲覧し撮影することができた。当時、吉田伊三郎関係文書を含む「時代玩具コレクション」は整理作業の真っ只中にある非公開資料であったにも関わらず、同館標本資料係西澤昌樹氏には関係資料のリストまで作成いただくなど多大な御協力を賜った。西澤氏及び仲介の労をとってくださった卯田宗平氏（国立民族学博物館人類文明誌研究部准教授）に記して感謝申し上げたい。

（11）『日本西蔵学会々報』第一号、一九五四、四頁。

（12）http://jats.web6.jp/whats_jats.html（二〇一八年九月三〇日閲覧）。

（13）河口慧海（一八六六～一九四五）は黄檗宗の僧侶（後に還俗）で、明治三四年（一九〇一）に日本人として初めてラサ入りを果たす。多田等観（一八九〇～一九六七）・青木文教（一八八六～一九五六）はともに浄土真宗本願寺派の僧侶で、大正元年（一九一二）大谷光瑞（一八七六～一九四八）の命によりカリンポンで亡命中のダライ＝ラマ十三世（一八七六～一九三三）に謁見、ラサへの留学を許された。

（14）当時大谷大学学長であった山口益（一八九五～一九七六）。二〇世紀初頭に入蔵を果たした仏教学者である寺本婉雅

（一八七二～一九四〇）の弟子であった山口は、インド大乗仏教研究におけるチベット語文献の必要性を説き、寺本将来の『北京版西蔵大蔵経』（一九五五～一九六一、鈴木学術財団）を監修するなど、戦後日本のチベット学発展に大きく貢献した。

(15)『日本西蔵学会々報』一、一九五四、四頁。

(16) Stein, Sir Mark Aurel. *Innermost Asia; detailed report of explorations in Central Asia, Kan-su and eastern Iran; carried out and described under the orders of H. M. Indian Government*, Clarendon Press: Oxford, 1928.

(17) 大庭脩「[講演] 中国でなくなった書籍の逆輸出：佚存漢籍還流の研究」、『関西大学東西学術研究所紀要』第三五輯、二〇〇二、五頁。

(18) なお、石濱純太郎個人の蔵書には「スタイン・ペリオ・ヘディンら、二十世紀初頭に行われた中央アジア学術探検隊の報告書の類は遺漏なく集められて」いたといわれる（外山軍治「石濱文庫について」『大阪外国語大学所蔵 石濱文庫目録』大阪外国語大学附属図書館、一九七七）。ただし、『石濱文庫目録』には大庭が言及しているスタインの *Innermost Asia* は含まれていないようである。

(19) この第二九回国際東洋学者会議に参加した今枝由郎氏は、同年の日本西蔵学会にてその参加報告を発表している（『日本西蔵学会々報』二〇、一九七四、三～六頁）。長くフランスで研鑽されてきた今枝氏は、石濱純太郎時代の日本西蔵学会とは関わる機会はなかったとのことであるが、今回小稿執筆に際して戦後ヨーロッパにおけるチベット学の状況をご教示いただいた。ここに記して感謝申し上げたい。内容に誤謬があれば筆者の理解不足によるものである。

(20) ＩＡＴＳの前身である若手チベット学者会議（The Seminar of Young Tibetologists）は一九七七年にマルティン＝ブラウエンやペール＝クベルネらによってチューリッヒにて開催されている。その他、アメリカではもう少し早く、一九六七年にダライ＝ラマ十四世の実兄でインディアナ大学教授であったトゥプテン＝ジクメ＝ノルブ（一九二二～二〇〇八）らがチベット協会（The Tibet Society）を創設しているが、協会独自の研究発表会はなく、ＡＯＳ（American Oriental Society）やＡＡＳ（Association for Asian Studies）といった既存学会にチベット学のパネルを立てる試みを行なっていたという（長尾雅人「アメリカの西蔵協会と蒙古協会」『日本西蔵学会々報』一七、四頁）。

(21)『日本西蔵学会々報』一六、一九七〇、六頁。

(22) アジア歴史資料センター、Ref. B13091298100、外務省月報第二巻(外務省外交史料館)。
(23) アジア歴史資料センター、Ref. B13091300800、外務省月報第二巻(外務省外交史料館)。
(24)「特命全権大使男爵石井菊次郎外十四名外国勲章記章受領及佩用ノ件」国立公文書館所蔵、請求番号：勲00414100。
(25) アジア歴史資料センター、Ref. B13091330100、外務省月報第四巻(外務省外交史料館)。
(26) アジア歴史資料センター、Ref. B13091350100、外務省月報第五巻(外務省外交史料館)。
(27) 生野団六「京一中の想い出」、『あかね』五号、京一中洛北高校同窓会、一九六七、二四〜二五頁。
(28) 幣原喜重郎『外交五十年』(中公文庫、二〇一五)には、アメリカ時代の吉田伊三郎が数カ所登場する。なお、幣原喜重郎は今の門真市の出身で、兄で東洋学者の幣原坦(一八七〇〜一九五三)は泊園書院で漢籍を学んだことがある。
(29) 澤田節蔵著・澤田壽夫編『澤田節蔵回想録――一外交官の生涯――』有斐閣、一九八五、四六頁。
(30) "One of these was introduced by myself—namely, my friend Mr. Yoshida, then Counsellor at the Japanese Legation, who many years afterwards accompanied the League of Nations commission of enquiry into the Manchurian affair, and recently died at his post of Japanese ambassador to Turkey." (*Twilight in the Forbidden City, Cambridge University Press, 2011, p.348*).
(31) 書簡原本について筆者は未見であるが、「小幡酉吉関係文書目録」では「ドイツから帰国する小幡に対し、面談の機会を失った吉田が残念がる。吉田は満州《ママ》事変の件で、国際連盟本部に向かう途中」と説明されている(国立国会図書館所蔵「小幡酉吉関係文書」第一次目録六七番)。書簡の日付は昭和七年(一九三二)一一月一二日。
(32) 長く外務省顧問を務めたヘンリー＝デニソン(一八四六〜一九一四)。
(33) 当時の駐英大使は井上勝之助(一八六一〜一九二九)。
(34) 前掲［澤田節蔵　一九八五：五六頁］。
(35) 篠原初枝「戦間期の国際法学説史におけるベイティ博士の位置」『トーマス・ベイティ博士没後五十年記念セミナー：トーマス・ベイティ博士の業績とその再評価』二〇〇四、一一頁。
(36) 満洲事変の前後における外務省の性質の変化と吉田伊三郎の立ち位置(「アジア派」や「連盟派」との繋がりや距離

感など）についても検討すべきであるが、専門外の筆者には荷が重く、ここでは詳しく取り上げることができなかった。専門的見地からの検討と批正を待ちたい。

(37) 当時はムスタファ・ケマル大統領（一八八一～一九三八）の第三期目であった。

(38) 当時の首相はムスタファ・イスメト（一八八四～一九七三）。希土戦争中の一九二一年、イノニュの戦いにおいて功績があったことから、後の一九三四年にイノニュ姓を授与される。ムスタファ・ケマルの下で長らく首相を務めた後、ケマル死後の一九三八年一一月に第二代大統領に就任、戦中戦後のトルコの舵取りを担った。

(39) アジア歴史資料センター、**Ref. B 13091686000**、『外務省報』第二七五号（昭和八年五月一五日付）雑報、二九頁下段～三〇頁上段（外務省外交史料館）。

(40) 西圓寺ご住職には、突然の取材にも関わらず快くご協力を賜り、ここに記して改めて感謝申し上げたい。

(41) 『関西大学所蔵吉田文庫目録』（関西大学図書館、一九七二）、三次直雄による序文を参照。

(42) 横田健一「石浜純太郎（一八八八～一九六八）」『関西大学百年史』人物編、学校法人関西大学、一九八六、五二五～五二六頁。

(43) 前掲［大庭脩　二〇〇五：四頁］。

(44) 前掲［外山軍治　一九七七：二頁］。

(45) 中西敬二郎『丸善百年史　第三編』、一九八〇、九一八～九二〇頁。

石濱純太郎とアジア学2

石濱純太郎のめざした「東洋学」、その学術活動と収集書

——モンゴル学との接点を中心に——

中見立夫

一　本稿の視覚——「東洋学者」としての石濱純太郎

石濱純太郎（一八八八年〜一九六八年）は、大正期から昭和・戦後期日本の東洋学・アジア研究の分野で、大阪を活動拠点として特異な業績をあげ、また新制大学発足時の関西大学においては、東西学術研究所の創設、泊園文庫の受け入れなど東洋学・アジア研究・教育の確立に貢献し、さらには人文学発展の礎を築いた功労者とされる[1]。またかれが個人として収集した東洋学関係文献コレクションは、「石濱文庫」として、現在は大阪大学附属図書館に所蔵されるが、学術的価値が高く、海外研究者からも注目されている。このように、石濱の名は関係者のあいだでは知られてはいたものの、一般には、今日あまりその名は記憶されておらず、かれの活動も知られて

いない。筆者も石濱の著作（『東洋学の話』［一九四三年、創元社］および関西大学に提出された学位請求書『支那学論攷』［同じく一九四三年、全国書房］）そして石濱文庫所蔵東洋学関係稀覯書閲覧を通じて石濱の名を知るのみで、もとより面識や研究上の接点などない。石濱の没後五十年を記念する、この国際シンポジウムを機会に考えてみたい。石濱は日本の東洋学・アジア研究史のうえでどのような位置づけとなるのであろうか。

石濱は、一九一二年に東京帝国大学支那文学科を卒業しているが、丁度、日本では「東洋史学」という、その当時の世界には存在していなかった学問分野が成立した時期に近い。近代日本でヨーロッパより科学が輸入され、学問体系が形成される過程において、特定の分野では、日本在来の研究伝統や方法をも継承している。けっしてヨーロッパの体系を、そのままの形で受け入れた訳ではない。より正確にいえば、日本の側にも、受け入れがたい事情が存在した。「東洋学（Oriental Studies）」なども、その一事例といえよう。十九世紀後半、つまり日本が近代的学問体系を確立しようとしていた時期は、ヨーロッパでは「東洋学」が全盛を迎えていたときと重なる。ところが明治期日本の学術先覚者は、ヨーロッパ流「東洋学」をそのまま受け入れることはなかった。なによりも、今日に至るまで、戦前の日本「外地」に設置された大学・高等教育機関をもふくめて、「東洋学科（英語でいえば、Dept. of Oriental Studies）」という名の学科なり専攻課程は、ひとつとして存在しなかったこと、また「東洋学」研究を目的とする全国的・総合的な「学会」も戦後に現在の一般財団法人、東方学会が組織されるまで実質的に存在しなかったことで、この事実は証明される。しかしヨーロッパの「東洋学」を部分的・選択的には吸収し、日本的「東洋学」を形成していた。問題は、日本人が再構成した「東洋学」が対象とする範囲と、その構造であり、そして「日本」を「東洋」のなかでどう位置づけるか、あるいは区分するかということにあった(2)。

石濱はその著作の題名からもわかるように「東洋史学者」というよりも「東洋学者」としての自己認識を持っ

ていた点で特異である。この点で、津田左右吉による、恩師であり、日本における「東洋史学」の創立者である白鳥庫吉に関する優れた追悼記は、[3]日本における「東洋史学」とヨーロッパにおける「東洋学」との関係を考えるとき参考となろう。津田によれば、白鳥は日本国内にとっては、「史学」の一部としての「東洋史学」の開拓者であるが、海外に対しては「【日本の】東洋学に世界の学界に於ける特殊の地位を与へ」た人物として説かれている。もっともエドワード・W・サイード（Edward Wadie Said）の「オリエンタリズム論」登場以降、現在の日本の「東洋史学者」のあいだでは、自分たちが「東洋学者」とみなされることを忌避する傾向があろう。

日本の初期「東洋史学」研究者のなかにも、羽田亨、石田幹之助のように、石濱と同じく「東洋史学者」というよりも「東洋学者」としての志向を持っていた人物はいた。ただ羽田の場合は、白鳥と同様に帝国大学で「東洋史学」担当教授となるべく、ヨーロッパに派遣され、現地で直接「東洋学」の学風を学び、また、よく「東の石田、西の石濱」と呼ばれたという石田（東京帝国大学文科大学東洋史卒ではあったが）の場合は、東洋文庫創始期に主事として、東洋文庫が所蔵する豊富な欧人東洋学者の業績を通じて、「東洋学」を学んだ、石濱はどのようにしてヨーロッパ流「東洋学」を学び、「東洋学者」となったのであろうか。

二　どのようにして石濱純太郎はヨーロッパ流「東洋学」を学んだか、特にモンゴル学との接点

石濱純太郎は一九一二年に東京帝国大学文科大学支那文学科を卒業した。岡田正之のもとで、卒業論文は漢文で書かれた「欧陽脩研究」であったという。白鳥庫吉はヨーロッパ留学ののち、一九〇五年から「漢文支那語学第三講座分担」教授として「東洋史学」を東京帝国大学文科大学の史学科で講じ始めたが、最初の講義題目は「支那に関する西人の著書一斑」であったというが、石濱が学生として白鳥の授業を聞いた可能性は高いが、最初に発表された石濱の学術論文が、「群書治要の論語鄭註」『東亜研究』第五巻第六冊（一九一五年六月）であるように、大学入学以前に学んだ泊園以来の漢学に関わるもので、とくにヨーロッパ東洋学への関心・接点はみられない。石濱の唯一といってもよい伝記を書いた関西大学の大庭脩によると、石濱はすでに中学生のころ、河口慧海によるチベットからの将来文物に関心をしめし、さらに「生長と共に新しく伝えられる欧米諸国の中央アジア探検の成果に興味をひかれて行くのは必然のことといえ、その報告書を自ら購入して読みこなし、自己薬籠中の物としていった。その時石濱の強力な武器となったのは、幼時からの漢学の素養はもちろんであるが、彼の抜群の語学力であった」とする。(4)

石濱が最初に発表した欧人東洋学者による中央アジア研究活動に関する文章は、実弟石濱敬次郎と連名による「シルヴン、レ井氏述「中央亜細亜の研究に就いて」」『東亜研究』第五巻第一冊（一九一五年一月）である。同論

文は、フランスの東洋学者・インド学者シルヴァン・レヴィ（Sylvain Lévi, 1863-1935）の英国アジア学会における講演抄録を翻訳し、石濱純太郎が注を付したものである。さきに言及した石濱の最初の学術論文「群書治要の論語鄭註」とともに、おなじ一九一五年に前後して、『東亜研究』で発表されているが、同誌は、東京帝国大学文科大学支那哲学・文学研究室に本部を置く東亜学術研究会が発行していた。同研究会は「支那ノ学術ヲ主トシテ東亜諸国ノ文物ヲ研究」することを目的としていた（同会会則摘要による）。同会は漢学、「支那哲学・文学」関係者ばかりでなく、白鳥庫吉、内藤湖南、桑原隲蔵など東洋史学者も同研究会評議員にふくんでいた。当時は「東洋史学」という研究領域も誕生したばかりで、独自の学会などはなく、東亜学術研究会は関連する研究分野が合同した学術団体であったろう。また石濱が在学卒業した東京帝国大学支那文学科も後年のような、中国文学を専門とする研究・教育課程ではなく、東アジア一般の文学・言語文化も研究対象としてふくんでいたと想像される。事実、同誌第三巻四号（一九一三年）には【東京】外国語学校教師であった韓穆精阿が「蒙古の話」という一文を寄せている。

ともかく、石濱は東京帝国大学支那文学科在学中にすでに中央アジアにも関心をもち、また同学科では中国周辺の言語文化に対する関心が広がっていたとおもわれる。

さきに紹介した大庭脩の一文は前文に続けて「したがって【若き日の】石浜の最大の関心は、当時新出の敦煌石室の遺書であり、中央アジアで発見される胡語で書かれた物（その多くは仏典）であった」と書いている。だが、この指摘は正確ではない。敦煌での「古書」発見の報が日本に伝わり、日本で京都帝国大学の内藤湖南、狩野直喜、神田喜一郎らにより「敦煌学」が始まるのは、神田喜一郎が説くように一九〇九年ころであるが、(5)『石濱純太郎先生年譜略』によれば、石濱が内藤、狩野、神田の三人と初めて面識を得たのは一九一六年のことであり、とくに一九一〇年代前半期には石濱は敦煌文書に関心をもっていないし、内藤らと関係が深く「敦煌学」や西夏研究においても重要な役割をはたした羅振玉・王国維らは、辛亥革命に際して京都に亡命滞在中で日本の学者と交友をもち、日中学術交流のうえで重要な役割を果たすが、石濱と羅振玉らとの交際の状況は不明である。(6)

石濱は東京帝国大学在学中からモンゴルに関心をもち、そしてモンゴル語を学習しようとしていた。石濱はなにも書き残していないので、その動機および、モンゴル語の学習の実態と修得の程度は分からない。ただ石濱の関西大学の同僚で、石濱の学位審査にも参加した、民族学者・言語学者、高橋盛孝（一八九九年～一九八〇年、東京帝国大学支那哲学科卒）の回想文(7)によると、「【石濱先生は】東大支那文学科に入られた。既に学生時代から漢学のみならず、英仏独露等の語学を学び、蒙古、西蔵、満州〔ママ〕等の文献を独力研究された。先生の初めての蒙古語研究の論文は当時の『漢学』という雑誌に連載されている。「蒙古語語頭のH音について」の研究などフランスのペリオの同名の論文よりもはるかに早くこの雑誌で発表されている。難を言えば例文がやや少ない程度である。このことは、先生自身、私【高橋】に話されたことがある。」と書いている。ただ石濱の著作目録(8)には、該当する論文はあげられておらず、仮にそのような論文があったとしても発表時期と内容は確認できない。(9)

石濱がモンゴル語関係文献・史料を研究対象とした、最初の学術論文は「元朝秘史蒙文札記（一）～（三）」『東亜研究』第六巻第六～八冊（一九一六年六～九月）であるが、ヨーロッパ人研究者の業績を参照しながら、「元朝秘史」を「蒙古語学」の観点から日本ではじめて論じたもので、論文冒頭において、

> 那珂博士の努力により殆んど完全なる訳注を得て蒙文元朝秘史研究の大立者たるの幸栄を有せる我国は是非共語学的研究に於ても同様なる名誉を得たいものだ。成吉思汗実録は史学上では元史研究者に必須の著書と

せられ支那の学者達にまでも既に盛んに利用されてゐる程だのに、語学上では博士の苦心の研究を僅かに其の和訳上で窺ふ位で、特に語学的研究を加えたる人を別に聞かない様だ。誠に残念とすべきである。……是非共精該博大なる研究が出でて、蒙古語学に根本的なる寄与をなして頂きたい。自分は固より寡聞孤陋の門外漢であるから専門的研究は到底なし得難いが唯気付いた少しの點を札記して厚顔しい事だが露払いを勧めたいと思ふ。[10]

としるしている、那珂通世訳注『成吉思汗実録』（一九〇七年、大日本図書株式会社）つまり「元朝秘史」の日本語訳注は、石濱も上記引用文で認めているように画期的業績で、しかも「東洋史学」という学問領域が日本で成立して以降、最初の本格的な学術的成果でもあったが[11]日本ではそのとき以降、「元朝秘史」は東洋史学とくにモンゴル史・元朝史研究者の研究対象となったが、言語学の方法論やモンゴル語を本格的に修めた研究者が当時は殆ど存在しなかったこともあり、言語学的に研究するものははじめ乏しかった。石濱は上記論文執筆時点で、モンゴル語学の観点から「元朝秘史」に関心をもち、注目していたことは、石濱の学問的関心をみるとき、注目に値する。

ほぼこのころの石濱純太郎のモンゴル文献に対する知識と関心のあり方は、前記「元朝秘史蒙文札記」に続けて発表され、『東亜研究』に分載された「蒙古芸文雑録」という題目の資料紹介記事から知ることができる。[12]その「はしがき」で、石濱は、

蒙古語で書いた書籍に関して、私【石濱】が見聞した所を書きつけて置くのである。私の蒙古語に関する知

識が頗る乏しい上に、蒙古学に関する文籍の見聞は極めて少いのであるから、此の如き計画は甚だ大胆と云ふべきであるが、従来此方面に於ける我国の論者は見当たり難いのであるから、及ばず乍ら私が得るに随ひ漸次記して行つたならば。必ずや諸先輩の厳密な訂正や。該博識なる増補を得る事であろうし、又さうなれば是れ私如きもの丶喜びのみであるまい。それで、おこがましいが、自分が先づ試みようと思ふ。自分のつもりでは、蒙古語の書籍の解題、書史、又は紹介と云ふ風なのを、なしたいのであるが、固より本式には出来ないので、たゞ自分の得た知識を雑記するに過ぎない。

と執筆の意図にふれている。そしてまず、ロシア科学アカデミーが計画していた「蒙古文献輯録」「蒙古俗文類選」を *Bulltin de l'Academie Imperiale des Science de St.Petersbourge* VI serie Tome III（一九〇九）によりながら収録文献を紹介する。

ついでポズドネーエフ（A. Позднеев）の著作

A. Позднеев, *Образцы народной литературы монгольскихъ племенъ: народныя песни монголов, вып. 1. Монгольская летопись "Эрдэнэйнь эрихэ"* （С.-Петербургъ: Тип. брат. Пантелеевыхъ, 1880）

にもとづき、Erdeni-yin Erike を紹介し、さらに著名なモンゴル文年代記、Altan tobči を紹介する。さらに「欽定外藩蒙古回部王公表伝」について、同書は満蒙漢三体あるが、石濱は満蒙本を未見なので、漢文本にもとづき紹介する。

さらに、前記 Erdeni-yin Erike にもとづき、石濱の表記によれば「土謝図汗氏族譜」、「オイラト記伝」を紹介し、また「額爾徳尼招史」「喀爾喀蒙古仏教史」「章嘉胡土克図伝」などの仏書を、紹介し、さらにルードネフ（Андрей Дмитриевич Руднев）の研究にもとづき、Bolor toli を紹介したうえで、モンゴル語による文法書、辞書にふれる。

石濱が「蒙古学の一番進んでゐる」と認めるロシアの研究者、特にポズドネーエフの業績に導かれながら、主要モンゴル語文献の紹介をおこなっており、日本においては初めての試みであった。当時の石濱の関心がモンゴル語で書かれた史書、仏書などの研究にあり、それを研究対象とするのは、ヨーロッパ東洋学のなかでは、文献学（philology）を中心とした「モンゴル学［ドイツ語でいう“Mongolistik”、ロシア語では“Монголведения”］」の分野であった。石濱は入手したロシア人学者の著作を通じて、「モンゴル学」を学び、モンゴル語文献とモンゴル学の研究動向を追ったようだ。前述したように、日本では、那珂通世訳注『成吉思汗実録』（一九〇七年）刊行以降、モンゴル史の研究が「東洋史」学界では盛んであったが、ヨーロッパとくにロシアのモンゴル学の成果に注目するものはまれであった。つまり、日本では「東洋史」学者のなかに「モンゴル史研究者」はいたが、「モンゴル学者」は存在していなかった。その意味では石濱はきわめて特異な存在でもあった。

石濱の年譜によると、大正十一（一九二二）年四月八日に大阪外国語学校蒙古語部に選科委託生として入学しているが、これよりまえ「同年七－九月には東京帝国大学図書館にて蒙古蔵経を調査し傍らゴムポバドマチャブより蒙古語を学ぶ」とある。支那文学専攻とはいえ東京帝国大学の卒業生（学士）である石濱が、外国語実務専門学校に過ぎない大阪外国語学校に入学したというのは当時においても珍しいことであったと考えられる。もっとも大阪外国語学校蒙古語部に選科委託生として入学した段階での、石濱のモンゴル語の習熟程度、モンゴル学に関する知識の程度は、石濱はモンゴル語ガンジュールを調べており、また発表している論文類より判断して、かなりの水準に達していたと想像される。石濱が大阪外国語学校に入学した当時のモンゴル語教師には内藤湖南の娘婿であり、後年、石濱が内藤に従いヨーロッパを訪問するときも同道した鴛渕一（のちに広島文理大学教授）が在職していたといわれるが、『大阪外国語大学七〇年史』（一九九二年）によると、大阪外国語学校に正規の第一回学生として石濱とともに入学し、後年、同学校のモンゴル語教員となった棈松源一の功績をあげ、「戦前、戦中二二年のモンゴル語教育の歴史は棈松源一教授と四人のモンゴル人教師によって支えられた。鴛渕一が初代蒙古語教授として赴任したと聞くが棈松は一度も授業を受けたことがなかったという。鴛渕はモンゴル語創設のために書類上モンゴル語所属の教授になっていたのであろうか」としるしている。[13]石濱は一年余で創設されたばかりの大阪外国語学校を中退しているが、果たして同校のスタッフやカリキュラムから学ぶべきものがあったかさえ疑問であるが、羽田亨やニコライ・ネフスキー（Николай Александрович Невский）と知り合うことになり、大阪における「東洋学」研究の団体、大阪東洋学会、静安学社を組織している。

東京帝国大学図書館で石濱が調査したという「金字蒙文蔵経」は、日露戦争の際、内藤湖南らの尽力により奉天の黄寺（実勝寺）から日本に将来されたモンゴル・ガンジュールであるが、関東大震災のとき焼失している。[14]石濱は「これが将来され東京帝大図書館に保管されてから殆んど誰にも研究せられなかつたと見えて内容に関する文献の徴すべきものが看出せないのは遺憾である」としるし、さらに「余【石濱】は嘗て大正十一年の夏約半数を怱々に一覧して少しく経題を手記して置いた」[15]と言及するが、石濱は東大図書館に保管されていたころ、この奉天・黄寺から将来されたモンゴル・ガンジュールを調査した稀有の人物である。モンゴル・ガンジュールは近年、ユネスコの「世界記憶遺産」に指定され、再び注目されているが、二〇一八年、モンゴル国で開催されたモンゴル・ガンジュールの国際会議で筆者は東京に将来されたモンゴル・ガンジュールに関して報告した[16]。モンゴル語のカンジュール、ダンジュールをはじめとする、モンゴル語仏典の研究はヨーロッパ東洋学のなかの「モンゴル学」では、重要な研究テーマであるが、石濱が調査した一九二〇年代初頭といえば、日本においては、モンゴルに関する研究は始まったばかりでモンゴル語を解する研究者も非常に少なく、さらに日本にもたらされていたモンゴル語文献も少なく、奉天黄寺から将来されたモンゴル・ガンジュールは例外的なまとまったモンゴル語文献であったとはいえ、石濱はモンゴル語仏典に着目した最初の日本人研究者でもある。石濱の、モンゴル文献史料に関する論考のなかで注目されるのは、一九一〇年代、モンゴルの独立宣言に際して、キャフタで開催された、ロシア・モンゴル・中国、三者会談の中国代表で、さらにモンゴルに駐在した、陳籙[17]がモンゴル駐在中に属僚である黄成垿に口述翻訳させ、出版した『蒙古逸史』（民国六年、上海商印書館）のモンゴル語の原本が、ロシアのモンゴル学者、ポズドネーエフの著作を通じて石濱が知ったErdeni-yin Erikeというモンゴル史書ではないかと推定した論文[18]であろう。

さらに一九三一年、羽田亨の尽力により京都帝国大学が北京殿版のモンゴル語ダンジュールを入手すると石濱は、さっそく調査しており[19]、その目録[20]も作成された。

なお一九五七年に、石濱は関西大学最初の文学博士として、文学博士号を授与されるが、当該目録は、学位申請の際、主論文『支那学論攷』と共に、『東洋学の話』と一緒に提出された参考論文となっている[21]。

ともあれ、石濱は東京帝国大学支那文学科を卒業後、大阪に戻った時期以降、大庭脩が指摘するように、家督を相続し、家業の製薬会社役員としてえられる豊かな収入により欧米諸国の中央アジア探検の報告書や欧米東洋学者の研究書・学会誌を精力的に入手し、身に備わった外国語読解能力でそれを読み解き利用することにより、ヨーロッパ東洋学に関する研究動向を石濱は知ったとみられ、そして自身が「東洋学者」であるとの認識をもつに至ったと考えられる。さらに石濱は、モンゴルにとどまらず、ヨーロッパ東洋学の研究成果をうけて、中央アジア出土仏典へも関心を広げている。大阪外国語学校在学時代にニコライ・ネフスキーあるいは羽田亨、大阪外国語学校のモンゴル語教師のひとりで、内藤湖南の娘婿である鴛淵一との交友がうまれ、前述したように「大阪東洋学会」を組織している。西夏に関する関心はネフスキーとの交流の影響であり、ネフスキーとの交友に関しては、本書収録の生田美智子氏論考を参照されたい。石濱が私淑する内藤湖南に従い、ヨーロッパに赴き、東洋学の学風を実見したのは一九二五年である。敦煌古書に対する関心はむしろ、このヨーロッパで敦煌古書を実見した以降の時期にみられる。モンゴル文献に関する石濱の研究をみても、モンゴル語学習開始以降、入手したヨーロッパ人モンゴル学者の業績を詳しく参照している。石濱が研究において参照したヨーロッパ東洋学者の著作や学術雑誌は大阪大学石濱文庫のなかに収められているが、東洋文庫所蔵の東洋学文献は別にして、石濱が関心をもった領域について、日本の個人研究者の蔵書で、石濱ほど網羅的に文献を集めた研究者はいない。

ただ石濱は中国大陸やモンゴルにみずから赴くことは生涯なく、文献・資料は豊かな個人資金で日本の業者から入手していた。したがってみずからフィールド・ワークをして、資料・文献を収集した、ヨーロッパ人東洋学者の蔵書とは、内容がかなり異なる。また漢籍善本を収集した日本人財界人、三井高堅（三井文庫）や岩崎小弥太（静嘉堂文庫）らの漢籍収集とも、文献への着眼点と収集意図が異なる。ただ西夏語資料などの場合は、親友、ネフスキーを通じて、ロシア研究者がえた資料の提供をえている。モンゴル語文献の場合、丁度、ハルハ・モンゴル、内モンゴルで刊行されはじめた新聞・雑誌を意欲的に集めており、今日となっては貴重な収集となっている

（本書所収の堤氏論文を参照されたい）。こういう収集は、あくまでも、当時、実際に使われていたモンゴル語に対する関心に由来するものであろう。石濱はモンゴル現地に行く機会もなかったので、ヨーロッパのモンゴル学者のコレクションにみられるような、モンゴル語古鈔本を手にする機会はなかった。ただ石濱文庫には、いまも未整理であるが、貝葉形式料紙のモンゴル語の仏教的民間儀礼文がふくまれており、調査された井上治島根県立大学教授の御教示によれば、quriyangyui-yin tarni などの名が書かれている。これは石濱が一九三五年に発表した論文でふれている、内藤湖南、鴛淵一らが「京都五條坂附近で見出されて、之を数を尽くして購ひ帰った」「蒙文陀羅尼集」と呼ぶものの一部で、内藤から石濱が「その何ものなるや調査して見よ」といわれたものと想像される。(22)

三　結語：「東洋学者」石濱純太郎の特異性とは

上記したように石濱ははじめ育った環境や大学での専攻分野からも分かるように漢学を学んでいたが、動機はよく分からないが、モンゴル語に関心をもち、さらに大阪に戻り、新たに築いた人間関係、とくに内藤湖南やニコライ・ネフスキーとの交友関係や、精力的に収集した欧米の東洋学文献からの影響で、「東洋史学者」ではなく「東洋学者」として成長した。石濱の代表的著作が、『東洋学の話』（また『支那学論攷』の「支那学」も「漢学」の意味ではなく、ヨーロッパ東洋学流の Sinology の意味であろう）、であることにも石濱の、このような傾向は表れている。当時の関西では、京大の内藤湖南（東洋史学）桑原隲蔵（東洋史学）や狩野直喜（中国哲学・文学）青木正児（中国文学）さらに濱田耕作（考古学）などを中心に東洋学・アジア研究が興隆していたが、内藤も狩野もヨーロッパ東洋学に深い理解をもっていたが、そのような知的状況のなかでも「東洋学者」を自ら名のる石濱の存在は特異なものであった。その学風は今日残された大阪大学所蔵石濱文庫の収蔵書内容からもうかがうことができよう。

最後に石濱のことを考えるときに、いままであまり注目されなかったことにふれたい。石濱は東京帝大の卒業前年の一九一〇年、父の死とともに家督を相続し。家業の丸石製薬の経営に関与し、一九三五年、丸石製薬の合名会社からの改組にともない、同社監査役となっている。丸石製薬からえる収入により、戦前期は大学等の専任教育職について生計を維持することなく生活が可能で、またあの膨大な石濱文庫の本も収集された。戦後はそのようなことが経済的に不可能となり、その結果、関西大学教授に就職することとなる。現在の日本で、会社経営者が本業の一方で東洋学・アジア研究を行うなど、想像もできないが、戦前の大阪の地場産業においては、会社経営の実務は番頭に任せ、当主は会社から収入をえるものの、自分の趣味（石濱の場合は「東洋学」研究といえよう）の世界に時間と勢力を費やすことがあったといい、関西の独特の経営風土であったようだ。ただ石濱の場合は、元々、大阪の漢学塾「泊園」の関係者であり、かつ東京帝大支那文学科の卒業生でもあり、さらに本業の傍ら、論文を学会誌に発表し、大学等で非常勤講師も務めており、それゆえに、戦後に関西大学に業績審査をへて教授として採用された。このように学界に転身した石濱のケースは、戦後の経済状況の変動、および新制大学移行期においても特例的とおもわれる。石濱の「東洋学研究」も本業の傍らの趣味以上の真剣なものであったと考えられる。

と同時に戦前の関西では、住友家・住友吉左衛門が中国絵画や中国青銅器の収集をおこない、また東洋紡の阿部房次郎の中国絵画の収集も著名であった、また武田薬品・武田長兵衛は石濱と関係の深い内藤湖南の蔵書の一部を継承し、今日では武田薬品杏雨書屋で保管されている。これらの財界人の収集活動には、東洋趣味ともいうべき、知的風土が関西にはあったことと関連するのだろうか(24)。ただ石濱の石濱文庫に収められた東洋学研究文献は、趣味的収集というよりも、彼の「東洋学」研究のための文献資料収集で、専門学術的文献収集であった。近似例の文献収集としては朝日新聞社主・上野精一の文献収集をあげることができよう。上野精一の父、理一は入手した中国甲骨文を、京大に寄贈し、貝塚茂樹による甲骨文研究の基礎資料となったが、さらに上野精一は本業に関わる新聞に関する文献コレクションを収集し、京大に「上野文庫」として保存されているが、このほか、上野精一は、戦前に三田村泰助のもとで趣味として満洲語を学び、その満洲語文献コレクション(25)は戦後、上野が経済的に窮迫したとき天理大学によって購入され、日本における有数な満洲語文献コレクションとなっている。上野は新聞史に関する研究業績もあったが、戦後、かれの収集文献を大学に入れることはあっても、みずからが大学の研究者となることはなかった。いずれも学術資料の保護者としての性格がつよく、武田長兵衛の場合も同様であろう。石濱の場合は、学術資料の保護者という以上に、自らが積極的な収集者・利用者であったといえよう。

注

（1）「石濱純太郎没後五〇年記念：石濱純太郎とその学問・人脈」展目録の新井泰彦氏による挨拶文（関西大学図書館・関西大学東西学術研究所、平成三十年十月）、i〜ii頁。

（2）拙稿「日本的〝東洋学〟の形成と構図」、岸本美緒責任編集『岩波講座「帝国」日本の学知』第三巻〈東洋学の磁場〉（岩波書店、二〇〇六年五月）、十三〜五十四頁を参照。

（3）津田左右吉「白鳥博士小傳」（はじめ、『白鳥博士記念論文集』〔『東洋学報』第二九巻第三・四号、昭和十九年一月〕

に発表。のち『津田左右吉全集』第二四巻〔岩波書店、昭和四十年〕、一〇七～一六二頁に収録。
（4）大庭脩「石浜純太郎」江上波夫編『東洋学の系譜〈第二集〉』〔大修館書店、一九九四年〕、一五二～一六一頁。
（5）神田喜一郎『敦煌学五十年』〔二玄社、一九六〇年〕一～三十六頁。高田時雄「内藤湖南の敦煌学」『東アジア文化交渉研究』別冊三〔関西大学文化交渉学教育研究拠点（ＩＣＩＳ）第二回研究集会：内藤湖南への新しいアプローチ――文化交渉学の視点から――〕〔二〇〇八年十二月〕、十九～三十六頁。
（6）羅振玉は一九一九年に京都を離れ帰国したが、内藤、狩野直喜、長尾雨山ら関係者による「大正八年六月二十一日羅振玉送別会」の写真が、『内藤湖南全集』第一三巻〔昭和四十八年、筑摩書房〕の巻頭に掲載されており、長尾雨山の「手筆」による列席者氏名もあきらかであるが、石濱の名はない。
（7）高橋盛孝「石浜大壺先生の思い出」「関大」第一五三号〔一九六八年三月十五日〕『石濱純太郎記事集〔関西大学、泊園記念会、二〇一八年十月〕、三十九頁。
（8）「石濱先生年譜略及著作目録」『石濱先生古稀記念東洋学論叢』〔石濱先生古稀記念会、昭和三十三年〕六頁。
（9）東京帝国大学文科大学支那哲学文学研究室を拠点とする東亜学術研究会の機関誌が『漢学』であったが、第二巻より誌名は『東亜研究』と変更されている。ただ高橋はのちにふれる「元朝秘史蒙文札記」の論文の一部と混同して書いていた可能性はある。
（10）石濱純太郎「元朝秘史蒙文札記（一）」『東亜研究』第六巻第六冊〔一九一六年〕、四二一～四二三頁。
（11）日本への「元朝秘史」鈔本の渡来とその研究の過程については、拙稿「「元朝秘史」渡来のころ――日本における「東洋史学」の開始とヨーロッパ東洋学、清朝「辺疆史地学」との交差――」『東アジア文化交渉研究』別冊四〔関西大学文化交渉学教育研究拠点（ＩＣＩＳ）第二回国際シンポジウム：文化交渉学の構築Ⅰ――〝西学東漸〟と東アジアにおける近代学術の形成――〕〔二〇〇九年三月〕、三～二十六頁、を参照されたい。
（12）石濱純太郎「蒙古芸文雑録」『東亜研究』第六巻第九～十二号、第七巻第一～六号　一九一六年十一月～一九一八年一月〕。
（13）大阪外国語大学七〇年史編集委員会編『大阪外国語大学七〇年史』〔大阪外国語大学七〇年史刊行会、一九九二年〕、二七六頁。

(14) 内藤湖南「焼失せる満蒙文蔵経」『読史叢録』〔弘文堂、昭和四年〕、『内藤湖南全集』第七巻（筑摩書房、昭和四十五年）、四二七～四四七頁。拙稿「「日本にあったチベット語・満洲語・モンゴル語大蔵経をめぐって」、神田信夫編『日本所在清代档案史料の諸相』（東洋文庫清代史研究室、一九九三年三月）、一〇五～一一八頁。
(15) 石濱純太郎「金字蒙文蔵経金光明経の断簡に就て」『支那学』第四巻第三号（昭和二年九月）、五十一～八十頁。
(16) Nakami Tatsuo, "The Japanese Search for the Mongolian Kanjur in the early 20th century: A Forgotten Mongolian Kanjur at the Tokyo Imperial University", *Монгол Ганжуурын олон улсын судалгаа* (ed. by S.Chuluun) (Улаанбаатар: Монгол Улсын Шинжлэх Ухааны Академийн Түүхийн хүрээлэн, 2017), 135-157-р тал.
(17) 陳籙の活動と著作については、拙稿「陳崇祖『外蒙近世史』の史料的価値――ボグド・ハーン制モンゴル国時代の若干の中国側史料の考察――」『史学雑誌』第八五編第八号（一九七六年八月）、五十一～六十八頁。を参照されたい。
(18) 石濱純太郎「蒙古逸史の原本」『芸文』第一〇年第七号（大正八年七月）九十～九十六頁。なお、石濱は、論文の最後に「蒙古逸史の完全原本「保権」が果たしてエルデニ・イン・エリケであっても、或は又さうで無くても、ともあれ実に蒙古文学中の一珍書と云ふべきものなのだから、是非一つ之を我国へ将来したい。現に筆訳者の陳任先【陳籙】氏は代理外交総長をしてゐられる事だから、何かの便宜に御依頼申して借りて一本を翔出する位の事は出来はしないかと思はれる。」と結んでいる。陳籙はその後、ヨーロッパ駐在外交官となったが、石濱が、一九二四年ヨーロッパ渡航中、パリ駐在中華民国公使であった陳籙を、内藤湖南、織田萬らとともにパリの中国公使館に訪ねている。さらに、陳籙の暗殺・死後、かれの思い出を書いている。石濱純太郎「維新政府の故外交部長陳籙先生を偲ぶ」『大阪朝日新聞』昭和十四三月七日学芸面、前掲『石濱純太郎記事集』、六頁。
(19) 石濱純太郎「京都帝国大学所蔵蒙文丹殊爾記」桑原博士還暦記念祝賀会編『桑原博士還暦記念東洋史論叢』（弘文堂、昭和六年）四六九～四七五頁。
(20) 石濱純太郎「「蒙文讃頌統会目録――蒙文丹殊爾総目Ⅰ．――」『関西大学文学論集（創立七十周年記念特輯）』（昭和三十年十一月）一～二十八頁。
(21) 「石濱純太郎教授に文学博士号授与」『関西大学学報』第三〇二号（一九五七年四月）、九頁。および前掲『石濱純太郎没後五〇年記念：石濱純太郎とその学問・人脈』、十四～十五頁。

(22) 石濱純太郎「蒙文陀羅尼集について」『支那学』第八巻第壱号(昭和十年十月)八十三~九十一頁。

(23) 丸石製薬については、丸石製薬株式会社編『丸石製薬百年史』(丸石製薬株式会社、平成元年)を参照。ただ同書においては、石濱純太郎の丸石製薬における活動については、全くふれられていない。特に経営に関与することがなかったからであろう。

(24) 曾布川寛「近代における関西中国書画コレクションの形成」関西中国書画コレクション研究会編『関西中国書画コレクションの過去と未来』(関西中国書画コレクション研究会、二〇一二年)、七~十八頁。

(25) 石濱は、この天理図書館所蔵の満洲語文献コレクションに関して、石濱純太郎「天理の満文書籍について」〔(初出は『ビブリア』第五号(一九五五年一〇月)。現在は高田時雄編、石濱純太郎『続・東洋学の話』(臨川書店、二〇一八年)、二六四~二六六頁に収録)を書いて紹介している。

石濱純太郎とロシアの東洋学者との日露文化交渉

――ネフスキーを中心に――

生田　美智子

はじめに

石濱純太郎の学者としての大きな才能に、知のネットワークを構築するたぐいまれな能力がある。アカデミズムのタテ社会にからめとられずに、学問領域を自在に横断し、そこで新たなネットワークを次々に構築した。ネフスキーも、語学力を生かし領域横断的に日本で様々な知のネットワークに参入していった。なかでも柳田国男を中心とする民俗学的研究グループとの知的交流は有名である。同様な結集力を持つ二人が一九二二年に新設の大阪外国語学校で出会ったことより、知のネットワークは日本とソ連を跨境して構築されることとなった。

二人が学会をたちあげ日露学術交流を展開した時期は、日露で東洋に関する関心が高まった時期にあたる。一九世紀後半クリミア戦争に敗れたロシアは目を東に転じ、大改革をなしとげ東洋に転出した。三国干渉の報償で中国の地を貫通する東清鉄道を建設したことでロシアの極東政策は活発化した。一八九九年には辺境の地ウラジオストクに東洋語の高等教育機関である東洋学院が開設された[1]。日本も列強の仲間入りをめざして朝鮮、「満洲」における覇権争いをロシアと展開し、両国は一九〇四－五年にわたる日露戦争に突入する。しかし日露戦争後、両国はまれにみる友好期を迎え日露協約を締結し、第一次世界大戦時には友好国になった。しかし一九一七年、ロシアで革命がおこると協調関係は破綻し、日本はシベリアに出兵し、両国関係は悪化する。一九二五年に日本は日ソ基本条約を締結し、ソ連を承認し、ソ連領内の北部サハリンに最後まで残った日本軍を撤退する。その後は、歌舞伎のモスクワ公演（一九二八年）など日露文化交流の活発化が顕著であった。

石濱とネフスキーを中心とする日露学術交流が展開されたのは、日ソの雪解けの時代であった。学術交流は文化交流に比べ目立たず、特に関西の学術交流には十分な注意が払われてこなかった。本稿では石濱とネフスキーが立ち上げた学術交流の拠点・静安学社に焦点をあて、その実態をみてみたい。静安学社に関する先行研究としては、加藤九祚『天の蛇』[2]、岡崎静郎「大阪東洋学会から静安学社」[3]、桧山真一「静安学社のロシア人」[4]、生田美智子『ネフスキーと石濱純太郎――大阪における東洋学誕生の提唱者たち』（ロシア語）[5]がある。加藤の著作自体は優れたものだが、静安学社に関する部分はほとんど掘り下げられていない。岡崎は初めて本格的に大阪学術史の一コマとして二つの学会を取り上げ、桧山は静安学社の活動とロシア人の運命を取り上げ、生田は日本の東洋学誕生におけるネフスキーと石濱の活動に焦点を当てた。

本稿では先行研究を踏まえて、両国の東洋学における新しい学問領域の誕生を中心に日露交渉を見てみたい。史料としては、先行研究が扱っていないロシア科学アカデミー東洋古文書研究所のアーカイヴ史料も用いる。また、石濱家や関西大学吾妻先生のご厚意で石濱純太郎の日記を拝読させていただくことが出来た。なお引用文中には不適切な表現もあったが、そのままとし、石濱の表記に関しても、引用部分では原文のままとした。

一　二人の出会い

石濱とネフスキーが出会ったのは、新設された大阪外国語学校においてであった。それ以前の二人の略歴をみておこう(6)。

石濱は、一八八八年に大阪で丸石製薬を営んでいた家庭に生をうけた。一〇歳で大阪の漢学塾・泊園書院の藤沢南岳のもとに通ったことから、生涯の研究活動の拠点となる泊園との結びつきができた。私生活でも姉が南岳の次男である黄坡と結婚することで泊園との結び付きはさらに深まる。

一九〇六年、大阪府立市岡中学校（現在の高校）を卒業したが、第一高等学校受験に失敗する。しかし、一九〇八年高等卒業資格試験に合格したので、正規に高校に進学した中学の同期生より一年早く東京帝国大学文科大学支那文学科に入学することになった。

大学では岡田正之教授につき、漢文学を専攻したが、教授とはそりが合わなかったという。卒業前年の一九一〇年に父が亡くなり、家業を継ぐべく大阪に戻った。卒業論文の「欧陽脩研究」を漢文で書き、一九一一年に卒業した。卒業論文の口頭試問で教授と喧嘩をしたという。同期の東大卒業生に夏目漱石門下のエリセエフがいた。

石濱は和服で通学するエリセエフの存在を知っていた。しかし、石濱がエリセエフの知己を得るには、内藤湖南に随伴しパリに赴くまで待たなければならない。

家業を継いだ石濱だが学問研究の意思はゆるぎなく一九一五年、朝日新聞社論説委員の西村天囚の誘いにより大阪の文会「景社」に入り、武内義雄、長尾雨山、籾山衣洲らの知遇をえた。さらに、この頃、北アジア、中央アジアなどの地域、特にモンゴルに関する著作も出していた。

一九一六年、大阪の文会「景社」と京都の文会「麗沢社」の第一回連合会で内藤湖南、狩野直樹、青木正児、岡崎文夫、神田喜一郎、小島祐馬、富岡謙蔵、佐賀東周、那波利貞、福井貞一、藤林広超、本田成之らの知遇をえて、交流ネットワークに参入する。こうして内藤湖南を師と仰ぐようになり、さらに一九二一年頃には石田幹之助の知己もえた。

一九二二年、三五歳の石濱は新設された大阪外国語学校蒙古部へ選科委託生として入学した。藤枝が言うように、「横文字を苦が手とする支那学者の中にあって異彩を放っていた」[7]。彼の語学の才能は「学界新風景　東洋学の三人男　隠れた学者石濱氏」と題して次のように報じられるほどであった。

> 語学にかけては、お定まりの西洋語は勿論、サンスクリット語、蒙古語及び西域の西夏語に至るまで、十数ヶ国語を操る天才。わが国で蒙古語の新聞を蒙古から全部取寄せて読んでいるのは、陸軍の参謀本部の外に、ひとり石濱氏を数えるのみであるといふ[8]。

他方、当時三〇歳のネフスキーは大阪外国語学校ロシア語科の初代ロシア語教師として、大阪に赴任した。彼は一八九二年にヤロスラヴリで予審判事の家に生を受けるが、生後一年に満たない一八九三年に母エレナが風邪をこじらせ死去する。それから一年もたたないのに父アレクサンドルが再婚し、異母妹エレナとキラが誕生するが、一八九七年には父も死去する。継母は異母妹二人を連れて実家へ戻り、五歳のネフスキーは母方の祖父が住むルイビンスクへ引き取られた。祖父はスパソ・プレオブラジェンスキー大聖堂の司祭をしていた。一九〇〇年に男子ギムナジウム予科に入学し、翌年には本科に進級した。一九〇五年祖父が死去し、一三歳のネフスキーは母の姉クルィロヴァに引き取られた。一九〇九年に卒業し、周囲の強い勧めで、ペテルブルグ工科大学に進学する。しかし一年で退学し、ペテルブルグ大学東洋語学部中国・日本学科に入学した。指導教官は中国学者のアレクセエフで卒論のタイトルは「李白の詩一五篇に二種類の翻訳（逐語訳と詩的翻訳）を施し、自然描写における表現を検討し、必要に応じ他の詩人と比較し、他の外国語訳に徹底的検討を加える」だった。当時の日本語教員は、黒田義文、外務省勤務の傍ら出講していたドーリャと中国学者のイヴァノフで、専門の日本語教授はいなかった。一九一三年、大学から短期研修で日本に派遣されたネフスキーは「今何時にて候や」と尋ねて笑われたという。だが、フィロロジストとしての学問的基礎は、中国学のアレクセエフ、音韻論の創始者ボードワン・ド・クルトネや実験音声学のシチェルバなどから教えを受けることができた。一九一四年、同大学を首席で卒業し、日本語教授候補として大学に残るが無給だった。帝室エルミタージュ博物館貨幣部助手になり[9]、生活費を得た[10]。当時は東洋学と考古学が注目を浴びていた。一九〇八年、コズロフ探検隊は西夏の都市ハラホトで遺跡を発掘した。ロシアに送られた発掘品のうち絵画や古銭はエルミタージュ美術館に所蔵されたので、貨幣部にいたネフスキーは大きな関心をもったことであろう。

一九一五年日本に留学したネフスキーは先輩のコンラドたちのように東京大学で講義を受けることはなかった。

彼は近くの古本屋に日本歴史と風俗に詳しい人を紹介するよう依頼した。こうして中山太郎を紹介してもらい、さらに折口信夫、柳田国男、金田一京助、山中共古、佐々木喜善に知遇を得た。彼らが主宰する輪読会や論講に参加し、日本語を駆使して民俗学に関するフィールドワークを行った。一九一七年の一〇月革命によりペテルブルグ帝国大学からの送金が途絶え、亡命ロシア人メロウィチが経営する明露壱商会で働く。一九一九年小樽高等商業学校のロシア語教師になり、大阪外国語学校に赴任するまでに三年間教壇にたった。小樽時代の教え子の越崎宗一は、ネフスキーは語学の天才で数ヶ国語を自由に話したと回想している(11)。小樽時代に、アイヌ語と宮古島方言の研究を開始している。同時に日本の南端と北端を研究したのは、日本の古語・古俗は列島の周縁地域に残っているとの問題意識からである。日本学研究の枠組みが出来た一九二二年に大阪外国語学校に初代ロシア語教師として赴任した。

二人には共通点が多い。第一は、二人とも卒業論文が漢文を対象としていることからも明らかなように、教養のベースに漢文の素養があることである。第二は、二人とも語学の天才で、言語の壁をたやすく超えて、未知なる東洋学の領域を躊躇なく跨境できたことである。第三は、二人とも首都にある帝国大学で最高レベルの学問的基礎を修得したが、アカデミズムよりも市井の自由闊達な学問を好むことである。石濱が自他ともに認める大阪の町人学者であることは有名だが、ネフスキーも高名な学者の講義を拝聴するよりも市井の読書会や輪読会で仲間同士議論することを好んだ。第四は、主流の中心地域よりも周辺地域や分野に対する関心が強いことである。

このような、二人の出会いがもたらしたものは何か、みてみよう。

二　東洋学会

（一）たちあげ

石濱とネフスキーが初めて出会ったのは何時だったのか。これに関し、高橋盛孝はネフスキーが大阪外国語学校に就職できたのは、石濱純太郎ら世話によるものであると書いている。[12] 果たしてそうだろうか。

ネフスキーのこの時期の日記はロシア科学アカデミー東洋古文書研究所に所蔵されている。[13] 一九二二年一月六日、大阪外国語学校のロシア語教師のポストを世話してくれた人物に関し、以下のように記している。柳田氏は一年前に（－生田）ネフスキーのために大阪外国語学校のポストを世話するように頼んでいた松浦という文部省の役人にお礼を言いに行くように言った。

石濱自身も、大正一一年四月二八日の日記の中で「学校。……歸途ネフスキーと知り合ふ[14]」と書いているので、二人は以前からの知り合いではなかった。さらに石濱はネフスキーのことを「中々面白い人らしく、宮古島の語を研究している。學者らしいのがうれしい」と書いている。

石濱とネフスキーの関係に関しては石濱の後輩でネフスキーの教え子が次のように書いている。

京都大学の内藤湖南門下の逸材として知られた大阪の町人学者石浜純太郎博士はネフスキー先生の僚友といってもよいと思うが、この方が偶然にも私の中学（市岡）の先輩で、先生が大阪外語に赴任されてしばらく

露語の勉強のために我々と一緒に聴講された。(15)

大阪外国語学校で始めて知り合った石濱は熱心にネフスキーのロシア語の授業を聴講した。二人はすぐに意気投合し、研究会をたちあげることになった。早くも一九二二年五月二八日の石濱の日記には東洋言語学会という言葉が登場している。

東洋言語学会設立に関し校長に面会せんとて居残りしも、ダメらしければ、ネフスキーに委任して帰る。

二人は知り合って一ケ月で早くも校長の中目覚に交渉して、東洋言語学会をたちあげようとしていた。この時点では念頭にあった研究会の名称は東洋言語学会であることに留意したい。

しかし、六月二一日の日記には「東洋学会。百花村で晩食」との文言がみえる。校長と話すうちに東洋言語学会より広い射程をもち多くの人が参加できる東洋学会をイメージするようになっていったのが分かる。さらに六月二八日に「学校、羽田博士を待って大阪東洋学会の出版の件につき勘考を依頼する」とある。当時非常勤講師として大阪外国語学校に出講していた京都大学の羽田亨からも援助を得ていた。以後、一貫して研究会名は東洋学会になっている。

（二）会誌

会誌として『亜細亜研究』を発行した。時間軸上で以下のように、十二号（一九三五年）まで確認できる。

第一号　小倉進平「新羅語と慶尚北道方言」（一九二四年六月）
第二号　伊徳均「蒙古語動詞の活用と其種類」
　　　　渡辺薫太郎「満州語女真語と漢字音の関係」（一九二五年二月）
第三号　渡辺薫太郎「満州語圖書目録」（一九二五年三月）
第四号　ニコライ・ネフスキ「西蔵文字対照西夏文字抄覧」（一九二六年三月）
第五号　中目覚「独譯ニクブン文典」（一九二七年三月）
第六号　浅井恵倫「馬来半島に於ける馬来語音の地方的差違に関する若干の考察」（一九二七年一一月）
第七号　渡辺薫太郎「満日對譯佛説阿彌陀經」（一九二八年一〇月）
第八号　中目覚「獨譯オロッコ文典」（一九二八年一一月）
第九号　渡辺薫太郎「満州語綴字全書」（一九三〇年三月）
第十号　中目覚「気候と歴史」（一九三二年六月）
第三号　渡辺薫太郎「増訂満州語圖書目録」（一九三二年一〇月）
第十一号　渡辺薫太郎「女眞舘來文通解」（一九三三年一〇月）
第十二号　渡辺薫太郎「女眞語ノ新研究」（一九三五年一月）

合計十二号刊行されたが、第三号所収の渡辺薫太郎「満州語圖書目録」と「増訂満州語圖書目録」が一九二五年と一九三二年にそれぞれ発行されているので、点数としては計一三点が発行された。

会誌の日本語タイトル『亜細亜研究』や英語タイトル RESEARCH REVIEW OF THE OSAKA ASIATIC SOCIETY から分かるように、ヨーロッパの東洋学のように、アジア、エジプト、トルコ、アラビア、ペルシャ、インドを対象とする研究会ではなく、アジアを研究対象とする日本的東洋学を標榜する集団であった。第一号に執筆した小倉進平（朝鮮総督府編修官・文学士）以外はほとんど全員大阪外国語学校の教員であり、学内学会に近いものであった。

ネフスキーは『亜細亜研究』第四号に一九二六年三月一五日「西蔵文字対照西夏文字抄覧」を掲載した。石濱は執筆者としては名前を連ねていないが、ネススキーの論文に「西夏遺文雑録（序文に代へて）」を添えている。中目覚も大阪東洋學會長・大阪外国語學校長のタイトルで「序」を寄せていた。

東洋学会がいつまで存続したかは分からないが、少なくとも『亜細亜研究』第一二号が発行された一九三五年までは存続した。

（三）反響

ネフスキーの「西蔵文字対照西夏文字抄覧」に対し国際的な反響があった。彼の西夏研究で初めて活字になったものだが、英語で執筆したので、海外から反響をよんだのだ。

一九二九年ツァハから一月一五日付の手紙が届いた。ツァハはオースラリアの外交官を務める中国学者で、ネフスキーの西夏研究に関心をもち、アレクセエフにネフスキーを紹介するよう依頼していた。ツァハは、手紙の中で大阪東洋学会会誌に掲載された論文のコピーを送付してくれるか、その入手方法を教示するようネフスキーに依頼していた[16]。

さらに、同年二月二〇日付の手紙が当時中国に亡命していた人類学者・民族学者で、ツングース族の研究で有名なシロコゴロフから届く。二人は旧知の間柄だが、音信不通であった。ネフスキーの西夏研究に関心をもったシロコゴロフが手紙を送ってきたのだ。彼は論文を掲載した雑誌の入手方法を尋ねている[17]。

ネフスキーは民俗学に関する論文を種々の雑誌に何度も投稿していたが、反響は日本国内に留まっていた。しかし、西夏研究を初めて以来海外からの反響を感じるようになった。ソ連科学アカデミーの常任書記でアジア博物館所長のオリデンブルグからネフスキーに宛てた一九二七年三月九日の手紙には次のように書かれていた。

貴兄の西夏研究に強い関心を持っています。この領域での貴兄の研究に関する詳しい情報をください[18]。

西夏に関する本格的な論文を完成する以前から期待を持たれているのだ。ネフスキーは高揚感を味わい、西夏研究にのめり込んでいった。その経緯を石濱は次のように語っている。

吾友ネフスキ君を煽動して、ロシアには巨大な西夏蒐集があり他に比倫すべきものが無いに關わらず研究は見るべきものが出ない様だから是非君が着手すべきものであると口説きました結果、私の所藏の文献を貸して試してみる事となりました。……次いでネフスキ君は北京へ遊んでイヴノフ教授に會って氏所持の材料を写して来、私は伯希和《ペリオ》蒐集の写真を將來したりして斯學に深入りして毎週會っては研究成果を話し合ひました。……歸國前の一二年間の彼の努力は實に驚くべきもので、西夏語以外の仕事もやってゐたのでありますからそれは忙しいもので、終に彼の奥さんから西夏語の研究になるとマルデ狂人の様で振り向きもして呉れないから困ると私に不足を持込んで来られたのには誠に閉口致しました。(19)

大阪時代のネフスキーには以前になかった特徴が見られるようになった。それは曹語研究と西夏研究である。前者は大阪東洋学会の会員で大阪外国語学校同僚の浅井恵倫と一緒に台湾調査に行ってからである。西夏研究は何時から初めたのか。天理大学にはネフスキーが西夏研究の初心者に宛てた一九二九年二月七日付の手紙の写しが残っている。そこには「西夏語を初めたのは五－六年前のことです(20)」と書いてある。ということは、一九二三－一九二四年、すなわち、石濱と知り合った頃のことであった。

三　静安学社

(一)　立ち上げ

石濱とネフスキーが立ち上げたいま一つの学会に静安学社がある。石濱はその経緯について以下のように述べている。

今春大阪地方にこられた高橋盛孝君が一日何か一會を設けて同臭會合に便し研究討論に資する様にしては如何と提議された。僕も賛成しネフスキ君も賛成とあって、六月の初め寄合って相談した。で愈々實行しやうではないかと申合せた。會名は一つ我々の景仰する誰か先儒の名を冠したものにしては如何と云ふ事になり、東西の碩學を詮考した。するとネフスキ先生が一兩日前王國維先生が亡くなられたと聞いたがほんとだろうか。ほんと丶したら王先生の名を記念しては如何と言った。……噂は眞實であった。已に故人とあれば丁度我々の會に採って冠し得るは好記念である。殊に靜安先生の學行は我等の儀表と仰いで然るべきものだ。靜安学社－Societas in Memoriam Wang Kuo-wei、これこそ我等の會名ではないか。かくて我々の靜安學社は生まれ出た。[21]

高橋はネフスキーの京都大学の教え子で、石濱の東京大学の後輩にあたる。ネフスキーは大阪外国語学校の教師をする傍ら、一九二三年から京都大学でもロシア語を教えていた。高橋は大学院生として三年間ほどネフスキーの授業を受けた[22]、一九二七年に、関西大学に赴任してきたのだ[23]。ネフスキーの京大の教え子には文化人類学者で民族学者の石田英一郎、言語学者の吉町義雄などがいる。

静安学社の事務局は重建懐徳堂に置かれ、関西に於ける東洋学研究の拠点、日ソ学術交流の懸け橋になった。「静安学社規約」によれば、設立趣旨は「東洋學研究の發展に資するを主旨とす」となっている。また社員の義務として「一年一回以上研究成績を本學社より發表するの義務あるものとす」とあり、社友や客友は幹事の同意を経て「研究成績を本學社により發表するを得」となっていた。

（二）活動

第一回の創立集会では、学社規約の原案が討議修正して可決され、ソ連から参加したコンラドの「サウェトロシアにおける東洋学研究」と題する報告がなされた。ネフスキー、石濱、高橋の他に、浅井恵倫（大阪外国語学校教授）、財津愛象（大阪高等学校教授）が社員に、神田喜一郎（宮内省図書寮）と吉田悦雄（懐徳堂助教授）が社友、コンラドは名誉社友になった。ソ連のアジア博物館からは館長でインド学のオリデンブルグ、イラン学のロゼンベルグ、中国学のアレクセエフが連名で日本の東洋学者（Japanese philologists-orientalists）宛に静安学社創立を祝い、書籍交換を提案する英文の手紙が届いた。

第二回集会では、プレトネル（天理外国語学校教師）と小林太市郎（大阪市役所教育部）が石濱の紹介で、吉町義雄（ネフスキーの京大での教え子で、九州帝國大学講師）がネフスキーの紹介で社友として加わった。講演は浅井恵倫が台湾調査予報をおこなった。

第三回集会では石田幹之助（東洋文庫主任）と熊澤猪之助（高津中學校教諭）が加わった。ネフスキーは「臺灣曹族語考」と題して報告した。

東洋学会と静安学社の関係であるが、両者は別の組織であったと考えられる。その理由は第一に、静安学社が創立されても大阪東洋学会が別組織として存続し活動していることである。第二に、静安学社の寄贈図書の中に東洋学会の『亜細亜研究』が含まれているからである。したがって、静安学社が「大阪東洋学会の延長発展であった」という説は改めなければならないだろう。[24]
静安学社が刊行した書籍には、『静安学社通報』『静安学社報告』『静安学社一覧』『東洋学叢編』『故財津愛象先生』『亀田氏貯春楼所蔵本節用集目録』『韻鏡書類陳列目録』などがある。

四　静安学社のロシア人

静安学社のメンバーには、社員が発起人のニコライ・ネフスキー、名誉社友がニコライ・コンラド、社友がオレスト・プレトネルとユリアン・シチュツキーと四人のロシア人がいた。

（一）ニコライ・ネフスキー

静安学社設立当時、ネフスキーは日本滞在一三年になっていた。大阪東洋学会と静安学社だけでなく、典籍研究会、郷土研究会、音声学会にも入会し精力的に活動していた。東京時代にも多くの輪読会や読書会などに参加していたが、大阪東洋学会や静安学社では研究会におけるプレゼンスが違っていた。即ちネフスキーは大阪では外国人のアイドル・メンバーではなく、石濱と共に学会を立ち上げた幹事メンバーであった。しかし、一九二九年九月才能を全面開花させていた時期にネフスキーは妻子を残してソ連に帰国する。日本に戻ってくるつもりだったが、その希望はかなわなかった。結局ネフスキーは、静安学社では一九二七年九月の創立から二年間しか活動できなかったことになる。一九二七から一九二九年までのネフスキーの研究生活をみてみよう。

一九二七年一一月に第三回集会で「台湾曹族語考」と題して報告している。論文としては「西夏地蔵菩薩本願經残紙」（石濱と共著）を『典籍之研究』第六号に、「西夏文般若經の斷片」（石濱と共著）を『藝文』第一八年第五号に、「美人の生まれぬわけ」を『民族』第二巻第二号に、「故シュテルンベルグ氏」を『民族』第三巻第一号、「宮古島子供遊戯資料」を『民族』第二巻第四号に、「琉球の昔話『大鶉の話』の発音転写」を『音聲の研究』第一輯に、「王静安先生を訪ねて」を『藝文』第一八年第八号に寄稿した。

一九二八年には静安学社の第四回集会で「羅君美の寄せ来れる西夏文佛典解説」、第七回集会で「西夏文研究より見たる支那の音韻」、石濱と共著で「西夏文の新資料」、一〇月、石濱と共著で「西夏文研究豫報」と題して報告した。論文としては、Concerning Tangut Dictionariesを鈴木虎雄編『支那學論叢　狩野教授還暦記念』（弘文堂）に、「月と不死（一）」と「月と不死（二）」をそれぞれ『民族』第三巻第二号と第三巻第四号に寄稿した。

一九二九年、帰国までの約半年間で、静安学社で二月に「西夏文法華經第七巻」と題して報告し、六月に、「西夏文パンチャラクシャ研究豫報」（石濱と共著）と題して報告した。石濱メモでは五月にも報告したようであるが題は未定となっており、不明である。論文としては石濱と共著で「西夏語譯大藏經考」を『龍谷大学論叢』第二三七号に掲載した。

ネフスキーは石濱という協力者を得て、才能を全面的に開花させ、帰国直前まで目まぐるしい活躍を見せている。私生活でも一九二八年五月、娘が誕生し、エレーナ（恵連）と名付けられた。一九二九年六月、事実婚を続けてきた萬谷イソと神戸のソ連総領事館で正式に結婚した。イソは日本国籍を失い、ソ連邦人になった。

ネフスキーは研究エネルギーが充溢していた時期に帰国したので、未発表の原稿が残ったが石濱の手により帰国後も共著の形で次々に刊行されていった。

（二）ニコライ・コンラド

彼は一八九一年、鉄道員の家に生まれた。一九〇八年、ペテルブルグ大学東洋語学部中国語・日本語学科へ入学した。今回の来日は三回目であった。一度目は一九一二年、ロシア・日本協会の派遣で短期間日本を旅行し、二度目は一九一四年ペテルブルグ大学から日本に派遣され、東京帝国大学国文科で学んだ。[25] 一九一七年に帰国し、オリョールに新設された大学の学長となっていたが、一九二二年、母校に呼び戻された。その頃、日本語教授がいなくなっていたのだ。革命前のペトログラド大学には日本留学から帰った錚々たる日本学者陣がいたが、ロゼンベルグは革命で海外に逃れる途中で病死、エリセエフは亡命、ポリヴァノフはタシケントに放逐され、ほとんど誰も居なくなっていた。コンラドはすぐに講座の主任になり、一九二三年には正教授になった。

一九二七年、コンラドは、静安学社設立集会の一九日前に妻のフェリドマンを伴って大阪の天保山に上陸し、ネフスキーの出迎えを受けた。[26] 前述したように。創立集会で「サウェトロシアに於ける東洋學研究」と題して、次のような講演をした。

現代ロシアの東洋學には二派ある。一は從來から有った舊派、一は革命後に出来た新派で始終相争ってゐる。結局方法論の争で新派は sociological method によって學問を研究せねばならないと云ふ。從って古代よりは今の東洋殊に最近の東洋に興味を持つ。その中心地は一はレニングラドで、新派は勿論モスコウだ。……研究の對象としてはレニングラド派は矢張り言語學文學考古學歴史學哲學と云ふ風なものだが、モスコウ派は社會事情政治經濟情態を主とする。……

歴史にも二派あってレニングラド派は從来通り正直に書いて行く。バルトリドのイラン史、グルムグルヂマイロの蒙古史五冊、ウラヂミルツオフの成吉思汗傳、イナストランツエフの匈奴とHunsが出た。モスコウ派はマルキシズムで歴史を書き更へつゝある。有名なラデックは支那史を書き、支那人文學で支那人に英語で支那史を講じている。漢文は讀めなくとも諸外國語の本があるから關はぬと云ふ。(27)

コンラドの講演は、台頭してきたモスクワ学派とロシア帝政以来のレニングラド学派の対立を伝えていた。一九一八年にソビエトの首都機能はモスクワに移転され、ペテルブルグが従来担ってきた機能が統合され、その流れは学問の世界にも及んだ。言語学、文学、考古学、哲学を研究するレニングラド派と、対象国の言葉に精通せずとも社会政治経済事情を研究できるとするモスクワ派が対立を深めるなか、コンラドは、日本語教育活動に徹することで当局からの圧迫をかわしていた。

アルパートフが指摘したように、コンラドはレニングラド派の雑誌『東洋』にもモスクワ派の雑誌『新東洋』にも自分の論文が掲載できる稀有な学者であった。彼は時代をリードする潮流の側に立つが同時にその先鋒とはならないよう自分を律することができた。(28)

コンラドの今回の来日目的は、彼自身は新聞記者の取材に「日本の小、中、女学校国語教授法研究のため(29)」と答えているが、太田丈太郎が指摘しているように、新婚旅行も兼ねたものだった。大阪には一〇日間滞在し、その間に奈良へも足を延ばし、その後東京へ向かっている。東京では日露芸術協会主催の歓迎会に出席した[30]。帰国は、同年の一〇月三一日で「文献七百冊余冊を携へて廿九日午後四時敦賀出帆の敦賀連絡商船嘉義丸で帰国した[31]」。

（三）オレスト・プレトネル

彼は一九二七年一〇月三〇日に開催された静安学社の第二回集会で石濱の紹介で社友になった。当時の身分は天理外国語学校教師であった。彼は一八九二年ペテルブルグの鉱山技師の家に生を受けた。一九一一年にペテルブルグ大学東洋語学部中国語・日本語科に入学した。一九一二年と一九一三年の夏に日本語を専攻する弟のペテルブルグ大学生オレグと共に日本語研修のために来日した。一九一五年に大学を卒業し、大学院に進学した。同年、ロシア帝国大使館員として来日した。三度目の来日であった。彼は同年にマギストラント（大学助教授）試験にも合格している。一九二一年に大使館を退き、一九二二年ロンドン大学付属東洋学院で日本語の講義をし、音声学者ダニエル・ジョーンズの音声学の講義を聴講した。一九二三年、四度目の来日で大阪外国語学校の外国人教師になるが、一九二五年三月末に解雇される。理由は、外事警察によれば、「酒色」に耽るので、校紀の紊乱を恐れた校長が解雇にふみきったのだという[32]。学生には人気があり「留任運動」がおこったが、復職は叶わなかった。一九二四年四月から新設の天理外国語学校へ赴任した。一九二七年旧友のコンラドが来日した時、奈良ホテルでプレトネル、ネフスキー、谷崎純一郎が会合している。谷崎と交友があったプレトネルが引き合わせたのであった。この出会いにより一九二九年谷崎の『痴人の愛』の翻訳が刊行された。この時期は文学交流も活発に行われたのが分かる。その後ソ連では谷崎の作品は受け入れられなくなり、彼の作品がロシアで普及し出すの

は、二〇世紀の八〇年代を待たなければならない。(33)

プレトネルは内藤湖南の別荘で撮影された静安学社の集合写真にネフスキーや石濱純太郎と一緒に写っている。研究に関しては、一九二八年二月一九日の第五回静安学社の集会で「ヤフェチドロギイ」というテーマで報告したと石濱のメモにあるのみである。ちなみに、「ヤフェト理論」とは一九二〇年代から一九三〇年第にかけてソ連の学会で大きな影響力を持ったマールが唱えた言語の単一起源説のことである。

(四) ユリアン・シチュツキー

彼がいつの時点で社友になったのか、いつ報告したのかは、不明である。一九三二年の『静安学社一覧』から社友として掲載されている。彼が日本に出張したのは、一九二八年四月一九日から九月七日のことである。シチュツキーは一八九七年にエカテリンブルグで営林署長の家に生まれた。一九一五年にはペトログラド工科大学に入学したが、一九一七年、実用東洋学院に転入した。一九一八年にペトログラド大学に入学し、社会学部民族学・言語学学科中国学科を卒業した。一九二〇年から科学アカデミーアジア博物館に勤務し、大学卒業後はペトログラド大学でも勤務した。一八カ国語を使いこなしたという。(34)

泊園に通ったシチュツキは「楚紫氣の入門」と題して次のように記されている。

夜間我が泊園書院に通って列氏徂徠集節文胡適哲学史等の講義に列してゐるので。我が泊園書院としてもかゝる学者を及門の一員として名を加ふるを得るは名誉として他に誇って差支ない。(35)

シチュツキーもソ連科学アカデミーに出張報告書を提出している。その中から静安学社での日露学術交流に関する部分を見てみよう。

書籍の選択においてはЮ・K・シチュツキーは、入手する出版物に関する本人自身の知識あるいは、日本の中国学者（主として京都大学教授狩野直喜や石濱純太郎博士）の十分権威ある教示にしたがった。……刊行物の交換に関しては、石濱純太郎およびH・A・ネフスキーを代表者とする静安学社と合意に達した。すなわち、ソ連科学アカデミーの東洋学刊行物と交換で静安学社の出版物も他の書籍も定期的にアジア博物館に送付することである。……中国哲学に関する石濱純太郎の講義、列氏の道家的哲学に関する藤澤黄坡の講義を聞いた。……石濱純太郎の依頼によりЮ・K・シチュツキーは静安学社のために中国語で『東洋學叢編』に杜光庭に関する論文を「杜光庭対於道教象徴之見解」というタイトルで書き、現在印刷中である。[36]

彼の帰国に際して、泊園書院、静安学社などの知友が集まって九月一日に送別会が行われた。その様子は「シユーツキー氏の帰国」と題して『泊園』で報ぜられた。

此日會するもの黄坡先生、ネフスキー、プレトネル、コルパクチ嬢、岡島伊八、財津愛象、小林太市郎、笹谷良造、熊澤猪之助、三木正憲、石濱純太郎の十一名。[37]

コルパクチ（一九〇二－一九五二年）は、この頃来日していた言語学者で後にネフスキーと共著で日本語教材を二冊作成している。(38) 一九二八年に半年日本に出張したが、ここでは触れない。

五　レニングラドでの日露交渉

一九二九年九月、ネフスキーはソ連に帰国した。彼が帰国に踏み切ったのには様々な要因があった。任期付きの不安定な勤務条件からの脱却、秘密警察の尾行に悩まされていたこと、誕生した娘を無国籍にしないためソ連国籍取得を希望していたこと、コンラドに帰国を強く勧められたこと、シチュツキーもロシアの労働条件が良くなったと証言したこと、アレクセエフからの働きかけがあったことなどである。ここまではプレトネルの置かれた状況と全く同様であった。しかし、帰国の勧めをプレトネルは拒否している。プレトネルには効き目がなくネフスキーには強く作用したファクター、それはソ連が誇る西夏語資料の存在であろう。彼は研究意欲を抑えられず、一九二九年帰国することを決意したと思われる。

帰国したネフスキーは、住宅事情が厳しいレニングラドに驚く。恩師のアレクセエフは自宅の二室を提供し住まわせた。ちなみにコンラドは同じアパートで彼らの一階上に住んでいた。この状況は彼が粛清される一九三七年まで続くこととなった。

帰国後ただちに、レニングラド大学、レニングラド東洋学院、ソ連科学アカデミー東洋学研究所、エルミタージュ美術館を掛け持ちで勤務する。教科書もコルパクチと共著で作成した。西夏の辞書と和露辞典の作成にも取り組んだ。あまりに研究と教育の負担が大きく、一九三六年にはレニングラド東洋学院での仕事を断らざるを得ないところまで追い込まれた[39]。

そのような中でもネフスキーと石濱の手紙による情報交換は途絶えなかった。一九三〇年一月と推定される手紙では帰国後四ケ月後にアカデミーで「西夏語研究史」に関する報告をおこない、バルトリド教授に礼を言われたことを報告している。将来の計画として西夏語の音声に関する研究を行う決意を披露し、同年七月の手紙ではアジア博物館で西夏の phonetic table を発見したことを報告している。同年八月の手紙では「学士院会員バルトリド教授」が逝去したこと、「何卒教授の学歴の事を何処かの雑誌にお書きください」と頼んでいる。石濱はそれに答えて追悼文「故バルトオルド先生」を書いて『龍谷大学論叢』二九五号（一九三〇年）に掲載した。

余は何もさう詳しくは故教授を知るものではないが、嘗てニコライ・アレクサンドロヸィチが未だ大阪に居る時分には、よく共に故先生の學述を噂し合った事があるものだから、かくネクロロヂイを書けと云って来たものだろう。寡聞の余ではあるが正しく故教授を少なからず景仰してゐたものだから、聊か知る所を擧げて静安學社の例会に報じたが、今又之を大方に告げて故先生を記念したいと思ふ[40]。

石濱はネフスキーの依頼にこたえて、種々の書籍や原稿用紙まで送っている。一九三〇年一〇月には梅原末治がネフスキーを尋ねている。この頃ネフスキーは家族を呼び寄せるべく奔走していた。レニングラドでオリデンブルグ、アレクセエフ、ネフスキーに会った梅原は当時のソ連の様子を次のように記している。

アカデミーのオルデンブルグ、アレキセイフ先生らは御元気であったが、すでに名目上のポストに左遷されており、気心の判った者同士にしか碌に話もできぬ雰囲気が感じとられた。……彼（ネフスキーのこと——生田）はアレキセイフ先生にかくまわれているのも同然で、……彼のもとには日本にいる夫人から連日のように難詰の手紙が届くが、検閲の関係で彼の方からは一切事情を書くことができない。(41)

日本への文通も旅行も許可されないネフスキーは梅原にネフスキー家に伝わる首飾りをイソに変わらぬ愛の印に手渡すように涙を浮かべて依頼し、彼はそれを持ち帰り石濱に渡すように頼んでいる。一九三三年、日露の様々な人々の嘆願行動の末、家族を呼び寄せることができた。日本語教師不足から、イソも日本語を教えるようになった。

一九三〇年にソ連を訪れた梅原の話は当時のソ連の厳しい状況を伝えているが、石濱はネフスキーだけでなく、アレクセエフ、コンラド、シチュツキーにも書籍を送ることで学術交流を続けていた。

「阿利克、昆羅士、秀月諸君の分は正確に分配しました。その前にも「懐徳」を受け取って諸君にわけてやりましたから御休神ください」とする一九三五年二月二消印の書簡が石濱文庫に残っている。

六　幻のソ連科学アカデミー会員

（一）石濱純太郎

一九三二年にネフスキーが出したと考えられる石濱宛の書簡が二〇一一年に大阪大学の共同研究（代表・堤一昭）の調査で見つかった。そこには以下のようなことが書かれていた。

又學兄の履歴書や御著書のくわしい目録を早く遣して欲しい。間にあふなら今年、間にあはなかったら来年、アレキセエフ先生が君をアカデミーの член корреспондент（通信員）に推薦したいからです。[42]

前年にアレクセエフは石濱の書いた業績の多くを入手していた。六月七日付の石濱からの書簡からアレクセエフの要望により自分の論考全部をアカデミーに送ったことが分かる。

貴下が小生の論考全部をアカデミーに送るよう勧めてくださったので、小生は喜んで直接アカデミーに送らせていただきました。小生の著作が東洋學の世界的中心に備えられることは小生の喜びとするところです。[43]

この時に送られた石濱の論考を読んでアレクセエフはアカデミー通信会員に推挙しようとしたものと思われる。

しかし、ロシア科学アカデミーの名簿には石濱の名前はのっていない。石濱が履歴書や業績目録をロシア科学アカデミーに送ったか否か定かではなかったが、『関西大学新報』第六四号により、石濱は必要書類を送付しなかったことが判明した。

づっと以前に、僕にロシアアカデミーの通信会員にならないかと誘って来たことがあったんだが、これはうれしかったよ。ところが履歴書に自分の学問経歴をチョット大げさに書けといわれて止めてしまったことがあるんだ。あのときなっておけば……と今になって惜しいような気もするがね。(44)

ちなみに、石濱が博士になったのは、一九五七年三月一一日のことである。関西大学初の文学博士で、主論文「支那学論攷」(一九四三年)、副論文「蒙文讃頌統会目録」「東洋学の話」(一九四三年)に対し学位授与が認定された。(45)

(二) ニコライ・ネフスキー

アレクセエフがソ連科学アカデミー会員として迎え入れたかった今一人の人物はネフスキーであった。一九三四年一一月一一日、彼はネフスキーをソ連科学アカデミー正会員に推挙する以下のような推薦状を書いた。

ネフスキー氏は、まず第一に、日本語、日本各地の方言、曹語、アイヌ語、西夏語のソ連邦における第一人者であり、さらに第一級の中国研究者であること、第二に、民俗学と言語学上（それらは多くの場合関連している）の問題を扱う理論的にも円熟した研究者であり、業績をひけらかすタイプの研究者では全くないこと、第三に、彼は極めて膨大な資料を収集してきており、それらを公刊する機会が是非とも与えられるべきであること、以上の点に鑑み、ここに署名するソ連科学アカデミー正会員である私は、ネフスキー教授の研究活動と学問的才能を証明する者として、彼を東洋学におけるソ連邦科学アカデミーの正会員へ推挙することを自らの義務と考える。(46)

そのことを知った石濱もアレクセエフに推薦状を書いた。

日本学者として、彼はその言語、文学、そして民俗を研究しました。話し言葉及び書き言葉の標準語を自由に操るほか、研究完遂に便するために日本語の各地の方言のみならず、アイヌ語、朝鮮語、中国語、琉球語、台湾語など日本周辺の諸言語の豊富な知識を有しています。……広い意味での東洋学に関する彼の研究に眼を転じましょう。西夏学については、ネフスキーが世界の西夏研究の頂点にあるというだけで十分です。……彼は西夏音韻論の創始者であり、タングート研究を真の言語科学へと導きました。(47)

筆者は『資料が語るネフスキー』を執筆する際にネフスキーの遺児エレナに彼はアカデミー会員になったのか否かを尋ねたことがある。彼女は通信会員になったと言い、その証拠に『世界の一日』に掲載された「消えた民族の辞書」と題した記事を見せてくれた。それは次のような出だしで書かれていた。

正面に要塞、背面にネヴァ河が流れる所に一二の屋根をもつ大学の古い建物がたっている。そこには現在アカデミー通信会員のネフスキー教授が務めている……[48]

遺族の証言と雑誌記事で確認したので、二〇〇三年の段階ではその話を信じ『資料が語るネフスキー』に「アカデミー通信会員に選ばれる」と書いたが、この場をお借りして訂正しお詫びさせていただきたい。二〇一八年、石濱がアカデミー通信会員になったか否かを確認するためにアカデミー会員名簿を取り寄せた折りに、ネフスキーの名前を確認しようとしたが、正会員はもちろん、通信会員としても掲載がなかった。[49] ソ連のアカデミー会員には学問的功績だけでなく、社会主義建設に役立つ専門家であることが求められた。学問一筋で、共産党員でもなく、仮想敵国日本に一四年も滞在していたネフスキーは落選したのだろう。だが、学術面での貢献は評価され、一九三五年論文審査なしで言語学の博士号を授与されている。[50]

ネフスキーは、大テロル時代の一九三七年一〇月四日、自宅で逮捕された。一九五八年付の公式死亡証明書によれば、彼は一九四五年二月一四日心筋炎で病死したことになっていた。当局の発表なので、一九四五年死亡説が定説となっていた。一九五七年に名誉回復され、一九六〇年に没後出版された『西夏文献学』に対し、一九六二年ソ連で最高の栄誉とされるレーニン賞が授与された。彼の死の真相を明らかにしたのは、ペレストロイカ時代の一九九〇年、『アジア・アフリカの諸民族』誌に掲載された「弾圧された東洋学　二〇-五〇年代に弾圧を受けた東洋学者たち」だった。それによるとロシア共和国刑法第五八条の反革命罪により一九三七年一一月二四日に妻のイソと共に銃殺されていたのだ。[51]

静安学社のもう一人の社友、シチュツキーも一九三七年二月一八日、ロシア共和国刑法第五八条の反革命罪で銃殺された。その罪証になったのが、日本出張（一九二八年）時の日本人学者たちとの交流、一九三四年に日本の雑誌に漢文の学術論文[52]を掲載したことなどであった[53]。静安学社で彼が展開した日露学術交流が罪証とされる不幸な時代であった。彼も一九五八年に名誉回復された。

プレトネルは一九四一年にフランス領ベトナムに移り、ハノイ大学でフランス語と一般言語学を教え、一九五〇年日本に戻り、大阪外国語大学となった古巣の大阪外国語学校ロシア語科に外国人教師（後に客員教授）として迎えられ、一九六八年まで教鞭をとり、さらに七八歳で天寿を全うした。

静安学社の名簿に記載されていた四人のうち、ネフスキーとシチュツキーは銃殺され、プレトネルは祖国に帰らず無国籍のまま日本の土となった。ただ一人コンラドは大テロルの時代にも逮捕されたが生き延び、一九五八年にはアカデミー正会員になり、ソ連の日本学の父として不動の地位を築き[54]、七九歳で天寿を全うした。

ネフスキーとシチュツキーの銃殺を知る由もない静安学社では二人はレニングラド大学教授として一九四二年まで掲載され続けた。その後も静安学社は活発な活動を続け、最盛期には名誉社友は狩野直喜、新村出、羽田亨、コンラド、故社友は内藤湖南らの六人、社友は五八人に達した。静安学社は一九四五年の大阪大空襲で懐徳堂が倉庫を残して焼失したのちもしばらくは活動したが、石濱の還暦祝いを機に使命を終えた。

おわりに

石濱とネフスキーとシチュツキー、プレトネル、コンラド、アレクセエフらのロシア人により展開された学術交流の実態をみてきた。参加者に共通していることは、シノロジー（中国学）の素養をもつフィロロジスト（文献学者）で、学問の根幹に言語修得をすえていることである。特に石濱とネフスキーは周辺領域に関心を持ち、数か国語を使用できるので、憶することなく未知の領域に踏み込むことができた。二人の出会いは西夏学という新しい東洋学の学問領域を開拓した。ロシア東洋学の学統を受けつぐネフスキーとの出会いで石濱純太郎は漢学者から東洋学者になった。ネフスキーは石濱と出会うことで、東洋学という大きな枠組みに立ち返り、石濱との共同研究で西夏研究を学問のレベルに引き上げた。二人の営みはソ連と日本に西夏学と言う新しい学問領域を誕生させ、二人の死後も西夏学研究は日露で後継者たちに受け継がれている。

注

（1）原暉之によれば、それ以前は六年制の短期ギムナジウムしかなかった。原暉之『ウラジオストク物語　ロシアとアジアが交わる街』三省堂、一九九八年、二一八－二二九頁。
（2）加藤九祚『天の蛇　ニコライ・ネフスキーの生涯』河出書房新社、一九七四年、同『完本天の蛇　ニコライ・ネフスキーの生涯』河出書房新社、二〇一一年。
（3）岡崎精郎「大阪東洋学会より静安学社へ――大阪学術史の一コマとして――」『東洋学論集　森三樹三郎博士頌寿記念』朋友書店、一九七九年、一三八三－一四〇二頁。

（4）桧山真一「静安学社のロシア人」『日本語日本研究』五号、二〇〇三年、二一―三四頁。

（5）Икута Митико. Н. А. Невский и Дзюнтаро Исихама — инициаторы создания японского востоковедения в Осака // Николай Невский жизнь и наследие. СПб. 2013. С. 40-48.

（6）大庭脩「石浜純太郎」江上波夫『東洋学の系譜［第二集］』大修館書店、一九九四年、一五二―一六一頁。吾妻重二編著『泊園書院歴史資料集――泊園書院資料集成一――』関西大学出版部、二〇一〇年。

（7）藤枝晃「町人学者・石濱純太郎」『石濱純太郎記事集』関西大学泊園記念会、二〇一八年、三一頁。

（8）『東京日日新聞』昭和二年六月二一日。

（9）大阪大学所蔵自筆の履歴書。

（10）Институт восточных рукописей РАН. Ф. 152. Оп. 3. Ед.хр.426. Л.39.

（11）生田美智子編『資料が語るネフスキー』大阪外国語大学、二〇〇三年、一一二頁。

（12）高橋盛孝「ネフスキー氏について」『日本民俗大系一二巻　奄美・沖縄の民俗　比較民族学の諸問題』平凡社、一九五九年、二九四頁。

（13）Институт восточных рукописей РАН. Ф. 69. Оп. 2. Ед. хр. 278.

（14）関西大学所蔵。

（15）『資料が語るネフスキー』一一六頁。

（16）生田美智子「ニコライ・ネフスキー遺文抄（三）――ネフスキーへのロシア語・英語来簡集――」『ビブリア』第一四五号、二〇一六年、一七七頁。

（17）同上、一七八―一七九頁。

（18）「ニコライ・ネフスキー遺文抄（三）」、一八一頁。

（19）石濱純太郎「西夏研究の話」『東洋学の話』創元社、一九四三年、一九四―一九九頁。

（20）天理大学付属図書館所蔵。

（21）石濱純純太郎「静安学社」『藝文』第十八年第八號、一九二七年八月、六五頁。

（22）高橋盛孝「ネフスキー氏について」『日本民俗学大系』第一二巻、平凡社、一九五九年、二九一―二九四頁。

(23) 岡崎精郎「高橋盛孝先生を偲んで」『日本西蔵学会会報』二七号、一九八一年、一四－一五頁。桧山前掲論文。
(24) 加藤九祚『完本天の蛇　ニコライ・ネフスキーの生涯』河出書房新社、二〇一一年、一八九頁。
(25) 加藤百合「ニコライ・コンラド小伝」『比較文学研究』五九号、東京大学比較文学会、一九九一年、八五－九五頁。
(26) 大阪朝日新聞、一九二七年九月七日。
(27) 『資料が語るネフスキー』三九－四〇頁。
(28) Алпатов В. М. Языковеды, востоковеды, историки. М. 2012. С. 95-120.
(29) 大阪毎日新聞一九二七年九月九日。
(30) これについては、太田丈太郎『「ロシア・モダニズム」を生きる』成文社、二〇一四年を参照されたい。
(31) 『大阪毎日新聞』一九二七年一〇月三一日。」
(32) 外務省外交史料館、四．三．一．二－六（要視察露国人ノ近況に関スル一件）。
(33) エルマコーワ　リュドミーラ「谷崎潤一郎の未発表の書簡と来日ロシア人達――オレスト・プレトネル宛など」『国文学　解釈と教材の研究』四七号、学灯社、二〇〇二年八月、一二〇－一三五頁。
(34) Щуцкий Ю. К. Китайская классическая «Книга перемен»: 2-е изд.испр. и доп. Под редакцией А.И. Кобзева. М. 2003. С. 50-54.
(35) 『泊園』昭和三年八月三十日。
(36) 全訳は拙稿を参照されたい。生田美智子「ネフスキー宛てシチュツキー露文書簡」『東洋学者・石濱純太郎をめぐる学術ネットワークの研究』（平成二四年度大阪大学文学研究科共同研究　研究成果報告書　研究代表・堤一昭）、八－九頁。
(37) 『泊園』昭和三年十月三十一日。
(38) Невский Н.А. Невский, Колпакчи Е. М. Начальный учебник японского разговорного языка. Л. 1933. Они же. Японский язык. Л. 1936.
(39) Институт воточных рукописей РАН. Ф.152. Оп. 3. Ед. хр. 426. Л. 50-51.
(40) 石濱純太郎「故バルトオルド先生」『龍谷大学論叢』二九五号、一九三〇年。

（41）梅原末治『考古学六十年』平凡社、一九七五年、一五〇－一五二頁。この本の存在は考古学者の松井朗氏にご教示いただいた。
（42）生田美智子「石濱純太郎宛ネフスキー書簡」『石濱文庫の学際的研究――大阪の漢学から世界の東洋学へ――』（平成二三年度大阪大文学研究科共同研究成果報告書　研究代表・堤一昭）、二〇一二年、一〇頁。
（43）高田時雄編『石濱純太郎　続・東洋學の話』臨川書店、二〇一八年、三〇〇頁。
（44）石浜純太郎「研究室　私の門口（一）　今年は敦煌ブームか＝中国、西域方面を専門に＝」『関西大学新報』第六四号（一九五六年）一月一五日二面『石濱純太郎記事集』関西大学泊園記念会、二〇一八年、一五頁。
（45）「石浜教授が文博に」『関大』第二三号、一九五七年四月三〇日『石濱純太郎記事集』、一八頁。
（46）Алексеев В. М. Наука о Востоке. М. 1982. С.85-87.
（47）『続・東洋学の話』三〇〇－三〇四頁。
（48）День мира. Под ред. М. Горького и Мих. Кольцова. М. 1937. С. 584.
（49）Академия Наук СССР: персональный состав. М. 1974.
（50）С. М. Милибанд. Библиографический словарь отечественных востоковедов. Т.2, М. 1995. С.135.
（51）См.: Митико Икута. Прерванный путь: Николай Александрович Невский // История отечественного японоведения в портретах. М. 2016. С.32-60.
（52）楚紫氣「杜光庭対於道教象徴之見解」大阪静安学社編『東洋学叢編第一冊』刀江書院、一九三四年、一七五－一八三頁。入稿は一九二八年七月一四日。
（53）Щуцкий Ю. К. указ. соц. С. 50-54.
（54）Джарылгасиновая Р. Ш., Сорокиа М. Ю. Академик Н. И. Конрад: неизвестные страницы биографии и творческой деятельности. http://old.ihst.ru/projects/sohist/books/ethnography/1/199-234. pdf

内藤湖南との交流に見る石濱純太郎

玄　幸子

石濱純太郎は内藤湖南に師事し、大正十三年七月から始まる湖南のヨーロッパ調査旅行に随行したことでもよく知られる。当時の調査記録ノートは関西大学図書館内藤文庫に収蔵されており、その独特な筆跡から石濱の手になる記録個所は比較的容易に抽出することが可能である(1)。記録ノートの内容を見れば石濱の突出した西域胡語分析能力、漢語資料への造詣の深さを窺い知ることができ、いずれ改めて詳細を整理する必要があろう。本稿では、それに先んじて、内藤湖南との往復書簡(2)、とりわけ石濱純太郎の書簡をメインに別の角度から両者の交流の実際を見ようとするものである。

石濱純太郎と内藤湖南の出会いは、『石濱先生古稀記念 東洋學論叢』（昭和三三年）に付された年譜によれば大正五年七月十六日　宇治花屋敷において京都の文會 麗澤社と大阪の文會 景社との第一回連合會で、狩野君山、青木正兒ほかと一堂に會したのが最初であったとある(3)。内藤文庫には石濱純太郎から内藤湖南に宛てたその後の葉書および書簡が収蔵されているが、欧州調査旅行から戻ってすぐの大正十四年元旦付の年賀状(4)から、昭和八年七月に出された暑中見舞いまでの都合十七通が確認できた。また、内藤湖南から石濱純太郎に宛てた書簡は大阪大学付属図書館石濱文庫に収蔵されているが、こちらは未整理のため所蔵目録にも掲載されておらず、今回は特別なご配慮を得て、整理済みの葉書八点を確認させていただくことができた。封書ほかについては今後の整理を待って再調査の機会を期することになる。双方合わせて都合二五通の概略は次のとおりである。

年順配列二十五通書簡（大正十二年九月～昭和八年七月）

内藤①[5]

大正十二年九月一日付　有馬温泉　増田ホテルより　東成郡墨江村字千體一四　宛て

（山片）蟠桃事蹟補遺受領御礼ほか　（攝津有馬薬師寺の絵葉書使用）

内藤②

大正十三年五月九日付

訪問の礼、旅券情報、船賃支払いなど

内藤③

大正十三年五月十五日付

乾吉旅券関連など

内藤④

大正十三年六月二日付
手数をかけたことへの礼、旅行予約など
石濱①(6)
大正十四年一月一日付 年賀葉書
印刷 謹賀新年（東成郡墨江村大字千体拾四番地）
内藤⑤
大正十四年一月一日付 年賀葉書（京都市田中野神町廿番地 内藤虎次郎／留写申頓首）
石濱② 葉書
大正十五年五月十二日付（京都市田中野神町二〇 宛）
調査補足
石濱③ 封書
大正十五年五月十三日付（京都市田中野神町二〇 宛）
封書裏面 五月十三日夕
依頼回答 記録ノート書写史料返送 録文後掲
石濱④ 葉書
大正十五年九月十八日付（京都市田中野神町二〇 宛）
『華甲壽言』恵贈への礼 録文後掲
石濱⑤ 葉書

昭和二年一月二四日付　（京都市田中野神町二〇　宛）
金字蒙藏残紙拝借の御礼と報告　録文後掲
石濱⑥　封書
昭和三年四月二日付　封書裏　四月二日
静安学社の四月例会の日程の打診、演題と原稿の催促　録文後掲
内藤⑥
昭和三年四月二〇日付
演題回答　録文後掲
内藤⑦
昭和三年七月二五日
論文未完成の連絡と帰郷の御知らせ
石濱⑦
昭和四年五月二〇日付　封書　封書裏　五月廿日
『玉石雑陳』ほか受領の礼　など　録文後掲
石濱⑧
昭和五年一月八日付封書
論文受取の申し出　録文後掲
石濱⑨

昭和五年三月二五日消印葉書

訪問願い

石濱⑩

暑中見舞い葉書　昭和五年七月三十日付

石濱⑪

昭和五年十二月十六日消印　封書　封書裏　十二月十六日投函

『杜佑年譜』受取のための訪問願い

内藤⑧

年賀葉書　昭和八年一月三日消印

石濱⑫－⑰

年賀葉書　昭和六年一月一日付

暑中見舞い葉書　昭和六年八月十八日付

年賀葉書　昭和七年一月一日付

暑中見舞い葉書　昭和七年七月二八日付

年賀葉書　昭和八年一月一日付

暑中見舞い葉書　昭和八年七月三十日付

右二五通のうち暑中見舞や年賀などの形式的な挨拶を除いた書簡を次に詳しくみていくことにする。

まず、内藤①～④であるが、①は湖南が三月に京大付属病院にて胆嚢剔出手術を受けた後に療養避暑のため滞在していた有馬温泉増田ホテルからの葉書である。攝津有馬薬師寺の絵葉書を使用し、「蟠桃事蹟補遺拝見 龜田文学士尓《に》もよろしく願上候」と龜田次郎「山片蟠桃翁の事蹟補遺」[7]を既読のうえ著者への挨拶を伝えてほしい旨から始まる。この文面から、石濱純太郎を介してこの論文を入手したことが推察される。[8]この後は体力も回復し京都が涼しくなり次第帰宅する予定であるとあり、八月二四日付の郁子宛て書簡に「來月四五日頃迄に引上度《たく》も暑氣の模様にて未だ確定致しがたく候」[9]とあるのと合致し、九月一日に残暑をにらみながら帰宅準備をしていた時期に認められたものであることがわかる。

②③④は欧州調査旅行準備の具体的連絡の内容が主として記されている。五月九日付②は「拝啓　過日は御枉駕被下《くだされ》候處　甚ダ失礼致候」から始まり資料確認の報告に続き、公用パスポートが五月一日に発行されたこと、船賃の支払いにかかる金額の問い合わせなどが記されている。ここで言及される「公用旅券番號八五六〇〇八四」については、二〇〇八年関西大学図書館が購入、藤田高夫教授による写真付き解題が図書館フォーラム第十四号（二〇〇九）に掲載されているので参照されたい。この六日後には、子息乾吉のパスポートについて、さらに六月二日付葉書には、一室三人の一等Bでの予約を確認する内容があり、欧州旅行の準備が具体的に進められていたことを確認できる。

石濱①内藤⑤については、相互に年賀の挨拶を交わしたということになるが、まだ欧州調査旅行から戻っていないことから、いずれも家人による代筆であろう。

石濱②③はいずれも欧州調査旅行から戻った後の調査に関する補足などを伝える内容であり、恐らくさらに多くのやり取りがなされたであろうことが推し量られる。とりわけ②はネガ、写真とともに保管されており、図書館分類上書簡の範疇に入れられていないため、見落とす可能性が高い。同様の例が他にもあることが予想されるが、まずは、現在把握しているものを中心に見ていかざるを得ない。

石濱②

葉書　大正十四年五月十二日付[10]
其後分明したるもの次の如く候也　ノートへ御書加被下度候
P二五一七　羅刻老子箋疏は成玄英の疏なり、羅考誤れり。
P四〇七三　背記は文子下徳篇の断簡なり。
P無番　西夏文摺本　地蔵菩薩本願経の断簡なり
P二五八九　戦国策魏策

右補足箇所について、調査ノートの記述と照らし合わせると次のとおりである。

P二五一七
ノート38－2に「羅氏景印本収在鳴沙石室古籍叢残中[11]」、ノート40－4に「羅印[12]」とあるのは本来のメモであろうが、ノート38－2に「二五一七　老子箋疏」とある右寄り下方に青字で「成玄英疏」の書き込みがあるのは石濱純太郎のこの指摘を受けて後から湖南が書き加えたものと思われる。

P四〇七三背記

ノート30およびノート38－4はいずれも「日記」とする。書写字はノート30では、図書館本のP二八一〇と二三八〇に接合すべきとの指摘も見える。Gallicaのオリジナルのデータを併せてみると、P.2810-P.4073-P.2380とつながることが確認される。また正面（Recto）は『文子通玄経』、紙背（Verso）は『唐代殘史書』であると同定されている。[13]よって、ノートの記録のみからでは読みとれないが、この石濱②の文面から帰国後三か月前後には資料の同定が正しく行われていたことがわかる。

P無番西夏文摺本

ノート38－4中番号を附さず「書籍ノ如シ」として西夏文字を転写するページ[14]がある。頁中ほどに「折本」とある個所に、青字で「地蔵菩薩本願経　校量布施功徳品第十」と書き入れがあり、やはり石濱純太郎のこの指摘を受けたものと思われる。

P二五八九

ノート40－3のこの個所[15]は少し注意が必要である。青字で戦国策魏策とあるのを取り消し線で塗りつぶし、その上下に「収在鳴沙石室佚書」「春秋後国語《ママ》」と同じ青インクを使用して書き改められている。考えられるのは、一旦『戦国策魏策』と同定したが、再度羅振玉『鳴沙石室佚書』所収の『春秋後語』に同定し改めたということであろう。最新の研究では該当箇所は『春秋後語』「魏語」に同定されている。

さて、内藤湖南はその「欧洲にて見たる東洋學資料」[16]の中で「予は予等一行の目睹したところの目録を編纂し、これに羅振玉が既に印刷し、若しくは写真を撮り、狩野、羽田両博士、董康氏等の目録を請ひ得て予の目録と参照し、それを発表し、今後該古書の閲覧を欲する人のために手引きとする予定で、目下編集中である。」（第二二七頁）と述べているが、その実際の状況の一端をこの一枚のはがきにも見ることができよう。二月に帰国した後にも継続して資料の同定を進めていたこと、その作業における石濱純太郎の存在の大きさも窺い知ることができる。

また、欧州調査旅行のイギリス・フランス以外の調査状況については目録などは編纂されておらず、その実際を知ることは比較的困難だとされるが、次の石濱③からその調査の一部を知ることができよう。

石濱③

封書　大正十五年五月十三日付　封書裏面　五月十三日夕

拝呈　毎ゝ御無沙汰致居候　偖《さて》本日思ひ出せる
儘尓《に》御依頼のノートを別紙に写し御送付
申上候間　御査取被下度《くだされたく》　尚遅延は懶惰の性と
御容謝被下度候也
先は右要用のみ
匆々頓首
純太郎
湖南先生　侍史

［同封資料］その一

諦菩薩出世諦菩薩是故重
經如來説名真是菩薩菩

金剛般若論巻中

大隋仁壽二年太歳壬戌四月八日捴相弟子[illegible]
率善縁共造脩多羅藏到四年甲子之歳
始得成就以兹福善庄厳國家歴無疆洪
基永固上至有頂下及び無間六道四生普入願
海

第一蔵経

ベルリン普魯西訪古隊蒐集の一

維摩義記

漢字ノ貝葉式ノ例（文句ハ一字モ写シテナシ）

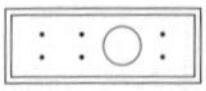

同上ノ一

〔同封資料〕その二 《戦国策》巻三十一 燕策三

1 西齊軍其東楚軍欲還不可得廿景陽了門……
2 師怪之以為楚與魏謀之乃弔兵而去齊兵……
3 師乃還
4 張丑為質於秦〻王欲煞之走且?出竟〻吏得丑曰秦王阺将敂
我者人有言我有寶珠也王欲
5 得之今我已亡之矣而秦不我信今子且?我且言子之
奪我而呑之秦王必将煞子?子之
6 ……欲得之君不可説吾要且?子腸亦寸絶竟吏
恐而赦之

…… 紙損
? 字不明

ライプチッヒのヘデイン蒐集の一

書簡の文面から、湖南からの問い合わせにドイツでの調査の記録について回答した内容であることがわかる。

前掲の内藤湖南「歐洲にて見たる東洋學資料」に「敦煌發掘の書でなくして、しかも、これと竝ぶべき價値あるものを多少觀たのは、獨逸の柏林とライプチヒの二ケ處である。」（第二三〇頁）とあり、ベルリンの人類博物館ではフォン・ルコック将来の史料を、ライプチヒではヘディン将来の史料を観ることができたと述べている。なかでもベルリンでは「北魏の寫經の跋などに面白いものがあり」ライプチヒでは「隷書の戰國策の斷片のあったのが甚だ珍らしく感じられた」と特記しており、ここで石濱に依頼したのはこれに関する史料を確認する意図があったと思われる。内藤湖南欧州調査旅行とその成果における石濱純太郎の貢献が大きかったことをここでも確認することができよう。

石濱④

葉書　大正十五年九月十八日付（京都市田中野神町二〇　宛）

拝復　御無沙汰致居り候處　愈、
御清栄奉賀候べく候　扨《さて》華甲壽言
御贈り被下《くださり》　難有拝受　篤く御礼申
述候べく候　何れ拝芝の節　萬縷御礼申
上へく候へ共　先は不取敢《とりあえず》右御受迄
匆々頓首
九月十八日　石濱純太郎

還暦を迎えたこの年（大正十五年）の夏八月三十日に、湖南は大学定年制内規による依願退官をしたのだが、それに先立って、五月下旬に還暦祝賀会が開かれ弘文堂書房発行『内藤博士還暦祝賀支那学論叢』が披露された。この記念事業に出席した諸氏に、九月中旬に進呈されたのが線装本私家版『華甲壽言』である。当然石濱純太郎にも贈られたはずであり、その礼状である。関西大学図書館内藤文庫には献本用と思われる同書五冊が長尾雨山定稿差し替えプリント三二枚とともに蔵されている。

石濱⑤

葉書　昭和二年一月二四日付（京都市田中野神町二〇　宛）

先般は参上御迷惑を相掛け申候
扨《さて》其節拝借の金字蒙藏残紙は
金光明最勝王経の全勝陀羅
尼品なる事判明仕候　何れ其内
拝芝高教を請ひ申すべく候也　酷
寒の折柄　千萬御自愛祈上候　頓首

内藤湖南から拝借した金字蒙藏残紙について石濱純太郎は「金字蒙文蔵経金光明経断簡に就て[17]」の中でその経緯を含め詳細に述べている。次に引用しておく。

一　緒　言

東京帝國大學圖書館に保管されてゐた貴重なる金字蒙文藏經が大正十二年關東大地震の劫火で全部湮滅に

歸したのは惜しみても餘り有る事だが、幸にも內藤湖南先生が殘紙一葉を珍藏せられてゐたので、世にも有り難いかたみが天壤間に留まる事となった。已にその寫眞は「藝文」第拾五年第參號の巻頭に掲げられ、又深浦正文教授の「佛教聖典概論」にも圖版として轉載せられて廣く知られてゐる。余は親しく之を研究したいと思って借覽を先生に請ひ、慨然許さるゝの幸榮を得た。今この小篇はその研究の結果を錄して先生に報じ且つ叱正を請はうと思ふものである。

……（中略）……

金字蒙藏の發見將來及び來由に關しては內藤先生の「藝文」第拾五年第參號及び第六號に掲げられたる「燒失せる蒙滿文藏經[18]」があって、その最も信據すべきものであるは固り言ふ迄も無い。たゞこれが將來され東京帝大圖書館に保管されてから殆んど誰にも研究せられなかったと見えて內容に關する文獻の徵すべきものが看出せないのは遺憾である。余は嘗て大正十一年の夏約半數を匆ゝに一覽して少しく經題等を手記して置いたが、それでも今では文獻不足の小補にはならう。未だに整理了らず繕寫し得ないのは慚愧に堪えない。この小考を撰するに臨み之を記して他日の功の左券とする。

石濱⑥

封書　昭和三年四月二日付（瓶原村　宛）　封書裏　四月二日

拝呈
其後ハ甚だ御無音に
打過申候處　御起居如何尓《に》
御座候也《や》伺上候　扨《さて》

先般
御願申上候　静安学社の四
月例会を恭仁山荘尓《に》て
開き先生の御話を拝承
の儀ハ来る廿九日（第五日
曜日）と致度候が御都合
如何に候也《や》伺上候　尚ほ
当日の御話の題尓《に》ても定
まり居り候はば御知らせ
被下候はば幸甚に候
尚静安記念冊への玉稿
早々御恵賜被下候はば
喜び之に過ぎず候　何卒
宜しく願上候
先は右要用耳
　　匆々頓首
四月二日　純太郎

湖南先生　侍史

静安學社（Societas in memoriam Wang Kuo-wei）は石濱純太郎が昭和二年にニコライ・ネフスキー、高橋盛孝とともに立ち上げた。その経緯は王国維追悼号『藝文』に掲載された石濱純太郎「静安學社」[19]に詳しい。また、創立からその活動内容まで主として石濱の日記から関連情報を蒐集してまとめた論考に岡崎精郎「大阪東洋學會より静安學社へ　――大阪學術史の一こまとして――」[20]がある。これによると昭和二年九月二五日に懐徳堂で最初の会合が催され、学社規約原案討議修正可決、淺井、石濱、財津、高橋、ネフスキは社員に、神田、吉田（鋭雄）を社友として学社成立。公選により石濱、高橋が幹事に当たることなどが決められた。そして名誉社友として迎えられたコンラッド博士の講演「サウェトロシアに於ける東洋學研究」が行われたようである。

その後の例会については石濱文庫所蔵の石濱自筆メモにより、昭和四年までの開催詳細と発表題目がわかるということで、岡崎精郎論文中に整理記載されている。ところが、第六回についてのみメモを欠き詳細がわからないところ、石濱文庫収蔵昭和三年四月二〇日付内藤湖南から石濱に宛てた葉書でわかるとしている。これが今回写真を後掲する内藤⑥の葉書である。

内藤⑥　昭和三年四月二〇日付

拝啓　廿九日　静安学社の

講話には

支那近代の地圖、特に満洲地方

の地圖に就て
の題にて致すべく候　右御報申上候
早々不一
四月廿日　京都府相楽郡
瓶原村　内藤虎次郎

以上から、第六回集会は四月二九日恭仁山荘にて内藤湖南により「支那近代の地圖、特に満洲地方の地圖に就て」の題で講演が行われたことがわかる。石濱⑥では更に静安記念冊への玉稿に言及するが、どうやら寄稿はなかったようである。

静安記念冊とは『東洋學叢編』第一冊（昭和九年　大阪靜安學社編　刀江書院刊）を指すが、巻頭に「王靜安先生記念」と銘打ち、ページを繰ると「王靜安先生肖像」として写真を掲載し、さらにページを繰ると「王靜安先生遺書」とあり、掲載論文は次のとおりである。

石田幹之助　「至元譯語」に就いて
石濱純太郎　群書治要の史類
狩野　直喜　唐鈔本文選殘篇跋
唐鈔本文選殘簡本文（縮影）
笹谷　良造　動詞から出た名詞

財津　愛象　燉煌出土漢藏對音の材料と韻鏡との比較（其一）
新村　出　天木香樹
楚　紫氣　杜光庭對於道教象徵之見解
高橋　盛孝　ギリャク族に於ける外來語及び外來文化について
竹内　義雄　七宗論に就いて
陳　寅恪　須達起精舍因緣曲跋
羅福萇・羅福成　西夏國書蓮華經殘卷

静安記念冊は第二回集会で早々に出版が決定されていたにもかかわらず、遅延を重ね昭和九年になりようやく出版された。その間、財津愛象の急逝、狩野、新村、陳の三論文を他に先に掲載することになった経緯などを報告、謝罪文を「小言」の裏面に載せている。内藤湖南の論文も当初に寄稿依頼をしたことは想像に難くないが、結果として掲載かなわずに終わったのは石濱自身も残念に思ったであろう。

内藤⑦　昭和三年七月二五日

論文未完成の連絡と帰郷予定を知らせる文面であるが、「今日より来月十日頃迄　郷里に家事にて帰り候に付」とあるが、七月二十七日付け工藤壮平宛て書簡に(21)「小生はこの夏郷里にて家事の整理を致度《いたしたく》　旅行の預定の處　東亜同文會より講演を嘱せられ候為《ため》　先づ東京にてそれをすまし（即ち今夜）明日郷里へ向け出發のつもりに御座候八月十日頃には歸洛　それより瓶原へ参り」とあり、本来なら郷里へ帰省しているところ東京での講演を終えてからということになったようである。

石濱⑦

昭和四年五月二〇日付　封書（瓶原村　宛）　封書裏　五月廿日

拝呈
晩春の候　御起居如何に候哉
其後　誠尓《に》御無音に打過ぎ失礼
致居候　小生儀無異碌ヽ　消光罷在
御笑殺被下度候　扨昨日懐徳堂財
津教授より大作二冊を拝受　篤く
御礼申上候 殊に玉石雜陳は一読の下
佩服措く能はず珠玉の連串せる
如くに存候　先生講経究史の方 経世憂民
の志より 詩文の批評 身世の閲歴に至る迄
細大遺す無く網羅備に至る以て先
生の傳記と為すべく 以て後学の津梁
に代ふべし　区ヽ臨池の詩文を集めたる
ものと想像せし事愧死すべく　先生の用
意密なる驚嘆仕候也　学問文章

も亦如此にして始めて不朽の盛事なり
と愚考致候　百年罕覯の大著を
拝読して誠尔《に》其喜に堪へず篤く御礼
申述候也
近時小生多忙を以て鴛淵兄を訪ふの機を
欠き申し候也　蓋し学術益ゝ長進せられしならん
側聞する所によれば令息亦稍ゝ心を満州の旧
語に留めらるゝ由　鬱然たる一門家学の将
來は近きに在るへきかと仰望致居候　何卒
皆ゝ様へも宜しく御鳳声祈上候也
ネフスキ君七八月の交を以て帰國仕るべく
来月十六日頃に送別会を致し度存候がどうせ夜
の事とて御臨席を仰ぎ得ざるかと恐れ候が如何候也
五月廿日　　石濱純太郎　頓首
湖南先生　左右

財津愛象は懐徳堂の主任教授を兼任し、前述の『東洋學叢編』にも寄稿するなど、石濱純太郎とも大きな接点を有していたと思われる。『玉石雑陳』については、『内藤湖南全集』第十四巻　内藤乾吉氏「あとがき」（昭和三年春）に、「昭和三年春、著者が百幅の書を揮毫して希望者に頒った際に、あらかじめ草稿を整えて、百幅全體としても意味あるように工夫したので、その草稿が揮毫から獨立して一つの著述ともなったものである。これは上海で倣宋活字をもって印刷した、薄っぺらな冊子に過ぎないが、その内容については、當時この冊子の寄贈を受けた二人の學者の禮狀の文を引用して説明に代えよう。岡崎文夫博士は云く、」として岡崎文夫の言を引用した後に、「石濱純太郎博士は云く、」に続けて「昨日懐徳堂財津教授より大作二冊を拝受……誠尓《に》其喜に堪へず篤く御礼申述候也」とこの書簡の一部を引用して説明をしている。

ネフスキー送別会については先述の石濱メモに「ネフスキ先生送別会　6時　百花村」とあり、メモに付した領収書から百花村が東区道修町にあった中華料理屋とわかる。

石濱⑧　昭和五年一月八日付封書（瓶原村　宛）

拝呈
寒気愈々本式と相
成申候處　皆々様御機
嫌如何に御座候哉　偖《さて》
春早々催促かましく
候へ共《ども》玉稿已に御完成に
候哉　頂戴出来るならば

参上萬般承り度とも存候が
如何に候也
一月八日　　純太郎
頓首
湖南先生
侍史

石濱⑨

葉書　昭和五年三月二五日消印（瓶原村宛）
毎ゝ御無音に打過き失礼
致居候　近日稍ゝ閑なる儘尓《に》
兩三日中に御訪致し度存居候
若し其節玉稿を頂き得れ
ば幸甚に候
匆々
三月廿四日

石濱⑪

昭和五年十二月十六日消印　封書（瓶原村　宛）　封書裏　十二月十六日投函
＊「呈慈善家　慈恵新報社」の便せん使用

拝呈　其後御無沙汰致居候處　皆々様如何に
御座候哉　偖而《さて》永年の懸案たる杜佑年譜は
如何相成居候也　此際年末迄に是非頂き度
存候が御都合の程伺上申候　小生も編纂委
員の責を尽せす　困惑致居候間　何卒御諒察
の上早速御投恵の程祈上候

匆々

石濱純太郎

湖南老先生硯北

石濱⑧⑨⑪はいずれも、原稿の催促をするものである。とりわけ石濱⑪には具体的なテーマ（杜佑年譜）が示され、石濱自身が編集委員となっていることを念頭に置き、掘り下げた調査を行えば、具体的状況が見えてくる可能性はあろう。今後に期したい。

さて、以上、書簡を通じて、石濱純太郎と内藤湖南の交流の実態をみようとしてきたが、やはり資料の不足は否めない。今後、さらに新たな資料が公開されるのを待って、さらに充実させていく所存ではあるが、石濱純太郎に宛てた内藤湖南の書簡は、今回初めて紹介するものがほとんどであり、『内藤湖南全集』第十四巻「書簡」の不足を補うという点においても意味のあることだと思われる。最後に書簡の影印を附す。

【書簡影印】

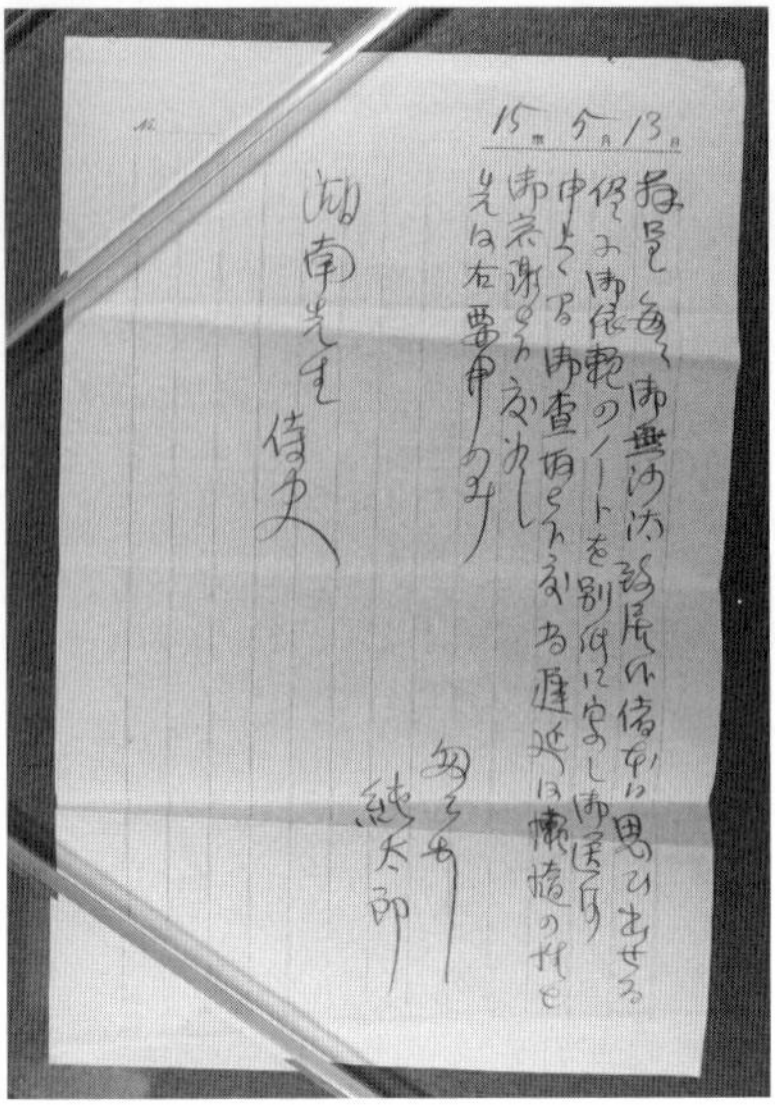

石濱③－1

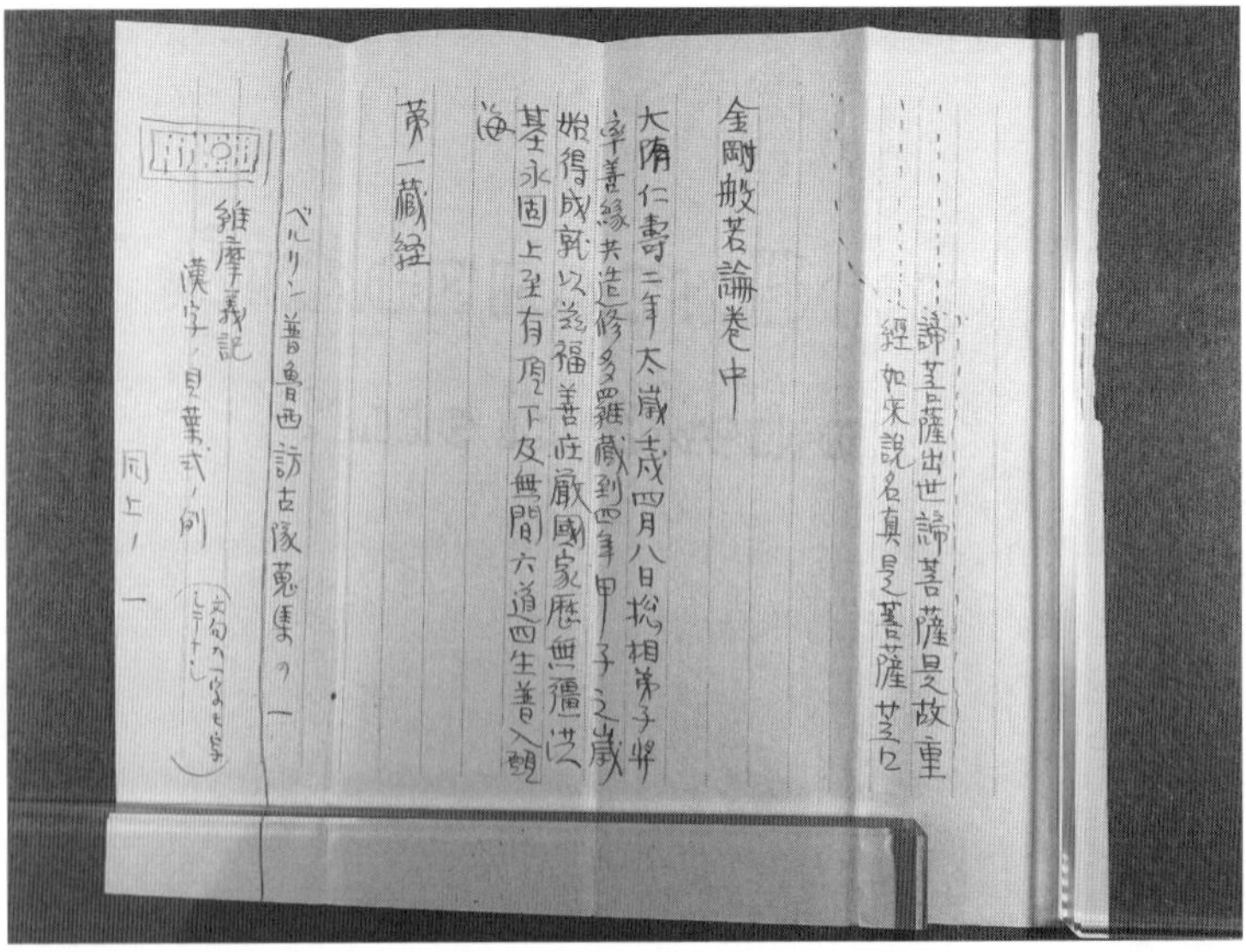

石濱③－2

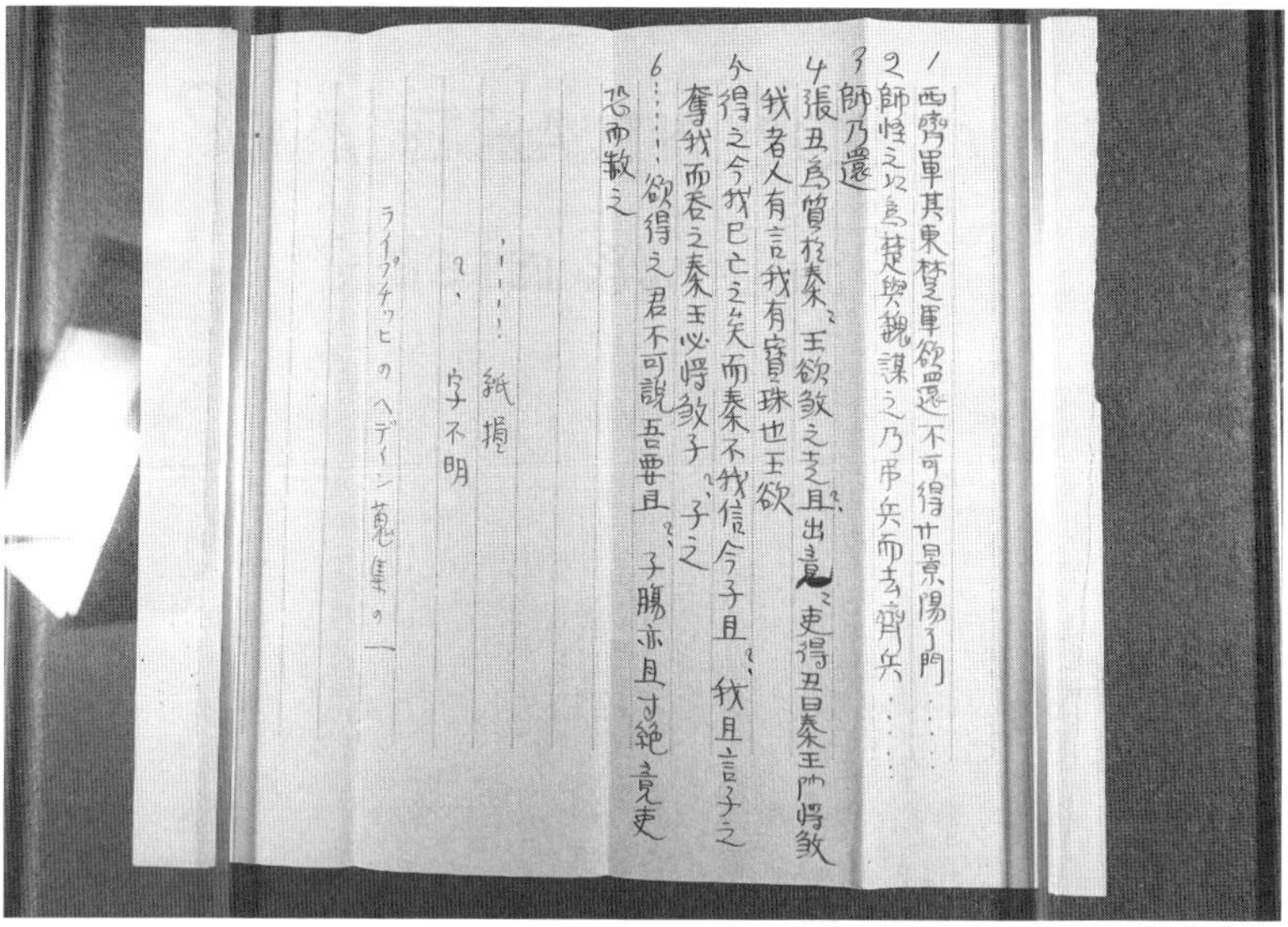

1 西齊軍其東楚軍欲還不可得廾景陽乃門……
2 師怪之以爲楚與魏謀之乃帯兵而去齊兵……
3 師乃還
4 張丑爲質於秦王欲殺之走且出境吏得丑曰秦王所得殺我者人有言我有寶珠也王欲得之今我已亡之矣而秦不我信今子且致我且言子之奪我而吞之秦王必將殺子子之
6……欲得之君不可說吾要且子腸亦且寸絶竟吏恐而赦之

……紙損

……字不明

ライプチッヒのヘディーン蒐集の

石濱③－3

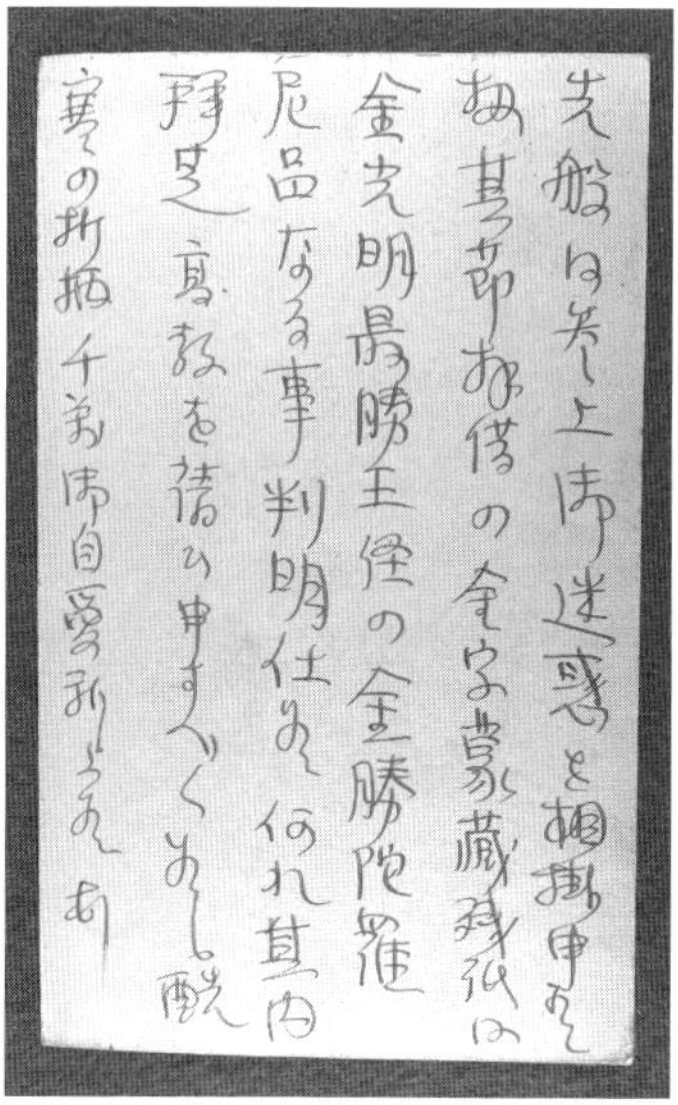

石濱⑤

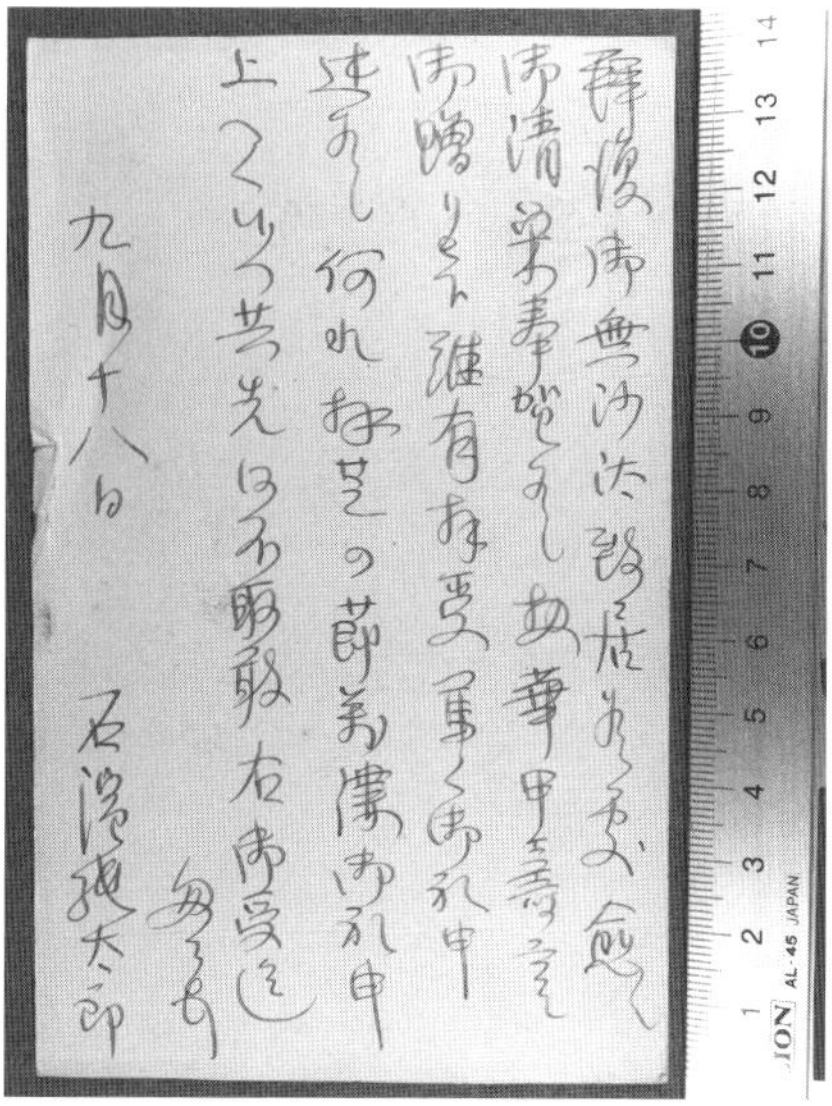

石濱④

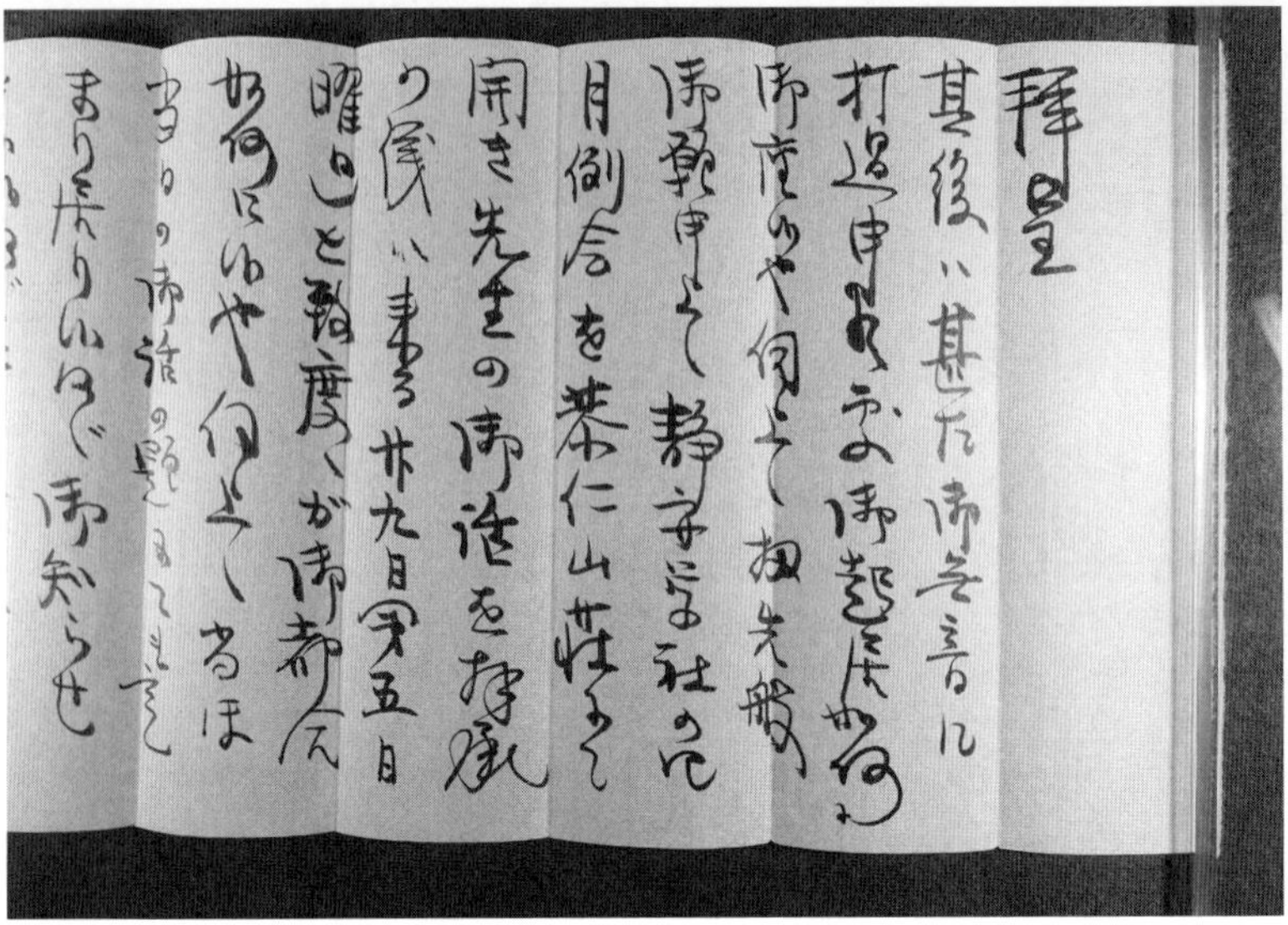

石濱⑥－1

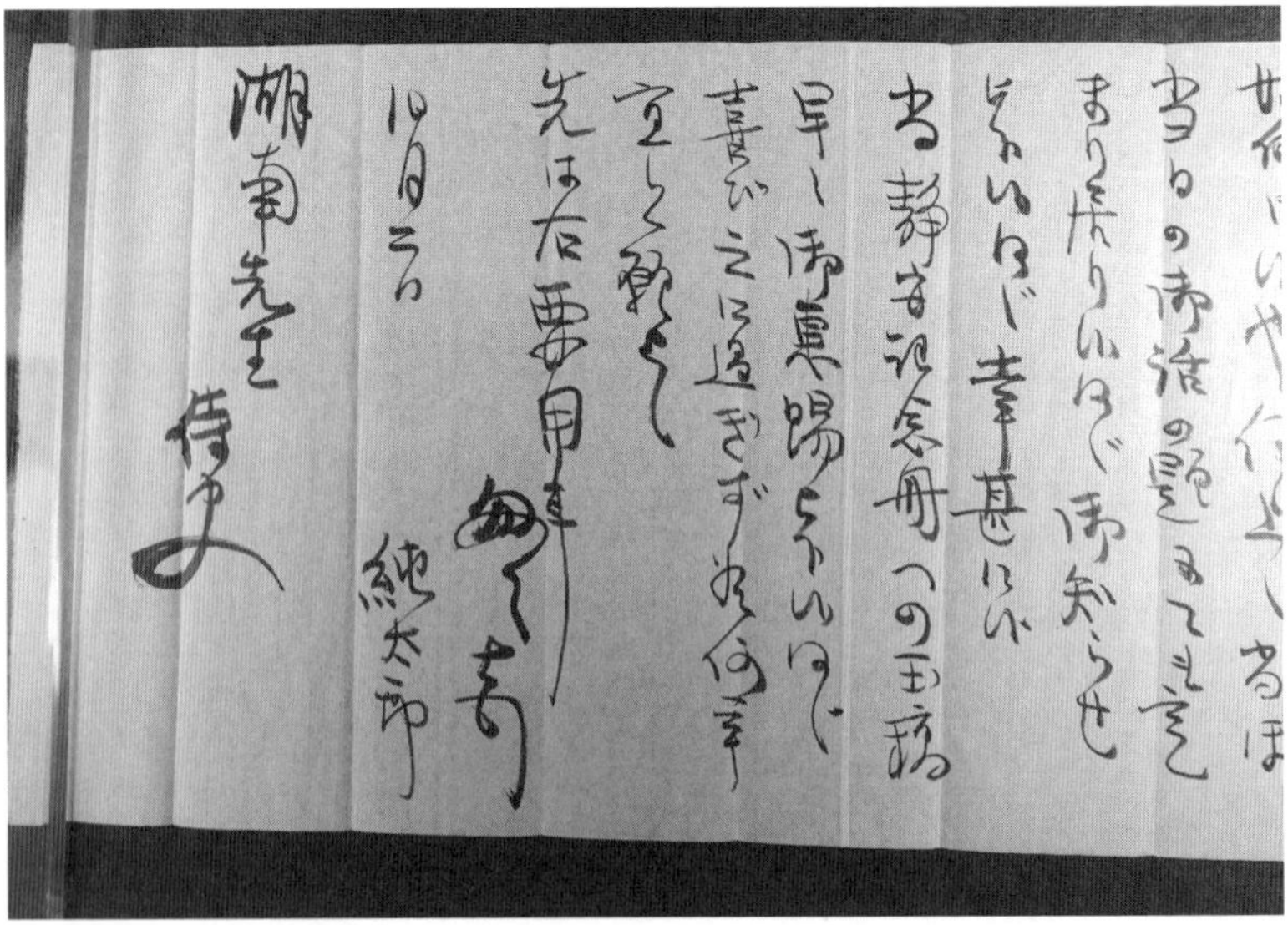

石濱⑥－2

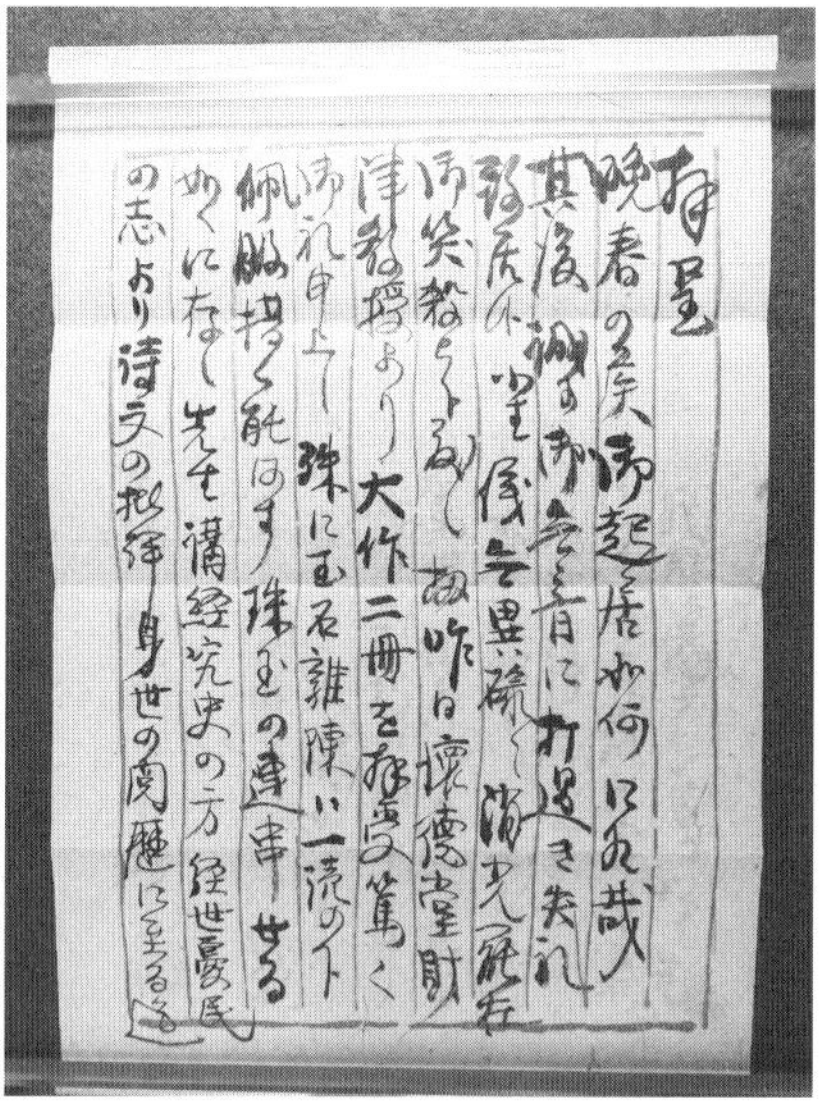

石濱⑦－1

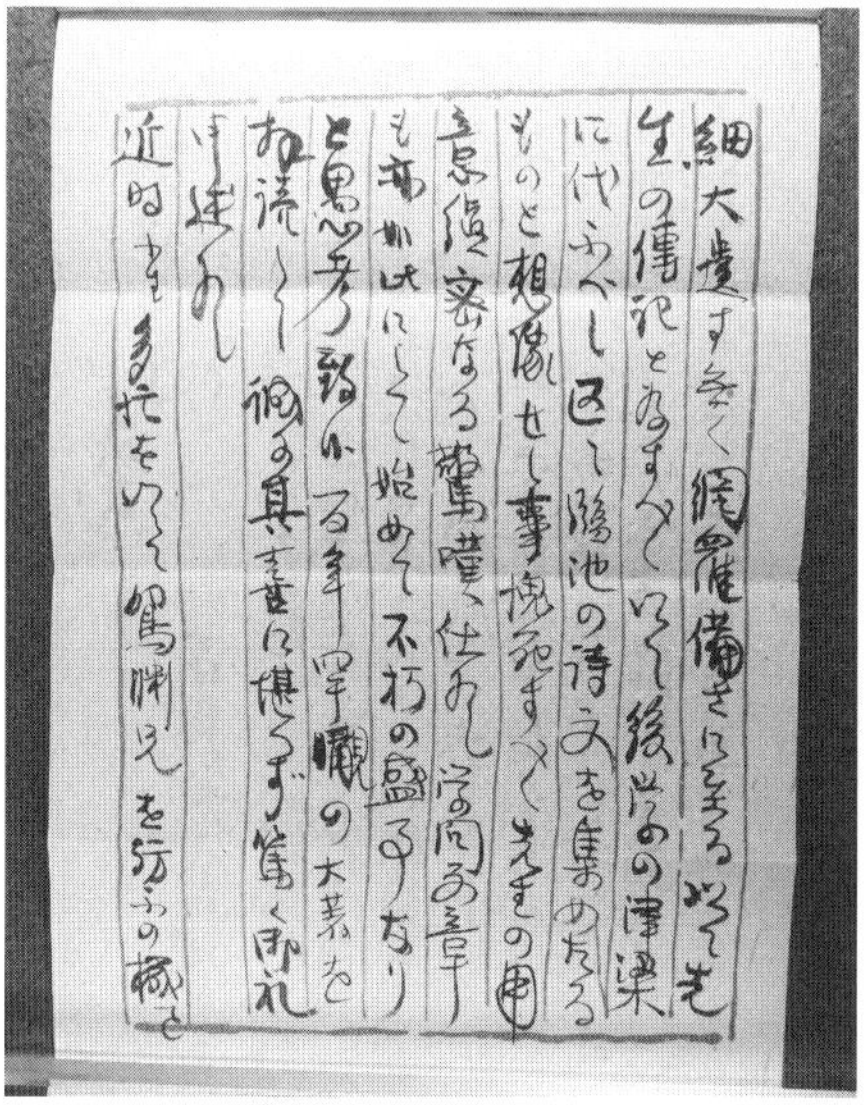

石濱⑦－2

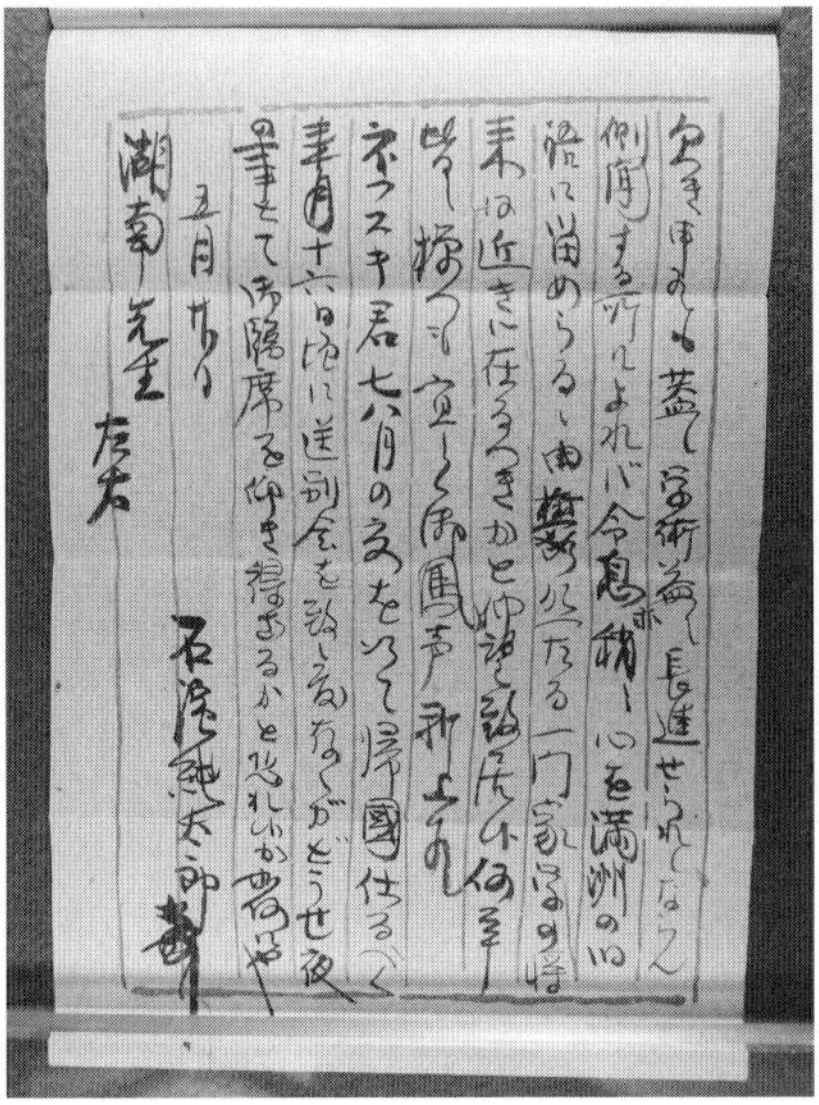

石濱⑦－3

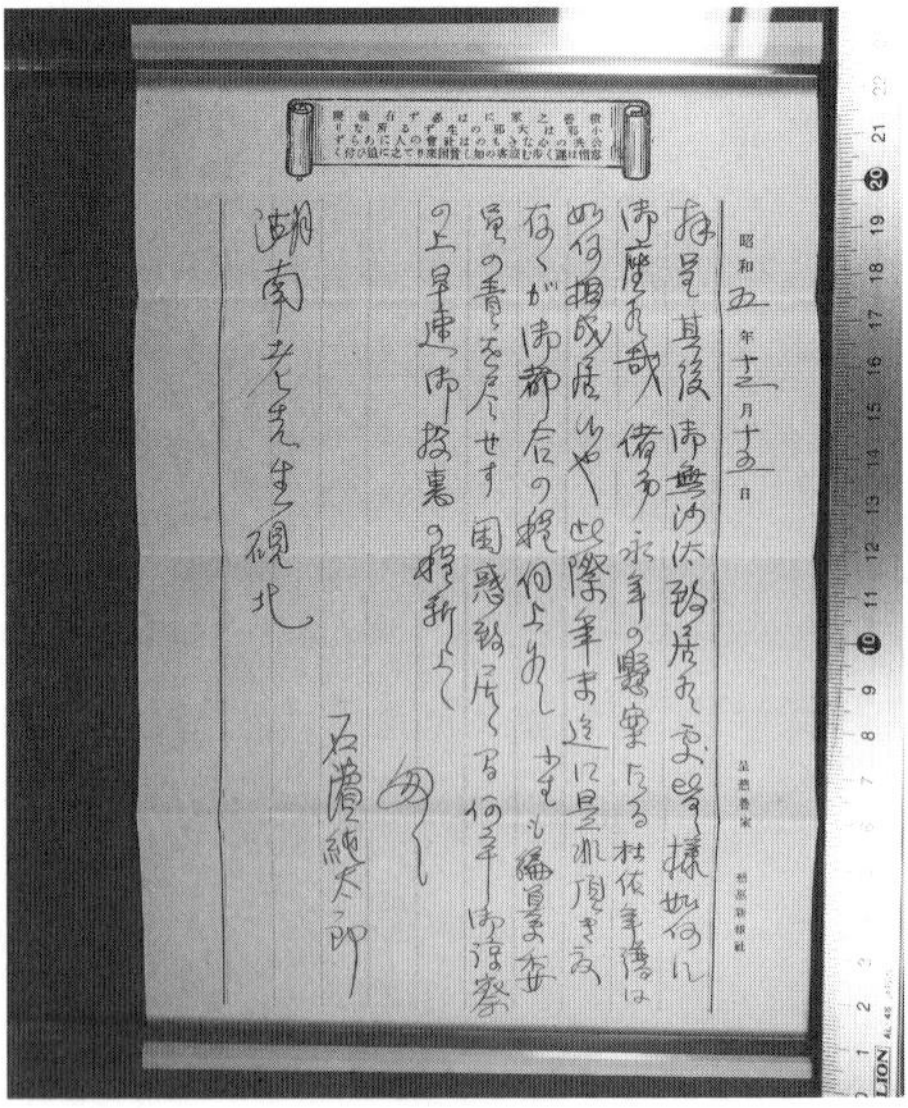

石濱⑪

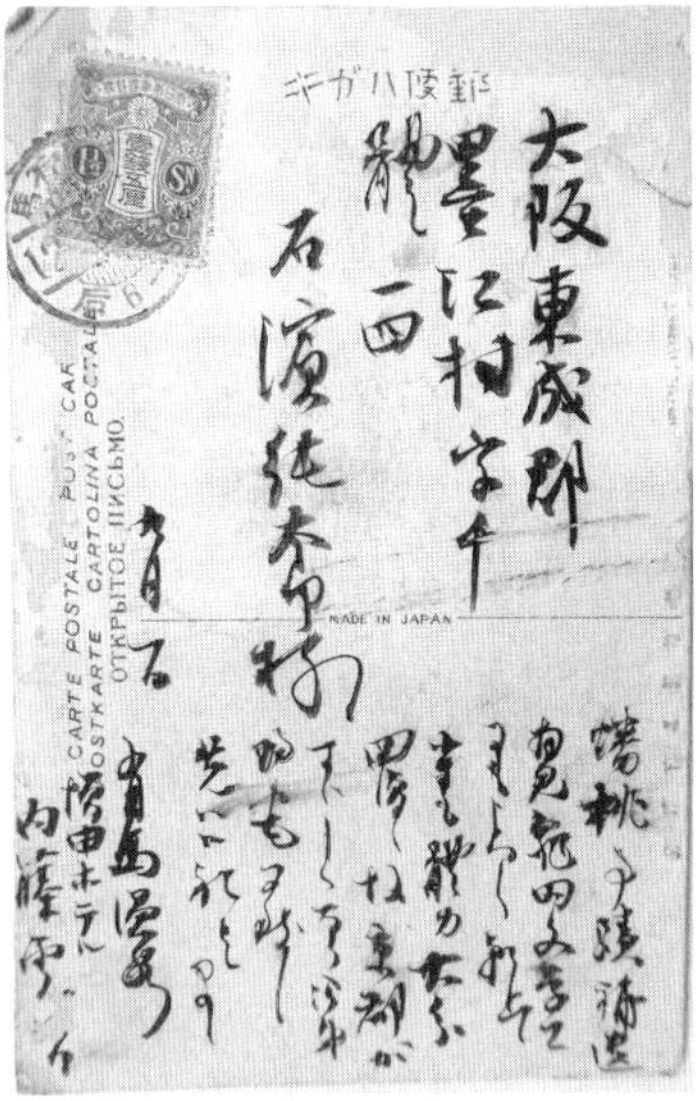
郵便ハガキ
大阪東成郡墨江村字千
石濱純太郎様
CARTE POSTALE POST CARD
POSTKARTE CARTOLINA POSTALE
ОТКРЫТОЕ ПИСЬМО
MADE IN JAPAN

内藤①

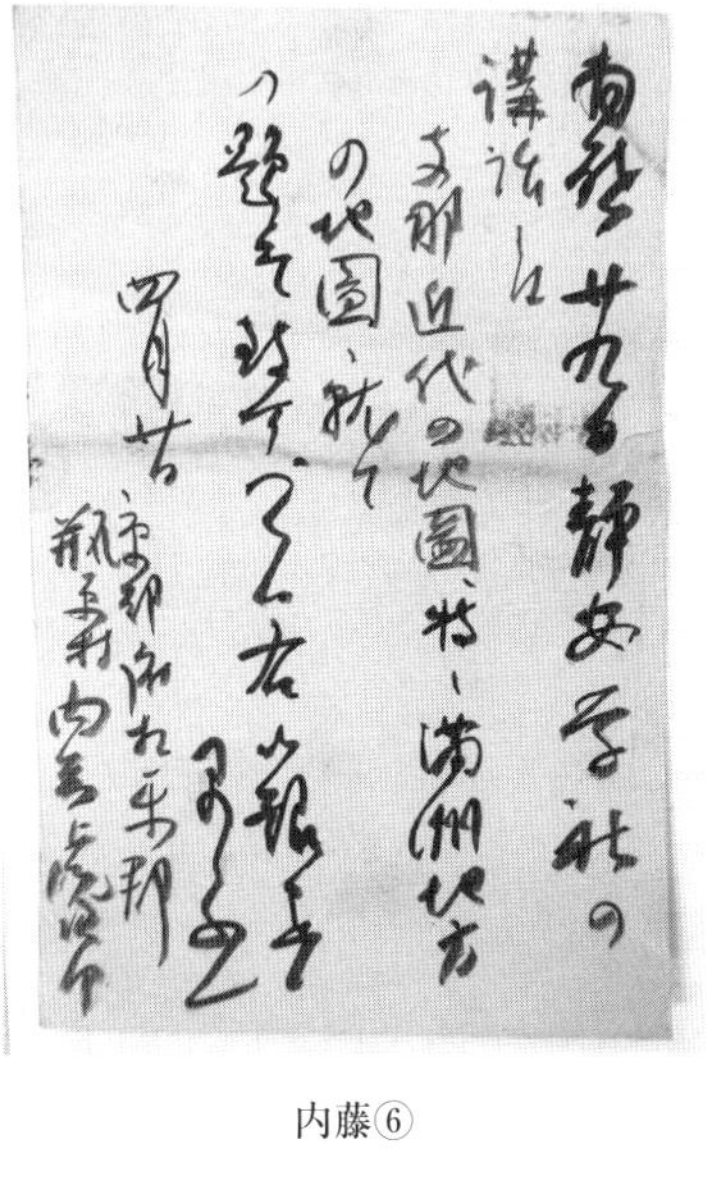

内藤⑥

付記

本論脱稿後にも大阪大学付属図書館の特別のご配慮により石濱文庫収蔵書簡類について調査を継続させていただいている。この間、本論と関連する内藤湖南の書簡についても新資料を確認しており、直接関連する二件について次に簡単に紹介しておく。

【参考一】　ファイル十九　整理番号二一七五[22]　昭和三年四月十六日（消印判読不可）

消印がほとんど読み取れない上に、書面最後の日付を書き改めているので、書写日時を明確に説明できないが、文面より石濱⑥と内藤⑥の間におかれるべき書簡であることがわかる。静安学社二九日例会で話す題が未定であることの詫びと猶予が欲しいとの文面である。

【参考二】　ファイル十九　整理番号二一七七　昭和六年一月二四日（消印不明瞭）

これも消印が不明瞭ではあるが、一月二四日は確認できる。六年の6が明確に確認できないが、文面より六年と考えて問題なかろう。つまり、提出原稿について、ほぼ終わり浄書の段階であるところ御進講準備のため間にあわず、来月（二月）初めに帰京後どんどん進めるので容赦いただきたく、題は「杜君卿年譜」である旨を知らせる内容である。

これと関連するのは石濱㉑であるが、「永年の懸案たる杜佑年譜」とあることから、石濱⑥以降繰り返し依頼をしているのは静安記念冊への投稿についての依頼ではなかったかと推察される。先述の通り、湖南の論考は掲載されないまま出版されたのではあるが。

参考までに、この二通について書影を次に掲載しておく。

【参考一】

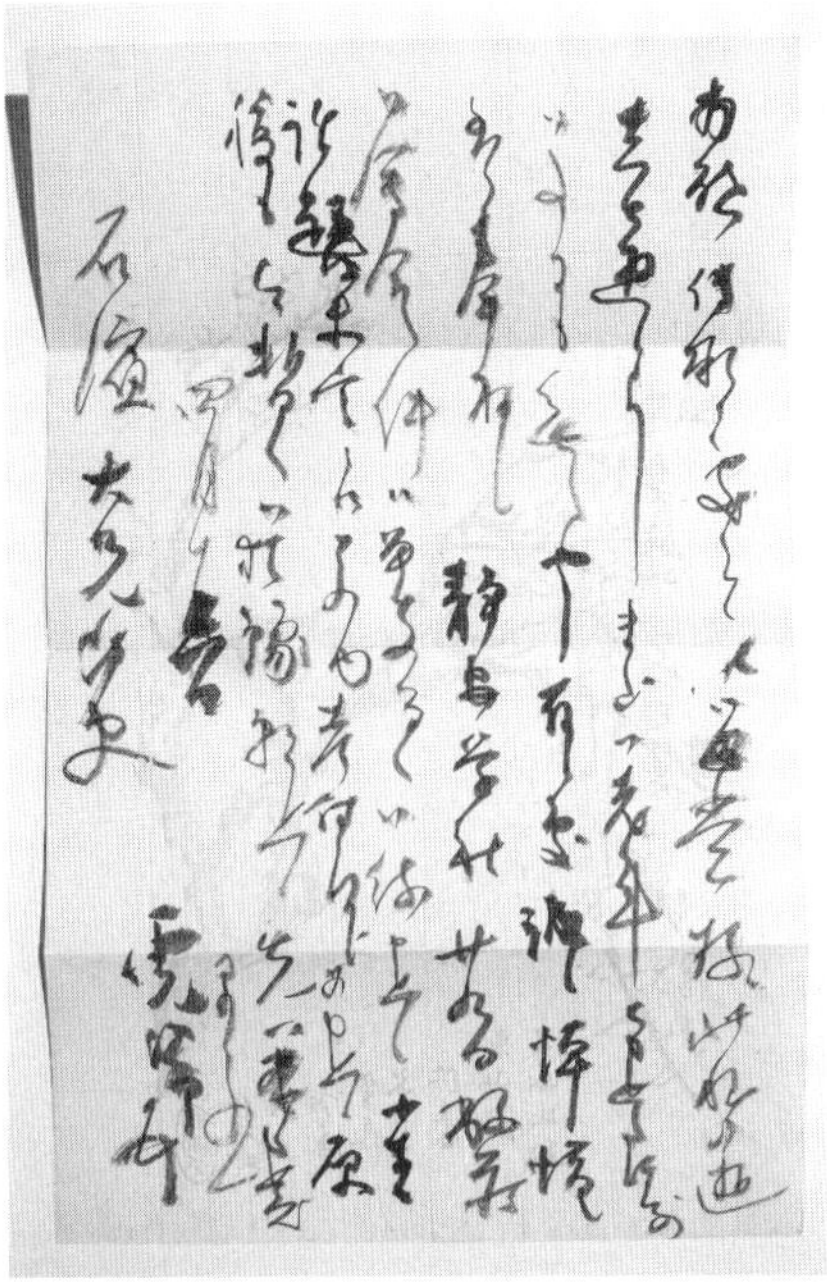

【参考二】

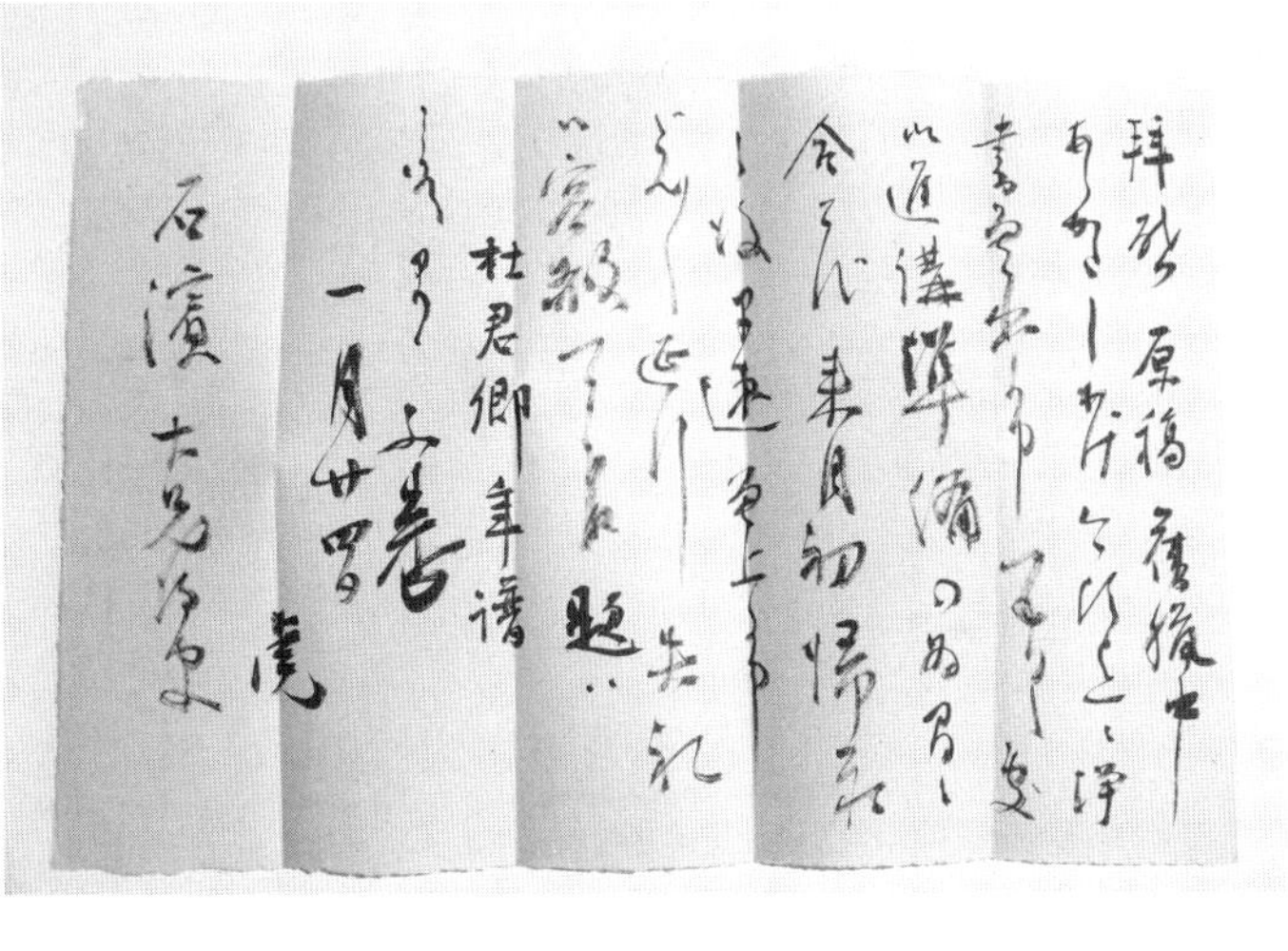

謝辞

資料の調査及び公開について快諾くださった大阪大学付属総合図書館及び関西大学図書館に深謝いたします。

注

（1）関西大学図書館内藤文庫に収蔵される記録ノートは『内藤湖南敦煌遺書調査記録續編――英佛調査ノート』（玄幸子・高田時雄共編　関西大学出版部　二〇一七年）の書名で影印出版により公開済みである。

（2）内藤湖南から石濱純太郎に宛てた書簡は大阪大学付属図書館石濱文庫に所蔵されているが現時点では葉書のみ閲覧可能である。よって、全面的な調査結果ではないことを付言しておく。

（3）当該箇所の記載は以下の通りである。「大正五年（二九歳）七月一六日
宇治花屋敷において　京都の文會　麗澤社と景社との第一回連合會あり　内藤湖南（虎次郎）狩野君山（直喜）青木正児　岡崎文夫　神田喜一郎　小島祐馬　富岡謙藏　佐賀東周　那波利貞　福井貞一　藤林廣超　本田成之らの諸氏と初めて會う」（五頁）

（4）内藤湖南が欧州調査旅行から戻ったのは同年二月であり、賀状は家人の代筆による形式的な挨拶であることは後述の通りである。

（5）内藤湖南から石濱純太郎へあてた葉書（大阪大学付属図書館石濱文庫所蔵）について略称と通し番号を附す。

（6）石濱純太郎から内藤湖南へあてた書簡（関西大学図書館内藤文庫所蔵）について略称と通し番号を附す。

（7）『國學院雜誌』大正十二年八月一日発行　通巻三四八号　第三二頁～五一頁　この論文については高田時雄京都大学名誉教授のご教示を得た。

（8）一九一九年出版の本編についても内藤文庫所蔵『山片蟠桃翁の事跡』（請求記号 L21**3*2030 資料 ID 202346544）には著者亀田次郎より湖南宛書簡一通が付されており当初より交流があったことがわかる。

（9）『内藤湖南全集』第十四巻　第五四五～五四六頁

（10）この葉書については、高田時雄「内藤湖南のヨーロッパ調査行」（前掲『内藤湖南敦煌遺書調査記録續編――英佛調査ノート』所収　第九頁）にすでに言及されている。

(11)前掲『内藤湖南敦煌遺書調査記録續編——英佛調査ノート』第一四二頁上
(12)同右　第五〇三頁上
(13)この接合問題に関しては、同右第二二頁「三、P.2810重複に關する問題點」で詳細に検討済みである。
(14)前掲書第三三四頁下
(15)前掲書第四五一頁上
(16)内藤湖南『目睹書譚』所収。大正十五年五月雑誌「新生」掲載より転載。(『内藤湖南全集』第十二巻)
(17)『支那学』第四巻　第参号(昭和二年)第五二頁
(18)『芸文』第十五年の三、六(大正十三年)に掲載。一部を次に引用しておく。

・「藝文」第十五年第三號(大正十三年三月)
二藏經の發見及びその將來

去年九月一日の震災に東京帝國大學圖書館に保管せられた蒙文滿文二藏經の燒失せることは、學界の莫大なる損失として痛惜せらる、所なるが、此二藏の東京大學に歸せしことに就きては、恐らく余の如く深き關係を有する者あるまじければ、……

・「藝文」第十五年第六號(大正十三年六月)
金字蒙文藏經の來由

……是余が解題中東佛殿に藏せりとあるに合するのみならず、文學士石濱純太郎君が嘗て東京大學圖書館にて、かの金字經を繙閲せる際、その跋語中に屡々林丹汗の時に書寫せることを記せるを見たりといへば、盛京通志の説が決して根據なき者にあらざることを知るべし。……

(19)『藝文』第十八年第八号(一九二七年八月)所収。第六四五頁。石濱純太郎「静安學社」は岡崎精郎論文にも引用され、高田時雄『石濱純太郎　續・東洋學の話』(映日叢書第四種　臨川書店　二〇一八年)にも再掲載される。
(20)『森三樹三郎博士頌壽記念論集東洋学』(朋友書店　昭和五四年)所収
(21)『内藤湖南全集』第十四巻「書簡」593　第五九八頁
(22)石濱文庫未整理書簡のうちクリアファイルに整理され番号を付されている書簡が現在のところ都合二一〇冊ある。ファイル番号と整理番号を記しておく。

石濱純太郎と十五年戦争

——戦時下の泊園学の一側面——

横山俊一郎

はじめに

石濱純太郎（一八八八－一九六八）は大阪淡路町の製薬会社・丸石商会の長男として生まれた。[1] 十歳で泊園書院に入門して藤澤南岳に学び、東京帝国大学文科大学の支那文学科を卒業したのち、大阪に戻って南岳の長子黄坡とともに書院の維持、発展に尽力した。また内藤湖南に師事し、京都学派の実証的学問を継承して業績を上げたほか、大阪文化の研究にも貢献している。ようするに、石濱は実業家の長男に生まれながらその家業を継がず、学問・教育によって昭和初期の泊園書院をリードした人物といえる。

筆者はこれまで、漢学的素養を持つ近代日本の実業家の思想と実践、とりわけ泊園書院出身者のそれを考察対象としてきたが、この研究課題に即していうならば、石濱と彼ら泊園書院出身実業家との接点を明瞭に読み取れる刊行物が一つある。[2] それが新聞『泊園』である。

同誌は昭和二年（一九二七）十二月黄坡の協力のもと石濱が創刊したもので、以後、おおむね毎月一回、毎号四ページで刊行した。[3] その内容は、書院の活動状況や同窓生の動向、道徳・学術の文章や漢詩文などであり、石濱らの目的は漢学の普及を図ることであった。同誌は戦火が激しさを増す昭和十八年（一九四三）九月まで合計七十八号を出すにいたった。なお、同誌は平成二十九年（二〇一七）に関西大学出版部より刊行された吾妻重二氏の編著書『新聞「泊園」附記事名・執筆者一覧　人名索引――泊園書院資料集成三――』（以下、『新聞「泊園」』）の中に、その全号が影印されて収められている。

同誌において注目したいのは、同誌に掲載された同窓会名簿や寄附金名簿に多数の泊園書院出身実業家の姓名が確認できることである。

例えば、昭和二年（一九二七）十二月二十二日付の同窓会名簿には、粟谷喜八（大阪・大阪茶業組合長）、岡橋治助（大阪・勢和鉄道社長）、尾崎邦蔵（岡山・菅公学生服創業者）、尾中郁太（山口・塩田貯蓄銀行頭取）、門脇才蔵（鳥取・米子銀行取締役）、川上利助（大阪・川上銀行頭取）、後藤菅雄（兵庫・港銀行頭取）、小西勇雄（兵庫・淡河銀行頭取）、近藤房吉（鳥取・根雨銀行常務取締役）、下岡亀一（兵庫・池田実業銀行取締役）、杉村正太郎（大阪・阪神電気鉄道専務取締役）、高橋太郎兵衛（大阪・金剛水力電気社長）、筒井民次郎（大阪・大阪塩問屋組合長）、中谷元造（大阪・大阪農工銀行常務取締役）、中村正格（奈良・六十八銀行取締役）、西尾太敏（奈良・御所銀行常務取締役）、新田長三（大阪・新田製帯製造所社長）、福本元之助（大阪・尼崎紡績社長）、古井由之（岐阜・大垣共立銀行取締役）、古谷熊三（山口・塩田貯蓄銀行取締役）、蓬莱三郎（兵庫・東播銀行頭取）、星島謹一郎（岡山・星島銀行頭取）、前田敬

助（兵庫・大沢銀行取締役）、三宅幸四郎（大阪・愛国貯蓄銀行支配人）、山本国次郎（広島・松永実業銀行取締役）らの姓名が確認できる[4]。

なお、同誌には泊園同窓会員の消息を伝える「会員消息」という記事もあるが、右記の泊園書院出身実業家のうち、後藤、近藤、下岡、筒井、中谷、福本、古井についてはその死亡の事実や時期まで報じられている。これは彼らが昭和初期に至っても書院と密に連絡を取り合っていた可能性を窺わせる重要な事実といえるだろう。

本章では、このように泊園書院出身実業家と書院との強い絆を窺わせる刊行物、すなわち新聞『泊園』のうち、同誌の主宰者である石濱の十五年戦争期、すなわち満洲事変・日中戦争・太平洋戦争期の論説を取上げる。石濱は近代東洋学の知見から東アジアの文化、とりわけ中国古典を尊重し、これらの時局に対しても漢学の智識を活用することを説き続けた。そしてその主張は泊園書院出身実業家にも少なからず届いた可能性が考えられる。そこで今回、当時の石濱の漢学観を考察することを通して、戦時下の泊園学とそれを受容した実業家たちの性格如何を探る機会としたい[5]。

なお、ここでの漢学とは、石濱自身の解釈に従って、儒学を中心とした古典研究から漢文・漢字の学習までを含めた、いわば幅広い意味での「支那研究」を指すものと考える。

一　満洲事変期――民族と文明のための漢学

本節では、昭和六（一九三一）年九月の柳条湖事件から昭和十二年（一九三七）七月の盧溝橋事件までを満洲事変期と想定し、この時期における石濱の漢学観を考察する[6]。

日露戦争後、日本は満洲に得た権益の維持拡大に努めた。しかし第一次大戦後、中国では反帝国主義の民族運動が高揚、日中間の紛争が続いた。満洲駐在の関東軍は権益の確保を図り、昭和三年（一九二八）奉天軍閥の首領張作霖を爆殺するなど謀略を行った。奉天軍閥の後継者張学良が同年末に国民政府に合流して中国統一が実現すると、日本では右翼や野党政友会を中心に「満蒙の危機」が叫ばれることとなった。

関東軍参謀の石原莞爾らは満洲占領を計画、柳条湖事件を口実に関東軍は中国軍を攻撃し、満鉄沿線要地を占領した。日本政府は当初事件の不拡大を唱えたが、現地軍の行動に引きずられる形で事変に対処した。関東軍は昭和七（一九三二）年二月までに東北三省の大半を制圧、同年三月には「満洲国」を発足させた。

こうした中、国際連盟はリットンを団長とする調査団を派遣、昭和七年（一九三二）十月報告書を発表した。その内容は柳条湖事件以後の日本の軍事行動は正当と認めず、「満洲国」も自発的な独立運動の結果生まれたものではないとした。

一方、国内では昭和七年（一九三二）五月海軍青年将校を中心とする集団テロ・クーデター未遂事件が発生した。彼らは首相官邸・警視庁・政友会本部・三菱銀行などを襲撃、犬養毅首相らを殺害した。その目的は、既成支配層を威嚇するとともに、首都を混乱に陥れて戒厳令を布き、一挙に国家改造を実現しようというものであった。

計画は失敗したが、この事件は政党政治の終焉と軍部の発言権増大をもたらした。

満洲事変が勃発し政党政治も終焉した。ここで石濱は何を考えたのだろう。昭和八年（一九三三）一月一日付の石濱の論説「世界一」の内容を見てみよう。なお、左の発言そのものは昭和六年（一九三一）の夏になされたが、石濱にとって記憶に残るものとなった。

我々日本人は或は非常にエライものではないだらうか。敢て驕慢なる心を持して云ふのでは無いが、ヒョットしたら日本の文明文化が世界に光被する時代が来るのでは無からうか。それがどんな文明かどう云ふ文化かは未だ僕の心にはハッキリとは分らないが、現在凡ての点に於ける我国の努力とその進歩は実に驚嘆すべきものがある様だ。或は日本の隆盛は明治時代で去ったと評されたり、或は大正以来の浮華の風俗は已に我国を毒したと論ぜられたり、或は混沌たる思想問題は我国を衰亡の途に導きつゝあると断ぜられたりして、我等自身も偖て此先きは如何なるだらう、已に我民族の盛期は過ぎ去ったのかと、且つ危ふみ且つ憂ふる事も屢々あるが、顧みて我国の凡ての進歩の速度を考へて見ると心強きものがある様に思はれる。エラガル心持なしで云ってエラインぢゃないか、今の所謂選ばれたる民でないだらうか。(7)

このように、石濱は「日本の文明文化が世界に光被する時代」の到来を予感する。ただその当時は大正以来の浮かれた風俗や混沌とした思想状況によりその先行きに対して悲観的見解があったようである。そんな当時の見解に反して石濱はなぜそこまで楽観的だったのだろう。それは石濱が「我国の凡ての進歩の速度」が他国よりも優位にあると判断したからである。石濱は胸を張って日本民族のことを「選ばれたる民」ではないかという。

この石濱の発言をきっかけに友人二人との漫談が始まった。そこでは、近年の日本における軍事・医学・工学・美術・思想面の目覚しい発展を誇りつつ、経済・商業面の未成熟を認めるような会話がなされた。だが最終的には、そろそろ欧米を模範とせずに世界一を目指してもいいんじゃないか、というのが彼らの結論となる。当時の漫談を振り返り、石濱は次のように言う。引き続き石濱の論説「世界一」の内容を見てみよう。

以上はたゞ夏の夕の漫談一場の結論であったのだが、僕等はかなり愉快になり興奮をしてゐたのだった。然しこの漫談一場が正に時代精神を暗々裡に感得して居ったものだった事は僕等丈の間にしても痛快な思出を起すものである。其後の時代風潮の動き、殊に九月十八日満洲事変以後の思想転換は明かに案外漫談が正しい観察を含んでゐた事を証明して呉れた。あゝ、明治開国以来我等は大帝の御誓文に随って進取的に他国の所長を採るに実に勇敢であった。如何なる国の所長も異所も之を探り之を用ゐるに吝かで無かった。そして嘗ては我が模範であり我が理想であった先進国にいつしか追付き又方に之を追越さんとしてゐるんだ。仁に当っては師に譲らず。今や我々は何を模範とせん何を理想とせん。模範は自分自身ではないだらうか。理想は世界一でなければならないぢゃないか。我等の先輩が望んで止まなかった我国のルネサンスは今こそ我等の眼前にその姿を現はさんとしてゐるのではないか。尚ほ前途は遼遠でもあらう。未だ事態は多難でもあらう。然し、凡百の業に従事する我友よ、各々自信を抱いて向上の一路に努力し世界一の文明を実現せんかな。(8)

このように、石濱は先述した彼の発言に始まる漫談を振り返って「時代精神を暗々裡に感得して居ったもの」とし、さらにその後の「満洲事変以後の思想転換」は漫談が正しい観察を含んでいたことを証明したという。「今や我々は何を模範とせん何を理想とせん」。石濱は日本が欧米の先進国に追いつき追い越そうとしていると認識してこう主張する。「我国のルネサンス」はすぐそこにあるらしく、石濱は泊園の同窓生に向けて「世界一の文明」を実現しようと呼びかける。

さて、リットン報告書の採択をめぐって国際連盟は紛糾していたが、昭和八年（一九三三）二月連盟総会は日本軍の満洲撤退勧告案を、四十四か国中賛成四十二、反対一（日本）、棄権一（シャム）で採択した。国内世論の連盟脱退気運にも支えられ、同年三月日本は正式に連盟脱退を通告、脱退についての詔書が発布された。一方、同年五月には関東軍と国民政府軍との間で塘沽停戦協定が結ばれ、満洲事変以来の日中間の敵対関係が一応終結した。この協定は同時に満洲における日本の支配を既成事実として中国側が黙認することを意味した。

国際連盟の脱退により日本は国際的に孤立した。ここで石濱は何を考えたのか。昭和八年（一九三三）九月一日付の石濱の論説「泊園書院を護らん」の内容を見てみよう。

現今世間では漢学は衰へつゝある。一方には漢学復興の必要を高調するものもあるが、それが却て一方では漢学の為めにはならぬ様な事もある。然し見た所漢学は衰へつゝあるが支那の文化文明の真髄を真に研究するの風潮は実に盛んにありつゝあるので、殊に此点に於ては我国の学界は西洋は愚か支那をも指導してゐると云っていゝ情態である。且つ満洲建国以後は是非共我学界は内に外に研究の権威を維持せねばならないのは自明の理である。漢学は衰へつゝある様に見えて実は新に発展しつゝあるんだ。我書院も一新して隆昌にすべき最も好機に臨んでゐるのだ。更新興隆すべき義務を有するのである。是れ余の言はんと欲する二である。(9)

　このように、石濱は漢学が衰微し少数によってその復興が叫ばれるなか、盛んになりつつある「支那の文化文明の真髄を真に研究するの風潮」に着目する。そこでの研究は西洋のみならず中国をも指導するレベルに達しているが、「満洲国建国以後」は国内外にその権威を維持すべきだという。「漢学は衰へつゝある様に見えて実は新に発展しつゝあるんだ」。石濱はそう解釈したうえで、泊園書院もこの好機を利用して更新興隆させようと訴えかける。

　話を当時の出来事に戻そう。昭和十年（一九三五）二月貴族院議員の菊池武夫らが美濃部達吉の憲法学説を反逆的思想であると攻撃、軍部・右翼が一斉に天皇機関説撲滅に乗り出した。岡田啓介内閣は国体明徴声明を出し、機関説を取り除くことを約束。この結果、美濃部は貴族院議員を辞した。以後「国体」という言葉は国民統合のための言語魔術として猛威をふるうこととなる。

　翌昭和十一年（一九三六）二月陸軍の青年将校らの率いる部隊が首相官邸などを襲撃、内大臣斎藤実と蔵相高橋是清を殺害し、永田町一帯を占拠した。目的は皇道派による軍部独裁政権を樹立して内外の危機を打開することであった。事件によって陸軍当局は粛軍を行って統制回復をはかるとともに、後継内閣の組閣に干渉したり、軍部大臣現役武官制を復活するなど政治的発言権を強化した。

　一方、昭和九年（一九三四）十月陸軍省新聞班は『国防の本義と其強化の提唱』と題するパンフレットを発行した。そこには「戦争は創造の父、文化の母」と軍国主義を賛美し、個人主義の排撃と統制経済の実施で国防国家建設と国民生活の安定が実現すると主張していた。

　軍部の発言力が増大し「国体」観念も肥大化した。ここで石濱は何を考えるのだろう。昭和十一年（一九三六）十一月一日付の石濱の論説「豊富なる漢文」の内容を見てみよう。

支那の文化はかくも富贍な文献を背景に存在してゐる。然もその文化は早くから我国に流伝して、その精粋は日本精神の中に融化凝結してゐる。日本精神を探求して躍進日本の真相を見んと欲する人々は支那文学を研究せずして何処に之を求めんとするのか。弘く智識を世界に求むる明治維新の精神が何時の間に支那を忘れ去ったのであらう。求むる物質文明は欧洲に在ったにしても、精神文明を祖国は支那に資してゐた事を忘却しては何の善美を尽し得よう。温故知新は学問の要諦である。新を知らんと急にする者も必ずや豊潤富贍なる彼の支那文学に於て余師を発見するに難くはない。旧来の陋習に泥まずして、活眼を以てこの漢文学を再検討せよ[10]。

このように、石濱は「支那文化の精粋は日本精神の中に融化凝結してゐる」と考えており、「日本精神を探求して躍進日本の真相を見んと欲する人々」が支那文学を研究しないことを問題視していた。石濱にとっての「明治維新の精神」とは欧州だけに智識を求めるものではなく、中国を含めた世界に求めるものであった。それゆえ、「物質文明」は欧州に求めたとしても、「精神文明」は中国に求める必要があり、欧州びいきの現状を変えなければならないと考えていた。

以上のように、満洲事変によって対外的侵略が開始され、五・一五事件を契機として政党政治が終焉を迎える中、石濱は事変そのものを文明革新の一つの転換点として認識していた。その後、日本の国際的孤立が決定的となった後でも、満洲国建国を好機と考えて漢学の革新に向けて行動するよう呼び掛けている。また二・二六事件を契機として軍部の発言力が増大し「国体」観念が肥大化する中では、石濱は精神文明の祖国としての支那を理解するよう訴え掛けていた。

総括すると、石濱は満洲事変を契機として日本のルネサンス、すなわち民族復興を目標とした漢学の革新とそれによる文明化を目指しており、それはまさに石濱が〈民族と文明のための漢学〉を自覚する過程であったといえるだろう。

二　日中戦争期——愛国と和平のための漢学

本節では、昭和十二年（一九三七）七月の盧溝橋事件から昭和十六年（一九四一）十二月の真珠湾攻撃までを日中戦争期と想定し、この時期における石濱の漢学観を考察する。

さて、日本軍は塘沽停戦協定の非武装地帯に傀儡政権を成立させるなど華北分離工作をすすめ、日中間の緊張が高まった。そうした中、盧溝橋付近で日中両軍が衝突、事件は全面戦争へと発展した。その後、昭和十二年（一九三七）九月第二次国共合作が成立、国民党と共産党による抗日民族統一戦線が結成された。

昭和十二年（一九三七）十二月国民政府の首都南京を攻略した日本軍が敗残兵の掃討作戦を実施、多数の非戦闘員や捕虜を殺害し国際的に激しい非難を浴びた。その頃、日本は中国との和平工作を進めていたものの上手くいかず、翌昭和十三年（一九三八）一月近衛内閣は「爾後国民政府を対手とせず」との声明を発した（第一次近衛声明）。この声明はみずから和平の機会を断ち切ることを意味した。

一方、国内では昭和十二年（一九三七）五月「天壌無窮の皇統」が日本の「国体」であり、世界を「天皇の御稜威に帰」せしめて「国体」を顕現させることが日本臣民の道であると説いた『国体の本義』が文部省教学局より刊行され、修身・歴史科の教科書として全国の学校で使用された。

日中戦争が勃発し「国体」観念が教育の現場に浸透した。ここで石濱は何を考えたのだろうか。昭和十三年（一九三八）一月二十日付の石濱の論説「漢文を普及せよ」の内容を見てみよう。

世の儒者の余りに経典に没頭し過ぎるを尤める人もある。然し人各々其の任がある。卓識の士は何も別に白首一経を守らなくてもよろしい。経世の志有る人は近代の史類に飽くがよろしい。只正に学を好んで己れの適する所を選び、老儒の訓詁通論の意義を知って軽々しく難ずる勿れ。支那を熟知するの一途は皆漢文に通じて現代支那の利病長短を知り、東亜経世の大策を生み出すにあるんだ。世の支那に志有るの士よ、漢文を習って支那を知れ。世の東亜に関心を持つ者よ、漢文を普及して支那を検討する工具を与へよ。外字新聞や小説によって浅く見て軽率なる論議を為すを慎めよ。支那によって支那を知れ。西洋によって支那を知れりと為さば後悔すとも及ぶべからず。今こそ漢文普及を策すべき時だと思ふのである。(11)

このように、石濱は漢文に通じて「現代支那の利病長短」を知って「東亜経世の大策」を生み出すべきだという。そのためには学ぶことを好み自分に適した経典に没頭しさえすれば何でもよかった。そして「東亜に関心を持つ者」は漢文を世の人々に普及させて彼らに「支那を検討する工具」を与えるようにすすめる。「支那によって支那を知れ」。石濱はこう主張して西洋の立場から中国を理解しようとすることを戒めるのである。

昭和十三年（一九三八）十月日本軍は広東・武漢を占領したが、国民政府は重慶に首都を移して抗日戦を展開した。戦争の収拾に苦しんだ近衛内閣は同年十一月、日本の戦争目的は「日満支三国」の提携による東亜新秩序の建設にあるとの声明を発した（第二次近衛声明）。この声明は国民政府から同調者が出ることを期待したもので、これに応じて汪兆銘が親日政権樹立のため重慶から脱出した。

一方、国内では昭和十三年（一九三七）四月労務・物資・施設・事業・価格・出版に対する戦時措置などを政府が勅令により行うことを可能にする国家総動員法が公布された。同法により帝国議会の立法機能は大幅な制約を受けることとなった。また欧州ではドイツのヒトラーが植民帝国の建設を目指しており、オーストリア・チェコスロヴァキアに続いて、同年九月ポーランドに侵入した。英仏はこれを認めず宣戦布告し第二次世界大戦が勃発した。

戦争が長期化し総力戦への備えが進んだ。ここで石濱は何を考えたのか。昭和十五年（一九四〇）一月一日付の石濱の論説「皇紀二千六百年と孔子廟」の内容を見てみよう。

国本の堅きは皇道による。皇道の大義によって国本は堅いのである。昔は孔子周室衰へ諸侯相争ひ、国本の堅からずして世の乱るゝを憂ひて、席の暖まるのいとまなく江湖に流浪して道を説いたが、世事日に非にして六経を刪定して万世の法を示す外なかった。何んぞ知らんや、筏して東に渉れば大道自ら啓けて基を堅くしつゝあった我国に到り得たんだ。彼の万世の法は唯理想の徒法として尊敬せられて行ったが、時なるかな後に三韓を経て我国に献ぜられて、茲に徒法は徒法でなくなった。皇道翼賛の万世の法となった。爾来万世に渉り国本に培ふの法として我上下に尊敬されたのであった(12)。

このように、石濱は「皇道の大義によって国本は堅い」と賛美する。しかし、「皇道」はそれ自体としては万世に永続するに不十分であった。石濱は次のようにいう。孔子は周王朝の「国本」が堅くないことを憂えて「六経」を策定し、これを「万世の法」とした。この法は母国の中国では「理想の徒法」として実践されずじまいであったが、朝鮮半島をへて日本に献ぜられるにいたった。その結果「徒法は徒法でなく」なり、ここに「皇道翼賛の万世の法」となったのである、と。

話を当時の出来事に戻す。昭和十五年（一九四〇）二月衆議院議員斎藤隆夫は当時の政府・軍部の政策を批判、これに対して陸軍は斎藤の処分を要求した（同年三月議員除名）。一方、早稲田大学教授の津田左右吉が行った実証的研究が皇室の尊厳を傷つけたと右翼から攻撃され、同年同月その著書『神代史の研究』などが発禁処分となった。

こうした中、昭和十五年（一九四〇）三月汪兆銘が国民政府の南京遷都を宣言、日本は援蔣ルートの遮断と南方進出の足掛かりを作るため、同年九月には北部仏印への進駐を開始した。また日本はドイツ勝利に刺激を受け、同年同月日独伊三国同盟に調印、大戦不介入の方針を転換して南方への積極的進出を打ち出した。

日本の政治や学問の自立性が失われていった。ここで石濱は何を考えるのだろう。昭和十五年（一九四〇）九月二十九日付の石濱の論説「漢文を尊重せよ」の内容を見てみよう。

日満支三国聯盟が強固に立って東亜新秩序が完成される。日満支三国に通ずる漢文々文化を省みずして、どうすると云ふのであらう。漢文振興を差置いて、諸君は何を考へ得るのか。東亜新秩序は世界新秩序建設をするのだからと云って、ドイツ文化イタリア文化が漢文文化より急務ではないんだ。そんな尊洋主義であったなら、再び我国は誤謬に落込んで行く。東亜は東亜なんだ。此際我国が漢文々文化を完全に把握しなくては、満支の人々は盟主を侮り、新秩序も立たないのだ。[13]

このように、石濱は日満支三国連盟を強固にすることによって東亜新秩序の建設に貢献しようと考える。そこで、「日満支に通ずる漢文々文化」を踏まえて「漢文振興」を試みるのである。石濱は同年に結ばれた日独伊三国同盟の調印を念頭に、ドイツ・イタリア文化をたっとぶ「尊洋主義」の台頭を警戒する。なぜなら、「漢文々文化」を完全に把握しなければ満支の人々は「盟主」の日本人と侮り、再び日本は「誤謬」に陥るからであった。

ドイツ勝利は日本の国内体制にも影響を与えた。ナチスのような全体主義的国民組織を作り上げようとする機運が高まり、昭和十五年（一九四〇）二月近衛首相は軍部・官僚・政党・右翼など諸勢力を組織して大成翼賛会を発足させた。同会は結局強力な政治力を持たない公事結社とされたが、国民動員体制の中核組織となった。大政翼賛会の発会により全体主義的風潮が強まった。ここで石濱は何を考えたのか。昭和十五年（一九四〇）十一月二十九日付の石濱の論説「支那研究の情態」の内容を見てみよう。

我国の支那研究情態は初めに申した様な楽観出来ない点もありますが、実は中々よいので、この良い情態をモット進めたいと思ひます。由来支那以外で支那研究の進んでゐるのは我国ではないでせうか。何しろ王仁来朝以来支那文化を摂取して来てゐるのであります。徳川時代の如きは、政治も道徳も経済も科学も、支那文化研究の上に行はれたので、諸学者の研究もたゞ論語や老子をかう読むの、詩文をかう作るのと云っただけのものでありません。つまり支那を研究したので、それも只の研究ばかりでなく、当時の治政の参考にもするのですから、詩文でも遊戯のみでない、朝鮮の聘問使と応対して外交の為めにもなって居るのであります。徳川の漢学はツマラヌ様にも云ふ人もありますが、実用にも研究にも大した役目を果たしたのであります。これ程熱心に研究された事は支那本国以外にはないのであります。だから中には支那人気取りの人も出ましたが、それでもさう我国人の立場を忘れ果てたのではない。明治以後は支那研究は西洋研究に推され、漢文は道徳倫理の一門の様になったが、惜しい事でした。我が南岳夫子の万国通議の様な大著もあっても世に行はれませんでした。内藤湖南先生が大学に立たれてからは新しく気運が動き、だんだん盛んになりました。(14)

このように、石濱は「道徳」のみならず「政治経済科学」においてまで江戸漢学が果たした役割を高く評価する。とりわけ朝鮮との「外交」において「詩文」が生かされた事実など、「治政の参考」にされたことを強調する。また一方で、江戸の教養人は「我国人の立場」を忘れたわけではないとも付け加える。石濱によると、支那研究は西洋研究に押されて「道徳倫理の一門」になり果てたものの、「内藤湖南先生」の登場によって新たに隆盛しつつある、というものであった。

以上のように、盧溝橋事件によって対外的侵略が再開され、「国体」観念が教育に浸透する中、石濱は東亜経世に用いる漢学を強調し、その政治性に注目するよう訴えていた。ここでの漢学とは朝鮮外交で機能した詩文も含まれるだろう。その後、戦争が長期化し総力戦への備えが進む中では、石濱は皇道翼賛として機能した漢学を強調し、その正統性を示している。また政治や学問の自立性が失われる中、石濱は東アジアの秩序形成は漢文文化の把握によってなされるべきだと主張している。

総括すると、石濱は日中戦争の対応策として漢学の二つの側面、すなわち帝国日本の統合強化を目指す尊王論と東亜の治国平天下を目指す経世論を説いており、それはまさに石濱が〈愛国と和平のための漢学〉を実践する過程であったといえるだろう。

三　太平洋戦争期――正義と連帯のための漢学

本節では、昭和十六年（一九四一）十二月の真珠湾攻撃から昭和十八年（一九四三）九月の新聞『泊園』廃刊までの時期を太平洋戦争期と想定し、この時期における石濱の漢学観を考察する。

日米関係は日本軍の北部仏印進駐と日独伊三国同盟の締結で悪化した。昭和十六年（一九四一）四月以降、駐米大使野村吉三郎と国務長官ハルとの間で交渉が行われたものの、日本の南部仏印進駐により米国は態度を硬化させ、同年七月以降、対日資産凍結と対日石油禁輸の措置にでた。

窮地に立たされた日本は、満洲事変以前の状態に戻すよう求めたいわゆるハル＝ノートを最後通牒とみなし、対米英開戦に踏み切った。真珠湾攻撃とマレー沖海戦に勝利した日本軍は、翌昭和十七年（一九四二）年一月マニラ占領、同年二月シンガポール英軍降伏、同年三月ジャワ上陸を果たし、東南アジア・太平洋地域をつぎつぎと支配していった。

一方、国内では昭和十六年（一九四一）三月小学校が国民学校と改称され、「皇国民」の錬成を目的とした教科編成が行われるとともに、同年八月には文部省教学局が修身・歴史科の教科書として『臣民の道』を刊行、全国の学校に配布された。また朝鮮では同年三月朝鮮総督府が朝鮮語の学習を禁止するなど、植民地においても「皇国民」化が徹底された。

太平洋戦争が勃発し「皇国民」化の徹底も図られた。ここで石濱は何を考えるのだろう。昭和十七年（一九四二）五月二十七日付の石濱の論説「漢学は尚ほ必要」の内容を見てみよう。

新に皇風に靡く人々に我が国語を教へるんだからむづかしいものは廃さうと云ふ人もある様だ。新帰服の民にやさしくして教へるのは結構だが、それは向ふの為めである。向ふの連中も少し上達すればミッシリむづかしいもの迄やらねばならないんだ。悠久なる歴史を持つ我が国体と我が精神は速成では分からないのである。なんでも手っ取り早い代用品式で済まさうなんかは心得違ひである。貴い国風を翼賛し来った漢学を顧みなくてはどうなるだらう[15]。

このように、石濱は東南アジア地域において「新たに皇風に靡く人々」に「国語」を教えることについて言及する。その当時、被支配者の彼らに簡易の方法でこれを教えるべきだとする意見があったらしいが、石濱は上達者については難易度の高いものまでやるべきだと反論する。なぜなら、歴史ある「我国体と我が精神」は手っ取り早い方法では分からないからである。石濱にとっての「国語」とは「貴い国風を翼賛し来った漢学」を顧みることなくして理解できないものであった。

話を当時の出来事に戻したい。昭和十七年（一九四二）六月北太平洋のミッドウェイ島北西海域で日米の海戦が行われた。日本側は打撃が大きく、その後海軍は積極攻勢が採れなくなった。また西太平洋のガダルカナル島では連合軍が反撃を開始、昭和十八年（一九四三）二月日本軍は同島を撤退した。同年五月にはアリューシャン列島西端のアッツ島で日本軍の守備隊が全滅、大本営はこれを「玉砕」と発表した。

一方、国内では昭和十七年（一九四二）十二月大日本言論報国会が結成され、会長の徳富蘇峰を中心に会員が「日本的世界観の確立」と「皇国内外の思想戦」を提唱し、自由主義的「敵性思想」の摘発と排除に注力するなど、戦争に協力する姿勢を打ち出した。

太平洋上で敗北が続き戦局は悪化した。ここで石濱は何を考えたのか。昭和十八年（一九四三）七月三十一日付の石濱の論説「大東亜の古典」の内容を見てみよう。

大東亜共栄圏の国々を皆未開の原住民族の国などと思ってはなりません。安南、泰、緬甸、印度、瓜哇、皆古くて、然も中々文化の根底も深いのであります。ニュウギニア、濠洲あたりと同様に考へては間違ひます。未開の原住民にしましてもそれ相当に固守してゐます文化がありますので、之を一概に未開としてその風俗習慣を破壊することは、極めて省察のないそれこそ未開のやり方なのであります。況んや古へに於て開化し盛んな時代もあった諸国などでは国粋を破り古典を毀つものとなるのであります。之を教へ之を導くことはせねばなりません。国粋の古典は無理やりに作り上げたものでありません。国民の歴史が之を是認し之を育成し之を保護し来ったものなので、決して一時代の作品ではありません。国民の精神であります。国民と限りません、仮令国はなくなっても民族部族は之を保持してゐて、彼等を導く光なのであります。(16)

このように、石濱は大東亜共栄圏の国々のうち、ベトナムやタイなどについては「文化の根底」が深いと指摘する。一方、「未開」の原住民にしても、それ相当の「文化」があるため、これを一概に破壊することは、それこそ「未開」のやり方だと批判する。また被支配者がみずから自国の「国粋」や「古典」を破壊することもあるため、彼らを教導する必要性についても言及する。石濱によると、「国粋の古典」は「国民の精神」そのものであって、たとえ亡国の民族であっても「彼等を導く光」となるのである。

さらに、石濱は大東亜の宗教として仏教、ヒンドゥー教、イスラム教、キリスト教の概要を紹介した後、次のように述べている。引き続き石濱の論説「大東亜の古典」の内容を見てみよう。

これ等諸宗教は法王国となり世界宗教となりますに就いてはたゞ宗教聖典を中心とするのみならず、之に付随して皆学問文学芸術を立派に発達せしめました。世界の近代学術文芸も皆それらから発達したのでありまず。でありますから各国の古典には自国に見慣れない宗教臭を見て直ちに驚いて之を廃しては其国の文化の真を理解することは出来ませんと思ひます。八紘為宇の国是は皆其処を得せしめなければなりますまい。指導者たるべき我国では各国の古典を是非研究して理解してゐなければなりません。(17)

このように、石濱は「世界の近代学術文芸」も「宗教聖典」に付随して発展したものだといい、各国の「古典」に自国に見慣れない「宗教臭」を感じてこれを廃してしまっては「其国の文化の真」を理解することはできないと主張する。そのため、「八紘為宇」という当時のスローガンも「皆其処を得せしめ」なければならないという。石濱によれば、日本が支配地域の「指導者」たるには同地域の「各国の古典」を研究して理解する必要があった。

さて、戦局の悪化に伴い昭和十八年(一九四三)九月学生の徴兵猶予停止が閣議決定された(翌年十月出陣学徒壮行会開催）。また同年八月朝鮮にも徴兵令が施行されるなど、学徒のみならず植民地の住民まで動員してその兵力の増強が図られた。

一方、欧州では昭和十八年（一九四三）九月イタリアが連合国に無条件降伏するなど、日独伊三国を中心とする枢軸国の敗勢が明らかとなる。

日本の敗戦色が濃厚になってきた。ここで石濱は何を考えるのだろう。昭和十八年（一九四三）九月三十日付の石濱の論説「大義名分と漢学」の内容を見てみよう。

云ふ勿れ、漢学は異国の学であると。孔子は異国に生れた人であるが、その理想とした所は我国に於でのみ達成せられてゐたのであった。是に於て我が列聖は西土の教に資するを御奨励されたのである。彼の土に於ても奨励はしたが国体定らざるを以て徒らに仁人義士をして理想に殉ぜしむるのであった。たゞ夫れありがたからざる国体の下に生れ死する彼等に在っても、斯の道の謬らざるを確信するから、大義名分論の研究には苦心し窮慮したのである。一部の靖献遺言を見ても其の端を知るに足らう。又我国の高儒烈士もそれらに資して大義を講究したのである。異国に生れた学ではあるが、我国に於て完成する学である。更に此学を振興せねばならない。(18)

このように、石濱は孔子が「理想」としたものは日本においてのみ達成されていたため、日本の歴代の天子は「西土の教」を参考にすることを奨励したという。一方、中国においても「理想」は求められたが、安定しない「国体」のために「仁人義士」が犠牲となったようである。石濱によると、その「理想」に殉じた彼らによる「大義名分論」は「靖献遺言」によって知れるため、日本の「高儒烈士」もそれらを参考にして「大義を講究」したのである。ゆえに漢学は異国生まれではあっても、「我国に於て完成する学」であった。

以上のように、真珠湾攻撃によって戦争が広域化し「皇国民」化の徹底が図られる中、石濱は支配地域における古典教育を通じた国体思想の教化を主張していた。その後、戦局が悪化すると、石濱は古典学習の重要性を説きつつ、同地域の風俗習慣を壊すことこそ未開であると断じ、八紘一宇のスローガンも同地域の文化を尊重するものであるべきだと主張している。また石濱は大義に殉じた中国人士を紹介しつつも、漢学は日本で完成するものだと強調し、その正統性を示していた。

総括すると、石濱は太平洋戦争に際して古典学習による相互理解の促進を図る一方で、国体思想の普遍性や大義名分論の正統性を説いており、それはまさに石濱が〈正義と連帯のための漢学〉を実践する過程であったといえるだろう。

おわりに

本章では、泊園書院出身実業家と書院との強い絆を窺わせる刊行物、すなわち新聞『泊園』のうち、同誌の主宰者である石濱の十五年戦争期、すなわち満洲事変・日中戦争・太平洋戦争の三つの時期の論説を取上げた。石濱の主張は泊園書院出身実業家にも少なからず届いた可能性が考えられるが、当時の石濱の漢学観は次のようであったと結論づけられるだろう。

まず満洲事変期についてである。この時期の石濱にとっての漢学とは、〈民族と文明のための漢学〉であった。石濱は日本文明を革新させる一つの転機として満洲事変を捉え、「満洲国」成立後はみずからに課された役割として漢学および書院の革新に専念している。日本文明が世界一となり日本民族が盛期を迎えるに当たっては、石濱は精神文明の祖国としての支那とその文化を再検討する必要があると考えていた。

次に日中戦争期についてである。この時期の石濱にとっての漢学とは、〈愛国と和平のための漢学〉であった。石濱は日中戦争が勃発するとその対応策として治国平天下を目指す経世論を持ち出し、近衛声明後は漢文文化の把握を訴えるなど、東アジアの秩序の形成とその維持に貢献しようとする。一方で、漢学は皇道を賛助する位置にあるといい、「国体」を支える精神的支柱としての漢学像を示していた。

最後に太平洋戦争期についてである。この時期の石濱にとっての漢学とは、〈正義と連帯のための漢学〉であった。石濱は太平洋戦争が勃発すると、自身の古典観を踏まえて、支配地域において国体思想を教化すると同時に同地域の固有文化も尊重すべきだと主張している。一方で、日本の漢学は大義を遵守している点で中国のそれに優るといい、「国体」に殉じる精神的エネルギーとしての漢学像を示していた。

このように、石濱の漢学観は時局の推移に応じつつ、その主張をその変化させる性格を持つもので、時として政府の同化政策に同調する場面もあったといえる。しかし、注意深く石濱の主張をたどっていくと、そこに一貫するものが読み取れなくはない。すでに吾妻重二氏が指摘しているように、石濱は「古典研究や漢学の発展こそがこの戦争において最も重要なものだとする主張」を持っていて、その「古典研究を紐帯として東アジアを結びつけようとする、一見迂闊だが、しかし理性的な態度が、泊園書院をファナティックな軍国主義に陥るのを救った」のは間違いないだろう。[19] 本論において述べたように、石濱はたとえ「未開」の住民であっても固有の「文化」は持っているので、それを一概に「未開」とみなして破壊してはならない、と主張していた。こうした石濱の他民族の文化を尊重する態度が、後年の関西大学における東西学術研究所設立の原動力として働いたと考えられる。

石濱はそうした文化多元主義者のような性格を持ちつつ、また一方では伝統的な漢学教養を背景とした「国体」観念に対する強いコミットがあったことも事実である。そのため、「国体」観念の拡大と浸透を介して成立した全体主義的風潮に対してはその批判力には脆弱なものがあった。しかし、石濱自身が江戸以来の尊王論や経世論を尊重しつつ、湖南以来の近代東洋学を学んだように、昭和期まで生存した漢学教養人の一部は、この一見矛盾するかに見える二面性を上手く調和させていたようにも思われる。昭和初期の泊園学とはそうした新しいタイプの漢学教養人によってリードされていたのである。

以上のような考察結果を踏まえつつ、筆者の研究課題である漢学的素養を持つ実業家の思想と実践の問題を考えた場合、先述した「国体」観念は、彼らの経済的営みに能動性を付与するものとして機能したかもしれない。なぜなら、泊園書院は明治・大正・昭和と一貫して、（本論のはじめに挙げたような）企業運営にも関与する能動的な豪農・豪商から支持されており、また筆者のこれまでの研究成果によれば、彼らのような泊園書院出身実業家は漢学教養を背景とした「国体」観念を積極的に受容していたからである。したがって、政治面では破局をもたらす「国体」観念についても、経済面ではいわゆる中間権力層の能動性を高める言説であった可能性を考慮すべきではないだろうか。また政治・経済・文化の三者を目配りしつつ、泊園書院を素材としてかつての日本や漢学の歩みをたどることは、未来の東アジアや日本のあり方を考えるうえでも意義あることと思われる。

本章では、学者石濱に焦点を絞ってその漢学観を考察してきたが、彼の論説に耳を傾けたであろう泊園書院出身実業家の思想内容については依然として不明な点が多い。彼らは学者とまではいえなくとも文人ないしは趣味人として漢学的素養を持った人がほとんどである。美的感性をも含めた彼らの世界・社会・人間観とは如何なるものであったか。この問いに対する答えをこれからも開拓し続けていきたい。

注

(1) 石濱の略歴については、吾妻重二編『泊園書院――なにわの学問所・関西大学のもう一つの源流――』(関西大学泊園記念会、二〇一六年)五頁。

(2) 筆者のこれまでの研究成果については、拙著『泊園書院の明治維新――政策者と企業家たち――』(清文堂出版、二〇一八年)、拙稿「山口県宇部地域における泊園書院出身者の事業活動の一考察――渡辺祐策を支えた名望家を中心に――」(『東西学術研究所紀要』第五十一輯、関西大学東西学術研究所、二〇一八年、三五一～三七一頁)、同「近代岡山における泊園書院出身者の事業活動の一考察――実業家星島謹一郎・中野寿吉を中心に――」(『東西学術研究所紀要』第五十二輯、関西大学東西学術研究所、二〇一九年、二四九～二六六頁)、同「近代の泊園書院と社会企業家――褒章名鑑にみる書院関係者の諸活動――」(『泊園』第五十八号、泊園記念会、二〇一九年、六九～一二六頁)を参照のこと。

(3) 新聞『泊園』の概要については、前掲、吾妻重二編『泊園書院――なにわの学問所・関西大学のもう一つの源流――』一四頁。

(4) 吾妻重二編著『新聞「泊園」』一一、一二頁(第一号第五、六面)。姓名の下の括弧には泊園書院出身実業家が活躍した府県名と主な役職を記した。

(5) 昭和初期における石濱の漢学観については、吾妻重二氏の前掲編著書『新聞「泊園」』と学術論文「新聞「泊園」について――昭和初期における泊園書院の記録――」(『東アジア文化交渉研究』第十号、関西大学大学院東アジア文化研究科、二〇一七年、三八九～四〇九頁)および「植野武雄とその東洋学――附・著述目録――」(『東西学術研究所紀要』第五十一輯、関西大学東西学術研究所、二〇一八年、一五～五二頁)において言及されているが、それらは新聞『泊園』の整理過程において気づいた点を指摘したもの、もしくはそれを石濱の教え子の植野の活動との関連で述べたものであるが、重要な指摘を含んでいて参考になる。
（6）以下、十五年戦争期のおもな事件や制度については、朝尾直弘ほか編『角川新版日本史辞典』第八版（KADOKAWA、二〇一三年）および東京学芸大学日本史研究室編『日本史年表』第五版（東京堂出版、二〇一四年）の記載を参照した。
（7）吾妻重二編著『新聞「泊園」』七〇頁（新第一号第二面）。原文の旧漢字については全て常用漢字に直した。また明らかな誤植については筆者の判断で訂正した。以下同様。
（8）同右七〇頁（新第一号第二面）。
（9）同右八七頁（新第五号第一面）。
（10）同右一八五頁（新第二十四号第一面）。
（11）同右二一九頁（新第三十一号発行十年特輯号第四面）。
（12）同右二七一頁（新第四十三号第一面）。
（13）同右二八七頁（新第四十七号第一面）。
（14）同右二九三頁（新第四十八号第三面）。
（15）同右三二三頁（新第五十六号第一面）。
（16）同右三四五頁（第二巻第三号第三面）。
（17）同右三四六頁（第二巻第三号第四面）。
（18）同右三四七頁（第二巻第四号第一面）。
（19）同右三五六頁

付記

本論文は、科学研究費助成事業若手研究（B）「大阪漢学と近代企業家に関する研究――泊園書院と重建懐徳堂を中心として」（課題番号17K18250、横山俊一郎研究代表）における成果の一部である。

石濱純太郎と大阪の学知・文芸

石濱純太郎・石濱恒夫と懐徳堂

湯浅邦弘

はじめに

大正五年（一九一六）、大阪市東区豊後町（現在の中央区本町橋）に懐徳堂が再建された（重建懐徳堂）。懐徳堂とは、江戸時代の享保九年（一七二四）、大阪の有力町人たちが出資し、漢学者を招いて設立した学問所で、江戸時代の後半約百四十年にわたって大阪の文化・商道徳の発展に寄与した。著名な学者としては、初代学長の三宅石庵、初期懐徳堂の講師を務めた五井蘭洲、第四代学長の中井竹山、その弟の中井履軒、竹山・履軒の弟子にあたる山片蟠桃などがいる。

特に竹山・履軒の頃に全盛期を迎え、江戸の昌平坂学問所に匹敵する西の学問所と評価されていた。天明八年（一七八八）、時の老中首座松平定信が来阪した際、竹山は大阪城に召し出され、政治・経済・外交・教育・文化などについて諮問された。その答申をまとめて幕府に呈上したのが『草茅危言』である。竹山の意見は寛政の改

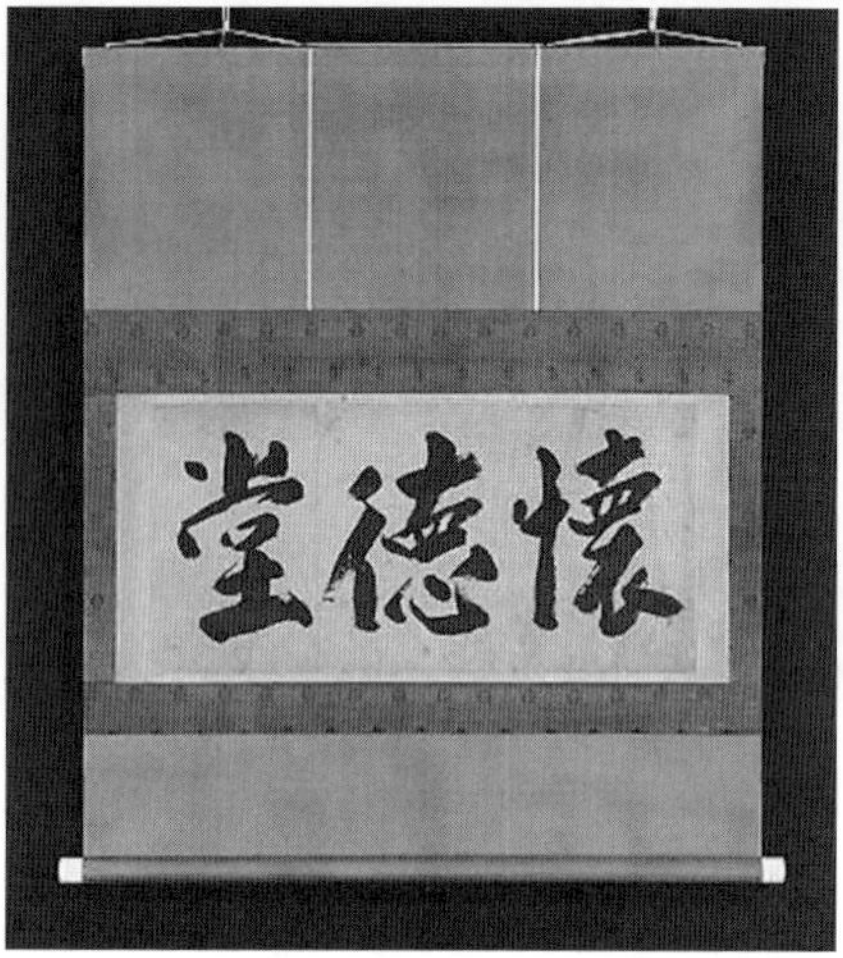

「懐徳堂」幅　初代学主三宅石庵筆

CG 再現した懐徳堂玄関部

CG 再現した懐徳堂講堂部

革に大きな影響を与えたとされる。

懐徳堂の基本的な学問は、中国伝来の朱子学であったが、大阪の風土も相まって自由闊達な精神に特徴があった。特に中井履軒は、朱子学のテキストを基盤にしながらも、その注釈に必ずしも従わず、時にはテキスト本文についても異論を述べるなど、柔軟な学問を展開した。しかし、幕末維新の動乱は懐徳堂の経営にも深刻な影響を与え、遂に明治二年（一八六九）、懐徳堂は閉校を迎える。

だが、懐徳堂の歴史はこれで終わったのではない。その復興を求める声が明治時代の中頃から起こってきた。明治四十三年（一九一〇）に設立された懐徳堂記念会が母体となり、大正五年に復興したのが重建懐徳堂である。

一　重建懐徳堂と西村天囚

その中心的役割を果たしたのが、漢学者西村天囚であった。西村天囚は種子島（現在の鹿児島県西之表市）の出身。東京大学の古典講習科に官費生として入学した。中退後、大阪朝日新聞に入社。その漢文力を活かして数々の名文を記し、「天声人語」の名づけ親とされる。後に主筆となり、編集を主導した。ジャーナリストとしての天囚が注目したのは、江戸時代の懐徳堂であった。自身、漢学者として宋学を学んだ天囚は、かつて大阪に朱子学の学校があり、そこで極めて高度な教育が展開されていたことを重視し、商都大阪にその学校を再建すべきだと考えたのである。天囚は、関西の政財界に働きかけて懐徳堂記念会を創設し、竣工した重建懐徳堂では自ら講師として教壇に立った。

また晩年には、京都大学講師として漢文を教え、宮内省御用掛に任ぜられて東京に移住した。大正十三年（一九二四）に天囚

大礼服姿の西村天囚

重建懐徳堂復元模型

は亡くなるが、その旧蔵書約三千冊の漢籍は、「故西村博士記念会」が買い上げ、懐徳堂記念会（重建懐徳堂）の蔵書「碩園記念文庫」となった。そして、戦後、他の大量の漢籍とともに大阪大学に引き継がれ、「懐徳堂文庫」五万点の一部となって現在に至っている。

ところが、天囚旧蔵の資料はこれのみにとどまらなかった。平成二十九年（二〇一七）、郷里の種子島に約二千点の資料が残されていることが明らかになり、その中に、明治・大正時代の天囚の交友関係をうかがわせる貴重な資料が含まれていたのである。本稿で取り上げる石濱純太郎の関係資料もその一つである。

二　西村天囚と大阪文人たちとの交流

平成二十九年と三十年（二〇一八）、筆者は種子島の西村家に赴き、天囚旧蔵資料の調査を実施した。平成二十九年は西村家における予備調査にとどまったが、平成三十年は事前に西村家、西之表市とも協議を進め、西村家にほど近い種子島開発総合センター（通称鉄砲館）の大会議室を拝借し、そこに資料を搬入して調査にあたることとなった。

その結果、天囚旧蔵の資料は次のように整理された。

- 文献・文書類……天囚の著書・蔵書、冊子、原稿、文書、新聞切り抜き・スクラップなど。

・写真……西村天囚および西村家に関わる写真類。
・書画・拓本類……天囚揮毫の書、関係者の書画（天囚が受贈・収集したと思われるもの）、および拓本など。
・書簡類……関係者・家族などが天囚に宛てた書簡類。

なお、これ以外で、平成二十九年の予備調査により、以下の資料が西村家にあることが確認されている。

・「讀騒廬」扁額……かつて西村天囚が大阪市北区松ヶ枝町に住んでいた時、その書斎に掲げていた額。清末の考証学者兪樾の揮毫。すでに失われていたと思われていたが、平成二十九年、西村家に保管されていることが明らかになった。
・アルバム……西村家の写真帳九冊。現在、湯浅が受託し調査中。平成三十年十二月に全点のデジタル化を完了した。
・書簡マイクロフィルム……天囚宛の膨大な書簡の内、平成十六年に宮内庁が調査し、マイクロフィルム四巻に収めていたもの。これも湯浅が受託し、平成三十年十二月に全点のデジタル化を完了した。
・シルクハット……明治四十三年、天囚が朝日新聞社の企画した世界一周旅行に同行した際、ロンドンで購入したと思われるものを含む計三点。

西村天囚
（大阪市北区松ヶ枝町の書斎にて）

景社題名第三

そして、これらの資料の中に、大阪文人たちとの交流をうかがわせる貴重な資料もあった。まずは、景社同人「景社題名第三」という寄せ書きである。

景社とは、天囚が設けた漢詩文鍛錬を目的とする結社で、明治四十四年（一九一一）二月、天囚の「景社同約」（『碩園先生文集』巻三）によれば、結社の精神は、『論語』の「以文会友」によるという。また、会の名前の由来は、同人がみな大阪市北区の「菅廟」（天満宮）付近に住んでいたことから、天神様を景して（仰ぎ慕って）その「賽日」（祭日）の毎月二十五日の夜に会合することにちなむという。同人は、自作の漢詩文を持ち寄り、互いに添削しあったり、即興の詩を作ったりしていた。また、大正五年（一九一六）二月の「景社題名記」（『碩園先生文集』巻三）によれば、その時点（発足五・六年目）で、同人は十一名であったという。

当該資料の保存状態はあまり良くないが、狩野直喜の代表署名の後、長尾甲（雨山）、西邨時彦（西村天囚）、内藤虎（湖南）、本田成之、武内義雄、青木正児、岡崎文夫、石濱純太郎、神田喜一郎などの署名が見える。署名人は計十四人なので、「景社題名記」の時点よりは後のものであろう。「第三」と称するゆえんである。

彼らは、いずれも関西の中国学を担う碩学であり、景社がいかに優れた人材の集まりであったかが分かる。特に、この資料では、各人が自署しているため、その筆跡が確認できる点に資料的価値が認められるであろう。このほか、版心に「景社文稿」と印刷した原稿用紙に天囚が自筆した草稿類も西村家資料の中から多数

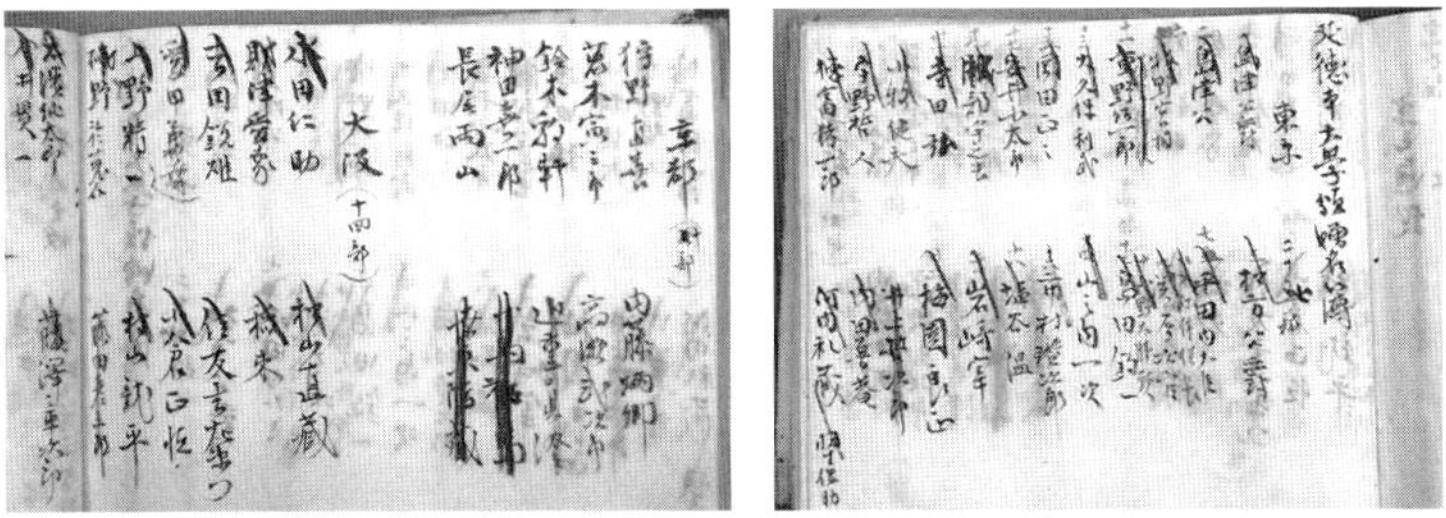

延徳本大学頌贈名簿

発見された。天囚はこの用紙を使って精力的に執筆活動をしていたのである。

天囚のこうした文化的活動は、懐徳堂の再興すなわち重建懐徳堂の開学として結実する。ただそれは突如実現したものではなく、景社を代表とする関西文人たちとの交流がその基盤として存在していたことを、この資料は示唆しているのである。

次に、西村家資料の中から「延徳本大学頌贈名簿」を取り上げてみよう。この資料は、横長の大型メモ帳に他の草稿とともに綴じられていたものである。『延徳本大学』とは、室町時代後期の臨済宗の僧で薩南学派の祖とされる桂庵玄樹が延徳四年（一四九二）に重刊した朱子の『大学章句』である。桂庵玄樹は、それを遡る文明十三年（一四八一）、薩摩の島津忠昌・勝久に仕えた国老伊地知重貞とともに『大学章句』を刊行して宋学の普及に努めたが、その十一年後に重刊したのが延徳本である。

この『延徳本大学』は、文明本が散逸したこともあり、日本における宋学の開始を象徴する重要な資料となった。天囚は、重貞の末裔から延徳本を譲り受け、大正十二年（一九二三）、百部を影印して同志に頒布した。しかし、折からの関東大震災により、この書はことごとく灰燼に帰した。そこで天囚は、翌大正十三年、再び百部を影印したが、その完成を待たず、同年五月に発病、七月に没した。

西村家資料の中から発見されたこの名簿は、その影印本『延徳本大学』の寄贈先を示した貴重な資料であった。全体は、「東京」「大阪」「鹿児島」「仙台」「各地方」「学校図書館」「支那」に大別され、各々寄贈先名が列挙されている。

例えば、東京では「二十七部」として、島津公爵、松方公爵、島津公、平田内大臣、牧野宮相、入江侍従長、市村瓚次郎、安井小太郎、塩谷温、宇野哲人などの名が見える。また京都では「十部」として、狩野直喜、内藤炳卿（湖南）、荒木寅三郎（天囚出講時の京大総長）、鈴木豹軒（虎雄）、神田喜一郎、長尾雨山など。

大阪では、永田仁助（懐徳堂記念会初代理事長、浪速銀行頭取）、松山直蔵（重建懐徳堂初代教授）、財津愛象（重建懐徳堂教授）、稲束（重建懐徳堂講師の稲束猛）、吉田鋭雄（重建懐徳堂最後の教授）、住友吉左衛門、愛甲兼達（十五銀行頭取）、小倉正恒（懐徳堂記念会第二代理事長、住友本社総理事、大蔵大臣）、上野精一（朝日新聞創始者、懐徳堂記念会発起人の一人）、村山龍平（朝日新聞社主）、石濱純太郎、藤澤章次郎（黄坡）、今井貫一（懐徳堂記念会初代理事の一人、大阪府立図書館初代館長）など十四部。

鹿児島は、種子島男爵（種子島守時）、山田準、平山武靖など八部。仙台は、瀧川亀太郎、武内義雄の二部。各地方では、安川敬一郎（元福岡藩士、安川財閥の創始者）、岡山源六（天囚の弟子、重建懐徳堂講師）など五部。

学校図書館は、図書寮（現在の宮内庁書陵部）、帝国図書館（国立国会図書館の前身）、東大図書館、東洋文化学院、国学院大学、大阪府立図書館、懐徳堂、天満宮文庫、京大図書館、東北大図書館、九大図書館、北大図書館、神宮皇学館、尚古集成館など十九部。支那は、羅振玉、董康、王国維など五部となっている。

この寄贈リストは、天囚最晩年の知のネットワークを端的に示す貴重な資料である。

三　石濱純太郎と西村天囚

種子島西村家資料の中には、石濱純太郎（一八八八〜一九六八）に関する資料が他にも見いだされたので、続いて検討してみよう。

石濱純太郎は、前記の「景社題名記」にその名があったことからも分かるとおり、天囚の誘いで景社同人となり、内藤湖南・武内義雄などと親交を持った文人である。大正十一年（一九二二）に大阪外国語学校（現在の大阪大学外国語学部）蒙古語部に入学、翌年には、泊園書院の漢学の講師として出講している。関西大学専門部講師となったのが大正十五年である。その蔵書約四万冊は、大阪外国語大学を経て、現在、大阪大学所蔵「石濱文庫」となっている。

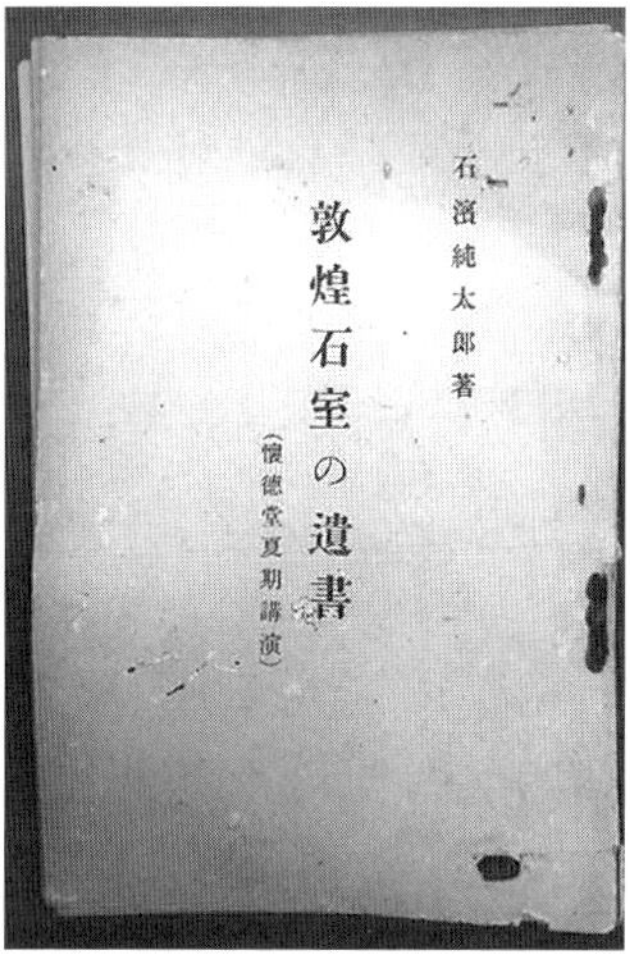

敦煌石室の遺書

今回の調査で、その石濱の講演録（冊子、非売品）が西村家所蔵資料の一つとして発見された。石濱純太郎著「敦煌石室の遺書」（懐徳堂夏期講演）である。これは、大正十四年（一九二五）、重建懐徳堂での夏期講演において八月五日から八日まで毎夕七時から八時半まで四回にわたって開講された講演の記録である。同年十一月十日付けの自序が記されているが、注目すべきは、その扉に「この懐徳堂講演を刊行して昨夏長逝せられたる故碩園西村先生へのわたくしの記念と致し

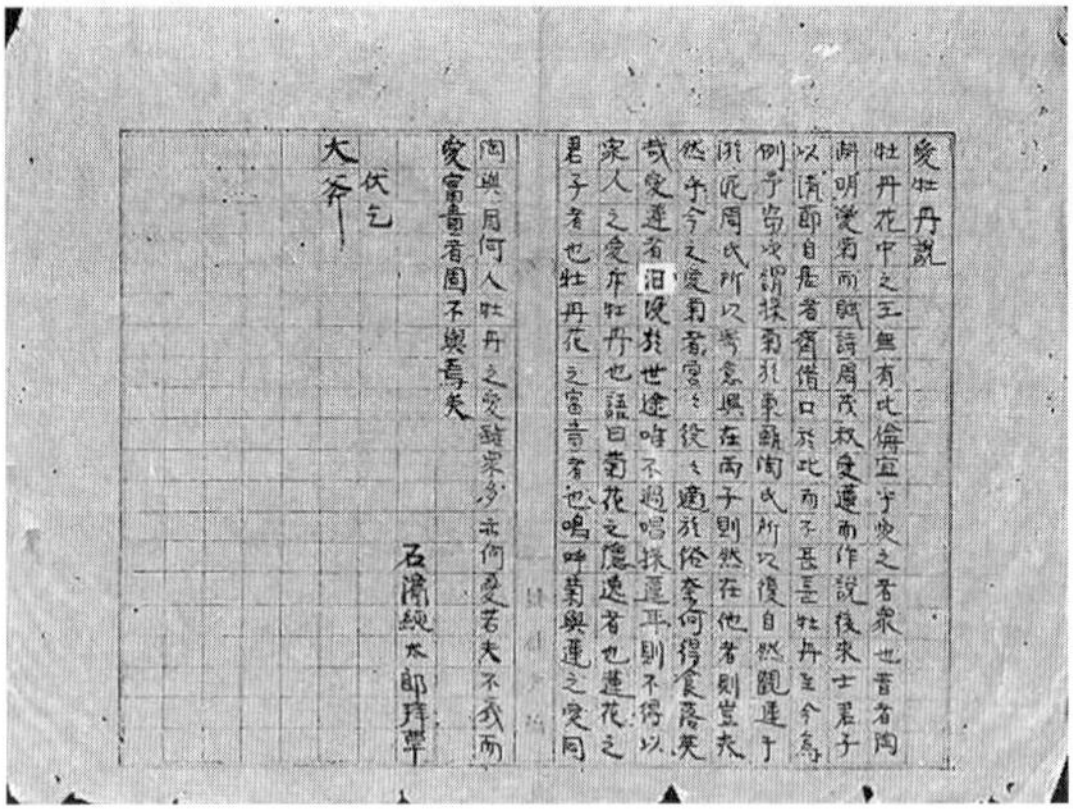

愛牡丹説
牡丹花中之王無有比倫宜乎愛之者衆也昔者陶
淵明愛菊而賦詩周茂叔愛蓮而作説後来士君子
以清節自居者資借口於此而予甚喜牡丹至今為
例予窃以謂採菊於東籬陶氏所以復自然観蓮于
濂渓周氏所以寄意興在両子則然在他者則豈求
然乎今之愛菊者営々役々適於俗奈何得食落英
哉愛蓮者汨没於世途唯不過唱採蓮耳則不得以
家人之愛亦牡丹也語曰菊花之隠逸者也蓮花之
君子者也牡丹花之富貴者也嗚呼菊與蓮之愛同
陶與周何人牡丹之愛雖衆多亦何愛若夫不我而
愛富貴者周不與焉矣
石濱純太郎拜草
伏乞
大斧

愛牡丹説

たいと存じます」「石濱純太郎謹んで識す」と特記されている点である。景社での交流を通じて、石濱が天囚に恩を感じ、深く敬愛していたことがうかがわれる。この冊子が刊行されたのは、天囚の死の翌年なので、石濱が天囚の遺族に贈ったものではなかろうか。

もう一つ、石濱純太郎に関する資料がある。天囚も使用していた「景社文稿」の原稿用紙に石濱が自筆で書いた「奉日下勺水先生書」と「愛牡丹説」である。いずれも、文末に「石濱純太郎拜草（稾）」「伏乞大斧」とあり、天囚に添削を求めたものであることが分かる。天囚（一八六五～一九二四）は石濱より二十歳ほど年上で、かつ、景社の恩人である。また、天囚は、漢文の筆力に優れ、朝日新聞に数々の名文を記していたジャーナリストでもあった。後に天囚が宮内省御用掛を拝命して詔勅などの起草にあたったのも、この漢文力があったからに他ならない。そうした天囚を石濱が慕い、謙虚に文章の添削を求めていたことは極めて興味深い。

四　石濱恒夫と懐徳堂

このように、西村天囚を介して、石濱純太郎と懐徳堂とに深い関わりがあったことが分かる。また、重建懐徳堂資料の中には、純太郎の子恒夫に関する資料もあるので、最後に取り上げてみよう。

「講義素讀出席表」という資料である。重建懐徳堂の授業には、中国の古典と日本の古典を中心にした講義（平日の夕刻と日曜の午後の一週五回）、人文科学の高度な内容の定期講演（毎週土曜日）、一般教養的な通俗講演（月に一〜二回）のほか、年少者を対象とする素読科などがあった。本資料は、その素読科の出席表である。全体の表紙には「素讀出席表　自昭和八年至同十一年」と墨書されている。受講者毎に一年間の出席状況が一枚の紙に記録されており、名簿の中に「石濱恒夫」の名が見える。左側の備考欄には、「昭和十一年」「一月十三日入門」「天王寺中学第一年」とある。

これにより、石濱恒夫が素読科でどのような漢籍を読んだのかが分かる。この年は一月十一日から受講を開始し、二月二十九日に「大学了」、六月十八日に「論語始」との注記が見えるので、少なくとも『大学』『論語』の素読を受けたことが明らかとなる。

親子二代にわたり、懐徳堂との関係を持った石濱家。

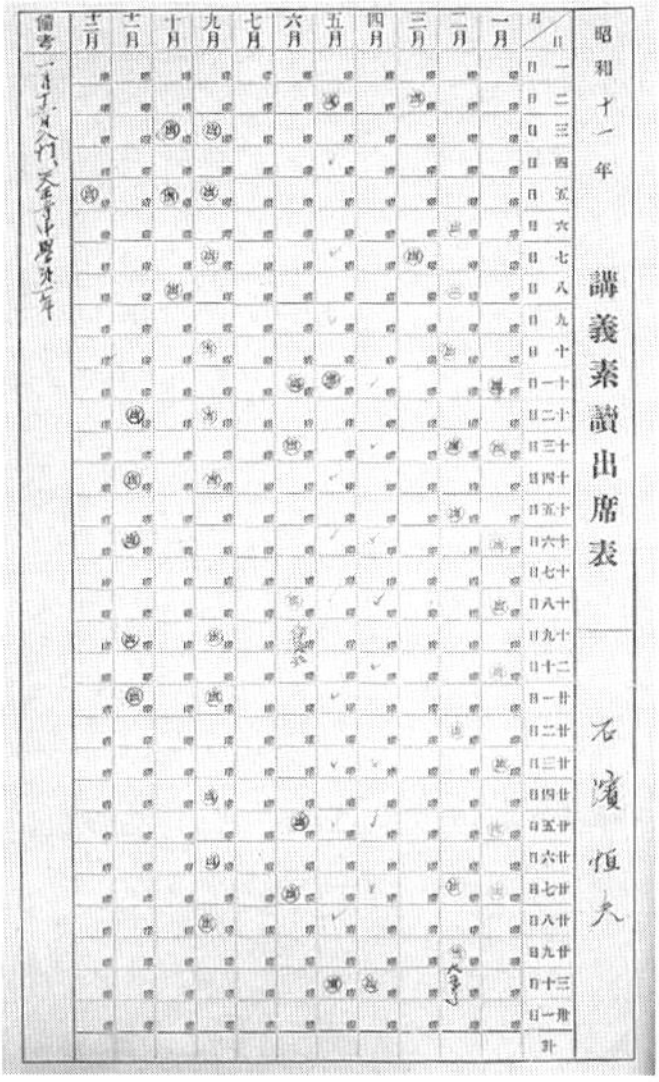

素読出席表

漢文こそがその素養の背景にあったのである。

参考文献

・湯浅邦弘編著『増補改訂版懐徳堂事典』（大阪大学出版会、二〇一六年）
・湯浅邦弘・竹田健二・佐伯薫「西村天囚関係資料調査報告――種子島西村家訪問記――」（『懐徳』第八十六号、二〇一八年）
・湯浅邦弘「西村天囚の知のネットワーク」（『懐徳』第八十七号、二〇一九年）

付記

画像の掲載について、大阪大学文学研究科、一般財団法人懐徳堂記念会、西村貞則氏（鹿児島県西之表市）より御許可をいただいた。厚く御礼申し上げたい。

石濱純太郎は、いつ内藤湖南に出会ったのか?
――新出資料『景社紀事』の紹介を兼ねて――

堤　一昭

はしがき

石濱純太郎の蔵書ほかの研究資料は、彼が大阪外国語学校に学んだ縁により、大阪外国語大学図書館に「石濱文庫」として入った。一九七九（昭和五十四）年には図書・雑誌・抜刷についての目録が刊行されたが、それ以外の資料はなおも未整理か研究途上にある。筆者は、大阪外国語大学所蔵の時期から調査を始め、文庫が二〇一四年（平成二十六年）に大阪大学総合図書館の貴重コレクション室に移された後も、阪大図書館の研究開発室員（石濱文庫の保存・公開・データベース化などを担当）として調査・研究にあたっている。

関西大学での「石濱純太郎没後五十周年記念国際シンポジウム」で講演を依頼されたことを契機に、二〇一八年八月二十五日から石濱文庫の未整理資料の調査を行った。その結果、石濱の卒業論文「欧陽修攻究」を含む東京帝大在学時代の論文その他の自筆稿本類、本稿で扱う『景社紀事』など大学卒業後の活動を知りうる資料が発見された。シンポジウムでは、「大阪大学図書館　石濱文庫の調査・研究の現況」と題し、これらの新出資料、さらにモンゴル語新聞『フフ・トグ（青旗）』や拓本、書簡、歴史的典籍の研究・公開状況についても報告した。(1)そのうち新出の自筆稿本類の概要は、「石濱文庫所蔵　石濱純太郎自筆稿本類の発見――明治末年の「支那文学科」の学修、大正初年の「文会」の資料として――」（『待兼山論叢・文化動態論篇』第52号、二〇一八年十二月、二十一頁～三十九頁）として発表した。(2)

本稿は、新出資料の『景社紀事』（大阪の文会（漢文の結社）「景社」の活動記録）にもとづいて、石濱純太郎がいつ内藤湖南に出会ったのかを検証し、〝一九一六年（大正五年）七月十六日〟、大阪の「景社」と京都の「麗澤社」の第一回連合会で初めて出会った〟、とされてきた従来の記述の修正を提案する。

両者の出会いに注目するのは、それが学術史的な価値を持つと考えるためである。出会いを転機として、石濱は「漢学」から「東洋学」へと学問の幅を大きく拡げた。(3)すでに中央アジア学術調査の成果に関心は持っていたが、新たにモンゴル語資料『元朝秘史』、「金字蒙古文蔵経」の研究などを開始する。その後、一九二四年（大正十三年）からは新設の大阪外国語学校の蒙古語科に選科生として入学し、そこで羽田亨、ニコライ・ネフスキーと出会うことになる。言語学を講じていた羽田に師事し、ロシア語教員だったネフスキーとは親交を結び、彼と未解読だった西夏文字の共同研究へと発展する。また内藤による富永仲基ら先学の顕彰・研究は、石濱にも受け継がれて『浪華儒林傳』に結実する。

内藤湖南にとっても、石濱との出会いは有益なものだった。那珂通世が『成吉思汗實録』（一九〇七年（明治四十年〕）刊行の翌年に没して後の『元朝秘史』研究、[4]内藤が奉天（瀋陽）で見出した「金字蒙古文蔵経」などの研究を石濱に託したと考えられる。諸言語に通じ、ヨーロッパやソ連東洋学の動向にも通じる石濱は、一九二四年（大正十三年）からの内藤のヨーロッパでの敦煌写本などの調査旅行には不可欠の人物であった。[5]

以下、『景社紀事』の概要を記し、さらに両者の出会いを記す記述を検討していきたい。

一　『景社紀事』の概要

西村時彦（天囚）が興した大阪の文會「景社（けいしゃ）」の規約、同人名、例会の記録の自筆原本である。全て漢文で記されている。

（一）体裁

縦二十五センチメートル×横十七・五センチメートル　紙縒綴じの抄本一冊。表紙を除き三十九葉だが、書き込みがあるのは最初から二十九葉まで。葉数表記は無い（以下の葉数表記は、筆者が本文の一枚目から数えてつけたもの）。表紙左肩に外題「景社紀事」直書（本文との対照で西村時彦の書と分かる）。本文は「景社文稿」原稿用紙（縦二十マス×横二十マス）に、墨書（一部朱墨）。[6]二十九葉裏に以下の三紙が挟み込まれていた。①「景社文稿」原稿用紙に記された会合記録の書きかけ一枚、②巻紙に記された年次記録の草稿らしきもの（大正七年一月廿五日から十月にかけての月日が記される）、③味盦先生あて石濱純太郎書簡。

『景社紀事』本文は、景社同約、景社題名、景社紀事の三つの部分から成る。同約、題名は西村時彦の書、紀事は会合ごとの幹事の書である。

（二）景社同約（一葉表～二葉表）

一葉表一行目に「景社同約」と題され、文章が二行目から裏四行までかけて続く。その末尾には、「明治四十四年辛亥二月社末西村時彦識」の識語がある。行を変えて第一紙の最後まで朱墨の同筆で小牧櫻泉の社約についての発言が引用され、第二紙冒頭から三行記された附記の最後に「大正乙卯一月邨彦又識」（「邨彦」は、西邨（＝村）時彦の略記）とある。これから、この部分はすべて西村の筆で、一九一一年（明治四十四年）二月に西村時彦（天囚）を會主として景社が発足し、一九一五年（大正四年）も彼がその任にあったことが分かる。

「景社同約」には、この文会の命名の由来や約束事が記される。「どうして社を結ぶのか。文によって友と集まるのである。なぜ「景」と名づけるのか。同人みなが天満宮（菅廟）の近くに住んでいるため、賢者を仰ぐ（景）思いをことよせたのである。毎月廿五日を期とする。天満宮の祭日である。順番に同人の宅に集まり、灯りを持って夜に遊ぶ。（中略）必ず最近の作品を持って来なければならない。あるいはその場で一小品を課題とする。互いに評価して、欠点を指摘する。直言すべきであり、心中で誹謗すべきでない。（後略）[7]」毎月二十五日の会合に自作の漢文作品を持ちより批評しながら、飲食をともにしようとするものであった。

（三）景社題名（三葉表～五葉裏）

次には同人名を列挙した「景社題名」が来る。二十七人の氏名や通称、字号、出身地（主に旧国名。大阪は「浪華」）、入社の年月、入社時の年齢、住所が順に記される。なお、二十九葉裏には、一～六行目に狩野直喜ほか六人、十行目に小牧昌業一人の計七人の氏名と住所が記される。「景社題名」の部分と四人が重複する。二十九葉に記載の人物も含めると全体で三十人についての情報が記されている。それらを表1にまとめる。誤字以外は元の表記による。なお、表の上端の通番、下端の備考および京都／大阪の区分は、筆者が加えたものである。

表1　景社題名に見える同人一覧

通番	氏	名	通称	字	號	出身	入社の年月	年齢	住所	備考	京都／大阪
一	籾山	逸		季才	衣洲	参河人		今年六十	北区河内町二丁目		大阪
二	西村	時彦		子俊、紫駿	天囚	大隅人		今年五十一	北区松枝町二一三		大阪
三	木﨑	愛吉		維則	好尚	浪華人		今年五十一	東区城山町		大阪
四	牧	巻	巻次郎	仲舒	放浪	美作人		今年四十八	摂津御影町	大正四年一月以後、どの時点かで故人。	大阪
五	岡山	泉	源六	子本	雲介	大隅人	一九一五年（大正四年）一月時点。入社の順、同時入社の場合は、年齢順に記入。	今年四十一	天下茶屋停車場南一丁半		大阪
六	田中	直	直二郎	義卿	柳江	浪華人			東区御堂筋安堂寺筋南		大阪
七	光吉	元	元次郎	子大	迂菴	肥前人		今年四十八	西成郡中津町下三番二五〇		大阪
八	馬場	譲	丈太郎	得卿	東海	伊勢人		今年四十八	西成郡豊崎村モスリン紡績社宅。東京麹町区土手三番町二九		大阪
九	永田	暉明		士哲	碧桐	肥前人		今年七十四	神戸奥平野神田町七十九		大阪

十	藤澤	元		士亨	黄鵠	浪華人	一九一五年（大正四年）一月時点。入社の順、同時入社の場合は、年齢順に記入。	今年四十二	東区東平野町五丁目		大阪
十一	（竹）武内	義雄	元造	宜卿		伊勢人		今年三十□	~~天王寺北山町五四天王~~三島郡吹田町五七八	竹内の誤記を訂正。	大阪
十二	（林）植田	政	政藏	子正		河内人		今年三十□	東区島町二丁目九　~~植田方~~	林の右側に朱筆で植田と書き入れ	大阪
十三	長尾	甲	槇太郎	子生	雨山	讃岐人	乙卯（一九一五年（大正四年））十月入社	年五十三	京都室町出水上		京都
十四	波多野	寧		士清	光田	豊後人	丙辰（一九一六年（大正五年））二月入社	年六十	南区天王寺細工谷町五五〇〇		大阪
十五	内藤	虎		炳卿	湖南	陸中人	丙辰春入社	時年五十一	京都吉田町字泉殿	二十九葉にも記載	京都
十六	狩野	直喜		子温	君山	肥後人		時年四十九	京都田中村字大溝六		京都
十七	富岡	謙蔵		君撝	桃華	京都人		時年四十□	京都室町中立賣上	二十九葉にも記載	京都
十八	磯野	惟秋		秋卿	秋渚	伊賀人	丙辰春				
十九	石濱	純太郎		士粹		浪華人	丙辰四月入社	時年二十九	大阪東成郡墨江邨千體	二十九葉にも記載	大阪
二十	本田	成之		孟彦	風軒	岐阜人	丙辰七月入社	時年三十五	京都市吉田町字鬮田二七		京都
二一	青木	正兒			迷陽	山口人		時年三十	京都市外　田中村字大溝		京都
二二	岡崎	文夫			櫻洲	越中人		時年二十九	京都市外　田中村字中川原		京都
二三	藤林	廣超				京都人		時年二十九	京都市間之町通上珠数屋町上		京都
二四	神田	喜一郎		子衎	鬯盦	京都人		時年二十	京都市室町通今出川北		京都
二五	吉田	鋭雄		子興	松苗	丹波人	丙辰十一月入社	時年三十八	摂津池田町北山口		大阪
二六	定	恵苗		修梵		越前人	大正五年十二月入社	時年三十	南区細工谷町五五〇八		大阪
二七	藤澤	章			黄坡	浪華人	大正七年（一九一八年）一月入社		南区竹屋町		大阪
二八	内村	邦藏							京都清水二寧坂	二十九葉に記載	京都
二九	磯野	於莵介							西区土佐堀二丁目一	二十九葉に記載	大阪
三十	小牧	昌業			櫻泉				東京市麻布区新堀町六	「小牧昌業先生」と記す。	

表の「入社の年月」を見ると、通番一〜十二の人物が大正四年一月（「景社紀事」に会合が記される最初）段階の同人であり、その後、「入社」者を徐々に増やしていることが分かる。注目すべきは、京都からの二回にわたる「入社」である。一九一六年（大正五年）、「丙辰春」には、内藤湖南、狩野直喜、富岡謙蔵の三人（通番十五〜十七）が、同年の「丙辰七月」には、本田成之ら五人（通番二十〜二十四）が「入社」している。石濱純太郎の「入社」は、この二回の間の「丙辰四月」にある。

（四）景社紀事（七葉表〜二十八葉表）

「景社紀事」は本冊子の題名であるとともに、毎回の幹事（各回の末尾に「幹事某某記」とある）がまわりもちで担当した会合の記録である。冊子自体も次の幹事に回されていったと考えられる。記された最後の幹事が籾山逸であるのに、石濱の手元に『景社紀事』が残った理由は未詳である（二十九葉裏に挟み込まれていた三紙のうちの①会合記録の書きかけ、②年次記録の草稿らしきもの（いずれも石濱の書ではない）が手がかりになるかもしれない）。冊子に記された会合は合計二十六回。記されている情報を表2にまとめる。通番は筆者が加えたものである。

なお、自作の漢文作品を持ちより批評するのが会の主目的であり、各回の記述の末尾には、持ちよった作品の題名と作者名が記されている。将来の復刻を期して、表2ではこの情報を割愛した。

表2　景社会合一覧（『景社紀事』所載分）

通番	開催の年	開催の日付	開催場所（原表記）	幹事	出席者数	出席者（記載順。字・号・通称は氏名に直す。［　］内は、景社の同人以外）	欠席者	備考
一	大正四年（乙卯、一九一五）	一月二十五日	西村時彦宅（敝寓）	西村時彦	8人	籾山逸、永田暉明、岡山泉、馬場譲、藤澤元、武内義雄、林（植田）政、西村時彦		林（植田）政は初参加
二	大正四年（乙卯、一九一五）	二月二十三日	大阪天満宮客庁（天満菅廟之客庁）	籾山逸	6人	西村時彦、光吉元、永田暉明、林（植田）政、岡山泉、籾山逸		
三	大正四年（乙卯、一九一五）	三月二十五日	記載なし	岡山泉	7人	西村時彦、籾山逸、永田暉明、光吉元、武内義雄、林（植田）政、岡山泉	馬場譲、藤澤元は欠席	大阪天満宮例祭（菅廟例祭）の混雑への言及有り
四	大正四年（乙卯、一九一五）	四月二十六日	大阪天満宮客庁（天満菅廟之客庁）	林（植田）政	5人	西村時彦、籾山逸、岡山泉、武内義雄、林（植田）政	光吉元は欠席	
五	大正四年（乙卯、一九一五）	五月二十六日	大阪天満宮客庁（天満菅廟之客庁）	武内義雄	5人	籾山逸、西村時彦、藤澤元、林（植田）政、武内義雄	永田暉明、光吉元は欠席	
六	大正四年（乙卯、一九一五）	六月二十五日	大阪天満宮客庁（天満菅廟之客庁）	藤澤元	6人	武内義雄、光吉元、林（植田）政、籾山逸、西村時彦、藤澤元		
七	大正四年（乙卯、一九一五）	七月二十六日	北野・朝妻楼	光吉元	4人	籾山逸、西村時彦、武内義雄、光吉元	永田暉明、藤澤元、林（植田）政は欠席	二十五日の大阪天満宮祭礼の雑沓を避けて二十六日開催
八	大正四年（乙卯、一九一五）	八月二十五日	大阪天満宮（菅公祠堂）	西村時彦	6人	籾山逸、藤澤元、光吉元、林（植田）政、武内義雄、西村時彦	永田暉明は欠席	
九	大正四年（乙卯、一九一五）	十一月二十五日	大阪天満宮（菅廟）	籾山逸	6人	［（東京から）黒木欽堂、］長尾甲、西村時彦、武内義雄、光吉元、籾山逸	永田暉明、藤澤元、林（植田）政は欠席	大正天皇の即位大礼（十一月十日）に際して京都滞在の黒木欽堂と、西村、長尾、籾山が箕面で紅葉鑑賞。景社の会合は午後五時から。長尾が入社（題名では十月と記す）

十	大正五年（丙辰、一九一六）	一月二十五日	八幡・金水楼	長尾甲、武内義雄	11人	［（京都から）狩野直喜、内藤虎次郎、富岡謙蔵、（大阪から）磯野惟秋、］永田暉明、籾山逸、長尾甲、西村時彦、光吉元、藤澤元、武内義雄	林（植田）政は欠席	【京都・大阪の連合会第一回（「新年第一會」）】※欄外に西村の筆で「この日、京都・大阪の同人が年に四回会合を約す。」の旨が記される。
十一	大正五年（丙辰、一九一六）	二月二十五日	大阪天満宮（菅廟庁事）	藤澤元	6人	永田暉明、籾山逸、西村時彦、光吉元、波多野寧、藤澤元	武内義雄、林（植田）政、長尾甲は欠席。	波多野寧が西村の紹介で参加。
十二	大正五年（丙辰、一九一六）	三月二十五日	大阪天満宮（菅廟書院）	西村時彦	8人	籾山逸、波多野寧、磯野惟秋、長尾甲、藤澤元、武内義雄、林（植田）政、西村時彦		西村が隔月・隔二月に一回の社友による講演（最初は四月十二日）を提案。
十三	大正五年（丙辰、一九一六）	四月十二日	大阪天満宮（菅廟書院）	西村時彦	30餘人	籾山逸、長尾甲、光吉元、武内義雄、林（植田）政、西村時彦、［上野有竹（理一）、小川簡齋（為次郎）、磯野惟秋、今井貫一ら］		長尾甲による講演。記念に題名を作成
十四	大正五年（丙辰、一九一六）	四月二十五日	枚方・占春楼	光吉元	11人	［（京都から）内藤虎次郎、狩野直喜、富岡謙蔵、］永田暉明、籾山逸、長尾甲、西村時彦、武内義雄、林（植田）政、石濱純太郎、光吉元	波多野寧、磯野惟秋、藤澤元は欠席。	【京都・大阪の連合会第二回（「第二次大会」）】。記念に題名作成。石濱純太郎が西村の紹介で加盟。
十五	大正五年（丙辰、一九一六）	五月二十七日	氷壺軒	籾山逸	2人	西村時彦、籾山逸		
十六	大正五年（丙辰、一九一六）	六月二十五日	河田子道宅（東成郡深江村）	西村時彦	8人	籾山逸、長尾甲、藤澤元、光吉元、波多野寧、田中直、石濱純太郎、西村時彦		「子粋」とあるのは「士粋＝石濱純太郎」と解す。
十七	大正五年（丙辰、一九一六）	七月十六日	宇治の旅館・網代（菟路旅亭網代）	西村時彦	14人	（大阪から）光吉元、磯野惟秋、武内義雄、石濱純太郎、西村時彦、（京都から）狩野直喜、内藤虎次郎、長尾甲、本田成之、青木正児、岡崎文夫、藤林廣超、神田喜一郎、永田暉明		【京都・大阪の連合会第三回】内藤虎次郎の提案により二十五日の例会を十六日に急遽変更。本田、青木、岡崎、藤林、神田が入會。
十八	大正五年（丙辰、一九一六）	十月二十五日	墨江村・翠濤園	石濱純太郎	7人	永田暉明、籾山逸、西村時彦、光吉元、武内義雄、林（植田）政、石濱純太郎		八月は炎暑、九月は悪疫のため休会。石濱純太郎の（鄭）板橋・蘭竹帖に題跋。（籾山）季才描く蘭に題言して記念とする。

十九	大正五年（丙辰、一九一六）	十一月十九日	箕面・朝日閣	籾山逸	10人	（京都から）狩野直喜、内藤虎次郎、青木正児、□崎、神田喜一郎、（大阪から）西村時彦、武内義雄、石濱純太郎、吉田鋭雄、籾山逸		【京都・大阪の連合会第四回】「□崎」は未詳。
二十	大正五年（丙辰、一九一六）	十二月二十五日	大阪天満宮（菅廟）	林（植田）政	10人	西村時彦、籾山逸、長尾甲、永田暉明、光吉元、武内義雄、石濱純太郎、吉田鋭雄、定恵苗、林（植田）政		
二一	大正六年（丁巳、一九一七）	一月二十五日	高津宮（高津祠）近くの望煙亭	藤澤元	5人	長尾甲、武内義雄、波多野寧、西村時彦、藤澤元		
二二	大正六年（丁巳、一九一七）	三月二十日	石山・初月楼	武内義雄	11人	（京都から）狩野直喜、内藤虎次郎、小島祐馬、那波利貞、佐藤、神田喜一郎、（大阪から）籾山逸、西村時彦、林（植田）政、石濱純太郎、武内義雄		【京都・大阪の連合会第五回】「佐藤」は未詳。
二三	大正六年（丁巳、一九一七）	四月二十五日	大阪天満宮（菅廟客殿）	武内義雄	4人	籾山逸、西村時彦、吉田鋭雄、武内義雄		
二四	大正六年（丁巳、一九一七）	五月三十日	住吉公園・翠香庵	石濱純太郎	7人	籾山逸、波多野寧、長尾甲、西村時彦、田中直、武内義雄、石濱純太郎		
二五	大正六年（丁巳、一九一七）	六月二十七日	大阪天満宮（菅廟客庁）	西村時彦	6人	籾山逸、碩田、武内義雄、吉田鋭雄、石濱純太郎、西村時彦		東京から、寺田望南が西村時彦宅に来訪、会に同席。「碩田」は未詳。「士興」は「子興＝吉田鋭雄」と解す。
二六	大正六年（丁巳、一九一七）	九月二十五日	大阪天満宮（菅廟客庁）	籾山逸	5人	西村時彦、武内義雄、石濱純太郎、田中直、籾山逸		

第一回の西村時彦による記述からは、最初の会合（一九一五（大正四）年一月）が、会の発足から四年も後である事情が判明する。もともとは籾山逸、木崎愛吉、西村時彦の三人が月一回集まり、持ちよった文章を小牧昌業に郵送して添削を依頼したことが始まりである。その後、牧巻、岡山泉、田中直が加わったが、牧が病に臥し、

木崎は事情あり、田中は中国に赴いたために、会合はとだえがちになった。光吉元、永田暉明、馬場譲の入社を得て、会合を再開するにいたったことなどが記されている。その後はおおよそ毎月の二十五日前後に集まったさまが、表2から読みとれる。

本稿は石濱と内藤湖南の出会いを検証するのが目的である。京都・大阪の第一回の連合会である通番第十回、第二回の連合会で石濱の入社の回でもある通番第十四回、および一九一五年（大正五年）七月十六日開催の第三回連合会、通番第十七回に注目する。これら三回についての「景社紀事」の記述と、そもそも両者の出会いについて、従来どのように記述されてきたのかを、次章で検討する。

二　石濱は、いつ湖南に出会ったのか？

（一）従来の記述

①石濱純太郎の記述：石濱本人は、内藤との出会いをどのように記しているのか。内藤湖南の没時（一九三四年（昭和九年）六月二十六日）の追悼の文章が二つあり、それを次に示す（傍線は筆者による）。

先生への病み付きは僕の大學入學前後から始まる。丁度『藝文』の創刊される頃で、其れへ出る先生の論文に接して全く感服して了い、それからは先生の書かれたものは新しいものでも古いものでも分からないものも貪り讀んで獨り喜んでゐた。後に西村碩園先生の御伴をして麗澤社景社の聯合文會の席上で初めて御目に掛ったので非常に嬉しくなり、時々御宅迄伺っていろいろ御話を承った。(「僕の憂鬱」『支那学』第七巻第三号、一九三四年七月)(8)

余は先生の論著を讀んで獨り心に之を喜んでゐたが、圖らず故西村碩園先生の景社文會が縁をなして親しく先生を識るを得、先生が歐州に蔵する敦煌出土品の調査に赴かれるに當って随伴するに至った。(「噫内藤湖南先生」『泊園』新第十一號、一九三四年九月一日、四頁)(9)

下線部を見ると、西村時彦のお伴として麗澤社と景社の連合会で初めて出会ったことは記されているが、年次は明記されていない。むしろ注目すべきは、直接会う以前から、石濱が内藤の著作に強い関心を持っていたことである。「僕の大學入學前後から始まる。丁度『藝文』の創刊される頃で、其れへ出る先生の論文に接して全く感服して了い」と言う。石濱が東京帝大・文科大学の支那文学科に入学したのは、一九〇八(明治四十一年)十月である。その前年十月に内藤は京都帝大・文科大学の講師、一九〇九年(明治四十二年)に教授となり、京都帝大・文科大学の機関誌『藝文』(第一年二、三、四号、一九一〇(明治四十三年))に、京都帝大就任後初めての論文「卑弥呼考」を発表した(白鳥庫吉との「邪馬台国論争」の開始でもある)。石濱は、この論文に感服し、内藤の著作を新旧問わず読み込んでいったのである。著作を通してだが、内藤との出会いはこの「卑弥呼考」にあるとも言える。

②年譜略：両者が〝一九一六年（大正五年）七月十六日、大阪の「景社」と京都の「麗澤社」の第一回連合会で初めて出会った〟とするのは、石濱への贈呈論文集『石濱先生古稀記念　東洋学論叢』所載の「石濱純太郎先生年譜略」（四頁〜五頁）である。(10)

大正四年　　　　二十八歳
この年　西村天囚氏の誘により大阪の文會「景社」に入り　長尾雨山　籾山衣洲　武内義雄らの諸氏と相知る
大正五年　　　　二十九歳
七月十六日　宇治花屋敷において、京都の文會　麗澤社と景社との第一回連合会あり　内藤湖南（虎次郎）　狩野君山（直喜）　青木正児　岡崎文夫　神田喜一郎　小島祐馬　佐賀東周　那波利貞　福井貞一　藤林廣超　本田成之らの諸氏と初めて会う

横田健一、大庭脩による石濱純太郎の伝記二種では、いずれもこの「年譜略」の記載によって両者の出会いを記している。(11)

(二)『景社紀事』の記述

では前述の「景社紀事」では、表2の通番第十回、第十四回、第十七回の会合はどのように記されているだろ

うか（訳は筆者による。持ちよった文章の題名と作者名（原表記）は注にのみ記す）。

第十回（一九一六（大正五年）一月二十五日）[12] 傍線は筆者による。以下同じ。

丙辰年の一月二十五日、新年の第一會を八幡の金水樓で開いた。京都の諸公と会うのは、思うに子俊（西村時彦）の提案による。この日、狩野半農（直喜）・内藤湖南（虎次郎）・富岡謙蔵（桃花）が京都から来た。磯野秋渚（惟秋）は大阪から来た。景社の同人で会に赴いたのは、永田士哲（暉明）・籾山季才（逸）・長尾子生（甲）・西村子俊（時彦）・光吉子大（元）・藤澤士亨（元）と私（武内義雄）の七人である。また最近の嘉き会合であったが、一つ残念だったのは子正（植田政）が用事で来られなかったことである。

この時点では石濱はまだ入社、参加していない。冒頭の欄外には、西村時彦による次の頭注が付されている。この年の七月十六日を連合会の第一回だとする「年譜略」とは異なり、すでに一月に最初の連合会が開かれ、隔月で連合会を開く約束がなされていた。

この日、両地（大阪と京都）の同人が一年に四度会う、つまり隔月に一度会うことを約束した。（西村時彦が坿記す。

第十四回（一九一六（大正五年）四月二十五日）[14]

四月二十五日、（大阪・京都の連合会）第二次大会を枚方の占春樓で開いた。内藤湖南（虎次郎）・狩野君山（直喜）・富岡桃花（謙蔵）は京都から来た。景社の同人で集まった者は、永田碧桐・籾山衣洲（逸）・長尾雨山（甲）・西村天囚（時彦）・武内宜卿（義雄）・植田子正（政）・石濱純（太郎）、および私（光吉元）の十一人である。石濱君は、西村天囚の紹介で新たに加盟した者である。この日は微かに雨が降り、淀川（澱江）の風景も殊に一段と優れて、実に一時の良き會であった。波多野光田（寧）・磯野秋渚（惟秋）・藤澤黄鵠（元）は、わけ有って来なかった。諸君の持ってきた文章は左に記す。宴が終わって、紙をひろげて名前を記して（題名）記念とした。[15]

第十七回（一九一六（大正五年）七月十六日）[16]

七月は京都・大阪の同人が集う時期である。会合は二十五日を例会としているが、夏期は休む。京都の同人が四散しそうなので、内藤炳卿（湖南、虎次郎）が十六日を期日にすることを書簡で連絡（東告）してきた。彦（西村時彦）は大阪の同人らに急いで連絡した（馳檄）。期日がもう迫っていて、みんな慌てて文章を作った。この日、宇治の旅館・網代（菟路旅亭網代）に集まった。大阪から来たのは、光吉子大（元）・磯野秋卿（惟秋）・武内誼《ママ》卿（義雄）・石濱士粹（純太郎）・邨彦（西村時彦）の五人である。京都からきたのは、狩野子温（直喜）・内藤炳卿（湖南、虎次郎）・長尾子生（甲）。及び本田孟彦（成之）・青木迷陽（正児）・岡崎文夫・藤林廣超・神田子衎（喜一郎）は、初めてこの日に入会した。永田子哲（暉明）もまた京都から来た。すべてで十四人、これまでになく盛んだった。

以上の「景社紀事」第十、十四、十七回の記述から、石濱純太郎と内藤湖南の出会いについて言えることは次のとおりである。大阪・京都の連合会の第一回は一九一六（大正五年）一月二十五日、八幡の金水楼で開かれた。内藤は来ているが、石濱はまだ景社の同人となっていない。第二回は一九一六（大正五年）四月二十五日、枚方の占春楼で開かれた。ここで石濱が西村時彦の紹介で景社に加盟した。内藤も来会し、両者の初めての直接の出会いとなった。第三回は一九一六（大正五年）七月十六日、宇治の旅館・網代で開かれた。石濱、内藤ともに参加している。つまり、「年譜略」に言う〝一九一五年（大正五年）七月十六日、大阪の「景社」と京都の「麗澤社」の第一回連合会で初めて出会った〟は、日付、場所、連合会としての回数について誤り、また石濱の景社への加盟を一九一五年（大正四年）とするのも年次において誤っていると考えられるのである。(17)

まとめ

（一）石濱純太郎は、すでに東京帝大の入学前後（一九〇八（明治四十一年）十月入学）から、内藤湖南の論文（「卑弥呼考」（明治四十三年発表）など）を読み、湖南の学問に強い関心を持っていた。【石濱「僕の憂鬱」】

（二）石濱が最初に湖南に直接出会ったのは、一九一六（大正五）年四月二十五日、枚方の占春楼で開かれた大阪の文會「景社」と京都の文會「麗澤社」の第二回の連合会であり、ここで石濱は西村時彦の紹介で景社に加盟している（初参加）。【『景社紀事』】

（三）従来、両者の最初の出会いとされてきた、「大正五（一九一六）年七月十六日　宇治花屋敷での麗澤社と景社との第一回連合会」とは、第一回ではなく第三回の連合会で、場所は宇治の旅館・網代であり、出席者も若干異なる。ちなみに第一回の連合会は、一九一六年（大正五年）一月二十五日、八幡の金水楼で開かれた。【『景社紀事』】

（四）『景社紀事』は、表1、表2に見られるように一九一五年（大正四年）～一九一七年（大正六年）頃の大阪・京都の漢学・東洋学の重要人物の交流を知る手がかりとなる[18]（附紙の分析が進めば一九一八年（大正七年）も）。当時の大阪には、藤澤家の泊園書院があり、石濱はここから出た。西村天囚らが奔走し、懐徳堂記念会（一九一三年（大正二年））、そして重建懐徳堂（一九一六年（大正五年））が成る。京都では、京都帝大に文科大学（明治三十九（一九〇六）年～）が開かれ、狩野直喜、内藤湖南、富岡謙蔵らが集う。辛亥革命の後、羅振玉、王国維が亡命し、甲骨文字研究、敦煌学、金石学などへ新風をさらに吹き込む（一九一一年（明治四十四年）～）。こうした背景のもとで大正癸丑蘭亭会（大正二（一九一三）年）も行われる。石濱純太郎は東京帝大卒業後、こうした関西文運の復興の中で自らの学問を成長させていったのである。

筆者は現在、『景社紀事』の翻刻を期して作業を進めている。懐古・顕彰のみならず、ここから新たな文運の盛を期したいものである。

注

（1）シンポジウム報告内容のうち、モンゴル語新聞『フフ・トグ（青旗）』については、紙面画像、記事索引のネット上の公開（DL可能）を進めつつある。大阪大学中国文化フォーラム OUFC Booklet vols. 7, 9, 10-1, 10-2, 12-1（二〇一五～二〇一八年）参照。これらは大阪大学の機関レポジトリOUKAからダウンロード可能。拓本についても、モンゴル時代（十三～十四世紀）石刻の目録、全体の概要、隋唐時代墓誌銘目録は公刊済。二〇一六年度までに、学術的美術的に価値の高い十碑の拓本計二十六枚を修復、スキャン画像撮影を行った。書簡の調査については、『東洋学者・石濱純太郎をめぐる学術ネットワークの研究』（平成二十四年度大阪大学文学研究科共同研究 研究成果報告書、二〇一三年三月）のⅡ．資料篇、および拙稿「石濱文庫所蔵の桑原隲藏書簡」『待兼山論叢 文化動態論篇』46、二〇一二年を参照されたい。石濱文庫所蔵の和書の古典籍の一部は、国文学研究資料館の「日本語の歴史的典籍の国際共同研究ネットワーク構築計画」により、撮影など作業進行中である。

（2）ここで報告した資料は、「長恨歌攷究」（第二学年末の学年試験論文）、「欧陽修攷究」（卒業論文）、「論不如帰漢訳」（大学へ提出の試験論文）、石濱純太郎「文稿」（日下寛担当の「作文」への課題論文）、「森泰二郎「毛詩講義」聞き書きメモ」、「星野恒「左傳」「論語」講義聞き書きメモ」「李卓吾文集巻十八」、および「景社紀事」である。「景社紀事」は、本稿でより詳しく内容を紹介する。

（3）拙稿「石濱純太郎の〝モンゴル学事始〟」『大阪大学石濱文庫所蔵『フフ・トグ／青旗』（一九四一年）』大阪大学中国文化フォーラム OUFC ブックレット10－1、二〇一七年二月(https://ir.library.osaka-u.ac.jp/repo/ouka/all/60242/oufc_10-1-fw.pdf)。藤枝晃「町人学者・石濱純太郎」（『図書』二三四号、岩波書店、一九六九年二月、三十頁～三十三頁）の三十頁～三十一頁には、内藤との出会いからの石濱の学問の発展が記されている。石濱への追悼文であるとともに、内藤湖南「大阪の町人と学問」（『日本文化史研究（下）』講談社現代文庫、一九七六年、一二七頁～一三八頁、全集第9巻所載）を下敷きとして、石濱を大阪の「町人学者」の系譜に位置づけて顕彰している。

（4）日本における『元朝秘史』の研究は、内藤が文廷式から鈔本を贈られたことに始まる。中見立夫「元朝秘史伝来のころ――日本における「東洋史学」の開始とヨーロッパ東洋学、清朝「辺境史地学」との交差――」『東アジア文化交渉研究別冊』（関西大学文化交渉学教育研究拠点）4、二〇〇九年三月、十一頁～十九頁参照。石濱文庫所蔵の『元朝秘史』精鈔本は、内藤から贈られた可能性がある。前掲拙稿「石濱純太郎の〝モンゴル学事始〟」、p.ii 注（7）参照。

（5）髙田時雄「内藤湖南の敦煌学」『東アジア文化交渉研究別冊』（関西大学文化交渉学教育研究拠点）3、二〇〇八年十二月、十九頁～二十三頁参照。同「ロシアの中央アジア探検隊所獲品と日本学者」『シルクロード 文字を辿って――ロシア探検隊の文物』京都国立博物館、二〇〇九年七月、四頁～七頁参照。

（6）拙稿「石濱文庫所蔵 石濱純太郎自筆稿本類の発見――明治末年の「支那文学科」の学修、大正初年の「文会」の資料として――」三十八頁に『景社紀事』の表紙（図十一）と「景社同約」冒頭（一葉表）の書影が掲載される。

（7）原文は「何故結社、以文會友也。社何名景、以同人皆居菅廟側、故寓景賢之意也。毎月卜念五為期、實為菅廟賽日。輪次會集同人之宅、秉燭夜游。…必須懐近業一篇、席上或課以一小品、互相評隲。指摘疵瑕、宜直言、不宜腹誹。…」（句読は堤による。以下同様）。「秉燭夜游」は、李白「春夜宴桃李園序」から。

（8）髙田時雄編『石濱純太郎　續・東洋學の話』京都・臨川書店、二〇一八年、九十四頁。

（9）髙田時雄編、同上九十六頁。吾妻重二編著『新聞「泊園」附記事名・執筆者一覧　人名索引』関西大学東西学術研究所資料集刊29―3、吹田・関西大学出版部、二〇一一年、一一八頁。

（10）石濱先生古稀記念会編、吹田・石濱先生古稀記念会、一九五八年十一月。

（11）吾妻重二編著『泊園書院歴史資料集』関西大学出版部、二〇一〇年所収。一八五頁、一九二頁）。前掲拙稿「石濱純太郎の〝モンゴル学事始〟」も「年譜略」に拠る。ちなみに宇治花屋敷は、山本宣治の実家である。

（12）各人が持ちよった文章の題名を含めた原文は、以下の通り。「丙辰一月念五、開新年第一會於八幡金水樓。以与京都諸公相會、蓋因子俊之議也。是日、狩野半農・内藤湖南・冨岡桃花、由京都來。磯野秋渚、自浪華至。景社同人趨會者、永田碧桐士哲・籾山（秀）［季］才・長尾子生・西村子俊・光吉子大・藤澤士亭、与七人。又近時之嘉會。獨憾子正有事而不能至耳。諸人所懐文稿如左：「記先師篁村先生遺訓　半農」「書孫幼穀壽言冊後　湖南」「山城愛宕郡高野村崇道神社之碑　同人」「真本貞觀政要考　桃花　○邦文」「五花留影集引　秋渚」「景社文集　第一輯序　士哲」「同　子生」「花下吟詩圖記　季才」「鐵炮傳來紀功碑　子俊」「徴書啓　子大」「書岡橋治助翁事　士亭」「与岡本子本書　子正　○郵寄」「老子略論　義雄」幹事長尾子生。武内義雄。」頭注は「此日、相約両地同人一年四會、即隔両月而一會。彦坩記。」

（13）石濱自身が言うように（本稿三〇八頁）、京都の文会「麗澤社」との連合会であったはずだが、『景社紀事』では「麗澤社」の表記は出てこないようである。京都からの内藤、狩野らも「景社」に「入社」したと表記されている。

（14）原文は、以下の通り。「四月念五、開第二次大会於枚方占春樓。内藤湖南・狩野君山・冨岡桃花、自京都至。景社同人相会者、永田碧桐・籾山衣洲・長尾雨山・西村天囚・武内宜卿・植田子正・石濱純、及余十一人。石濱君、以天囚之介新加盟者。是日微雨、澱江風景殊添一段之奇、実一時勝會也。波多野光田・磯野秋渚・藤澤黃鵠、有故不至。諸君所懐文記于左。飲畢、展紙題名以為記念。「湖南（空白）」「君山（空白）」「桃花　幸野梅嶺碑」「碧桐　上櫻泉小牧先生書」「衣洲　巡臺詩草序」「天囚　壽蘇雅集詩序」「宜卿　讀大學會記」「子正　上君山狩野先生書」「純　復天囚西村先生書」「元　江藤南白佚事」幹事　光吉元記（印記「光」「元」）」

(15) 現在進められている種子島西村天囚関係資料調査において、「景社題名第三」が発見された（湯浅邦弘「西村天囚の知のネットワーク――種子島西村家所蔵資料を中心として――」『懐徳』（懐徳堂記念会）第八七号、二〇一九年、十七頁～十八頁）。これと同様のもの（〝第二〟）が作成されたのであろう。

(16) 拙稿「石濱文庫所蔵　石濱純太郎自筆稿本類の発見――明治末年の「支那文学科」の学修、大正初年の「文会」の資料として――」で、「「景社紀事」にはこの日の記録はない、」（三十四頁）とした記述は、記事の一行目のみを見ていたための誤りであり、削除をお願いしたい。この他、会合の年月日などに誤記があった。（三十三頁）01：「乙丑」→「乙卯」、17：「七月念五」→「七月十六日」、21：「大正7」→「大正6」。（三十五頁）「訓点」→「句読」

原文は、以下の通り。「七月為京阪同人會集之期。會以念五為例會、夏期休沐。京都同人將四散、内藤炳卿東告以十六日為期。彦馳檄浪華諸同人、期既迫衆皆匆卒作文。此日會于菟路旅亭網代。自浪華至者、光吉子大・磯野秋卿・武内誼（ママ）卿・石濱士粹・邨彦五人。自京都至者、狩野子温・内藤炳卿・長尾子生。及本田孟彦・青木迷陽・岡崎文夫・藤林廣超・神田子衎、始以此日入會。永田子哲亦自京都至。総十四人、其盛従前所無也。文目如左：「題河田子道序　子哲」「笠庵記　子生」「讀荘第二　誼卿」「笠庵記　士粹」「笠庵記　時彦」時彦記。」

(17) 両者の出会いのみならず、石濱と他の人物との出会いも相違がある。「年譜略」では、一九一六年（大正五年）七月十六日に初めて出会った人物名が列挙される。そのうち、内藤湖南・狩野直喜・富岡謙蔵とはすでに四月二十五日に出会っていて、〝初めて〟会った人物として「景社紀事」と一致するのは、青木正児、岡崎文夫、神田喜一郎、藤林廣超、本田成之である。那波利貞との出会いは一九一七年（大正六年）三月二十日の第五回連合会であり、小島祐馬、佐賀東周、福井貞一については、一九一七年九月二十五日を記述の最後とする「景社紀事」には記載が無い。これ以後の出会いであろうか。「年譜略」の一九一五年（大正四年）で、長尾雨山（甲）・籾山衣洲（逸）・武内義雄と相知るとするのも、一九一六年（大正五年）四月二十五日の第二回連合会での石濱の景社への加盟の時と訂正すべきであろう。

(18) 後醍院良正執筆『西村天囚伝（下巻）』朝日新聞社社史編修室、一九六七年では、これらの交流には言及していない。

富永仲基顕彰に関する石濱純太郎の功績
――『楽律考』発見の意義に触れて――

陶　徳民

三十年前、大阪大学大学院で富永仲基の遺著『楽律考』について論文を書いた時に、懐徳堂出身の仲基の著述がどんなご縁で泊園蔵書の一括寄贈を機に創設された東西学術研究所に寄贈され、また出版されるようになったのかという素朴な疑問をもっていた。[1] しかし、二〇一二年秋、翌年春の大正癸丑蘭亭会百周年記念行事を準備するために行った泊園文庫中の藤澤東畡・南岳関連資料調査で一九三六年石濱の発見した『楽律考』を含む仲基遺著の入れ箱が偶然に目に入り、また友人の印藤和寛先生のご厚意により所蔵の「謙齋先生追遠記念」絵葉書を寓目できた。[2] 今年の年初、小田直寿君が所蔵している故水田紀久先生の富永研究関連資料を調査する時、また神田喜一郎から水田先生に贈られた「富永仲基先生関係資料陳列目録」（「大正十三年五月二十五日泊園書院學會」という落款がある）や「泊園」報第三十号（一九三六年十一月十五日）第三版に掲載されている石濱の「富永謙齋先生の漢学」（同年東京の漢学大会における報告）などを見ることができた。[3] したがって、大正後期から昭和前期にかけての大阪において「富永仲基顕彰運動」とも言える一連の活動が確かにあり、その中で、石濱純太郎（一八八八－一九六八）も内藤湖南と同じように重要な役割を果たしたのだという認識に辿り着いた。

本稿では、このような顕彰運動の概要と石濱の取り組みを述べると同時に、内藤における富永顕彰と章實斎顕彰との相補性および石濱による『楽律考』発見の意義に触れたいと思う[4]。

一　昭和十二年「富永謙齋先生追遠記念會」の挙行

一九三七（昭和十二）年十月三日に、大阪市天王寺区下寺町三丁目の西照寺（浄土宗）において、「富永謙齋先生追遠記念會」が厳かに催された。ここの「富永謙齋」はすなわち富永仲基（一七一五－一七四六）で、謙齋はその晩年の号である。法要では、京都帝国大学文学部長小島祐馬博士が代表として祭文を読まれた。法要後、同博士の司会のもとに記念講演会が開かれ、岡田播陽氏、木崎好尚氏、亀田次郎氏など関係者の講演があった[5]。同時に、富永の著作も展観され、その中に西宮にある富永東華（富永の末弟、名は重、号は東華など）の妻真多氏の実家に伝わり、石濱の粘り強い追跡調査でようやく入手できた貴重な遺著も含まれていた。

この法要の挙行は、近代日本における富永研究と顕彰の第一人者内藤湖南（一八六六－一九三四）が亡くなられて三年半後のことであり、内藤の遺志をぜひ実現させたいという石濱の悲願によるものであったことは、新聞「泊園」第三十號の「學界逸聞」と題する報道により知ることができる。報道の後半は遺著「六十餘種の展観あり。

就中律略校本、樂律考稿本、九皐集序（親筆）、摹右軍蘭亭記、井狩雪溪識謙齋稿本、東華秘笈、は謙齋の愛弟東華の後裔眞家の所藏にして稀覯の珍書なり。詳ならざりし謙齋先生歿年月も明白に至りたるを機とし。常に謙齋先生を激賞して已まざりし故内藤湖南先生の遺志を紹ぐ門下有志の記念主催と聞く。會衆百餘名。上記遺著遺墨を影印せる繪端書數葉及び石濱純太郎氏著謙齋先生小傳を頒與せられ、座談會等にて賑ひ、頗る盛會なりき」となっているからである。(6)

同報道は、第三者の立場から書かれているとはいえ、石濱の執筆に違いない。富永の歿年月日の究明、遺著遺墨の発見および伝記の作成は、富永の研究と顕彰に対する石濱の三大功績と言える。この偉業を成し遂げた経緯について、石濱自身が三年後に出した伝記『富永仲基』における「十二　因縁」という節につぶさに語っている。そこにおいて、富永の学問に対する己の開眼は「湖南先生の緒論に啓發せられて行ったものである」、「熱ら考へて見るに、湖南先生は一生の間（謙齋）先生の事蹟學問を闡明せられたが、どうせ歿年は分からんから、せめて「出定後語」出版の年からでも數へて何等かの記念會を催してやりたいと、兼々云つてゐられたのである。幸ひにして、余等は歿年月日を確定し得たのであるから、之を機會に追遠法要を營まうと、諸友に贊成を請うて皆快諾を得た。そこで余は追遠記念會を機とし、一小傳を編して、參會の諸君の閲覧に供しようと決心した。すぐ急遽資料を整理して、「富永謙齋先生小傳」として之を印刷屋に廻したのであった。所が記念會の会場たる西照寺を余は訪ねて、富永家墓所へも參詣してみると、盆にでも參つてあげられたかして、一基の卒塔婆が立て掛けてある。こゝへ參詣せられる人もあるのかと思って、見るともなしに見れば、眞市右衛門と書いてあった。フト思ひ出したのは、東華が一時養子に行った西ノ宮の真多氏、それが眞氏であるに氣付き、寺に訊ねてその現住所を知り、とにかく由緣のある人だらうから記念會の事を話して、當日來會して頂かうと思って江戸堀下通の米市を訪問したのであった。訪問して信之助氏に面會して、委細を語って如何なる御縁の方かと伺っていたのであった。正しく東華先生から傳はる西ノ宮の眞氏であった。御佛壇も富永氏から傳はつたもので、佛具にも富永氏と刻されてゐる。その内古くから傳はる一函を持出されて見せて頂いたものは、謙齋先生真筆の「九皐集序」、右軍蘭亭記の臨摹、「律略」重校本、「楽律考」稿本、井狩雪溪の謙齋先生に呈した文章の批語、「東華文集」、「東華祕笈」及び芳春、春樓、北海、九華などの書畫、記録等である。過去帳には芳春、謙齋先生も出てゐる。誠に資料續出である。」「湖南先生の遺志を紹がんとした記念會は圖らずも研究調査に大轉開を與へたのである。謙齋先生、湖南先生の冥助に非ずと云へようか(7)」と。法要挙行のために東奔西走された石濱の心境と一連の発見がもたらしたその喜びの様子がありのままに伝わっている貴重な証言といえよう。

ちなみに、同書は「創元選書」の一冊であり、巻末に掲載されている「創元選書既刊目録」中の同書の広告は、「近世日本の思想界に彗星の如く現れた仲基先生は、日本思想史上宣長と共に特筆さるべき絶無の偉才であって、その學問の方法に於では既に今日の尖端を行くものがある。年來その學風に傾倒する著者が初めてその偉風を明かにせられた」となっている。ここにおける富永の評価は明らかにすでに故人となった内藤の富永表彰時に使った絶賛の言葉を継承している。また内藤歿後の学界はいかに決定版の富永伝記の完成を、『関西大学学報』・『懐徳』・『泊園』などに継続的に富永小伝や補論を発表した石濱に期待しているかということも、この広告から読み取れるのである。

同書の執筆由来について、石濱自身は次のように明らかにしている。もともと創元社の企画担当者が内藤の長男伯健に執筆を依頼したが、「伯健先生はウマク之を余に肩更りせしめられた」、しかも近刊豫告を出したり、石濱の親戚である「藤澤桓夫君を通じて迄の催促」をしたりするような「攻め立て」を受けたためである。ただ、「余は書中に凡て謙齋先生と書いて来たが、鄉の先輩、國の天才に敬意を表したいつもりからである。書の題を富永仲基としたのは、世に知られたる名を以てしたのと、既に近刊豫告にさう出てしまつてゐるから敢えて異を立てなかつたのである」と。(8)「鄕賢顕彰」、すなわち己と同じく大阪出身の超一流の先哲を表彰する熱意が現れている。

以上をまとめて見れば、「富永仲基顕彰運動」への石濱の加担は、内藤の遺志の実現と大阪の先賢の表彰という二重のモチベーションに動かされたものだと言える。

二　内藤の富永評価のインパクト——大正十一年・十四年の講演について——

もし昭和十二年十月三日の「富永謙齋先生追遠記念會」が「富永仲基顕彰運動」の最高潮とすれば、その発端は大正十一年大阪懐徳堂で行われた内藤湖南の講演「富永仲基に就て」だったと考えられる。これは、ほかでもなく石濱の富永注目に導いた「湖南先生の緒論」であった。

二時間にわたる熱弁で行われた次のような最大級の富永評価が石濱、武内義雄、稲束猛、吉田鋭雄などを含む聴衆一同に深い印象を与え、また広い影響を引き起こしたのであった。「大阪の出した學者も色々の學者もあらうが、仲基は實に第一番の天才である、否日本が出した學者として第一流の天才と數へら丶人である。而して徳川時代に於ける學者中五人を省いたならば、仲基は第一等の人である。此の人に『出定後語』と云ふ著述がある。僅か二巻の書物であるが。日本に於ける佛教研究の書としては、古來此れ以上のものはない、恐らく支那にもなからう。尤も仲基の行った方法に従って、其れ以上に出やうとした人はあるが、今日謂ふ所の學問の科學的研究方法を自ら百八十年前に考へて、仏教全體の研究法を開いた事は、實に尊ぶべきことで、今日と雖も其の研究法は相一致して動かない點が多い。吾々は此の仲基の研究法を以て更に漢學の上にも加へなければならぬと思ふ」と。[9]戦後初期、武内はこの講演の影響を論じる際に、まさに上記の石濱撰富永伝記という創元社名著、稲束・吉田編『池田人物誌』および自分の中国古代思想論著などを例として挙げたのである。[10]なお、冒頭で触れた一九二四（大正十三）年五月二十五日泊園書院學會により開催された「富永仲基先生関係資料陳列」展も内藤講演のインパクトの一例であり、石濱による企画だったと考えられる。

そして、一九二五年四月五日、大阪毎日新聞発行一万五千号のお祝い連続講演会を機に、内藤は、それまで約三十年間訪ね求めつづけ、発見次第すぐ私財を投じて刊行した富永の逸文「翁の文」の展示即売を行うと同時に、「大阪の町人學者富永仲基」と題する長篇演説を行った。[11]そのなかで、内藤は、富永を豊臣秀吉・近松門左衛門と並べて「私のひどく崇拜して居る」大阪の偉人と認めると同時に、富永は「眞に大阪で生れて、而も大阪の町人の家に生れて、さうして日本で第一流の天才と云ってよい人」と指摘した。その上、「學問上の研究方法に論理的基礎を置いたといふことが既に日本人の頭としては非常にえらいことであります。その外に宗教、道徳に國民性の區別があり、時代相の區別があると、あらゆる點に注意して居ります。これが我々の非常に尊敬する所以であって、恐らく日本が生み出した第一流の天才の一人であると言っても差支ないと思ふのであります」と、再び絶賛の言葉を捧げている。[12]

以上のような内藤の推奨により、また展示即売された逸文「翁の文」の波及効果により、学界そして社会一般の富永認知が相当拡がるようになった。このことは、昭和十二年の「富永謙齋先生追遠記念會」で配られた石濱撰「謙齋先生小伝傳」の末尾に掲載している以下のような参考文献リストから窺うことができる。

西村時彥、懷德堂考。大正十四年、大阪刊。

稲束猛・吉田鋭雄共編、池田人物誌二巻。大正十二三年、池田刊。

内藤虎次郎、大阪の町人學者富永仲基（大阪毎日新聞社編、大大阪記念講演集「大阪文化史」、大正十四年、大阪刊）。

龜田次郎、出定後語の刊本について（「書物の趣味」第四册）。

木村敬次郎、稿本大阪訪碑錄（浪速叢書第十、昭和四年、大阪刊）。

横地祥原、翁の文（先生年譜を附錄す）。昭和十年、大阪刊。

享保以後大阪出版書籍目錄、昭和十一年、大阪刊。

石濱純太郎、富永謙齋先生（關西大學學報第百三十號）。

同上、富永謙齋先生傳考補（懷德第十三號）。

同上、富永謙齋先生傳續考（關西大學新聞記念特輯號背光）。

同上、浪華儒林傳雜考（泊園第二十二號、第二十三號、第二十五號、第二十九號）(13)

このなかで、西村時彥（一八六五－一九二四、号は天囚・碩園）の『懷德堂考』は、その逝去後に刊行されたものであり、冒頭に挙げられたのは、西村は石濱と内藤の交友のきっかけを作った知人という因縁があったためである。これに対して、二点目の稲束・吉田『池田人物誌』はまさに内藤の懐徳堂講演に刺激を受けた経緯もあり、それについて同書所収の「富永仲基」という人物項目の書き出しで明確に述べられている。そして、石濱の富永伝記をめぐる一連の論考はいうまでもなく、内藤の影響によるものであった。

内藤は一九三四年六月二六日に逝去されたが、同年九月一日の「泊園」第十一號に、「噫　内藤湖南先生」という石濱の追悼文が掲載された。その中で次のような三節がある。

湖南先生は終に逝かれた。古稀に近い高齢で悪性の病氣とあっては致し方も無い事ではあらう。然し私淑などと云ふもおこがましいと迄敬服してゐた余は心ひそかに錢大昕・王念孫も長命だったんだから、其左右迄はキット大丈夫だらうと勝手に良い方へ考へてゐたんだが、天命如何とも為難く古稀をも待たずして長逝されてしまった。

余は先生の論著を讀んで獨り心に之を喜んでゐたが、圖らず西村碩園先生の景社文會が縁をなして親しく先生を識るを得、先生が歐洲に藏する敦煌出土品の調査に赴かれるに當って随伴するに至った。

先生の學術は到底余なんどの容易に論じ能はぬ博大精邃なものである。清朝一代學術の盛を世人はよく談ずるが、その一代學術の菁萃は皆先生を通じて發揮廣大されたもので、本國の學者達も此點に於て數籌を輸してゐるのだ。先生は初めよく我漢學は支那に比して百年少くとも五六十年は後れてゐると云はれたが、先生晩年の我支那學界は決して彼れにヒケを取らなくなつた。然も皆先生提澌の結果であるから我學界は正に感謝しなくてはならないんだ。先生は支那學計りでなく國史國學の方面でも美術工藝の研究に於ても學界の感謝すべき業績を遺された。[14]

この中で、第一節に言及された清朝の代表的考証学者銭大昕(一七二八―一八〇四)と音韻学者王念孫(一七四四―一八三二)は、いずれも八十、九十歳近くの長寿を全うした。石濱は、内藤に彼らと同じように長生きてほしかったが、古稀に近い年齢で亡くなられたことが惜しかったと述べておられる。第二節に触れた景社は、一九一一年西村の提案で結成された漢詩文団体で、同人たちの住まいはみな「菅廟」(京都北野天満宮、大阪天満宮)の周りにあるため、先賢を景仰するという意味で「景社」と名付けたという。[15] 石濱はこの場で内藤と知り合い、交友を深めたため、一九二四年秋から一九二五年春にかけての内藤の欧州調査旅行を同伴するようになった。第三節に論じているのは、日清両国の学術の長短を比較する内藤の論調の変化であるが、景社に始まる両者の交友史から見れば、その変化はまさに大正初期から昭和初期までの約四半世紀のうちに実現されたものと言える。

三　内藤における富永評価と章實斎評価の相補性および『楽律考』発見の意義

ところで、上記の石濱の追悼文に、清朝一代の学術の精華はみな内藤先生を通じて発揮広大されたものであり、中国の学者たちはこの点に関して内藤に及ばなかったと書かれた箇所もある。これはどんな理由があっただろうか。

最晩年の内藤に親炙し、内藤伝記の著者でもある三田村泰助は、「明治以降、理論的なものの糧はすべて西欧に仰ぐのがわが国の学者のしきたりであるが、湖南の場合はさらに日本ないし中国に思想家、その糧を求めて大をなしたところにそのユニークな性格が見られる」と述べたことがある。[16] 確かに、青年内藤は明治前期の西洋かぶれの潮流のなかで、英語・万国史・哲学・民約論などを貪欲に勉強した。後に、大内青巒や三宅雪嶺の影響で仏教復興や国粋保存のための運動に投身した。一八九九年、仏典や国学関係の個人蔵書の罹災および初回の清国行を契機に「支那学」へ転向し、翌年の春に次のような見解を発表した。「東西の学術、方さに我邦に集注す、之を薈萃して之を折衷し、之を融和し而して学術の生面を開き、世界文明の一大転機を形くるは、地位我邦より善きはなし。（中略）学術変遷の序次は、支那学風の固陋を免れざるも、亦欧西と神理相似たる者あり、故に欧西学術変遷の大体に通ずる者、更に漢学を講じて、門逕を誤らざれば、其の同異を対照して、且つ記憶に便に、且つ発明に資すること、決して少小に非ざらんとす」と。[17] 留意すべきは、これより数年前、彼はすでに富永の仏教研究法に関心をもち、しかもその逸文「翁の文」の発見を心掛けはじめた、ということである。そして、一九〇二年の清国行による章氏（實斎）文集などの入手、一九〇六年那珂通世が刊行した『崔東壁先生遺書』の購入、および一九一〇年代京都滞在の羅振玉と王国維、および聖書の高等批判に詳しい同志社神学部教授日野真澄（コロンビア大学卒業）との交流により、儒教経典をも含む古典研究の方法論に関するその視野が大きく開かれた。一方、一九〇七年大阪朝日新聞社から離れ京都帝国大学の講師（二年後教授昇進）になってから、一九一二年に『尚書』を、一九一五年より『支那上古史』を三回授業することを契機に、「支那古典学の研究法」、「尚書稽疑」・「易疑」・「爾雅の新研究」・「禹貢製作の年代」などを断続的に発表した。このように東西両洋の学問のエキスを吸収し、また古典研究を実行した内藤は、清末民国初期の中国人学者より高い眼識を備えることができた。これについて、近著の一章「内藤湖南の章實斎顕彰に刺激された中国の学者－胡適・姚名達および張爾田との交流について」において論じたことがある[18]。

しかし、従来の研究では、内藤における富永評価と章實斎評価は別々に論じられ、両者の相補性の存在が注目されてこなかった。その一例として、章實斎『文史通義』「言公」篇に対する内藤の次のような分析がある（ちなみに、文庫調査で気づいたのは、内藤所蔵の『文史通義』には朱点と欄外コメントがもっとも多く施されているのは、まさにこの「言公」篇である）。

最初の著述はその器を載せ道を明かにする為の著述であるから、自分一個の言を立てる為の著述ではないのである。一人の立言者があった時に、その道を伝へた後の人は、その立言者の著述の後に直ぐ又附け加へて書いても、前の立言を推し弘めるためであれば少しも差支ない。（中略）その立言者とその継続者との関係によって、その議論の発展を見るべきものである。（中略）これが大体に於て言公の論の主旨であるが、章学誠は六経その他の著述に就て、一々事実を指摘し、古代の著述の批判を示している。これは古人の著述を批判する方法として、一つの新しい見方を出したものであって、経学史学の研究法に於て極めて重要な考へ方である[19]。

このなかで言及された立言者とその継続者（最初の著述に次々と「附け加へて書」く人々）との関係は、すなわち学説の創生と「加上」（富永仲基の用語）によって文化の進歩を成し遂げていく知的共同体の関係である。このように見た場合、内藤の章實斎顕彰は実はその富永顕彰とは一種のパラレル的な関係になっていることがよく分かる。要するに、内藤は大所高所から文化史の進化と因果関係を把握しようとする歴史家であるため、論理的な古典研究法を立てようとした章實斎や富永仲基の獨創性に最大級の賛辞を捧げたのであった。

忘れてはいけないのは、富永には『宋学真詮』という佚著もあり、真詮という言葉の含意と用法（真実の道理、本当の意味、正しい解釈など）から考えて、彼は宋学の学問全体に対する価値判断についてポジティブな姿勢を取っているだろうと推測できる。その姿勢を裏付ける確固たる証拠は、まさに石濱の追跡調査により発見された真家所蔵の『楽律考』にある。すなわち「本朝律呂嬰商嬰羽」と題する同書の一節において、富永は直接、朱子の「琴法調絃之説」（出典は『晦庵先生朱文公文集』巻第六十六所収の「調絃」）を援引したうえで、「朱子所解、頗有理、而獨於琴云爾、不及樂律之法皆有然也、是可惜已」と論評している。すなわち富永は、琴法にかかわる音律が時代の推移につれて変化せざるをえなかったことを正当化している朱子の説は非常に説得力を持つものと認めているが、朱子はその所説を楽律一般まで広げて適用しようとしなかったことを残念に思っている[20]。

これまでの富永研究では、池田に隠居していた荻生徂徠の親友田中桐江（一六六八－一七四二）より受けた荻生の影響がよく強調されていたが、それは確かに一理がある。但し、ここにおいて、田中本人は朱子とその学問の熱烈な信者であったという基本事実にもっと注目すべきであり、富永が田中から受けた影響は徂徠学のそれよりも朱子学のほうがもっと大きかったと考えられるのである[21]。しかも、富永は眼識と自負心の高い学者として同時代日本人の学説をあまり重要視しておらず、仏教や儒教の原典にあたって真理と真実を探求する傾向があったと神田喜一郎がかつて指摘したことがある。これからの富永理解と研究にとって重要な示唆となるのではないだろうか[22]。

注

（1）陶徳民「富永仲基の音楽観――『楽律考』の研究」、『東方学』第七七輯、一九八九年。
（2）同絵葉書は故水田紀久先生が生前、印藤先生宛ての返信（平成四年四月十六日付）に使われたもので、いまは後者によって珍蔵されている。印藤先生は、『富永仲基と荻生徂徠――楽律考を中心に』という論文で関西大学より博士（文化交渉学）の学位を授与されている。
（3）小田君は関西大学文学研究科出身の博士で、現在大阪電気通信大学非常勤講師・和歌山人権研究所研究員を務めている。晩年の水田先生に木村蒹葭堂研究につき指導を受けた関係上、先生は、その願い出に応じて、研究ノート四冊を含む富永研究関係資料を一括贈与した。いま、小田直寿氏藏「故水田紀久先生富永仲基研究関係資料」として大事に保存されている。
（4）陶徳民「内藤湖南的仲基研究」（中国語、同『日本漢学思想史論考――徂徠・仲基および近代――』所収、関西大学東西学術研究所研究叢刊11、一九九九年）にすでに論じているが、ここにおいて、再考してみたいと思う。
（5）石濱純太郎『富永仲基』（創元社、一九四〇年十一月十日初版、十二月三十日六版）、二一四―二一五頁。
（6）吾妻重二編著『新聞「泊園」』（関西大学東西学術研究所資料集刊二九―三、関西大学東西学術研究所、二〇一七年）、二一五頁、第三十號（一九三七年十一月十五日）。
（7）前掲石濱『富永仲基』、二一一―二一四頁。
（8）前掲石濱『富永仲基』、二二三―二二六頁。
（9）稲束猛・吉田鋭雄共編『池田人物誌』上巻（池田市：太陽日報社、大正十二年九月）、一七九―一八〇頁。
（10）武内『支那学研究法』（岩波書店、一九四九年）初版。『武内義雄全集』第九巻（角川書店、一九七九年）、四六―四七頁。
（11）一九二四年大阪外国語学校の亀田次郎、京都帝国大学図書館の山鹿司書官、石濱純太郎などによりそれぞれ「翁の文」が発見されたが、複製されたのは亀田が入手したそれであり、内藤は跋文を撰した。
（12）内藤湖南「大阪の町人學者富永仲基」、全集第九巻、三七一頁、三九〇頁。
（13）石濱純太郎『浪華儒林傳』（田中秀吉発行、全国書房、一九四二年）、一〇〇―一〇一頁。

(14)前掲吾妻編著『新聞「泊園」』一一八頁、第十一號(一九三四年九月一日)。
(15)西村時彦「景社同約　辛亥二月」、『碩園先生文集』(懐徳堂刊行、一九三六年)巻三所収。
(16)三田村泰助『内藤湖南』(中公新書、一九七二年)、一二七頁。
(17)内藤湖南「読書に関する邦人の弊習附漢学の門径」、『燕山楚水　禹域論纂』、全集第二巻所収、一六八－一六九頁。
(18)陶徳民『日本における近代中国学の始まり――漢学の革新と同時代文化交渉』(関西大学出版部、二〇一七年)第六章参照。
(19)内藤湖南「章学誠の史学」、全集第十一巻『支那史学史』付録所収、四七六頁。
(20)同注(1)。なお、「富永仲基的徂徠批判論」(中国語、同『日本漢学思想史論考――徂徠・仲基および近代――』所収、関西大学東西学術研究所研究叢刊十一、一九九九年)参照。
(21)田中桐江は晩年、遠方にいる門人への書簡で「野夫學術心術、依舊尊信朱文公如神明に而候、(中略)徂翁之書看閲の上に而も、野夫には格別勸發無之候」と、己の朱子尊信、徂徠軽視の姿勢を打ち明けている(吉田鋭雄編『田中桐江傳』四十六頁、池田史談話會發行、大正拾貳年)。そして、高弟荒木蘭皐(富永仲基の実弟)が記した田中の絶命の詞は、「英雄所守、薄冰深淵、齢過晦翁、四年終焉」という四句で、朱子学の精神を堅持し、七十一歳で逝去の朱熹より四年間長生きすることができた己のことを幸いと思っていたようである(同注9、七十九頁)。
(22)神田喜一郎「鳳譚餘話」、『神田喜一郎全集』第九巻、八八頁。

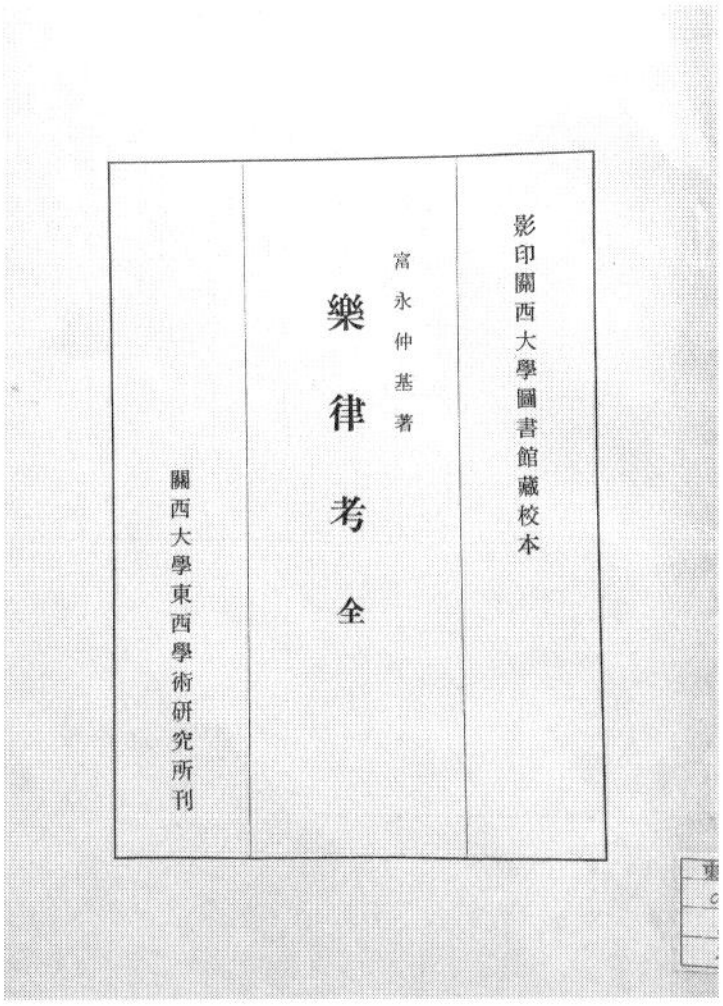

影印關西大學圖書館藏校本

富永仲基著

樂律考 全

關西大學東西學術研究所刊

図1　富永仲基著『楽律考』
（関西大学東西学術研究所、一九五八年）

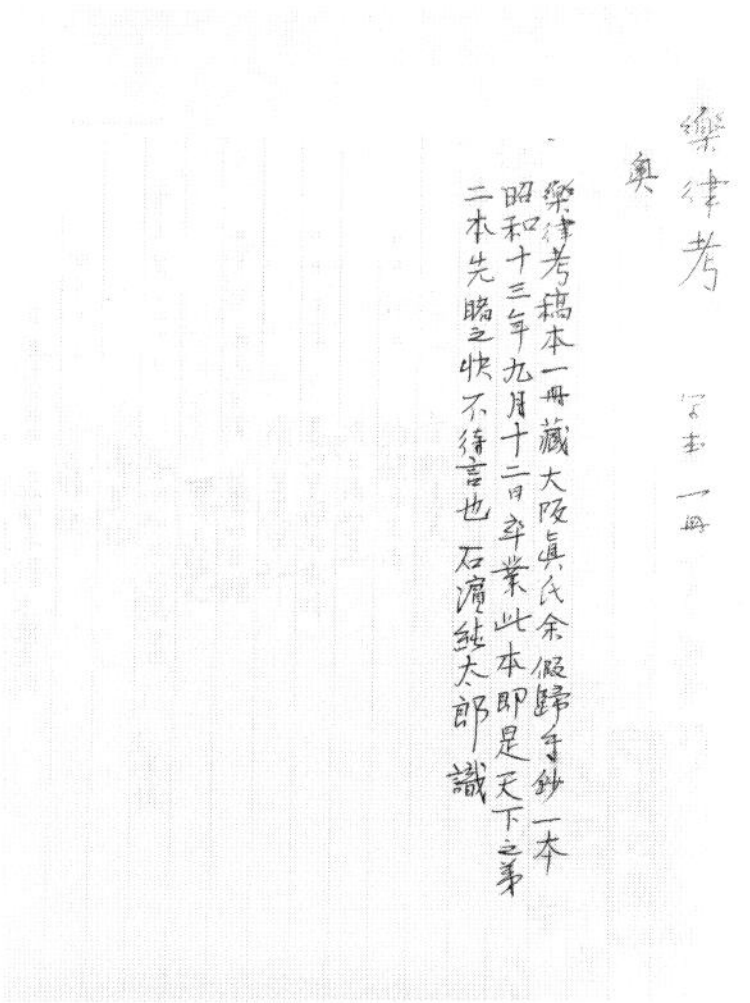

樂律考　写本　一冊

奥

樂律考稿本一冊藏大阪眞氏余假歸手鈔一本
昭和十三年九月十二日卒業此本即是天下之第
二本先睹之快不待言也　石濱純太郎識

図2　石濱が真氏所蔵『楽律考』を鈔写完了後の識語
（水田氏の写し、同「富永仲基ノート」より）

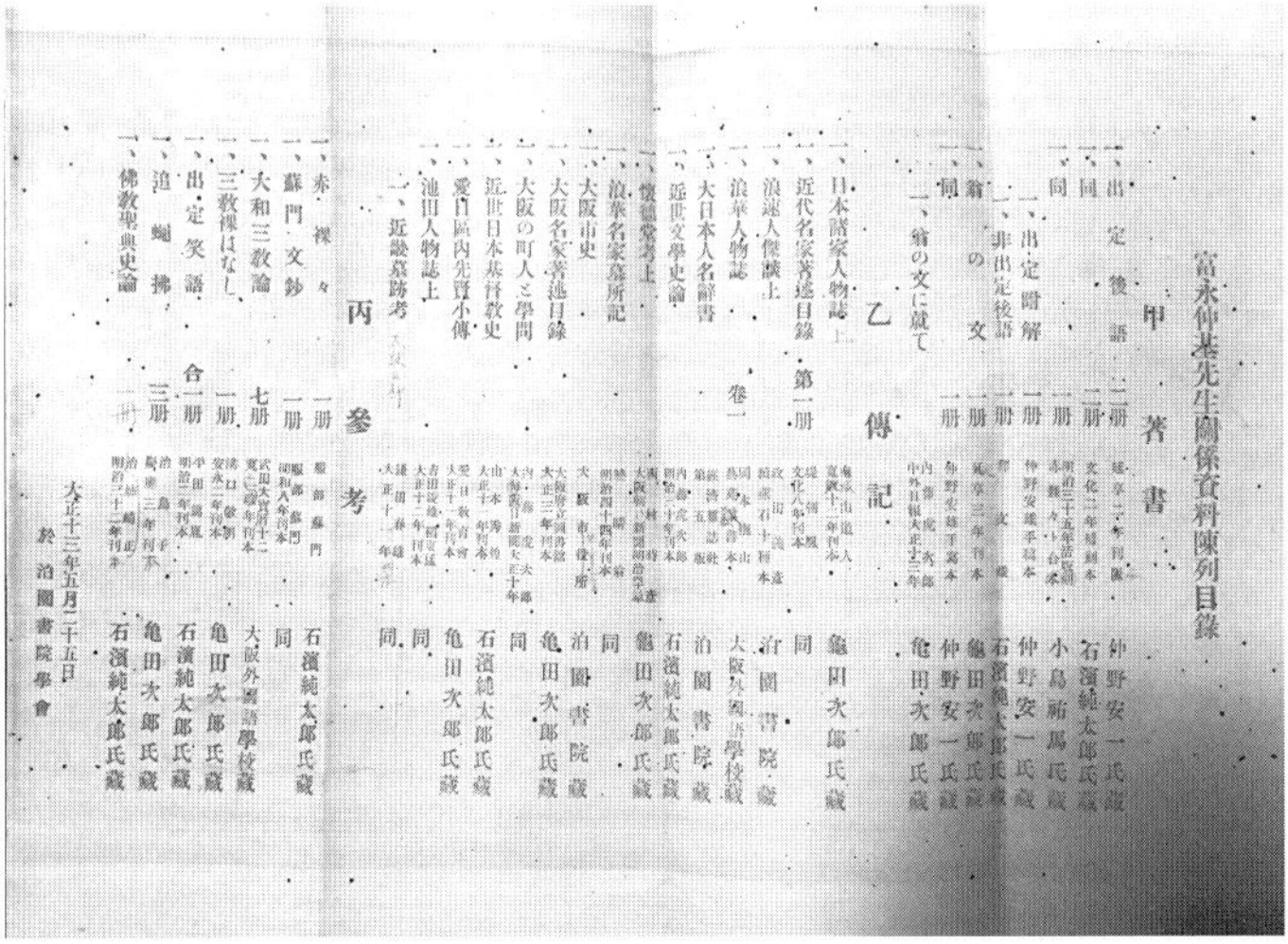

富永仲基先生關係資料陳列目録

甲　著書

一、出定後語　二冊　仲野安一氏藏
一、同　二冊　石濱純太郎氏藏
一、同　一冊　小島祐馬氏藏
一、出定嘲解　一冊　仲野安一氏藏
一、非出定後語　一冊　石濱純太郎氏藏
一、翁の文　一冊　龜田次郎氏藏
一、同　一冊　仲野安一氏藏
一、翁の文に就て　一冊　龜田次郎氏藏

乙　傳記

一、日本諸家人物誌　上　龜田次郎氏藏
一、近代名家著述目録　第一冊　同
一、浪速人傑談　上　泊園書院藏
一、浪華人物誌　卷一　大阪外國語學校藏
一、大日本人名辭書　泊園書院藏
一、近世文學史論　石濱純太郎氏藏
一、懷德堂考　上　龜田次郎氏藏
一、浪華名家墓所記　同
一、大阪市史　泊園書院藏
一、大阪名家著述目録　龜田次郎氏藏
一、大阪の町人と學問　同
一、近世日本基督教史　石濱純太郎氏藏
一、愛日區內先賢小傳　龜田次郎氏藏
一、池田人物誌上　同
一、近畿墓跡考　同

丙　參考

一、赤裸々　一冊　石濱純太郎氏藏
一、蘇門文鈔　一冊　同
一、大和三教論　七冊　大阪外國語學校藏
一、三教裸はなし　一冊　龜田次郎氏藏
一、出定笑語　合一冊　石濱純太郎氏藏
一、追蠅拂　三冊　龜田次郎氏藏
一、佛教聖典史論　一冊　石濱純太郎氏藏

大正十三年五月二十五日
於泊園書院學會

図3　神田喜一郎より水田紀久に贈与された「富永仲基先生関係資料陳列目録」
（大正十三年五月二十五日泊園書院學會）

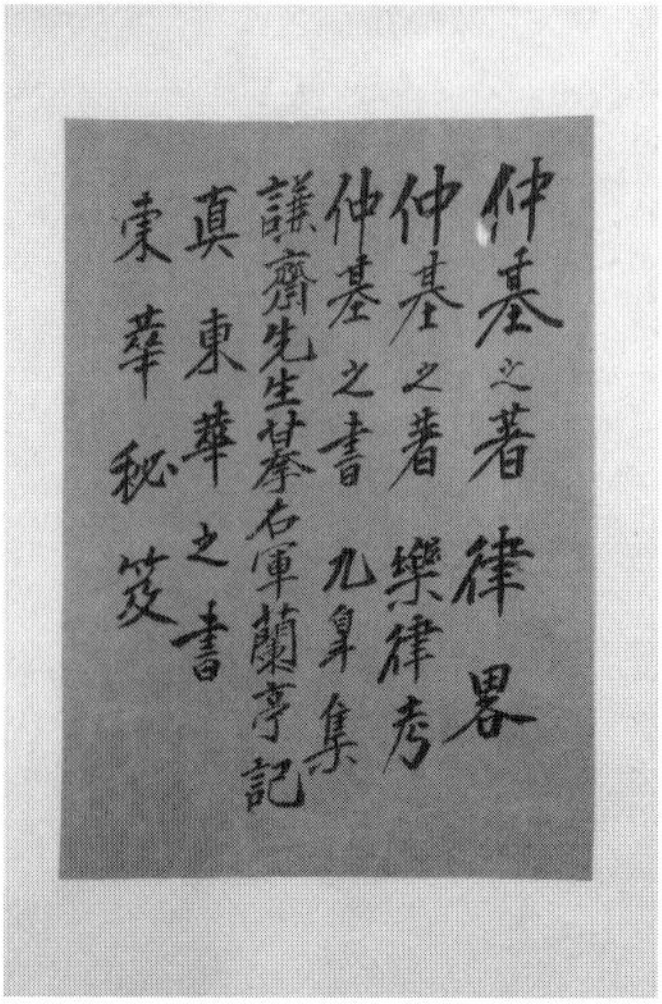

図4　仲基遺著の入れ箱の表紙
（真家伝来のものか）

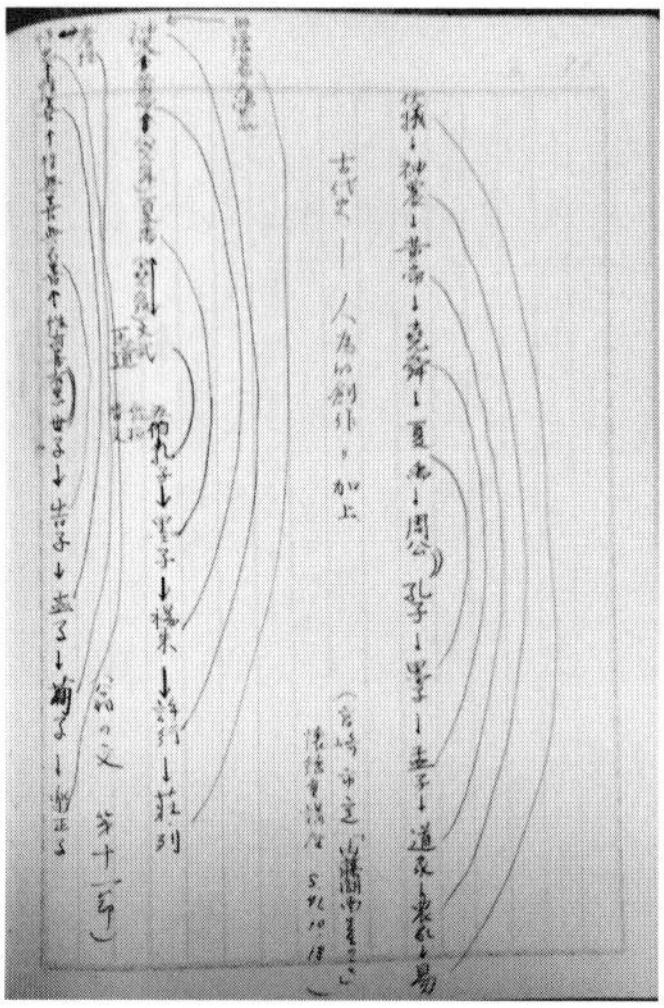

図5　宮崎市定（右側）・水田紀久（左側）による「加上法」の図解
（水田「富永仲基ノート」より）

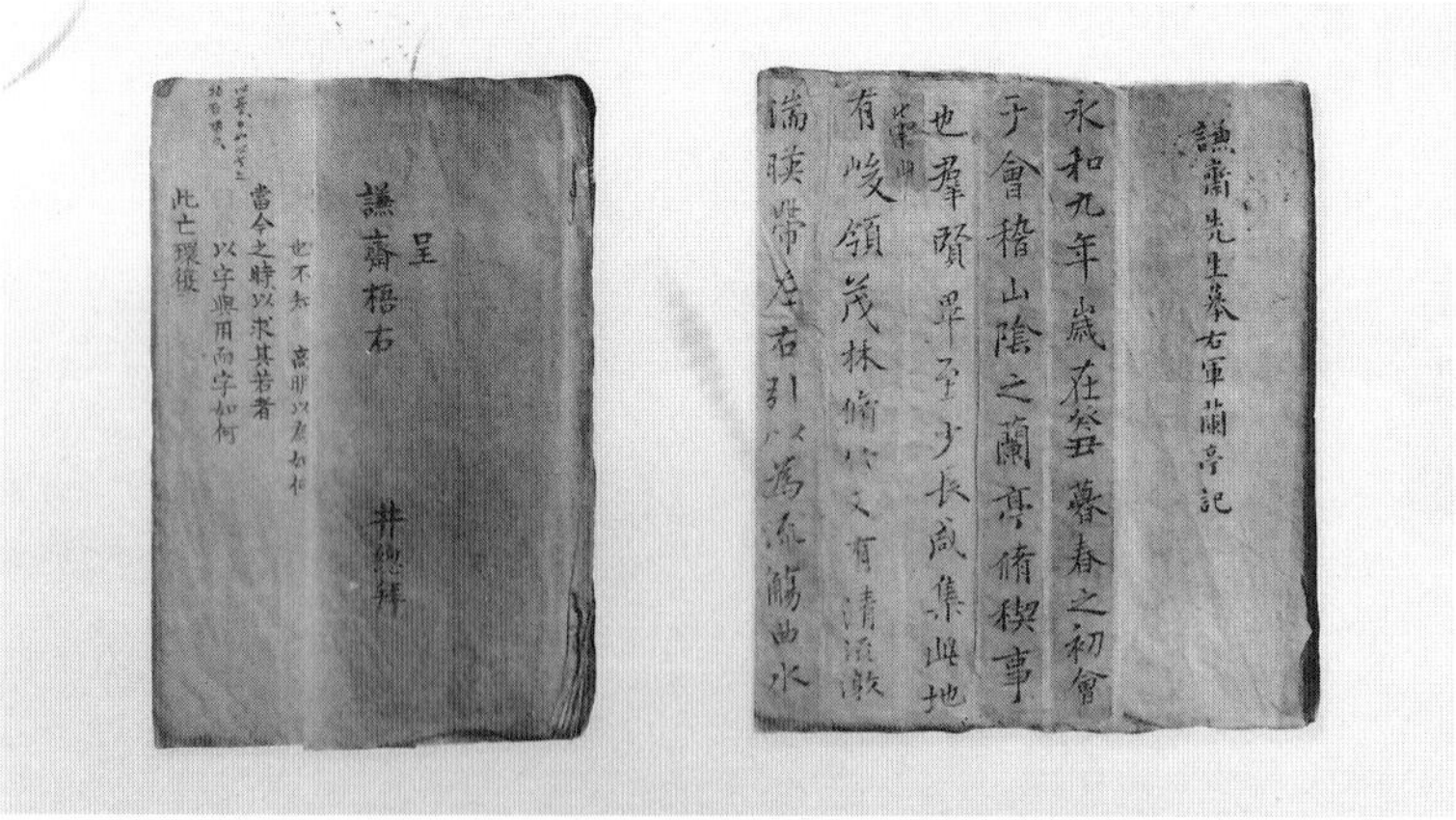

図6「謙齋先生追遠記念」絵葉書　印藤和寛氏蔵

（注）図2、3、5は「故水田紀久先生富永仲基研究関係資料」による。記して所蔵者小田直寿氏に感謝を申し上げたい。

小出楢重《パリ・ソンムラールの宿にて》と石濱純太郎

中谷伸生

一　小出楢重のパリ滞在と石濱純太郎

小出楢重は、明治二十年（一八八七）大阪市南区長堀橋一丁目二十一番地に生まれる。家業は薬種商「天水香」である。明治三十四年（一九〇一）大阪府立市岡中学校第一期生として入学した。同期生に石濱純太郎がいた。明治四〇年（一九〇七）東京美術学校日本画科に入学したが、明治四十二年（一九〇九）西洋画科へ転科した。(1)

石濱純太郎について、妻の小出重子は、「とても学者とは思えない、磊落なお方やったなア……」、「石濱さん、言うたらナ、まア、いわば楢重さんの一生を左右するほどの力添えをしてくれはった親友やったの……」と語り、小出家の財産管理にも助言を与えた石濱について、「豪放磊落な反面、そういうところにもちゃんと頭が切れるいうのは、いかにも大阪らしい人やったと思うわ……」と回想している。(2)

小出が美校を出て、職にも就かず、画業に専念していたため、親戚から「馬鹿息子」呼ばわりされ、周囲が小学校の先生になるように圧力をかけた。母の泣き落としによる説得に屈して、小出は、やむなく母校の大宝小学校の教員になるために履歴書を提出しようとしたが、そのとき石濱が「あかんあかん、そんなんやめとけ。僕らでなんとかしたるさかい」(3)と言って、小出に就職を断念させ、その代わりに、市岡中学の同窓生たちに資金的応援を求め、毎月二十円の生活費を用意した。こうした石濱の応援が、小出の画家としての生涯を決めたともいえる。

◆石濱純太郎（宛）小出楢重（発）の手紙

大正四年（一九一五）十月十日付の石濱宛の葉書には、マンガ的な「最後の審判」の絵が描いてあり、「Last Judgment」（最後の審判）と書かれた雷雲の上に、額に入った絵画を次々に投げつける神（黒田清輝）の姿を描き、その裏に「ジレッタイナ、実に。今朝は、新聞に向って三つ拍手をうって、パッと開けたが何の記事もなかった。こんな事が一週間も続くと、俺の目方は、たしかに一貫目くらいになる。ツライツライ」(4)と書いている。展覧会への出品作が、再び落選の憂き目を見たことへの嘆きであるが、この絵と文面には、黒田清輝が支配する洋画界に対する鬱積した気持ちが率直に表明されている。ということは、ここには、小出による石濱への深い信頼の気持ちが表明されているといってよい。

◆石濱純太郎（宛）小出楢重（発）の手紙

大正八年（一九一九）三月

拝啓　今日藤沢桓夫君より金子三十円正に落手仕候どうやらこうやら今月も無事。消光仕候事安心の至りに候N氏の家族もいよいよ着手して結果頗るよく今や大に努力最中に候最も有望なる画がやがて出来上がる事と存じ候はいささか痛快至極に候何れこの画がある程度迄まとまりし節には一度拝眉仕可く候とりあえず御しらせ迄　早々。[5]

さて、小出の唯一のフランス滞在は、一九二一年（大正一〇）八月から一九二二年（大正十一）四月までの八カ月間であった。この間に小出が描いた油彩画は、「作品控えのメモ」によれば、わずかに八点のみだと推測される。小出のフランス滞在記録は、石濱恒夫が文芸雑誌『オール関西』（一九七三－七四）に、「大阪ものがたり」として十回にわたって連載した「小出楢重画伯　外遊書簡」で確認することができる。この連載に石濱純太郎宛の手紙が二十通紹介されている。石濱は、小出の生涯にわたる無二の親友で、小出はことあるごとに、石濱に助言を求めている。出発を控え、近所の語学教師にフランス語を習ったが、パリではほとんど役に立たなかったという。小出は、パリ滞在中、パリ・ソンムラールから数多くの葉書を出した。以下に小出のフランス滞在について年表を記す。[6]

一九二一年（大正一〇）

八月四日　神戸港から日本郵船クライスト号に乗船。正確に四日かどうかは不明。母親も門司まで乗船。
八月五日　門司港に着く。
八月六日　門司港からクライスト号でフランス・マルセイユへ出発。
二科会の硲伊之助、長島重次郎、林倭衛、正宗得三郎、坂本繁二郎、またアンドレ・マルローの紹介者・翻訳者となったフランス文学者の小松清が同船していた。人種としては、中国人、ポルトガル人、ロシア人などが乗船していたという。毎日のように息子の泰弘に手紙を書いて出す。

八月　七日　上海に着く。

八月一四日　香港に着く。その後、シンガポールへ向かう。

八月二一日　シンガポール市内を自動車で見物。

八月二五日　ペナンに着くが、停泊時間が短くて手紙を書くが出せず。

八月二七日　コロンボに着く。ペナンで書いた手紙を投函した。コロンボでも葉書を書き投函した。

九月一〇日　ポートセイド（エジプト）に着く。ポートセイドでも市内を散策し、壁掛けを一枚買う。

九月一七日　午後八時にマルセイユ港に着く。ジュネーヴ・ホテル（Hotel de Genève）に泊まる。

九月一八日　夜行列車でパリに向かう。

九月一九日　パリに着く。当時のパリには、二、三百人の日本人画家が留学して暮らしていたらしい。

九月二四日　夜の急行一等車で硲、林、長島と四人でパリに入る。パリのソンムラール街十七番地に投宿（五カ月間暮らす）。林、長島、硲らと一緒にソンムラール街十七番地の家具付きパンション、メゾン・ムブレ・ヴェッテル（Maisons Meublées Vetter）九号室で暮らし始めた。[7] 遺存する領収書によれば、部屋代は一九二一年十一月十九日から十二月十九日までの一カ月間で、暖房費などを含めて計二百二十九フラン六〇サンチームである。パリのメトロとそれに乗る人々の服装の美しさに感激する。

九月二七日　初めてパリの街を一人で散策。約一カ月弱パリに滞在。ミッシャ・エルマンのヴァイオリンのリサイタル、キャバレー・バルタバラン（モンマルトル）などに林倭衛と遊びに行く。朝はコーヒーとパン、昼と晩はレストランで食事する。食べ物は「安くてうまい」と述べている。また、パリ・ブーダン通りの日本人クラブで日本食を食べる。

十月二四日　林倭衛と一緒にベルリンを訪問。ペンション・エリクセン（Erichsen）に投宿した。マルクの暴落を利用して、カメラ、時計、オーバー、書籍などを買い込む。

十一月一四日　雪が降り、ドイツの冬を体験する。

十一月一六日　パリに戻り、サロン・ドートンヌを見る。約一カ月間以上パリで過ごす。

十一月二八日　パリで家族の土産物をたくさん買う。

十二月一六日　毎日、正宗得三郎と一緒に道具屋めぐりを行い、大型のトランクなどを買う。

十二月二一日　南フランスのカーニュに移動。《カーニュ風景》、《窓》などを描く。ホテル・デ・コロニーに宿泊。モナコ、モンテカルロ、カンヌ、アンチーブ、ニースを訪問、有名なニース・カーニバル祭を見物する。

一九二二年（大正十二）

一月　七日　カーニュでキャンバスを張って絵画制作を行う。

一月一〇日　カーニュで十五号の絵画を制作する。計四枚制作。燈台のあるアンチーブに遊びに出かける。

一月二二日　カーニュからニースの銀行へ日本から振り込まれたお金を取りに行く。

二月二四日　マルセイユから石濱純太郎宛に最後の手紙を送る

二月二五日　マルセイユから日本郵船箱根丸に乗船。ポートセイド、コロンボを経由して日本へ向かう。
四月　七日　神戸港に着く。石濱純太郎らが出迎えた。(8)

小出は、パリ滞在中、ソンムラールから数多くの葉書を出した。主として、妻重子に宛てた葉書であるが、妻と同様に、親友の石濱純太郎にも次々と葉書を出して、心の中を打ち明ける素直な文面をしたためた。

◆石濱純太郎（宛）小出楢重（発）の葉書
大正一〇年（一九二一）九月二十四日
マルセイユに十七日到着 Hotel de Genève で泊って、夜行で巴里へ到着した。今日までは、四、五日になるが、とても、手紙もハガキ一枚かく気にならぬ。とても一言半句も、出ない。何から何までが想像以上だ。想像以上に綺麗なものは、パリの女だ。想像以上に、気楽なのは、パリの生活だね。そして、想像以上に、悪いのは Paris の絵だ。（中略）僕の現住所は、17 Rue du Sommerard (5e) Paris France だ。パンションだ、月二〇〇フラン（部屋代）。語は一向に通じない。

◆石濱純太郎（宛）小出楢重（発）の葉書
大正一〇年（一九二一）十月七日
巴里へついてからもう大分日も経つたが、まだ一枚の画もかく気にならない、やっと、絵の具だけは、買って来たがね、然し巴里ではとても絵なぞかく気になれないから田舎へ行くつもりだ。（以下略）。(9)

◆石濱純太郎（宛）小出楢重（発）の葉書

大正一〇年（一九二一）十月二十日

全くパリはイヤになったね、今のパリは全く末期だ、馬鹿気切ってゐるね、何もかもがだめだ、秋のサロンがすぐ開かれるが覗く事も癪だから、タイクツをまぎらわせカタガタ二三日中に、ドイツへ退却する、マチスとかゲランとかドンゲンとか、あれは一体何んだ。今のサロンなぞは日本人なら一人一枚づつは必ず通るそうだ、然し情けない面よごしだ、大石、坂村君によろしく。

巴里へ来て見て西洋そのものに迄、あいそがつきて来たよ。俺がこんな説を振り廻すと、情けなき、在留の日本人がムキになって怒り出スよイヤダイヤダ。[10]

◆石濱純太郎（宛）小出楢重（発）の葉書

大正一〇年（一九二一）十月二六日

Berlin より **26 Oct. 1921 N. Koide** 日本を立って以来ドイツへ来て初めて、雨と風と寒さとに、出会ったよ。うんときものを着込んだよ、巴里はあほうとのらくらのより合いだよ、在留の日本人もほゝその二種類が多いね独逸はいいよ、時候さへよければ落付けるね、これから南フランスの方へ行くつもりをしてゐる、信時の住所をきいて訪ねる考えである。[11]

◆石濱純太郎（宛）小出楢重（発）の葉書

大正一〇年（一九二一）十一月二四日

雪が積もったつめたい晩に、信時と、レストランでめしを喰って別れた切り、二三日して、僕はBerlinを立って Paris へ帰った、Paris へ帰ったら又春が来た様に、何にもかもが陽気で、華やかで、太陽があかるくて、のんびりしてゐる、穴ぐらから出て来た様だ、なる程、パリだなと、思ふよ、（以下略）。[12]

二　小出楢重作《パリ・ソンムラールの宿にて》

小出楢重筆《パリ・ソンムラールの宿にて》は、ボール紙に油彩で描かれているが、過去の展覧会図録などの記載には、「ボール紙」ではなく、「キャンバス」と記されている場合が多い。今回、修復家で三重県立美術館学芸員の田中善明氏に再調査してもらった結果、やはり支持体はボール紙（ボード）であることが判明した。また、制作時期と制作場所に関しては、画面左下に「à Paris 1922」と記されていることから、日本に帰国後に制作された作品だと推測する研究者もいる。というのは、小出は、一九二二年十二月二十一日に、パリから南フランスのカーニュに移動しており、その後は再びパリに戻ることなく、マルセイユから日本に帰国しているからである。しかし、制作地については、後に述べるように、パリで描き始められた可能性が高い。

また、制作年については、「à Paris 1922」を根拠に、一九二二年だと断定すると、小出は、一九二二年十二月二十一日にパリを離れた後、南フランスで制作した可能性が出てくる。しかし、臨場感のある作風からみて、写真を使ったというよりも、やはりパリのパンションで描いた可能性も捨て切れない。つまり、「à Paris 1922」をどのように理解するか、ということになる。制作現場と制作年の幅については、最大限に見積もって、一九二一年九月十九日にパリに到着してから、一九二一年十二月二十一日にパリを離れるまでにパリで描いたか、それ以後に、一九二二年の二月二四日までに南フランスで描いたかということになる。制作した場所は、パリ、南フランス、あるいは日本のどこかであるが、一九二二年二月二十五日にマルセイユを離れ、船中での制作も完全に否定はできないにしろ、日本に向かうまでなら南フランスで描いたということになり、四月七日に日本（神戸）到着以後なら日本で描いたということになる。すなわち、《パリ・ソンムラールの宿にて》は、パリ、南フランス、日本のどこかで制作されたわけで、その際、「à Paris」の文字をどう考えるか、ということだが、制作地が、南フランスであれ、日本であれ、「パリで見たものを描いた」という意味だとすれば、制作年は曖昧になる。もう一つの仮説としては、パリで描き始めて、その後にパリを離れて完成させたという推測である。つまり、その場合の制作時期は、一九二一年から二二年にわたる期間ということになる。

この作品とまったく同じ写真が残されており、小出はその写真を使って《パリ・ソンムラールの宿にて》を描いた可能性もあるが、そうではないという主張もできる。ソンムラールの室内から眺めて描いたスケッチも複数遺されているので、写真を間違いなく使ったかどうかは分からない。写真を使って描いたとするなら、パリを離れた後、南フランスで描いた可能性および日本で描いたとも考えられるが、この点の事実関係を明確に証明することはできない。ソンムラールの窓越しに撮影した写真は、ベルリンで買ったカメラで撮影したと推測されているが、これについてもまた事実は不明である。

いずれにせよ、小出は、パリに滞在中、ソルボンヌ大学のあるカルチェ・ラタンの裏門通りにあるソンムラール街十七番地のパンション、メゾン・ムブレ・ヴェッテルに寄宿した。ソンムラール街（通り）は、東西に二百メートルほどの長さの狭い街である。《パリ・ソンムラールの宿にて》では、投宿した部屋の窓越しに眺めたソンムラールの街並みが描かれた。うす曇りの冬の情景だと指摘する研究者もいるが、これまた絵画を見る限り、正確には分からない。小出独特の重厚な油彩画技法が際立っているが、筆による素描風の線描の痕を残した描き方は、小出の力量の高さを鮮明にしている。手前の手すりの渦巻き型の造形を示す格子細工は、まことに手慣れた筆触で立体感を描出している。手すりの木製部分の質感の表現も見事である。窓から見える建物の形態なども、軽々と描ききっており、才能の片鱗を垣間見せる。

次に小出作《パリ・ソンムラールの宿にて》の展覧会歴を紹介する。

一九三一年、第十八回二科展、故小出楢重遺作（東京府美術館）、一九四一年、小出楢重遺作展（上野松坂屋）、一九六九年、小出楢重展（神奈川県立近代美術館、一九七〇年、没後四〇年記念小出楢重展（大阪阪神百貨店、日動画廊）、一九七六年小出楢重・鍋井克之展（東京・京王百貨店、梅田近代美術館）、一九七八年、生誕九〇年小出楢重展（西宮市大谷記念美術館）、一九八〇年、ある画家の生涯と芸術展 小出楢重（兵庫県立近代美術館）、一九八五年・一九八六年、**Paris in Japan (Washington Univ. Gallery of Art St. Louis and Japan House Gallery New York) 1987-88.** パリを描いた日本人画家展（パリ・カルナヴァレ美術館、神奈川県立美術館、三重県立美術館）、一九八九年、日本油彩画の独自性を求めて（東京都美術館）、一九九〇年、華ひらく個性派たちの青春 大正の洋画展（新潟県美術博物館）、一九九一年、画家たちの青春と留学 明治から大正へ（西宮市大谷記念美術館）、一九九二年、都市風景の発見――近代の一視点・描かれた都市――（茨城県近代美術館）、一九九六年、二〇世紀日本美術再見［Ⅱ］一九二〇年代（三重県立美術館）、二〇〇〇年・二〇〇一年、小出楢重展（名古屋市美術館、京都国立近代美術館、横浜そごう美術館）、二〇一八年、石濱純太郎とその学問・人脈展（関西大学図書館）。

以下に油彩画《パリ・ソンムラールの宿にて》について、これまで十分に調査されてこなかった素材などの事実関係について、三重県立美術館の田中学芸員の協力を得て、作品を額から外して明らかにした。

図１　小出楢重《パリ・ソンムラールの宿にて》
木製の額には裏側に透明のアクリル板が付けられている。

図 2　小出楢重《パリ・ソンムラールの宿にて》
アクリル板を外した裏面の格天井の木枠。

図 3　小出楢重《パリ・ソンムラールの宿にて》
過去の展覧会のときに貼付されたキャプションなど。
1921 年（大正 10）と 1922 年（大正 11）の文字が見られる。

図4　小出楢重《パリ・ソンムラールの宿にて》
額から油彩画の本体を外して調査。

図5　小出楢重《パリ・ソンムラールの宿にて》
油彩画の右側面を見ると、油彩画で描かれたボール紙（ボード）の板が現れ、それを木の板に貼付している。

図6　小出楢重《パリ・ソンムラールの宿にて》
油彩画本体の上部側面。

図7　小出楢重《パリ・ソンムラールの宿にて》
油彩画本体の右側面上部。

図８　小出楢重《パリ・ソンムラールの宿にて》
調査を行う田中学芸員ほか。

三　《パリ・ソンムラールの宿にて》作品調査（田中善明氏撮影写真と報告）

二〇一九年二月二八日、三重県立美術館で、学芸員で修復家の田中善明氏主導による小出楢重作《パリ・ソンムラールの宿にて》（油彩画）の作品調査が行われた。以下に田中氏撮影の写真と報告書を掲載する。

図９　作品の左側を斜め上から撮影

図 10　側面から撮影

図 11　Dino-Lite plus Digital Microscope・60 倍で側面を拡大撮影

■表面部分写真

図 12　全図
A と B の部分がそれぞれ図 13、図 14

図 13　図 12 の「A」の部分

図 14　図 12 の「B」の部分

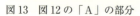

図 15　小出楢重撮影写真（没後 70 年記念展より転載）と本作

図 16　画面上部中央部分に見られる描き直しの跡

田中氏の所見（原文のママ）

（一）本作品は裏面の展覧会ラベルの情報から、これまで支持体は「キャンバス」と記載されることが多かったが、現在三重県立美術館では「板」との表記がとられている。しかしながら、今回側面部を子細に観察したところ、木目がなく、絵具層を除いてベニヤ板のような層状でもないことから、本作品はボール紙が支持体である可能性が高い。

（二）本作品の側面部と、裏面の補強に使用されている格天井の側面にほぼ段差がないこと、両端いっぱいまで描かれているにもかかわらず側面部に絵具が付着していないことから、本作品は、格天井での補強の際、作品の一部も強引に切断されたと考えられる。

（三）絵画の表面には、いくつもの付着と剥落がある。それらは、油絵具がまだ十分乾燥していないときに表面に何かが重なり、剥がした際に生じたと思われる付着物（図13および図14の青で囲った部分）であったり、同じく初期に剥落したと考えられる、絵具の断面が滑らかな剥落（図13および図14の黄色の丸で囲った部分）であったりする。それらが画面の広範囲にわたることから、この軽い支持体を持ち運びし、他の作品等と接触した可能性が高いが、断定はできない。

（四）本作品が現地で描かれたのかどうかという点については、上記のとおり携帯を目的とした軽量の支持体を用いていることから、自宅アトリエ以外での制作の可能性が極めて高いが、小出本人が撮影した写真と本作品を比較すると（図15）、窓は写真では全開なのに対して、本作品の左片方は閉じられたままであったり、写真とは異なる構図の大胆な操作や、素早い筆致、描き直しがあったりすることから（図16）、その多くを現地で描いたと考えるのが妥当であろう。

小結

小出楢重作《パリ・ソンムラールの宿にて》（油彩・ボール紙、一九二一年から二二年作）の制作場所と制作年については、日本帰国後ではなく、現地で制作された可能性が濃厚で、パリのソンムラール街のパンションで描き始め、完成したのが、パリを離れた南仏である可能性も捨てきれない。支持体のボール紙は、携帯用でもあることから、描きかけの生乾きの絵画を、画面が触れないように他の板にクリップでとめ、持ち歩いた可能性がある。完成した油彩画では、パンションの窓が半分閉じられているなど、写真とはかなり異なるが、それについては、画家としての着想と想像力ということを無視してはならないであろう。それ故、制作年は、小出自身のサイン「à Paris 1922」を重視して、「à Paris」はパリ滞在中ということで一九二一年、「1922」はいうまでもなく一九二二年であるから、《パリ・ソンムラールの宿にて》の制作年を最終的に一九二一年から一九二二年としておきたい。もっとも「à Paris」は、「パリの風景」という意味にもなることから、必ずしもパリで描いたかどうかは分からない。しかし、パリで描いたか、描き始められた可能性がある。いずれにしても、今回の調査結果から、《パリ・

ソンムラールの宿にて》の支持体は、キャンバスや板ではなく、ボール紙に油彩で描かれ、それを格天井の板に貼付していることが判明した。田中氏の調書を基に考えれば、ボール紙に描いて完成し、乾いた後に、四方の端の部分をわずかに裁断して、格天井の板に貼付したものと推測される。

以上、この作品については、不明な点が多々あるが、間違いなく言えることは、ここには小出の西洋（フランス）に対する愛憎が複雑に絡み合っている様を見てとることができるはずである。石濱純太郎宛の手紙に記されたように、小出は、サロン・ドートンヌに出品したフランスの多くの画家たちを批判しながらも、他方、その街並みを称賛するなど、日本の現状と比較して、さまざまな批評を繰り広げている。フランス絵画に対する厳しい批判とは対照的に、帰国後の小出は、洋服を愛用し、朝食をパンにするなど、西洋風の生活志向を強めたことを考慮すると、フランスに対しては愛憎相半ばといってよいだろう。《パリ・ソンムラールの宿にて》は、そうした小出の「思い」を凝縮した作品だといってよい。そして、その「思い」は、繰り返し出された石濱宛の小出の手紙に赤裸々に綴られたわけで、そこには親友の石濱への信頼と敬意とが明白に見てとれるのである。

注

（1）小出楢重の生涯については、匠秀夫『小出楢重』、日動出版、昭和五〇年（一九七五）を参照した。
（2）小出龍太郎『聞書き小出楢重』、中央公論美術出版、昭和五六年（一九八一）二六頁。
（3）同書、二七頁。
（4）前掲書、匠秀夫『小出楢重』、一〇七頁。
（5）匠秀夫編『小出楢重の手紙』、形文社、平成六年（一九九四）。
（6）『小出楢重展』、小出楢重『小出楢重随筆集』、岩波文庫、昭和六二年（一九八七）参照。

（7）前掲書、小出龍太郎『聞書き小出楢重』、八一頁。
（8）フランス旅行については、前掲書の小出龍太郎『聞書き小出楢重』、小出楢重『小出楢重随筆集』、原田平作編『小出楢重画集』、を参照した。
（9）前掲書、匠秀夫編『小出楢重の手紙』、形文社、平成六年（一九九四）、一一五頁。
（10）同書、一二〇頁。
（11）同書、一二二頁。
（12）同書、一四一頁。

［図版出典］田中善明氏および中谷伸生撮影写真。

付記

三重県立美術館学芸課に感謝いたします。

石濱純太郎と文学者

――息子石濱恒夫をめぐる文学者たち――

増田周子

はじめに

石濱純太郎博士は、明治二十一年十一月十日、大阪淡路町の裕福な製薬会社に生まれた。明治三十年十歳で泊園書院に入り、藤澤南岳に学んだ。明治四十四年東京帝国大学文科大学支那文学科を卒業、黄坡とともに書院の維持・発展につくした。大正十一年からは大阪外国語大学（現大阪大学）にも学び、一方で内藤湖南に師事し、京都大学東洋学の学統を継承した。語学の才能に優れ、中、英、独、仏、ロシア語や蒙古語、満洲語、サンスクリット語などを解した。さらにロシアのニコライ・ネフスキー(1)と親交を深め、西夏語研究の先駆者となった。「西夏文字の、世界で初めての解読者の一人(2)」と言われる。旧制大阪高等学校、龍谷大学、京都大学などの講師をつとめ、昭和二十四年、関西大学文学部史学科教授となり、世界的な東洋学の発展に大きな役割を果たした。石濱純太郎の、東洋学での功績は言うまでもないが、明治三十四年に入学した旧制市岡中学での同級生、小出楢重（画家）、信時潔（作曲家）らにも影響され、若い頃「坪内逍遥につき英文学を修めん」[3]と思ったほど文学、芸術好きで、周囲の人々に多大な文学的な衝動を与えてきたことは、余り知られていない。この文学好きの純太郎に影響を受けた、藤澤桓夫、息子の恒夫もいる。また、石濱家は芸術家のサロン的な場所でもあった。そこで、本稿では、石濱純太郎の周囲の方々の文学的事象について、特に、純太郎の長男石濱恒夫と作家たちを中心に論じていきたい。

一　石濱純太郎と藤澤桓夫

石濱純太郎の姉カツは、純太郎が市岡中学在学中の明治三十五年、泊園書院の藤澤章次郎（黄坡）に嫁した。[4]そこで、石濱家と藤澤家は親戚関係となる。このことは、カツの息子桓夫の文学者としての出発に重大な意味を持つ。藤澤章次郎の息子桓夫の母カツは文学好きで、桓夫は、道仁小学校へ進んだ頃、母が定期購読していた『淑女画報』や『中央公論』を、母が手にするより前にこっそり隅々まで読み、田村俊子、三宅やす子ら女性作家や、正宗白鳥、谷崎潤一郎らに親しんだという。また、石濱純太郎は蔵書家として知られるが、「漱石のものは一通り揃えている。森鷗外のものも揃えており[5]」かなり、日本の近代文学にも関心があったことがわかる。叔父石濱純太郎夫妻から可愛がられた桓夫は、文学好きの叔父から、夏目漱石、森鷗外、永井荷風、白樺派などの書物を借りて、手当たり次第に読んだ。そして気が付くといつのまにか、文学少年になっていた、とも言う。[6] 石濱家から、影響を受け、桓夫の文学的素地がつくられたともいえるだろう。

さて、純太郎は、桓夫に文学を教えただけでなく、多大な支援をしていた。桓夫は、旧制高校時代の大正十二年、友人らと三人で『龍舫』という活版刷りの詩の同人雑誌を作ることにした。その表紙絵は、小出楢重画伯に描いてもらっている。それは、桓夫によると「小出さんは当時すでに洋画家の大家だつたが、私の母方のおじの東洋学者、石濱純太郎の市岡中学からの親友」（注6）であったからだった。「その関係から私も子どもの頃から小出さんとは心やすかった」（注6）と言う。このような理由で、当時既に大家であった楢重画伯に、学生同人誌の表紙絵を描いて欲しいと頼み込み、実際に書いてもらうことになった。『龍舫』は二百部発行して、その費用は紙代とか、印刷代も入れて二十五円ほどだったが、三人が「小遣いから各五円ずつ出し合い、残りの十円は私の叔父の石濱純太郎が出してくれた」（同）と桓夫は述べている。甥の桓夫が文学作品を発表できるように、純太郎はお金の支援までしていたのであった。『龍舫』だけでなく、桓夫が旧制高校時代に発刊した『辻馬車』（大正十四年三月～昭和二年十月、全三十二冊）も、楢重画伯の表紙絵だった。

純太郎夫妻の、桓夫への文学的支援は、これだけにとどまらなかった。桓夫は、昭和五年、過労や不規則な生活のため、喀血した。市ヶ谷の久野病院に一か月近く入院し、その後菊池寛の紹介で、正木不如丘博士の富士見高原サナトリウムに入所した。昭和八年に、ようやく健康を回復して退所するが、まだ、健康が十分ではない中、大阪に帰り、住吉にある石濱純太郎邸の離れに寄宿することになった。その後、昭和三十年に五十一歳で矢谷典子と結婚するまで、石濱邸を書斎として使っていたのであった。

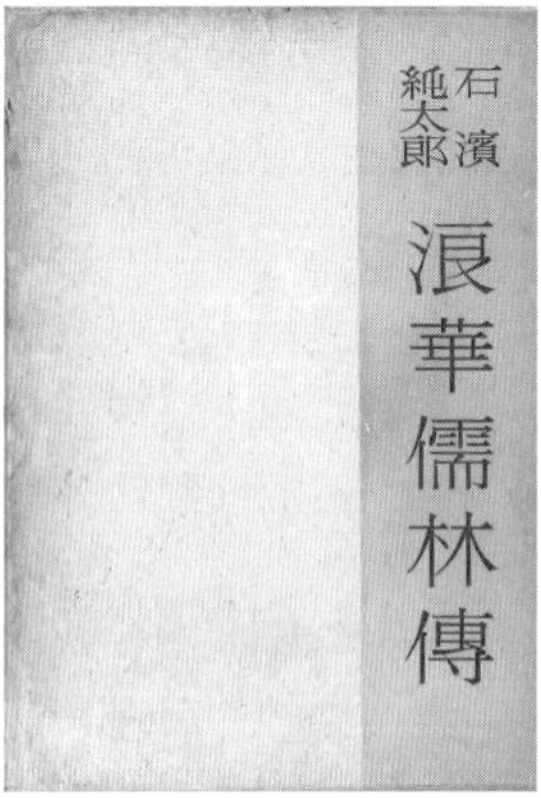

逆に桓夫が純太郎に行った功績もある。純太郎は、全国書房（大阪、のち京都）から、『浪華儒林伝』(7)という、わかりやすい儒者の紹介書を出している。『浪華儒林伝』の「書後」によると、この書に紹介した儒者は神屋敷にすすめられて『関西大学学報』に連載した大阪儒者の話に、『泊園』誌に出したものを各條の後に補添して置いたものだそうだ。純太郎は「この本は無理矢理に世に出ますが、それは一に神屋敷君の力であります。然しまたその蔭に藤澤桓夫君の労もあります」（「書後」）と書いている。神屋敷君とは神屋敷民蔵で、関西大学国文学科卒で、全国書房から出ていた『新文学』の初代編集長である。藤澤桓夫は、この『新文学』の顧問を武田麟太郎、宇野浩二らとともにつとめていた。純太郎の立派な業績を広く一般の方にも読んでもらいたいと、神屋敷とともに桓夫は尽力したのであった。

二　石濱恒夫と藤澤桓夫

先にも述べたように、石濱恒夫の父純太郎は文学好きで、従兄の藤澤桓夫は昭和八年から石濱邸に寄宿し、長年の間、執筆活動を続けていた。恒夫は、明治三十七年七月十二日生まれ、恒夫は大正十二年二月二十四日生まれで、歳の差はおよそ二十歳くらいである。父の蔵書にも、漱石、鷗外があり、既に、小説家として活躍している従兄の桓夫が、小学生の頃からずっと家にいるのだから、恒夫が文学に目覚めないはずはない。恒夫は、桓夫の書棚にある「芥川龍之介全集とか横光利一全集とか、しかも、これを読んだらいいぞというから、片っ端から読んでおりました(8)」と述べる。そして、桓夫の蔵書の中で『川端康成全集(9)』を見つけ、「それを読んだ途端、ひどく感動いたしましたので、それから旧制高校に入りましても、古本屋に行っては川端康成さんの本ばかりを片っ端から買いあさりました(10)」と述べている。こうして、恒夫は川端康成に憧れていくのである。桓夫を尊敬していた織田作之助から、「ツネヤン、藤沢さんクサってたで」「ツネヤンの本棚を覗いたら、川端さんの本ばかりで、おれの本なんか一冊も置いてないと言って(11)」と言われるほど、恒夫は川端文学に傾倒していった。

さらに石濱家には、常に芸術家が出入りしていた。恒夫は、父の友人の「信時潔さんが、本当に飾らない自由人でございましたけれども、ぶらっと入ってきていたり、小出楢重がいてたり……。(12)」とのべ、そこに桓夫も寄宿しているので、桓夫の友人、ラジオドラマ作家長沖一、漫才作家秋田実、織田作之助など多くの方々がやってきたと言う。武田麟太郎は、どてら姿で石濱家に上がり込み「勝手に棚から酒出して茶碗で飲んで(13)」いるというくつろぎぶりだった。石濱家は芸術家サロンのような状況だったのだろう。恒夫は、彼等一流の芸術家に囲まれて育ち、「全部僕の人生の師匠だったのではないでしょうか[14]」と語っている。

三　石濱恒夫と川端康成の出会い　同人雑誌『裸像』

石濱恒夫の従兄藤澤桓夫は、旧制大阪高校時代から、片岡鉄平、川端康成、横光利一ら、当時新感覚派と呼ばれていた新進作家の実力者たちと交流し続けていた。昭和五年三月には、桓夫は、湯ヶ島の湯本館にいる川端を頼って訪れ、川端に会いに来た梶井基次郎、尾崎士郎らからも影響を受けた。つまり、桓夫と川端は、旧知の中であった。昭和十二年川端康成『雪国』が創元社から出版された[15]。恒夫は、桓夫と同様、昭和十五年に、旧制大阪高校に入学する。ちょうどその頃のある日、恒夫が家に帰ると、恒夫の母が、桓夫から、今、川端康成が、片岡鉄平の姪の結婚式のために来阪し、新大阪ホテル（現在のロイヤルホテルの前身）に泊まっていることを聞いたと言う。そして、「あんたそんなに川端康成が好きだったらいっぺん会うか?」「川端さんに私がお弁当作るから、それを届けにあなた持っていって会ってらっしゃい[16]」と言ってくれた。そうして恒夫は、桓夫に電話で事前連絡をして貰い、お重二箱を持って、中之島の新大阪ホテルに届けにいった。椿重画伯の「周秋欄立像」の掛かったホテルのロビーで川端康成に会い、緊張しながら「小説書くのはどうしたらいいですか」と聞くと、川端はにこっと笑い「『古典を勉強しなさいよ、古典を読みなさい[17]』」と言ったという。「『古典って源氏物語などですか』と言うと『そうですよ』とおっしゃったのを覚えております[18]」と恒夫は述べている。こうして、恒夫は、憧れの川端康成との出会いをしたのであった。ついでに、川端は色紙に、近思録の「日に新たならざるは日に退く」という言葉を書いてくれた。この出会いの直後に、当時大阪新聞の記者だった織田作之助に渡辺橋のところで会い、「ツネやん何してんねん」と問われ、川端に会ってきたと告げると、織田は「それはいいことしたな、いいことしたな」と何度も繰り返して、新大阪ホテルの方を眺めていたという。[19] そのすぐあと、川端康成から、署名入りの、芹沢銈介装丁の豪華本『正月三ケ日』が送られて来て、恒夫を狂喜させた。[20] そして、川端からの手紙には「私は今まで一度もいい本を出したことがないのだけれども、こういう本ができました」と書き添えてあったという。[21]

川端康成に会っていたころ、恒夫はすっかり文学青年になり、昭和十五年七月、旧制大阪高校で、同人誌『裸像』を発刊し、石濱若草というペンネームで、詩「落葉」（第二号）などを書いていた。石濱は、この『裸像』について、

文乙の、中野博之、西原寛治、林田俊吉、文甲の、松前哲郎、の諸君が中心だったように思う。同人費は組中のカンパにより、足りない分は広告でまかなったのではなかったろうか。裸像の命名者は、茗荷完治君。表紙は、当時国画会の新進画家だった山崎隆夫氏に、坂東宏君が依頼にいっていた。印刷所は柊、いわゆる非常時下であったから、公然と大高の雑誌とは呼べなかった[22]

と述べる。市岡中学校の若い教師も同人だったようだし、大高の生徒だけの雑誌ではなく、当時は戦時下で、ふらふらと同人誌をつくるなど言語道断の世の中だった。学校には秘密にしなければならないので、同人はみなペンネームだった。石濱は、「詩を二篇と俳句を二篇発表したように思うから、四号ぐらいは出たのではなかった

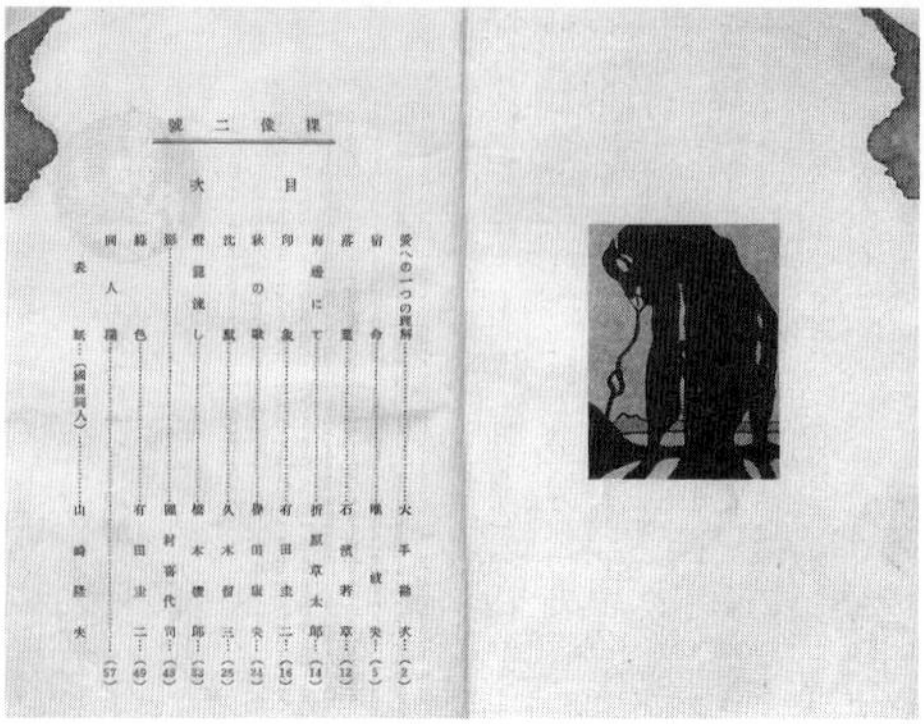

ろうか。阿部野橋の、雄豪書店の主人も応援してくれたようだ」[23]と述べるが、『裸像』の発行所は、書院ユーゴーとなっている。さらに、石濱は、自分は野球の練習に追われていたので編集上の詳しいことは知らないが、「従兄の藤沢桓夫がずっと長く住吉の私の生家にいたから、みなよく私の生家へ集っていたようである」[24]と述べる。『裸像』の編集の相談も、桓夫は受け付けていたようである。石濱の大高の友人も、藤澤桓夫のところに集まっていた。この『裸像』は、こっそりつくられていたのだが、いつしか校長に見つかって、懲戒を申し渡されてしまった。それは次のようないきさつである。「軍の情報局かなにかの命令で、全国の同人雑誌を統合しろということになったらし」く、全国の同人雑誌を統合することになり、「大阪は一冊、ということにきまった」[25]。すると、「夫婦善哉」で文藝第一回推薦作品の受賞[26]が決まった直後の新進気鋭の織田作之助が以下のように言った。

「――ぼくとこの、海風と、大高の裸像で、その一冊を乗っ取れへんか」

海風は、三高出身者が多い同人雑誌だったのだ。

「――三高と大高とで、イニシャチブを取ってしまうねン。どや」[27]

石濱恒夫は織田作之助にこのように言われ、「同人雑誌統合の相談会へ出たり、中之島中央公会堂の階上の一室で催されたその大会へ出席して、演説をぶッたりしたのである。文芸報国会とかなんとか、いったものだと思う。そのさいの記念写真と資料が、学校へまわされたのである。とくにその記念写真では、私だけが国旗を背にして、大きなベロをだしている」[28]と記す。こうして、恒夫は、校外で思想的に怪しい人物らと交流し、秘密の雑誌を出しているということで、織田作之助との密約も破れ、たちまち父純太郎も校長室に呼び出されてしまったのである。おまけに数日後、学校に特高から偽名で、恒夫宛ての呼び出し通知が届いた。佐々木校長に伝えると、泣き出し、呼び出しに応じろと言われた。阿倍野署で取り調べをけ、その間に実家も捜索されていた。翌日は、府庁にまわされた。ようやく、何の嫌疑もない事が判明し、府庁の特高は「きわめて叮重にまちがいであったことをワビ、番茶をご馳走してくれたりした」[29]。恒夫は「大高で特高の取調べを体験した一番最後の学生ではないかしら」[30]とこの思い出を語っている。

四　石濱恒夫の出征、司馬遼太郎との出会い

昭和十九年秋、石濱恒夫は学徒出陣で、加古川の奥の青野が原にあった戦車十九連隊に入隊することになった。そこに同じく、福田定一（のちの司馬遼太郎）も配属された。恒夫の入隊のために大阪駅に、純太郎と、藤澤桓夫が見送りに来ていた。

父のところへ、おなじ客車から駆けおりて挨拶をして、なにかひと言ふた言、しゃべりあって笑い、おなじように見送りにきていたわたしの従兄の藤沢桓夫にも、ぴょこんと頭をさげた外語の学生がいた。[31]

純太郎と桓夫に挨拶にきた外語の学生が、福田定一であった。純太郎は、福田と話をし、恒夫に「――蒙古語科やそうな。おまえと一緒の戦車隊らしい。蒙古語でムスメというのン、おぼえてるか、いうたら、オヒョウです、いうて、ちゃんと答えよったワ」[32]と語った。司馬遼太郎は、大阪外大の一期生でもあった石濱純太郎と、その甥の藤澤桓夫を知っていて、入隊前に自らしっかり挨拶をしていた。そして、入隊すると、恒夫の寝床は司馬の隣であった。恒夫が司馬と交わした最初の言葉は、「――おまえか。純太郎の息子は」「――そうや」だったという。司馬は純太郎を尊敬していたのである。入隊後、恒夫も司馬も、戦車の整備、故障の修理の任務を任されるのだか、文科系で、メカに弱く、何の役にも立たなかった。そこで、食料を食い潰すだけのダラシナイ幹部候補生、つまり「ダラ幹」という名前をつけられていた。満州にも配属されるが、することもない。大阪からの学

徒兵たちはおしゃべり好きで、「ことに司馬は雑談の名人だった。」「彼は、また、ヒマにまかせて、夜の自習時間を利用して、ひそかに、回覧式の俳句会まで催したりしていたようである。[33]」その後、司馬は、北満の虎林の、マルキの戦車第一師団の第十七代目の小隊長になり、恒夫は公主嶺の教導旅団の整備中隊へ行き、司馬はその後群馬県の佐野市辺りの本土防衛に動員され、恒夫は静岡県三方が原の後方の山で終戦を迎えた。恒夫が復員して、司馬の復員を知ったのは、父にあてた司馬からの次の手紙だった。そこには、

公主嶺の戦車旅団は、ソビエットの捕虜となって、蒙古のウーラン・バートル方面に送られたらしいが、恒夫くんもたしかそのなかに、元気でまじっているハズだと、書いてあった。[34]

司馬は、純太郎に恒夫の消息をしっかり知らせていた。恒夫は、「公主嶺へは、黒河の戦車旅団が代って、きていたらしいから、その旅団の噂と、まちがえたのだったろうが、彼らしい親切さが溢れて感じられた[35]」という。その後も恒夫は、司馬遼太郎と交友を持ち、恒夫に新書版の現代怪談集を出版するようにすすめたり、童話や美術批評の記事の注文をくれたりもしたという。まさに、二人は盟友であった。

五　石濱恒夫と川端邸、川端康成住吉三部作

川端康成に、恒夫が二度目に会ったのは、昭和十七年のことであった。東大美術史学科に入学して、最初の美術見学会が鎌倉であり、現地解散後の帰りに川端邸に行った。

「八幡宮で、江之島の弁財天の像を着物を脱がせて、裸にして見せてもらいました、美術史家というものは、残酷なことをするものですね」と、年少の私が真顔でいうと、「色っぽかったでしょう、私も見たことがありますよ」川端さんは明るく笑った[36]

と述べている。川端の後ろには古賀春江の遺作「煙火」があり、のちに恒夫は、初訪問のさい、傍らに古賀春江の作品があったのが、「なにやら象徴めいたきびしく甘い追憶に、私を誘い浸らせる[37]」と述べている。三度目の訪問は、学徒出陣の少し前であった。桓夫や純太郎を知っている『文藝春秋』の編集長だった斎藤龍太郎が、「兵隊に行くのならといって送別会を自分の家で開いて[38]」くれて、日章旗にサインをしてくれた。その旗をもって夜遅く二階堂の川端邸を訪問したのである。川端康成は恒夫の日章旗に、「無言のまま筆を走らせて署名してくだすった」。その背後には、古賀春江の「素朴なる月夜」がかかっていた。恒夫は「食入るように眺めながら、その画中の梟の目が、川端さんの目のようだと思ったものである[39]」と述べている。そして、わざわざ、川端が懐中電灯で照らしながらバス停まで送ってくれた。

その後、昭和二十一年に、恒夫は東大に復学する。昭和二十一年九月には『赤とんぼ』に「學者犬のペス」という童話を発表し、大蔵宏之著『魔法の鉛筆』[40]の挿画を書いていた。そして昭和二十三年、恒夫は、卒業論文を書き終えると長谷の川端邸に行き、卒業しましたと伝えた。そうしたら、川端から卒業したらどうするのか尋ねられ、恒夫は「『僕は道頓堀好きだから、大阪へ帰ります』と言ったら『帰らなくていいでしょう。家にいなさいよ』というので、実は厚かましくもそのまま川端家に暫くおった」[41]と述べる。こうして恒夫は、昭和二十三年春から、川端家に居候するようになる。居候生活では、用事など一切させず、食事をたらふく食べさせてくれるので、自分の布団を畳むこと、お手伝いさんが廊下の雨戸を開けるのを手伝うことくらいしかないので、せめて風呂だけでも焚こうと、午前中に薪割りをし、そのあとは「客間のところで川端さんと向いあい」、お茶を飲みながら、二人で座っていた。そのうち、川端が自分の所蔵の書画を持ってきて、床の間に掛ける。「石濱さんいいでしょう」「いいですね」などいいながら、二人でそれを眺めたりしていた。「居候の私とは朝から終日、そうやって、それらの絵を黙って、二人で眺めていたことも多いのだ」[42]とある。川端の娘の麻沙子さんが、二人の様子を見て、禅問答でもしているのかと笑っていたようだが、石濱は、次のように述べている。

川端さんに聞きたいことがいっぱいあるのですね。(中略)例えばこういうことはどうですかと、(中略)川端さんはきっとこう応えるだろうな、いやそうじゃないのかなというふうに、自分自身で自問自答を繰り返す時間でもございました。[43]

のちに、恒夫は、川端との美術品についての対話は、「いいでしょう」「いいですね」という「終生ついに、それだけで通じあったようである」[44]と述べている。美術品を阿吽の呼吸で解しあえる二人だったようだ。また、この居候時代、鎌倉の町の散歩の供をしていた。その時川端は、「石濱さん、童話もいいですけれどね。小説をお書きなさいよ」とすすめた。石濱が自分は世間を知らないので四十か五十歳になって書くと答えると、「二〇代には二〇歳代の文学があります。三〇歳代には三〇代の文学があります。四〇には四〇、五〇には五〇代の文学がある、というんですがね」と語ったという。[45]この断定をしない「ですがね」という言い方は、父純太郎もそうだったようで、[46]より川端に親しみを持てたのかもしれない。こうして、恒夫は「思い切ってその後、小説というものを書くようになった」[47]と述べる。

「昭和二十一、二年の、いつのころであったか。ふらりと、ひとり」川端が「大阪住吉のわが家を訪ねて来られ、近くの旅館に一泊され」[48]た。甥御さんの就職のことで大阪に来られたそうだ。[49]翌朝、恒夫の母が朝御飯を自分の家で川端と一緒に食べようといい、寝坊の恒夫は起きてこなかったので、川端と恒夫と純太郎で朝御飯を食べた。その時、母は戦後で酒も手に入りにくいのに工面してお銚子を置いていた。川端は飲めませんのでとお銚子を伏せてご飯を食べていたが、

その傍で私と父が酒を汲み交わし始めたわけです。そうしますと、ふっと御飯の手を止めて「親子の注しつ注されつで酒を飲むような、そういう雰囲気を私は知らないのです。私も仲間に入れてください」と言って、伏せた杯を取り出して、一緒に二、三杯お酒を飲まれました。[50]

という。純太郎、恒夫親子の仲睦まじい姿に心打たれたのか、川端も石濱親子の中に溶け込み、一緒に酒を飲み

かわした。これも親子にとってはよい思い出となったであろう。また、帰る川端を送りがてら、恒夫は住吉神社を案内し、一緒に反橋（それはし）を渡った。その後、川端は、「反橋」「住吉」「しぐれ」という住吉物を発表した。

六　川端康成のノーベル賞受賞と、同行した石濱恒夫

石濱恒夫は、小説を書き始め、川端康成が関係した鎌倉文庫『人間』に、昭和二十四年「ぎやんぐ・ぽうえつと」[51]同二十五年「ジプシイ大学生」[52]を書き、昭和二十八年には、小説「らぷそでい・いん・ぶるう」（『文學雑誌』二十号）[53]が、芥川賞候補にもなった。惜しくも受賞はならなかったが、川端は、「芥川賞の委員の批評などお気ニなさったかもしれませんが、無意味です。（中略）来年はあなたの作品出す事ニ大いに協力しようではありませんか。どんどんお書き下さい。引き受けます。私はあなたの作が一番好きです」[54]などと励ました。その後、石濱は、『詩集 道頓堀左岸』（一九六七年）などを発刊し、歌謡曲「こいさんのラブ・コール」（昭和三十四年／歌唱：フランク永井）「硝子のジョニー」（昭和三十六年／歌唱：アイ・ジョージ）「紅子のバラード」（昭和三十九年／歌唱：アイ・ジョージ）「芦屋川」（昭和三十九年／歌唱：イベット・ジロー）「大阪ろまん」（昭和四十二年／歌唱：フランク永井）など数々のヒット曲の作詞をした。

川端康成は、昭和四十三年十月十七日、ノーベル文学賞を受賞する。その時、川端康成にすすめられ、川端康成が名付け親の恒夫の娘春上と共に、恒夫はノーベル賞授賞式に同行した。昭和四十三年十二月三日に日本をた

ち、デンマークを経てスウェーデンに入った。川端康成夫妻、当時北海道大学の助教授で川端の娘婿の川端香男里、川端が名付け親の北条誠の娘元子さんも一緒だった。ストックホルムは、ずっと晴れていた。現地には文化庁長官の今日出海夫妻、サイデンステッカー、映画「雪国」のヒロイン駒子を演じた岸恵子、毎日新聞記者で川端の甥の秋岡義之なども来ていた。川端康成のために用意されたベルナドット特別室には大使館が日本からの航空便でわざわざ取り寄せた黄と白の大輪の菊がいけられ、うす桃色のスウェーデンの菊、カーキィ色の花なども生けられていた。授賞式の恒夫の席は、最前列の家族席であった。恒夫は予期せぬ好待遇に感激しながらも戸惑っていた。恒夫の父は、昭和四十三年の二月十一日に亡くなっていて、ノーベルウイークの間恒夫は何度も父のことを思い出した。なぜなら、以下のようなことがあったからだ。恒夫は次のように述べる。

ストックホルムへ着いた翌日だったたか、川端夫妻とともに一行は東方美術館へ案内されたのだったたが、この北欧は東洋学のさかんなところだ。東洋言語学者だった父のところへ、ときおり、このスウェーデンの学会やアカデミーから、なにかの小冊子や書簡などが送られてきていたのを、子供のころから覚えている。(55)

中央アジア探検家で、楼蘭遺跡を発見したスウェン・ヘディンもストックホルムの生まれであるし、スウェーデンは、東洋学研究の伝統があり、父と関連ある場所だった。恒夫は「おれはこの北欧の地へもまた、父の冥福を祈りにきたのではなかったろうか[56]」とも述べている。そして、「新聞全紙大もありそうな大きな訪客記名帳に、亡父の名まえを書き、その息子として記帳しておいた」。父のことを川端康成のノーベル賞授賞式の同行中に思い出すのは、川端が、父純太郎の良き理解者でもあったからだ[57]。授賞式への同行が決まった後、夜の鎌倉の川端邸の茶の間のこたつで川端が次のように述べた。

「石濱さんのお父さんも、レーニン賞をもらっていいひとだったんですがね。共同研究者だったネフスキー[58]が、死後名誉回復されてもらったんですからね」

川端さんはちゃんと知っていたのだった[59]。

ノーベル賞の時、川端の父のことが司会者から説明されたとき、恒夫は、この川端の言葉を思い出し、川端を見つめながら「おやじ、おやっさん……こらえた瞼の裏で、川端さんのその顔に重なって、父が笑っているようだった[60]。」と記している。恒夫にとって、川端康成は、父純太郎と重なり合う偉大な存在だったのだろう。石濱は、連日のように晩餐会に招待され、舞踏会にも参加し、川端の妻と踊ったりもした。川端も「新聞記者たちのあいだでは、写真嫌いで通っているらしい[61]」が、「終始にこやかな笑顔で[62]」舞踊団の一座の娘たちの写真撮影に応じていた。恒夫は、川端康成のノーベル賞受賞講演原稿の清書を引き受け、それを現地で同時に英語訳するサイデンステッカーに渡し、質問にも答えた。こうして出来上がったのが、後世まで残る「美しい日本の私——その序説——」であった。

現地では、香港風邪が流行して川端康成が倒れてしまったので、大使館の方に頼まれ、恒夫はストックホルム大学に、川端文学の講演にもいった。この講演は評判が大変よかったらしく、学生からも反響があり「たぶん、二十年後にノーベル賞を受けるのは、あなたでありましょう[63]」などと言われ、大使館員の方にも「成功でした。」「立派なものです[64]」と褒められた。また、恒夫はストックホルムで、父のことを知っている人に「お前は純太郎の息子か」と話しかけられたことを川端夫人に伝えた。


「あら、そのかた、なんてかたなの」

「名まえは聞きませんでした。アカデミーでのレセプションでも見かけたひとですよ。きっと父とおなじ東洋学関係のかたでしょう。スウェーデンは支那学のカール・グレーンを生んだ国だけど、おまえの父も大学者じゃないかって」

「名まえを聞いとけば、よろしかったのに。それも今度の旅行の、あなたの目的のひとつだつたでしょう」

「ええ。だけど、いいんです。それでじゅうぶんなんです。うれしかった。父の蔵書を日本の大学じゃなくて、いっそスウェーデンへ寄贈すればよかったですね」

川端夫人は笑った。そして川端さんを呼んで、そのことを告げているらしかった[65]。


恒夫は、その後川端康成夫妻らとロンドン、パリ、ローマなどヨーロッパを旅行し、ロンドンのテート・ギャラリーでゴッホ展、パリではルーヴルやオランジュリーのモネの壁画、エリーゼ宮あたりのギャラリーなど美術鑑賞をして歩いたようだ[66]。川端康成のノーベル紀行への随伴は、川端を祝福するとともに、恒夫にとっては、亡き父を弔う旅でもあったのである。

七　石濱恒夫の、石濱純太郎ら四人の供養

石濱恒夫は、川端康成が自殺した昭和四十七年四月十六日から数か月たった、六月三十日午前十時に三浦三崎を出発してヨットで仏領ソシエテ諸島付近のタヒチに向かった。日本漁船型クルーザー、ミヒマナ号とともに海を渡っていた。石濱はひとり船首甲板で日本の慣習、施餓鬼供養を行った。カルベの赤いシャンパン葡萄酒、ココナッツの茶色い実、青いバナナ、パンの木の青い実を供物にした[67]。「新しい下着のシャツを破いて作った白い布切れに、父をはじめ、信時潔、斎藤龍太郎、川端康成、四人の故人の名を黒いマジックで列記して」、「白い花の花冠に結びつけて、供物の中央に風で飛ばぬように苦心してひろげて飾った[68]」。この四人は、皆恒夫が骨を拾った親しい、世話になった人物だった。そして、四人それぞれの宗派の「うろ覚えのその読経を手早くすませ、まっ青なま昼の群青の南太平洋の洋上へ、花冠とともに流し去った[69]」恒夫は、「拈華微笑、という言葉があるけれども、四人の故人は

顔を見合わせて、四人とも拈華苦笑なすったかもしれない[70]」とも述べる。南太平洋の洋上で、四人のお世話になった大切な故人の旋餓鬼供養をすませて、恒夫は晴れ晴れとすがすがしい気分だった。

終わりに

本稿では、石濱純太郎の息子石濱恒夫をめぐる文学者について論じてきた。石濱家には、恒夫の従兄の藤澤桓夫が長く居住していたため、秋田実、長沖一、織田作之助などの文士たちがたむろし、恒夫は文学的な影響を受け、文学にまい進する。また、恒夫は、川端康成の大ファンであった。桓夫から川端を紹介され、親しく付き合い、川端の貴重な弟子の一人と呼ばれる。恒夫は、詩を書くことが得意で、数々の歌謡曲の作詞もし、ヒット曲を生み出した。絵も上手で、織田作之助の『可能性の文学』をはじめ、数多くの装丁も手掛けている。川端のノーベル文学賞の授賞式にも参列するが、川端康成は、世界的な文学者というだけでなく、父純太郎の良き理解者でもあった。ノーベル賞の授与式が行われたストックホルムは、東洋学のメッカでもあり、川端への随行は、恒夫にとって、生前の父を思い出す場所でもあり、父純太郎を弔う旅ともなった。戦車隊で知り合った、司馬遼太郎も、桓夫や、純太郎を尊敬し、恒夫とは生涯の友となった。

恒夫をめぐる文学者について、調査し、その回顧集を読むと、あたたかな大阪の文士たちとの交流がよくわかる。優れた東洋学者でありながら、文学も愛した石濱純太郎の血筋を受け継ぎ、石濱恒夫は、たくさんの有能な文士や芸術家に支援され、愛され、自らも優れた芸術的な偉業を成したのである。

注

（1）ニコライ・ネフスキー（一八九二年二月一日（ロシア暦：二月十八日）―一九三七年十一月二十四日）は、ロシア・ソ連の東洋言語学者・東洋学者・民俗学者。スターリン体制下で、日本にスパイを行ったとされ、銃殺された。
（2）石濱恒夫「想い出の川端康成」（『専門図書館』、平成二年九月、第一三〇号）
（3）「石濱純太郎先生年譜略」（石濱先生古稀記念会『石濱先生古稀記念　東洋学論集』昭和三十三年十一月、石濱先生古稀記念会）の明治四十一年に記載あり。
（4）注（3）に同じ
（5）注（2）に同じ
（6）藤澤桓夫『大阪自叙伝』（昭和四十九年九月、朝日新聞社）
（7）石濱純太郎『浪華儒林伝』（昭和十七年八月、全国書房）
（8）注（2）に同じ
（9）『川端康成全集』は昭和二十三年に新潮社から出ているが、その前はない。よって昭和九年に河出書房から順次発刊された『川端康成集』の間違いではないか。
（10）注（2）に同じ
（11）注（2）に同じ
（12）注（2）に同じ
（13）注（2）に同じ
（14）注（2）に同じ
（15）川端康成『雪国』（昭和十二年六月、創元社）
（16）注（2）に同じ
（17）注（2）に同じ

(18) 注(2)に同じ
(19) 注(2)に同じ
(20) 石濱恒夫「回想の川端美術館」(『芸術新潮』昭和四十七年六月、第二十三巻六号)
(21) 注(2)に同じ
(22) 石濱恒夫「『裸像』のことなど」(『大高　それ青春の三春秋』昭和四十二年十一月、大阪高等学校同窓会)
(23) 注(22)に同じ
(24) 注(22)に同じ
(25) 注(22)に同じ
(26) 昭和十五年七月
(27) 注(22)に同じ
(28) 注(22)に同じ
(29) 注(22)に同じ
(30) 注(22)に同じ
(31) 石濱恒夫「戦友・司馬遼太郎のこと」(『潮』昭和四十三年三月、第九十三号)
(32) 注(31)に同じ
(33) 注(31)に同じ
(34) 注(31)に同じ
(35) 注(31)に同じ
(36) 注(20)に同じ
(37) 注(20)に同じ
(38) 注(2)に同じ
(39) 注(20)に同じ
(40) 大蔵宏之著『魔法の鉛筆』(昭和二十二年六月、弘文社)

(41) 注(2)に同じ
(42) 注(20)に同じ
(43) 注(2)に同じ
(44) 注(20)に同じ
(45) 注(2)に同じ
(46) 注(2)に同じ
(47) 注(2)に同じ
(48) 石濱恒夫「美の殉教者」(『追憶の川端康成』昭和四十八年四月十日、文研出版)
(49) 注(2)に同じ
(50) 注(2)に同じ
(51) 『人間』(昭和二十四年八月、第四巻八号)
(52) 『人間』(昭和二十五年十二月、第五巻十二号)
(53) 『文学雑誌』(昭和二十八年四月、第二十号)
(54) 昭和二十八年十二月二十四日付 石濱恒夫宛て川端康成書簡(『川端康成全集　補完二』昭和五十九年五月、新潮社)
(55) 石濱恒夫「ノーベル紀行」(『追憶の川端康成』同)
(56) 注(55)に同じ
(57) 注(55)に同じ
(58) 昭和十二年に、スターリンにより粛清され、のちに銃殺されるが、昭和三十七年レーニン賞を受け名誉を回復された。
(59) 注(55)に同じ
(60) 注(55)に同じ
(61) 注(55)に同じ
(62) 注(55)に同じ
(63) 注(55)に同じ

(64) 注(55)に同じ
(65) 注(55)に同じ
(66) 注(55)に同じ
(67) 石濱恒夫「華身霊歌」(『追憶の川端康成』同)
(68) 注(67)に同じ
(69) 注(67)に同じ
(70) 注(67)に同じ

石濱純太郎の日記と学問

――大正二年から昭和二年にかけて――

大原良通

當用日記

もう二十五年ほど前になると思うが、阪急園田駅前にあるショットバーでカクテルを飲んでいた時のことである。「きみー、酒好きなんやねー。」と、常連らしきおじさんが声をかけてきた。「さっきから話を聞いていると、関大の東洋史の学生さん？」と、さらに「石濱純太郎いう人物しっている？」、「私の大叔父になるんよ。」と、いうわけで、それから話が盛り上がり、その後、この良太郎氏とはちょくちょく会うようになった。

つまり、石濱純太郎氏の弟の敬次郎氏の息子の信太郎氏の息子である。良太郎氏から見ると祖父の兄が純太郎氏と云うことになる。

余談になるが、ある時、私が不在の時に、良太郎氏が電話をかけてきて、父が応対をしたことがある。いつもの「遊びに行けへん?」という電話だったのだが、大学院生時代、純太郎氏から『唐書』の「倭国伝」の講義を受けたことのある私の父(上井久義)は、受話器を取ったとき、黄泉の国からのお誘いかと思ったほど純太郎氏と声が似ていたそうである。

さて、話を元に戻す。良太郎氏自身は純太郎氏に東洋史学やチベット学においてどのような業績や功績があるのか、あまりご存じではなかったようである。しかしながら私との会話の中から、また、たまたまその頃、良太郎氏のところに純太郎氏に関する問い合わせがいくつか来たこともあり、純太郎氏について興味を持たれたようである(1)。

ある時、良太郎氏から純太郎氏の日記が残っていることをうかがった。

良太郎氏から「見てみるか」ということで、預かることになった。その後、私は引っ越しすることになり、そのすぐあと良太郎氏との連絡が取れなくなってしまった。今回、関西大学の泊園記念会で「石濱純太郎没後五〇年記念国際シンポジウム」を開催するにあたって吾妻重二先生より、お誘いがあり、石濱家に日記をお返しすることができ、この文章を書かせていただくことが出来た。

*　*　*

私が預かった日記は、大正二年、九年、十一年、十二年、十五(昭和元)年、十六(昭和二)年の六冊である。五冊は春陽堂の『新案　当用日記』で大正十六年のものだけが国民出版社の『当用日記』である。もちろん、大正十六年は無く、大正十五年十二月に昭和元年と改元されたので、改元前の大正十五年一〇月一日に印刷され五日に発行されたこの『当用日記』は、大正十六年として出版されている。

純太郎自身は中学の頃から日記を書き起し、手足が不自由になる没年の三年ほど前まで綴られていたというので、本来なら明治三十七（一九〇四）年ごろから昭和四〇（一九六五）年頃までのものがあったはずである。したがって六〇冊ほどの日記が有ったと思われるが、良太郎氏はなぜか、その中から前記の六冊を私に預けてくださった。良太郎氏はある程度日記の内容をご存じだったことは確かで、私が西藏史の研究をしていることもご存じだったので、あるいはネフスキイと純太郎が出会った前後のものをお持ちくださったのかも知れない。

お預かりした六冊の日記のなかから純太郎とその学問に関わる記事について、私の注意を引いたものを中心に紹介したい。ただすでに、これらの日記を利用して大阪東洋学会や静安学社、そして純太郎の重要な研究項目である西夏語研究の共同研究者であるネフスキイとの出会いなどについては、岡崎精郎が「大阪東洋学会より静安学社へ――大阪学術史の一こまとして――」としてまとめている(2)のでそちらも参照していただきたい。

また日記の引用は、純太郎の学術形成に関して、私が注目した記事の必要部分のみを抜き出したもので、体裁や漢字などは断りなく変更している。また内容の省略も多くあることを了承願いたい。

○　大正二（一九一三）年

前年の大正元（一九一二）年十一月に陸軍を除隊し、大阪に帰ってきたすぐの年である。

日記のはじめにある「本年重要記事目録」には「山本内閣成立・憲政擁護運動・東京大火・東西合併大相撲(3)・宋教仁暗殺(4)」と記されている。

この年の日記は他のものに比べると空白が少ない。

四月廿八日

岳父より古文旧書考来る。世古文旧書を愛好する人はあるが骨董的価値を哀願する許りで、とんと埒もない。先聖の真意は古文旧書なくんば探れない。校勘の学の起らないのは支那学の（日本までも）欠点だ。

島田翰若年にして死す。惜しむべし。

「岳父」は、大城戸宗重で、泊園書院のホームページによると、「官僚。加賀藩（石川県石川郡鶴来町）の生まれ。号は念庵。明治初期に泊園書院に学び、明治十一年（一八七八）、二四歳で二松学舎塾頭。三島中州の養女、三島数子と結婚。のち官途につき、徳島県参事官などを経て朝鮮総督秘書官となり、明治四四年（一九一一）から朝鮮総督府東京出張所をあずかった。黄坡は東京高等師範学校の学生時代、大城戸の家に寄宿していた。大城戸の次女恭子は石濱純太郎の妻である。故郷にある「念庵大城戸君碑」は黄坡の撰。」とある。(5)

『古文旧書考』は、明治三十八（一九〇六）年に民友社から出版された。出版資金は徳富蘇峯が提供した。出版の三日後に島田から蘇峯へ出した手紙にある個人宛ての贈呈者リストの第九番目に大城戸宗重の名前が見えるので、この島田から大城戸に送られたものが純太郎に送られたのではないかと思われる。(6)ちなみに、『大阪外国語大学　石浜文庫目録』（以下、『文庫目録』）に『古文旧書考』は見えている。(7)

島田翰は島田篁村の二男で、兄の鈞一は藤沢南学のもとで学んでいる。書誌学者として名を馳せた。高野静子の研究によると、翰の死亡については様々な情報があるが、実際には大正四（一九一五）年七月に死亡しているという。(8)ところが、この純太郎の日記には、その二年も前の大正二（一九一三）年四月二十八日に「若くして死す」とある。純太郎の姉のカツは南学の息子の黄坡に嫁いでおり、何らかの情報が流れてきたのかも知れない。

後に純太郎は『訪余録』の書評で「秘府の書を縦覧するを得るに及んで、慨然目録校勘の学に意在り、遂に古文旧書考群書黜勘の二書を撰述した。其後江浙名家の藏書を遍く観たが、病の為め世を避け終に未了の緒を抱いた儘何時の間にか急いで此世を逝って了った。」とあり[9]、島田死亡の詳しい情報は知らないままであった。高野静子作成の略年譜によると[10]、明治四十五（一九一二）年に翰は分家しており、兄欽一との関係がなくなり、そのことが、純太郎に翰が死亡したと勘違いをさせたのかも知れない。

九月十三日

文求堂ペリオの発見の覆刻書四部鄭注論語は四編を算す。驚喜欲狂と云うは羅叔言一人ではない。スタインの第二探検に於ける胡梵の書とペリオ将来の漢籍とは真に驚嘆すべきである。況んや露独の将来せる秘籍尚幾多の至宝を藏するをや。真に学会多事と云ふべきである。

すでにこの頃から敦煌文書に興味を持っていることが分かる。

十月五日

午後天王寺の公会堂で懐徳堂記念会の講演を聞く。……。服部教授[11]を佐々木旅館に訪問する。座に西村天囚、図書館の上松氏あり。紹介さる。

後にこの西村天囚の誘いにより景社に入ることになる。

十一月十八日

鳴砂石室佚書十一種京都より着。驚愕すべきものだ。孟子を読む。孟子は割に細かく読むつもりであったが、よく考えれば書を読むには字を知らざるべからず説文を見んではだめと思ふ。それでも説文を研究するには多読をせなければ行かぬ。だからこれからは一通りでざっとして、どんどん行かう。

日記後方にある「蔵書目録」には、十一月十八日に彙文堂より『陰陽書』『星占』『穀梁伝解釈』『沙州図経』『隷古定尚書』『太公家教』『春秋後国語』『諸道山河地名要略』『張延授別伝』『修文殿御覧』『唐人選唐詩』の十一冊が届いたことが記録されている。また値段は、まとめて二十円三十銭である。『鳴砂石室佚書』について『文庫目録』の一五九頁下から一六〇頁上にかけて、上虞羅氏景印本十六冊（欽有）と東方学会石印二冊の二組を載せている。このうち東方学会石印は民国十七（一九二七）年のものなので、この時に彙文堂から購入したものは上虞羅氏景印本であろう。『文庫目録』では書名の下の割り注に「清羅振玉輯　宣統二年至民国二年　上虞羅氏景印本　一六冊有欽」とあり、宣統二（一九一〇）年から民国二（一九一三）年にかけて出版されたことがわかり、さらに、上記の十一冊の他に『論語鄭注』『晋記』『閫外春秋』『水部式』『残地志』『西州図経』『兔園策府』があるので、大正二年の段階では、まだこれらの書籍が届いてなかったことが分かる。しかし、大正四（一九一五）年に発表された「群書治要の論語鄭注」[12]には、羅叔言の『鳴砂石室佚書』の『論語鄭注』が引用されているので、大正三（一九一四）年もしくは大正四年の早い時期には納入されたようである。

十一月廿二日

午後、群書治要にて尚書孔伝を校す。治要は勿論孔伝に依ったものであるが、中には変った注がある。経文の字でも正しく古文のも見られる。彼孔伝には誤ってゐる。治要は正義以前の書である上に、其据れる本は精善なものであるらしい。孝経の鄭注及び余が先日証定せる所によれば論語は集解により多々鄭注をとってゐる。だから馬鹿に出来ない。それで羅叔言の群経点勘の尚書校字記を一寸参照して見たら所謂隷古定本に合するもの少なくない。石室出土の尚書の校勘には治要は欠くべからざるものと思惟する。治要は是非全部借出して諸書を校勘し且其据本を研究せねばならぬ。

純太郎が『群書治要』の研究を始めるきっかけを示したもので、その後、純太郎の研究課題の大きな柱の一つとなっていく。一九一五年六月に発表した「群書治要の論語鄭注」は、雑誌に発表した最初の研究論文であり、羅叔言の『鳴砂石室佚書』の『論語鄭注』の跋文の中の誤りを正し、さらに敦煌文書を利用して『論語』の鄭注を校勘したものである。[13]

同じ年の十一月に発表した「群書治要の尚書舜典」には、島田翰の『古文旧書考』の引用が見られ、[14]さらに、大正八年の十二月に『芸文』第十巻第十二号に発表した「玉燭宝典の舜典孔伝」[15]は先の「群書治要の尚書舜典」を受け、敦煌文書をも利用しつつ、「尚書舜典」を校勘したものである。『群書治要』も『玉燭宝典』も中国では散逸してしまい、日本にのみ存在する本で、島田翰が『古文旧書考』で取り上げたものである。[16]

日記の末尾には「蔵書目録」があり、日付、署名、著者、冊数、摘要、価格の欄がある。百四十九個のすべての欄に月ごとに書名が書かれている。洋書は丸善から、また漢籍類は文求堂、鹿田松雲堂、博文堂、民友社などから購入していることがわかる。

例えば、一月二日には富山房から『史学研究会　講演集　第四冊』が届いており、この本は『文庫目録』六十八頁にあるし、四日には『燃藜室記述外』とあり、これも『文庫目録』一五一頁上にある。同じく六月には丸善から Giles の『China and the Manchus』と Ghys Davids の『Buddhism』をどちらも五十銭で買っており、『文庫目録』に見える。(17)(18)

「人名録」も二十四名ほど記入されている。

「通信欄」には、いつ誰に手紙を出し、誰から手紙をもらったか、さらにその内容が簡単に記されている。

博文堂との関係を日記の記述とともに追いかけると、「通信欄」の三月十一日に博文堂から「土佐堀七八四」とあるので、移転の知らせが届いたと思われる。日記には、「四月二十四日　博文堂に朱子易繫帖を貸す。印材を置いていった」とあり、ついで「通信欄」には、五月二日に油谷博文堂から「店多々解雇」の手紙が届く。(19)

次の日の日記五月三日には「博文堂前店員印材を取りに来た。博文堂からの手紙もあるから渡さなかった。」とあり、ここにある博文堂からの手紙というのは「通信欄」にある店員解雇の通知であり、したがって純太郎はこの店員に印材を渡さなかったことがわかる。おなじ三日のうちに今度は、純太郎の方から油谷博文堂に「店員に印材を渡して可なるかや」と問い合わせの手紙を出している。油谷博文堂からは五日に「印材ワタセ」の返信が来ているので、おそらく、印材は博文堂に返されたものと考えられる。

博文堂は西村天囚の『屑屋の籠』（一八八七年）を出版したことで有名だが、稲岡勝によると、博文堂の「原田庄左衛門は奮闘努力の甲斐もなく力尽きて、東京での復活を断念し明治三十四年五月に廃業した。おそらくその直後から新たな約束の地を探し求めるが、大阪落ちを選ぶことになった。日露戦争のころと言われているが、ハッキリした時期はわからない。」としている。明治四十三（一九一〇）年頃から、次男の油谷達によってコロタイ(20)

プ印刷で出版事業を再開しており[21]、一九一三年にはコロタイプ複製の『宋拓定武本蘭亭序』などを出版し[22]、油谷博文堂として再出発している様子がうかがえる。また、純太郎の日記の四月十二日には、「とにかく蘭亭会の展覧会を見に行くこととする。」とあり、京都岡崎の府立図書館で蘭亭会展覧を見に行っているが、この展覧会には博文堂の油谷達所蔵の作品が多数あった。しかし、純太郎の日記には店員解雇の知らせがあるなど、常に順調だったわけではないらしい。

大正二（一九一三）年の日記から私の興味のままにいくつかを紹介した。「石濱先生年譜略」（以下、「年譜」[23]）には何の記事もなく、この年が純太郎の人生の中でどのような年だったのかは全くの不明であったが、実は非常に重要な年で、島田翰の『古文旧書考』との出会い、敦煌文書との出会い、西村天囚との出会い、『群書治要』の重要性の発見など、純太郎の研究基盤の形成に大きな影響を及ぼした年である。研究は「手間」、「暇」かかるというけれど、この年の純太郎はまさに暇があったからこそ、有益な時間を過ごしたことが読み取れるのである。

○　大正九（一九二〇）年

残念ながら預かっていた日記は一挙に、七年飛び、一九二〇年となる。この間、純太郎は西村天囚の誘いにより景社に入り、長尾雨山や武内義雄などの知遇を得ている。また、先に見た様に『群書治要』の研究を進めていた。この年は小出楢重への援助に関する記事が多く、末尾の「金銭出納簿」はこの年に限り細かく記されており、当時の物価の具体的な状況が分かるとともに、小出への援助の様子がうかがわれる。

十一月六日

午前。長岡氏を訪ねて群書治要借出を依頼する。

十一月十二日

府立図書館へ行って今井館長から奥雅堂叢書本の群書治要二冊を借りて来た。夜。群書治要を調べる。

十一月十三日

午後。群書治要を調べる。

十一月十八日

群書治要を調べた。

十一月二十日

午後。群書治要。

十一月二十三日

群書治要の研究を書こうとかかる。

十一月二十六日

「群書治要闕巻の巻第」を作った。

十二月二日

夜。「群書治要の尾張本」を書きかける。

十二月三日

夜。尾張本考を書き了へる。

十二月五日

夜。群書治要朝日本をしらべる。

十二月六日

長岡を尋ねて朝日新聞の群書治要を返す。

十二月七日

「群書治要の尾張本」を清書する。

十二月十四日

奥雅堂本の治要を図書館へ返してやった。

十一月六日に朝日本を借り出し、十二月七日に「群書治要の尾張本」の清書を終えていることから、「群書治要闕巻の巻第」(24)と「群書治要の尾張本」(25)の二本の論文を一箇月ほどで書き上げていることがわかる。日記のこの部分から、資料の校勘をしながら研究題目を見つけ出し、いくつかの題目について平行して考察を重ね、一気に論文を書け上げるという、純太郎の研究姿勢が見て取れるように思われる。

日記の末には「感想録」の欄に線を引き自作の「自作著述表」を作成し、日付と題名、雑誌名が記されている。

自作著述表

月	日	題名	雑誌名
六	二十五	南岳藤沢先生所著書目	斯文第二編第四号
八	一	周礼賈疏の舜典礼伝	支那学第一巻第一号

十　二　読書随筆　一十字寺の景教遺文　支那学第一巻第三号
　　　　　　　　二西夏学小記
十一　七　読書随筆　三房山石経　支那学第一第四号
　　　　　　　　四論語天何言哉章
十二　七　群書治要の尾張本　支那学第一巻第五号

「人名録」には、小出楢重は言うまでも無く、武内義雄、神田喜一郎などの名前が並ぶ。

○　大正十一（一九二二）年

大阪外国語学校への入学の年である。したがって、ネフスキイとの出会いがあるが、その辺は岡崎精郎氏の論考に詳しいので、ここでは他の記事に注目したい。

一月廿三日

ルスコエオボズレニエのポタニン伝によって支那学でポタニンを弔ほう。先づペリオの吐谷渾蘇毗考を作って次に之にし（て）やろう。

二月三日

ペリオの吐谷渾蘇毗考を抄録しかける

二月八日

ペリオの吐谷渾蘇毗考を抄録し了る

二月十四日

敦煌から始めて世に知られた法成の事は早くペリオが千九百十二年に説をつけているのを始めて知った。学の難きは今に始まらぬが中々大変だ。

二月十五日

法成の年代及び訳経につき段々分って来たから一つ短いものに纏めて見やう。ペリオの抄録に附記するのは簡単にして置かう。

二月十八日

伯希和教授吐谷渾蘇毗考書後を作り上る。

『支那学』第二巻第七号に発表した「ペリオ氏吐谷渾蘇毗考」である。[26] 法成については後述するように、一九五八年に、芳村修基との共著「無量寿宗要経」で考察している。[27]

二月廿六日

寺本師の辨駁文の書後を作りかける。

二月廿七日

寺本師の書後を完了。

寺本婉雅著『于闐国史』（丁字屋書店、一九二一年六月）の紹介「新刊紹介『于闐国史』[28]」で、『于闐国歴史』という本を翻訳していないなど、いくつかの点に関して、批判的な紹介をしている。それに対して寺本が「于闐国史の批評に就いて」を書き、[29]純太郎の指摘したような本は赤字大判本カンギュルに存在しないとし、他の批判についてもいくつか弁明している。その反駁にたいして、純太郎は同じ号に「書後」を書き、[30]批判の対象となった本が、寺本の引用したカンギュルでは、一つにまとめられており、ナルタン本では二種の本として扱われていることによることを確認している。また、他の批判については純太郎が、ヨーロッパの研究を重視していることに対し、寺本が史料の翻訳と紹介を重視しているという立場の差によるものが多い。この二つの文章が掲載された『支那学』第二巻第七号は、その奥付によると、大正十一（一九二二）年二月廿五日印刷、三月一日発行となっている。つまり、日記の日付から、純太郎は印刷の期日が過ぎ、辨駁文を一日で書く必要があった事が分かる。

三月廿三日
群書治要雑録を書きかける。
三月三十日
群書治要雑録を浄書しかける。
四月七日
小出画伯の出迎え。

小出楢重は、大正十（一九二一）年八月四日に神戸港からパリに向かい、この日神戸に帰ってきた。[31]

四月十三日
　外国語学校
四月十五日
　外国語学校入学式

純太郎のモンゴル語への興味については堤一昭の「石濱純太郎の〝モンゴル学事始〟」が詳しい。[32]

六月十六日　**学校。**
　京都に行く。神田君を訪ぬ。
　支那学会。羽田氏に始めて会ふ。今西博士に女真文や蒙古文のものを貰う事になった。うれしい。宜卿と帰る。宜卿は東北大へ話があると。

羽田亨との出会いである。後に河崎章夫は「石浜先生のお若い頃、羽田亨博士とは学問上いろいろあったようで、石浜先生独特の調子で反論などをされ、それが学問以外の御交誼にも現れていた様子です。」と回顧している。[33] しかし、私が預かった日記から、そのような様子はあまり見られず、後のことのようである。

七月三日
　校長に会って紹介状を依頼する。

七月六日

校長に会って紹介状を請求したら、もう先方へ発送してあった。

七月十日には東京に行っている。到着早々、東京大学の図書館に行き、藏経の閲覧を依頼している。

七月十一日

学校へ行ってゴンボ氏に紹介して貰ひ、授業を少し見て出る。

七月三日と六日に校長にお願いしていた紹介状が、ゴムボ（ゴンボ）を紹介して貰う依頼であったことが分かる。以後ほぼ毎日、午前中は東京大学の図書館で藏経を調査し、午後はゴムボにモンゴル語を教えて貰っている。ゴムボは、一九二二年に東京外国語学校に着任したブリヤート＝モンゴル人のゴムボ＝バドマジャブ。一九二四年にはフレー（現在のウランバートル）にもどり、モンゴル人民共和国憲法の起草委員となっている。[34]この日は、その後、鴛淵一とモリソン文庫に行き、雑誌がそろっていることに感心している。モリソン文庫は一九一七年に岩崎久彌が北京駐在のオーストラリア人G・E・モリソン博士から東アジアに関する欧文の書籍・絵画・冊子等約二万四千点を購入したもので、現在の公益財団法人東洋文庫の前身である。その後、純太郎はしばしばモリソン文庫を訪ねている。

七月廿一日

図書館一包。ゴンボ先生、今日で止めることにした礼、八円。

いったん東京を離れるが、八月十七日に再び東京に戻り、東京大学図書館の調査と、ゴムボの授業を再開する。二十六日までほぼ毎日、ゴムボにモンゴル語を習い、図書館で書籍の調査をしている。八月二十七日に帰阪している。

九月四日

無事東京駅着。

直ぐ大学図書館に至る。くたびれたのか随分調べるのはえらい。二套済む。モリソン文庫へ行く。石田君[35]病気で出てゐない。

九月五日

ゴムボ先生の新宅へ行く。神谷先生来り会す。共に鈴江氏を訪ぬ。将来せる本を見る。初見のもの多し。

フフデプテルの印本あるを知り驚く。

九月十三日

今日からフヘデプテルを写しかける。

九月廿九日

愈々、フヘデプテルを写してホットする。

フフデプテル（フヘデプテル）は一九一七年二月に『東亜研究』第七巻第一号の「蒙古芸文雑録（承前）」で純太郎が紹介したものである。内藤湖南から借りたガルダンの『エリデニン、エリヘ』のボズドネエフの序論によって、フフテプテルを知り、「ボズドネエフ氏の記述に拠ると、本は喀爾喀人には大変重要な歴史とせられてゐるので、蒙古の歴史家はよくこれを引用するとの事である。然し其著者の名も著作の年代も分からない[36]」としているものである。したがってその印本をみて驚いたのである。その後、フフテプテルの研究を続け、「昭和十八年十月以降　京都帝大東洋史関係講義題目」に「フフデプテルの研究　石濱講師」とあるので[37]、一九四三年には、京都大学でその研究成果を講義している[38]。

横道にそれるが、この『東亜研究』に発表された「蒙古芸文雑録」についてすこし述べておく。「一、エリデニン、エリヘ」、「二、アルタン・トプチ」「三、アルタン・トプチ別本」「四、フヘデプテル」等を紹介している[39]。さらに第七巻三号の「補遺と訂正」で[40]二つのアルタン・トプチのうちのどちらかがメルゲン・ゲゲンのものであるとし、また「邦訳　アルタン・トプチ（蒙古年代記）について[41]」でも言及している。

十月廿四日

終日「西夏学小記続」を稿し清書して抱甕[42]へ送る。

十二月八日

見聞漫録の「二二」としてフランス極東学院志を書こうとする。

十二月十一日

極東学院志を終へた。ちっとも面白く出来ないのでいやになる。

十二月廿六日

西夏文を研究した。

大正十一年愚作

一　研究機関の不備　奉仕第一巻第一号

二　新刊紹介　エドワイドウベル伝　支那学第二巻第六号(43)

三　ペリオ氏吐谷渾蘇毗考　支那学第二巻第七号(44)

四　于闐国史の批評について書後　支那学第二巻第七号

五　南岳藤沢先生所著書目録補　泊園書院学会会報第一冊(45)

六　群書治要雑録　泊園書院学会会報第二冊(46)

七　新刊紹介　国語月刊　支那学第二巻第九号(47)

八　良芸之校刊の鄭注孝経　支那学第二巻第十二号(48)

九　西夏学小記続　支那学第三巻第二号

十　見聞漫録　注音字母より

国語字母へ(49)

○大正十二（一九二三）年

一月廿四日

『法成について』を清書した。明日羽田さんに見せておこう。

『支那学』第三巻第五号に発表したもので⁽50⁾あり、羽田亨が書いた『史林』第八巻第一号の「釈迦牟尼如来像法滅尽之記」の巻首の口絵の解説について純太郎がいくつかの指摘をしたもので、特に法成の訳著を六種類ほど挙げている。そこで、ここにある様に、発表前に純太郎から原稿を見せられた羽田は、同じ号に「書後」を書き、「幸に篤学なる石濱君に拠って、現在法成の訳として知られ、若しくは其の訳と認むべき仏典の名をここに集め得、更にその在世時代についても所依を知り得るに至ったのは同慶の至りである。」とし、法成の訳と思われる仏典を十種をあげ、さらに法成の訳述した年を八三三年としている⁽51⁾。

二月廿三日

学校。羽田氏よりの華夷訳語を受取りて帰る。

二月廿四日

学校。午後帰れば、男子が生まれてゐた。武内君へ命名を依頼の電報を出す。敦煌本切韻を調べる。

六月六日

学校。帰ると神田からのハガキがある。シュミットの蒙古源流を得たと。羨しく、ねたましく、うらめしく、果は腹が立ってくる。あーあの本を俺はどんなにほしがってゐたか。俺にはまだまだ運が無いかナァ。

六月十九日

博文堂　敦煌本の経文持参し。七通買ふ。二五〇〇円。

六月廿二日

博文堂来る。此間の二五〇は四五〇の間違だとの事。無量寿宗要経だけとる。

博文堂については前述したが、当時、博文堂は中国から絵画などを輸入しており、ここにある様に敦煌文書も扱っていた様である。資料というより美術品扱いだったのだろうか。一九二三年当時、まだ、敦煌文書が市場に出回り、そして、一巻か七巻まとめてかわからないが、四百五十円で売られていたことがわかる。

この時代の四十円は大卒の銀行員の初任給程度である。また大正十一年の教員の初任給が四十五円であり(52)、この文書がべらぼうに高かったことがわかり、さすがに純太郎にしてもすべてを買うわけにはいかなかったようである。

七月十八日

プレトネル(53)の招待に行く。ナラホテルでボーネルにも出会ふ。プレトネルは大愉快で大変にはしやいだ。お蔭で帰ったのは終電車。

プレトネルは大阪外国語学校に一九二三年に来日、最初の半年はネフスキイの所に止宿していた。ナラホテルはプレトネルのお気に入りのようで、後にコンラトと谷崎潤一郎とをここで会わせている(54)。

七月十九日

京都へ行く。君山先生を訪ねて韓非子を還し、湖南先生にも二三冊かえす。湖南博士より敬首律師、吉見幸和などの話を聞く。。

九月三日

東大図書館も焼失せる由。昨年閲覧せし金字蒙文蔵経も今はなきか。自らのノートは是非整理研究せねばならぬ義務生じたるやに思はる。

関東大震災である。この金字蒙文蔵経については、後述する。

九月六日

支那学へ拂林考補記を書いてやろうかと思ふ。

九月七日

拂菻補考を作り清書す。

九月十三日

羽田博士来訪。三学期から先生になれと。

「年譜」によると京都帝国大学文学部講師を嘱託されるのは昭和十二（一九三七）年。関西大学専門部の講師を委嘱されたのは、大正十五（一九二六）年四月である。したがって、この時には、羽田の誘いを断ったのかもしれない。

十月七日
西夏文法華経を調べる。
十月九日
西夏法華経研究。西夏法華経写真の排列順序分明した。
十月十七日
奴児干永寧寺碑女真文を調べた。西夏文法華経。

末尾の「人名録」にはネフスキや青木正児、桑原隲蔵、東洋文庫、高橋盛孝、鴛淵一などの名前が加わる。

○大正十三年、十四年の日記は預かっていないが、岡崎精郎の「大阪東洋学会より静安学社へ——大阪学術史の一こまとして——」[55]によると、岡崎は石濱純太郎の死去の翌年昭和四十四（一九六九）年三月に日記を筆写しており、「日記」は大正十三年七月より「十四年一月までを内藤博士に随従してヨーロッパに赴かれた外遊日記でしめられ、」とある。そして大正十四年八月に、調査の報告とも言える講演を大阪の懐徳堂でおこない、純太郎は「敦煌学」の重要性について力説している。[56]

○大正十五（一九二六）年
二月7日
ベルの書で西藏語を始む[57]。今度はものにしたし。

後に、関西大学においてチベット学会を発足させ、その会長となるが、その原点がここにある。(58)

二月10日
伯希和敦煌目録二部着。
三月17日
ネフスキ来り西夏文字抄覧を呉れる。
四月9日
泊園書院にて漢書芸文志開講。
四月11日
敦煌本漢書蔡謨集解を移し了る。
四月17日
無量寿宗要経書き了る。これで一片付きとする。
四月19日
敦煌古書雑考を清書し了る。

「敦煌古書雑考」には「一　敦煌本漢書蔡謨集解」と「四　大乗無量寿宗要経」が含まれている。「無量寿宗要経」については、後述する。

四月26日
関西大学の支那哲学史開講。
この年に関西大学の専門部講師を嘱託されている。(59)
五月22日
都ホテルで湖南翁還暦祝賀会。
六月30日
泊園書院。今日より漢志小学の部を講ず。
九月8日
泊園書院開講。説文開講。
九月10日
泊園書院。芸文志読講を始む。
十月1日
愈々蒙藏目録にかゝる。
十月19日
丸善ではカアタアの本に八思巴文書の写真あるを見付けて喜んで買ひ帰る。するとワイマントの蒙古文典が届いてゐて二度喜ぶ。

十一月4日
無量寿宗要経考補の稿了る。清書にかかる。
十一月8日
無量寿宗要経考補清書出来。池内氏へ送る。

「大乗無量寿宗要経」で、「京都のニコライ・ペトロウィッチ・福田精斎君が亡夫人亡令息の記念として『西藏古写経』と題する敦煌本藏文無量寿宗要経を影印出刊せられ、わたくしは一本を贈らるるの幸栄に接した。」とあり、「彙文堂に出ていた本経は元一巻中に幾部も連接してあった長巻のものだったと聞いてゐる。わたくしも幸ひ二三部連続の部分を得て蔵してゐる。尚、同じく此兄弟であるべきものが京都には三四ある筈である。」とあって、[60] 純太郎自身も西藏文のものを彙文堂から手に入れていたようである。しかし、その後「無量寿宗要経考補」には、「漢文」に「これはわたくしの藏する所によった。松本博士の引かれた所『仏典の研究』一五九頁には文字の小異もある様だが誤植が大分ある。」とあるので、[61] 漢文のものを持っていたと思われ、これが博文堂から買ったものだと分かる。[62] さらに、寺本婉雅も彙文堂から西藏文のものを所有しており、龍谷大学や京都藤井有鄰館などもこの経典を所有しているとする。[63]

その後、一九五八年に芳村修基との共著で、「無量寿宗要経」が法成によって八二二年頃にチベット語から漢訳されたことを明らかにしている。[64]

前述の様に、純太郎は一九二二年二月十五日の日記に「法成の年代及び訳経につき段々分って来たから一つ短いものに纏めて見やう。」とあったように、法成の訳経について早くから注目していた。

十一月22日
　ネフスキ来訪。関西大学。二年には桐城派を講ず。
十二月1日
　支那学の原稿にかゝる。敦煌雑考
十二月2日
　支那学原稿出来。清書して送る。
十二月4日
　恩賜博物館で中亜発見古画模本展を見る。中々立派な蒐集である。

末尾の「防備録」を「自著目録」と書き換え、題名と発表雑誌、清書の日時を記す。

「自著目録」

題名　発表雑誌
1　敦煌古書雑考一－四　東洋学報　第十五巻第四号　四月十九日夜清書了
2　見聞漫録　口語字母からローマ字へ　成吉思汗挽歌　支那学第四巻第一号
3　新刊紹介　メランジェアヂアアチック　ロオチニク　オリエンタリスチニイ　支那学第四巻第一号　六月卅日朝清書

4　無量寿宗要経考補
5　露国の文献目録四種　　　　　民族　第二巻第二号　十一月二十七日清書
6　敦煌雑考　一－二　　　　　　十二月二日清書
7　新刊紹介　ハルビン大学特刊
　　　　何城参観記

この中で注目されるのは「露国の文献目録四種」で、「石濱純太郎先生著作目録」（以下、「著作目録」）では、[65]発行年月未詳となっている。反対に「無量寿宗要経考補」は「目録」から一九二七年六月『東洋学報』十六巻二号、「敦煌雑考」は一九二九年六月『支那学』第五巻第二号に、それぞれ掲載されている事が分かる。また、「新刊紹介　ハルビン大学特刊　何城参観記」は「著作目録」にある「書評―哈爾浜法律大学特刊」支那学第四巻第二号かと思われる。さらに「講演」と題し、

日時	題目	場所	備考
十月二八日	満蒙藏経に就いて	支那学会	京都楽友会館
十一月十八日	西域古学談	大阪国史会	天王寺第三小学校
十二月	西域古学談	大阪国史会	同上

の三項が記されている。

○大正十六（昭和二・一九二七）年（国民出版社）

一月十七日

関西大学開講。今日はあまり早く済まし過ぎた。あと一回とのこと。

二月十四日

羽田の東洋史教科書には敦煌ものが多いのは流石だが羽田も桑原も之図書の読み違ひはおかしい。

三月七日

六時頃大地震(66)

四月十八日

西夏文般若経の断片を書き了へ清書して那波君へ送る。

四月二十日

「金字蒙藏の金光明経の一紙」を錬り始む。

四月二十一日

金光明経考に終日。

関東大震災の前に純太郎が調査した「金字蒙文藏経」である。「年譜」の大正十一年七月の記事から分かるように、毎日のように東京大学の図書館に通い、この金字蒙文藏経を調査していた。そして、関東大震災を知った九月三日の記事に「自らのノートは是非整理研究せねばならぬ義務生じたるやに思はる。」とあったもので、「金字蒙文藏経金光明経の断簡に就いて」で「余は嘗て大正十一年の夏約半数を匆々に一覧して少しく経題等を手記して置いたが、それでも今では文献不足の小補にはなろう。未だに整理了らず繕写し得ないのは慚愧に堪えない。」といっている。[67]

八月四日

終日満州蔵経考を清書し清水氏へ送る。

「満州蔵経考」は日記末尾の論文の一覧に「八月四日　書物の趣味　第一巻第一号　満州語訳大蔵経考」とあり、その後『書物の趣味』に三回に分けて発表されている。[68] 前述の「金字蒙蔵の金光明経の断簡に就いて」とともに、大正十一年の夏に調査した「金字蒙文蔵経」について、大正十三年の九月三日の日記に「自らのノートは是非整理研究せねばならぬ義務生じたるやに思はる。」とあったのを受けたものだろうが、なぜ二年以上経ってから立て続けに、これらの論文を書いたかについて、私は、この年の三月七日の地震を経験した純太郎が、関東大震災を想起して書き始めたのではないかと想像している。

九月八日

支那学の校正来る。直ちに校正して送り返す。

十一月二十五日

公会堂の書画展観を見る。敦煌本を三つ見る。

文末には著書目録がある。

清書	雑誌	号	題名
一月十三日	典籍之研究	第六号	修文殿御覧
二月七日	典籍之研究	第六号	西夏文地蔵菩薩本願経
二月八日	支那学	第四巻第二号	新刊紹介四種　法政学刊　新東洋 蒙古文典　敦煌遺書
四月四日	民族	第二巻第五号	露国の文献目録　続
四月十八日	芸文	第十八年第五号	西夏文般若経の断片　ネフスキ共著
六月	支那学	第四巻第三号	金字蒙蔵光明経の一紙
七月	芸文	第十八年第八号	静安学社
八月四日	書物の趣味	第一巻第一号	満州語訳大蔵経考
	支那学	第四巻第三号	新刊紹介二種　成吉思汗伝 蒙古の手紙の書方
八月	懐徳6		永田松山両氏
十一月廿三日	典籍之研究		香文余録
十二月十九日	泊園		漢学の目録

「満州語訳大蔵経考」は、「著作目録」では、発行年月未詳となっており、[69]「露国の文献目録　続」と「永田松山両氏」と「香文余録」は「著作目録」には載っていない。しかし、「露国の文献目録　続」は『民族』第二巻第五号に掲載され、[70]「永田松山両氏」は『懐徳』第六号「永田理事長　松山教授追悼録」に掲載された「磐舟翁と春城博士」であろう。[71]

おわりに

これらの六冊の日記には、石濱純太郎の研究活動に関わる重要な記事がいくつもあり、純太郎の研究基盤の形成期をうかがえる貴重な資料である。

東京から帰阪して、まだ自らの学問の方向性が定まらない時に出会った島田翰の『古文旧書考』は、後に博士論文の中心となる書誌研究に向かわせ、さらに宋代以前の文書群である敦煌文書との出会いは、その方向性を決定づけたと考える。

大庭脩は「要するに石浜の学問は、漢学から発して、言語学、歴史学の世界に分け入り、中国、西域、印度にその領域を広めて行ったものといえる。そしてもし、石浜学の真髄は何かと尋ねられれば、東洋言語学であると答える。」としている。[72]ここで言う「漢学」というのは、『古文旧書考』の言うそれであり、広めた領域の一つが「敦煌学」である。敦煌文書の実物を調査後、懐徳堂でおこなった講演では、「皆さんの中には、支那学とか東洋学とかを勉強してゐる人達の間で、あれは敦煌家だとか敦煌派だとか云ふ言葉を使ってゐるのを聞かれた方がありませう。それは先づ、大抵は書物の中の一字二字のことでもやかましく云うたり、或はあの本はどうのこの本はどうのと云ふ様なウルサイ事を持出したがる連中、即ち先づ考証学をやる人々の事を申す様で、殊に何でもかでも古いものを担ぎだして、それもどうかと云へば前後もない不揃いな端本はまだしも、小さな切れっぱしの断片なんかを持出しては、何かと文句をつける手合いの事を云ふようでありませう。」といっている。[73]ここに言う、わずかなことをうるさく言う研究こそが純太郎自身の研究姿勢であろう。

さらに、日本にある古書と、敦煌文書との比較研究を提案したあと、「我々敦煌党は敦煌病から始まっても漸次各所の栄養を吸収しまして、最後は無病壮健免疫で学問界を悠々と闊歩したいのであります。[74]」と結んでいる。これが、純太郎が目指した研究のありかたであり、そのような学問姿勢の形成期をかいま見ることが出来るのがこの六冊の日記だと思う。

以上、日記の記事から石濱純太郎の研究の軌跡を追ってみた。引用した日記の記事は、ほんの一部であり、実際にはこの何十倍にも及ぶ情報が書き込まれている。

私が預かったわずか六冊の日記からだけでもさまざまな情報を得られることが理解してもらえたと思う。たとえば、『フフテプテル』や『金字蒙文藏経』のノートなど、学術的に重要な資料が存在することを、この日記は示唆しており、石浜文庫の整理が進めばそれらが発見される可能性もあるだろう。

岡崎精郎「大阪東洋学会より静安学社へ――大阪学術史の一こまとして――」の「後記」によると、「故石濱純太郎先生の『日記』は少年時代より壮年時代にわたって克明にしるされていて厖大な分量にのぼる。筆者は先生御逝去ののち、翌昭和四十四年三月、先生の御長男、恒夫氏御宅において特に閲覧を許され、」とあるので、昭和四十四（一九六九）年には長男恒夫宅にすべての日記が保管されていたことがわかる。しかし、つづけて「『日記』の所在の詳かならぬ現在、誠に遺憾という他はない。」とあるので、「後記」が書かれた昭和五十三（一九七八）年にはすでに散逸していたこともわかる。(75)

幸にも私がその一部を預かっていたように、どこかに眠っている日記がまだあるかもしれず、それらが発見されれば、さらに有用な情報が増えるに違いない。

＊＊＊

もとはといえばバブルな学生が背伸びして入ったショットバーから始まったご縁だが、自分の先生である大庭脩氏と自分の父である上井久義の学統をわずかながらでも継いでいると自負している私に、目標とする先生方の原点の一つをかいま見せられた様な気がする。勤め先の神戸学院大学から国内研修をいただいたのが、たまたま純太郎氏の没後五十年にあたっており、偶然、吾妻先生からお声がけをいただいたのが、この文章を書くきっかけである。研究者として二世代も上の石濱純太郎氏について、私が何かを書くなどということを誰が想像しただろう。

おそらく、一番驚かれているのは純太郎氏本人であろう。そこで、最後にやはり私を指導してくださった藤本勝次氏が若かりしころ、関西大学から海外研修に派遣されている間に、純太郎氏が勝次氏の奥様に出されたお歳暮の礼状の末尾に追記されていた言葉を、純太郎氏から私への言葉として締めくくりたい。

「ヤレヤレ」

注

（1）その一つが石濱裕美子氏が淡路の菩提寺に純太郎氏の事を問い合わせ、そこの住職から良太郎氏へ純太郎氏のことを尋ねる電話が入ったことや、大阪外国語大学から記念会への招待などがあった。
（2）『森三樹三郎博士頌寿記念　東洋学論集』、朋友書店、一九七九年、一三八三～一四〇二頁。
（3）日記の三月十六日に「新世界で東西合併大相撲を見る」とある。
（4）宋教仁は一九一三年三月二十日に上海駅で撃たれ、二十二日に死去している。中国の有名な革命家。
（5）http://www.db1.csac.kansai-u.ac.jp/hakuen/syoin/retsuden039.html
（6）高野静子「小伝　鬼才の書誌学者　島田　翰」（『続　蘇峯とその時代』、財団法人　徳富蘇峯記念塩崎財団、一九九八年、三二九頁）。
（7）『大阪外国語大学所蔵　石浜文庫目録』、大阪外国語大学付属図書館、一九七九年、一九九頁上。関西大学には内藤文庫、増田渉文庫など、全部で四セットある。
（8）高野静子「小伝　鬼才の書誌学者　島田　翰」（『続　蘇峯とその時代』、二二九頁）。
（9）『支那学』第一巻第七号、一九二一年三月、七十九頁。高田時雄編『続・東洋学の話』、臨川書店、二〇一八年、一六二～三頁。
（10）高野静子、「小伝　鬼才の書誌学者　島田　翰」（『続　蘇峯とその時代』、四〇五頁）。
（11）服部宇之吉か。
（12）『東亜研究』第五巻第六号、東洋史研究会、一九一五年六月。『支那学論攷』、全国書房、一九四三年、九十九～一〇四頁。
（13）『支那学論攷』、九十九～一〇四頁。
（14）『東亜研究』第五巻第十、十一号、一九一五年。『支那学論攷』、一三〇～一四二頁。
（15）『芸文』第十巻第十二号、一九一九年。『支那学論攷』一四三～一五三頁。
（16）「玉燭宝典の舜典孔伝」（『支那学論攷』、一四四頁）の古逸叢書に関する『古文旧書考』の引用は「第一巻第五十五葉左」とあるが、八十一丁裏から八十二丁表である。

(17)『文庫目録』、三二九頁左。
(18)『文庫目録』、二六七頁左。
(19)国会図書館に油谷博文堂、大正元（一九一二）年あり。
(20)稲岡勝「原田博文堂の事業失墜と最高の歩み」（『書物・出版と社会変容』20号、二〇一六年、一〇六頁）。
(21)稲岡勝「原田博文堂の事業失墜と最高の歩み」（『書物・出版と社会変容』20号、一〇九頁）。
(22)西上実「油谷達と博文堂」（『美術フォーラム』二十六号、二〇一二年、九十三頁）。
(23)『石濱先生　古稀記念　東洋学論集』、石濱先生古稀記念会、一九五八年、四頁。
(24)「群書治要の闕巻に就いて」（『泊園書院学会々報』第一冊、一九二二年十二月）。『支那学論攷』、六十四～六十九頁。
(25)「群書治要の尾張本」（『支那学』第一巻五号、一九二一年一月）。『支那学論攷』、七十～七十八頁。
(26)『支那学』第二巻第七号、一九二二年三月、六十八～七十二頁。『続・東洋学の話』臨川書店、二〇一八年、一九二～一九五頁）。
(27)石濱純太郎・芳村修基「無量寿宗要経とその諸写本」（西域文化研究会、『西域文化研究第一』、法藏館、一九五八年、二一七～二一八頁）。
(28)『支那学』第二巻第四号、一九二二年十二月、七七～七八頁。『続・東洋学の話』、一七九～一八〇頁。
(29)『支那学』第二巻第七号、一九二三年三月、七十五～八十一頁。
(30)『支那学』第二巻第七号、一九二三年三月、八十一～八十三頁。『続・東洋学の話』、一八一～一八二頁。
(31)本書所収、中谷伸生論文参照。
(32)http://www.law.osaka-u.ac.jp/c-forum/box5/vol10-1/hajimeni.pdf
（ＯＵＦＣブックレット、一〇（一）ⅰ-ⅳ、二〇一七年二月）
(33)河崎章夫、「石浜先生のこと」（『百材』第五号、一九六九年六月、関西大学史学科同窓会、八～九頁）。
(34)http://www.tufs.ac.jp/common/archives/TUFShistory-mongolian-1.pdf
二木博史、「蒙古語学科の誕生と発展　一九〇八-一九四五年」（東京外国語大学、『東京外国語大学史』、一九九九年、一〇〇七頁）。

(35) 石田幹之助か。
(36)『東亜研究』第七巻第一号、一九一七年、三十四頁。
(37)『東洋史研究』、東洋史研究会、一九四三年、三十三頁。
(38)「フフ」もしくは「フヘ」は青いというモンゴル語で、この本の題名は『青い歴史』ということになる。ワルター・ハイシッヒは『モンゴルの歴史と文化』(田中克彦訳、岩波書店、一九六七年、)の中で『青い年代記』という本について言及しており、「私はこれらの記載を全部読んだとき、大へんな興奮をおぼえた。一九四一年当時、一二四〇年に編まれた、チンギス・ハーンとその覇権の興起の叙事詩的な叙述、「モンゴル人の秘めたる歴史」と作者不明の「黄金史」及び、モンゴルの南、オルドスに住んでいていた一君主、サガン・セチュン・ホンタイジが一六六二年に編んだ、「宝の年代記」以外には、モンゴル語の歴史作品は全く知られていなかった。」(二十四頁)とある。「黄金史」は以下に見る「作者不明『アルタン・トプチ』」のことである。また、「モンゴル人のもとで、『青い年代記』は、かつてないほどに愛読された。」(二十七頁)ともあり、『フフテプテル』のことではないかと推測する。
(39)「蒙古芸文雑録　一エルデニ　イン　エリヘ」(『東亜研究』第六巻第十・十一・十二号、一九一七年一月、一四~二十六頁)、「蒙古芸文雑録(承前)」「二、アルタン・トプチ」、「三、アルタン・トプチ別本」「四、フヘデプテル」(『東亜研究』第七巻第一号、一九一七年二月、二十八~三十五頁)の「二、アルタン・トプチ」は、森川哲雄氏の「著者不明『アルタン・トプチ』」(『モンゴル年代記』白帝社、二〇〇七年、一四三~一九四頁)にあたり、「三、アルタン・トプチ別本」は同じく「メルゲン・ゲゲン『アルタン・トプチ』」(『モンゴル年代記』白帝社、二〇〇七年、四二三~四二九頁)にあたる。
(40)「蒙古芸文雑録(承前)」(『東亜研究』第七巻三号、一九一七年四月、三十九頁)。
(41)『東洋史研究』四巻四・五号、東洋史研究会、一九三九年六月、七十四~七十六頁。
(42) 小島祐馬。
(43)『続・東洋学の話』、一九一~一九二頁。
(44)『続・東洋学の話』、一九二~一九五頁。
(45)『泊園書院学会々報』第二冊、一九二二、七十~七十三頁。

(46)『泊園書院学会々報』第二冊、一九二二。『支那学論攷』、七十九～九十八頁。
(47)『続・東洋学の話』、一九六頁。
(48)『支那学論攷』、一八八～一九一頁。
(49)『支那学』第三巻第四号、一九二三年一月、六十五～七十頁。
(50)「法成に就いて」(『支那学』第三巻第五号、一九二三年二月、六十一～六十五頁)。『支那学論攷』、一九二一～一九七頁。
(51)『支那学』第三巻第五号、一九二三年二月、六十五～六十八頁
(52)「明治～平成　値段史」(http://sirakawa.b.la9.jp/Coin/J077.htm)。
(53)沢田和彦、「オレスト・プレトネル」(『白系ロシア人と日本文化』成文社、二〇〇七年、一九〇～一九四頁)。
(54)沢田和彦、「オレスト・プレトネル」(『白系ロシア人と日本文化』、一九〇～一九四頁)。
(55)『森三樹三郎博士頌寿記念　東洋学論集』、一三九〇頁)。
(56)懐徳堂での講演記録はその年の十二月に小冊子にまとめられた。この小冊子は非売品とされているが、『典籍の研究』一九二六年一月号の広告に「石浜純太郎氏懐徳堂講演　敦煌石室の遺書　金七十銭也領布残冊僅少　典籍之研究社」とあり、さらに一九二七年八月にも広告が出ており、玉樹香文堂から販売されていた。後に「敦煌石室の遺書」として『東洋学の話』(創元社、一九四三年、一～一〇五頁)に収録される。
(57)Bell, C. A.『Grammar of colloquial Tibetan』、Secretariat Book、一九一九年か。『文庫目録』、三五六頁左。
(58)一九五三年にチベット学会の初代会長となる。「年譜」、一一頁。
(59)「年譜」、七頁。
(60)『東洋学報』第十五巻第四号、一九二六年、五二一～五二四頁。『支那学論攷』、三十四頁。
(61)『支那学論攷』、四十八頁。
(62)『文庫目録』、八十四頁上段には、「無量寿宗要経一巻　唐釈元曉撰　排印本」がある。
(63)「無量寿宗要経考補」(『支那学論攷』、三十八～五十一頁)。この経典に関しては多くの研究があり、藤枝晃・上山大峻、「チベット訳『無量寿宗要経』の敦煌写本」(天理図書館、『ビブリア』二十三号、一九六二年十月、三四五～三五六頁)、御牧克巳「大乗無量寿宗要経」(『講座敦煌7　敦煌と中国仏教』、大東出版社、一九八四年、一六七～一七二頁)

など。

（64）石濱純太郎・芳村修基「無量寿宗要経とその諸写本」（西域文化研究会、『西域文化研究第一』、法藏館、一九五八年、二一七〜二二八頁）。

（65）『石濱先生古稀記念　東洋学論叢』、石濱先生古稀記念会、一九五八年、十八頁。

（66）北丹後地震　国立科学博物館地震資料室ホームページ http://www.kahaku.go.jp/research/db/science_engineering/namazu/05sonota/kitatango/kitatango.html

「一九二七年（昭和二年）三月七日午後六時二十七分頃に起きた丹後半島の頸部を震源とするマグニチュード7・3の地震。死者二九二五人、全壊家屋五一四九戸の被害を出し、また火災が多く発生して六四五九戸が全焼しました。」

（67）『支那学』第四巻第三号、一九二七年九月、五十三頁。

（68）「満州語訳大蔵経考」（『書物の趣味』第一冊、書物の趣味社、一九二七年、三十五〜四十七頁。ゆまに書房復刻、一九九〇年）。「満州語訳大蔵経考――承前」（『書物の趣味』第二冊、五十八〜六十九頁。）「満州語訳大蔵経考――続」（『書物の趣味』第六冊、一九三〇年、三十六〜四十六頁。）。

（69）「著作目録」、十八頁。

（70）「続」となっているとおり、この前に『民族』第二巻第二号（一九二七年一月、一二一〜一二四頁）に「露国の文献目録四種」がある。『続・東洋学の話』二五六〜二六四頁。

（71）『懐徳』第六号、懐徳堂堂友会、一九二七年、四十一〜四十三頁。

（72）大庭脩、「石浜純太郎（一八八八〜一九六八）」（江上波夫編『東洋学の系譜』第二集、大修館書店、一九九四年、一六〇〜一六八頁。吾妻重二編著、『泊園書院歴史資料集』関西大学出版部、二〇一〇年、一九七頁）。

（73）「敦煌石室の遺書」（『東洋学の話』一頁）。

（74）「敦煌石室の遺書」（『東洋学の話』一〇一〜一〇四頁）。

（75）『森三樹三郎博士頌寿記念　東洋学論集』、一四〇一〜一四〇三頁。

追記：去る六月七日、父上井久義が先生方の元へ旅立ちました。いまごろ息子のヤンチャを謝罪していることでしょう。

石濱家のルーツをめぐって

近世末期の淡路における儒学者の系譜

――石濱家の学問的環境を探る――

太田　剛

はじめに

十二年前に長野県から徳島県に移住し、四国大学での勤務を開始してから、この地元の近世期の儒学者の書に着目するようになった。それらが極めてレベルが高く、しかも魅力的だったからである。今では、相互に歴史的関連が深い香川県・徳島県・淡路島の三か所を、自分の主な研究フィールドとしている。

周知のように、泊園書院は讃岐国安原郷（香川県高松市塩江町安原）出身の藤澤東畡によって大阪に開設された私塾である。香川県の英明高等学校の田山泰三先生のご紹介で、二〇一三年に高松市歴史資料館で開催された没後百五十年記念の「知の巨人藤澤東畡展」の図録やキャプション作成、講演などに関わるうちに、泊園記念会とも交流をさせていただくことになった。また南岳の教え子で、なおかつ黄坡の義弟となって泊園書院を継承した石濱純太郎の墓が、洲本市寺町の遍照院にあり、その一族の一人である早稲田大学の石濱裕美子先生とも知り合った。現在は淡路の歴史研究団体である「益習の集い」の皆さんとも懇意にさせていただいている。

今回の石濱純太郎のシンポジウムでは、石濱家の故郷である淡路島の学問的環境について考え、また具体的な学者などを紹介した。その原稿に加筆して投稿するものである。

一　海洋民族が基層を形成する淡路島

近年、海藻のワカメは、世界の侵略的外来種ワースト百の選定種とされている。胞子が日本からの商船のバラストタンク水に混入しオーストラリアやヨーロッパ諸国の沿岸域に運ばれ増殖しすぎ、船の進行を妨げる問題となっているのである。

それなら収穫して食べてしまえばいいと思うが、ワカメの食習慣のある国は、世界でも日本と韓国のみであり、西洋人にはワカメを消化する酵素がなく、たくさん食べるとおなかをこわすのだそうである。同様に中国にも食習慣がないので、日本に大量に輸出している。

日本と韓国（朝鮮半島南部）では、八千年以上前の遺跡から胞子が発見される。この両国がワカメを食す海洋民族の血を汲む証拠の一つである。

縄文時代中期の九州南部の大規模火山噴火活動が穏やかになると、西日本各地の河口部には大量の砂が堆積して湿地が多くできた。噴火の降灰で人々が避難した後に人口の減っていた西日本沿岸部には、海洋民族の一部が、揚子江沿岸で栽培されていた稲を持って定住を始めただろう。弥生時代の始まりである。

朝鮮半島から瀬戸内海を通って大阪湾に至る海の道と、中国南部から沖縄そして西日本の太平洋岸を通って大阪湾に至る海の道の交点に淡路島はある。島の周囲はすべて海に面している。彼らが本州の山岳民族と、最初は多少距離を置きながら、一時的に共同しようと思えば、淡路島はたいへん都合の良い場所なのである。しかし土地が狭いので敵からの防御には不便である。大陸の巨大国家からの侵略を怖れ、本州の山岳民族と共同して国家建設する必要から、最終的に対岸の近畿圏に都を移し倭国を形成することになる。

淡路の「淡」という漢字は「あっさりしている」意味から「初期」の意味があり、「路」は現代で言うところの「地」である。つまり、初期の国家の中心地という意味である。

このあたりの事情が物語として伝承されたのが、『古事記』『日本書紀』の冒頭の方で、淡路が「最初に生み出される島」として描かれている理由ではないかと思う。

淡路は気候が温暖で雨量も安定していて、大きな河川がないので洪水もなく、昔から豊かな食糧供給地として重要である。現在でも淡路米は品質が高く、淡路周辺の海は海産物の宝庫でもある。またこの地は大阪に近いので、深い関係を持ちながら発展してきた。

地勢的な特徴からくる淡路人の性格の基盤には、移動性の海洋民族の血が大きな影響を与えている。私の知っている淡路の友人たちは、例外なくフットワークが軽く行動力があり、コミュニケーション能力が高いので、いくつかのものを結びつけることが上手である。いうなれば「橋梁」的性格で、これはほぼ同規模の島嶼部で発展した沖縄ともよく似ている。

二　石濱純太郎につながる近世期の淡路の学問

（一）近世の淡路を領有した筆頭家老　稲田氏

元和元年（一六一五）、阿波藩主 蜂須賀至鎮（よししげ）は「大阪冬の陣」の戦功によって淡路国七万百八十石を加封し、阿波国と合計で二十五万七千石を領有することになる。これにより、阿波藩筆頭家老（三代目）の稲田稙次は、阿波脇町と淡路を合わせて約一万五千石を知行することになった。さらに寛文六年（一六六六）には、（四代目）稲田稙栄（たねひで）が洲本仕置となる。淡路全体の支配者はあくまでも藩主である蜂須賀氏であるが、点在する稲田氏の知行地内では大きな支配力を発揮した。

蜂須賀氏が、脇町や淡路のように体制の充分固まっていない、管理の難しい場所の支配を稲田氏に任せたのは、有力な稲田氏の力を削ると共に、藩政の中枢から遠ざける目的があったとされる。（『阿波の歴史』参照）

ところが蜂須賀家が本拠とした徳島の中心部を流れる吉野川は、豊かな水の供給源であったが反面予想以上の暴れ川で、米の収穫期に下流域に水害が多発した。その結果、米よりも収穫期の早い「タデ藍」に転換していくことになって、徳島は藍染料の特産地となる。それに対して淡路島は優良な水田耕地が多く水害も少なかった。

稲田氏には実質的には三万石ほどの収入があり、小大名よりもむしろ有力となってしまう。蜂須賀家の計算は少し狂ったのである。

また、近世の大名たちは資金のかかる参勤交代によって経済力が削ぎ落されていたが、稲田氏は家老であるから参勤交代が免除され、しかも余った米は大阪の商人に預けて利殖を得ることを許されていた。稲田氏は、豊かな経済力を背景に文化的にも益々伸びることができたのである。

このように、公然と稲田氏の独立傾向が助長されたのは、外様大名である蜂須賀氏に対する幕府の牽制策でもあったらしい。いずれにしても、近世期の淡路の稲田氏の知行下は、豊かな文化を享受することが可能な、少し特別な状況の場所であった。

（二）　近世の淡路に発展した三つの学問

凡例：●の人物は阿波藩の人、▼の人物はそれ以外の地域の人を指す。
　※はそれ以外の重要な事象を指す。

①古文辞学

古文辞学は、朱子学や陽明学など宋や明時代の注釈から生まれた儒学の思想を批判し、直接に古代の経書を研究しようとする思想である。日本では荻生徂徠（一六六六〜一七二八）が、道徳や農業を基本に据えた幕府推奨の朱子学に反対し、「政治経済」から社会の諸問題を解決しようとして提唱した。机上の学問ではなく現実に役立つ学問を目指し、商工業振興に熱心に取り組んだ。また儒学の原典を読む必要から「中国語」「唐詩」「歴史」の研究を重視した。徂徠が第五代将軍 徳川綱吉の侍医の子で、実力者であった家老 柳沢吉保や第八代将軍 徳川吉宗に仕えたこともあって、その学問は近世中期に日本での大流行をみる。これによって長崎で中国語を学ぶ学者が増え、日本に漢詩文化が根付いた。日本の歴史や古代文献にまで関心が高まり、国学勃興にも影響を与えた。

江戸中期には日本の儒学者の多くを古文辞学者が占めるほど大流行したので、朱子学者である朝鮮通信使たちを驚かせた。古文辞学では、門人の教育は個性を重んじて、なるべく自由に放任し、その才能を伸ばす方針であった。しかしそれは放縦な生活態度を容認するもののように誤解され、後の「寛政異学の禁」につながっていくことになる。

蜂須賀氏は寛政三年（一七九一）には徳島に、全国的に有名な朱子学者である那波魯堂や柴野碧海を招いて寺島学問所を開設した。その後、寛政十年（一七九八）には、藩の下級武士や庶民から抜擢した藤江石亭・中田謙斎を指導者として洲本学問所を開いた。

寺島学問所は藩の中心部であるから、幕府公認の朱子学者でしかも全国的に有名な人物を据えているのに対し、藩の周辺部である洲本は、体裁をとり繕うことなく、藩内から優秀な学者を選定し、しかも産業振興の思想を優先させたのだろう。また、それ以前に淡路の住民たちの学問に対する意識は、より実学的な面に向かっていた。なお、中田謙斎は早く引退し、それを子の中田南洋が継いで、多くの若者を育成した。

なお、中田謙斎が師事した細井平洲は長崎でも学んで「経世実用」の学を重んじ、上杉治憲に招かれて米沢藩の藩政改革を指導し、紅花栽培などの産業振興を企画した人物である。極めて古文辞学に近い折衷学派であったといえる。

●**仲《なか》 道斎《どうさい》**……享保七～天明八（一七二二～八八）六十七歳。
祖父の代に土佐から阿波郡林村（阿波市阿波町）に来往、父の代から名東郡斎田村（徳島市昭和町）に移る。姓はもと闞氏。のち田中氏となり、略して仲氏と称す。字は文平、号は道斎。少年の頃から学を好み、長じて江戸に出て了蓮寺の無相について詩文を学び、その奥義を究める。病のため帰国、徳島佐古町で私塾を開き、荻生徂徠の学風を奉じ、多くの門弟を集めた。

▼**細井平洲《へいしゅう》**……享保十三～享和元（一七二八～一八〇一）七十四歳。
尾張の農民の子。姓は紀、名は徳民、字は世馨、別号は如来山人。延享三年（一七四四）中西淡渕に師事、翌年長崎に遊び、中国語を学ぶこと三年、のち師の招きで江戸に赴く。師の没後は自ら「嚶鳴館」を開いた。性格は温和で、詩画を能くした。尾張藩の儒官、また出羽米沢藩の世子上杉鷹山の師となる。著に『もりかがみ』『野芹』『建学大意』など。

●**藤江石亭《せきてい》**……寛保元～文化十二（一七四一～一八一五）七十五歳。
徳島の古文辞学者である仲道斎の門人。もと藩の下級武士である御鉄砲組の一員であったが、寛政十年（一七九八）に洲本学問所開設で中田謙斎と共に教官に抜擢された。中田謙斎の姉妹を娶り、甥に中田南洋がいる。

●**中田謙斎《けんさい》**……宝暦八～享和元（一七五八～一八〇一）四十四歳。
淡路洲本の人。幼少より学を好み、初め仲道斎に学び、後に尾張藩の折衷学派である細井平洲に従学した。学成って帰郷し、公務の傍ら子弟に教授していたが、寛政十年（一七九八）、藩は洲本学問所を創設し、藤江石亭と共に教官として抜擢し、謙斎に学館を統督させた。しかし在職四年で病没した。子に南洋がいる。

●中田南洋《なんよう》……天明八〜安政六（一七八八〜一八五九）七十二歳。
中田謙斎の次男。洲本馬場町に「履堂書屋」を開いて儒学を講じた。嘉永四年（一八五一）、洲本学問所教授。篠崎小竹と親しかった。門下から橋本晩翠・井上不鳴・沼田存庵が出た。

延享年間（一七四四〜四七）には、稲田氏は早くも独自の学問所を設け、八代家老である稲田稙久（たねひさ・一七二四〜七〇）は十代藩主の蜂須賀重喜（しげよし・一七三八〜一八〇一）の藩政改革に協力し、天明三年（一七八三）には、大阪の篠崎三島を賓師として迎えた。重喜以前の阿波藩は、体制が硬直化し、経済的に疲弊し、早急に藩政改革が求められていたのである。若くして秋田新田藩から阿波藩主に養嗣子に入って、学問・人事・経済の各面から大胆な改革をした重喜が、最も信頼を置いたのは筆頭家老の稲田氏であった。この時代、阿波藩の家老家は五家あったから、稲田氏がいかに有能な家老だったかは、このことからも理解できる。

十一代稲田敏稙（としたね・一七六七〜一八一一）は高辻中納言の娘を正室に迎え、尊王に傾く。四男の稲田稙美（たねよし）は学問所を素封家の子弟にも開放し、嘉永七年（一八五四）に名を「益習館」に変えた。三島を引き継いだ篠崎小竹らが定期的に訪れて、儒学や尊王主義を指導し、多くの若者を育成した。ここには、池泉回遊式の庭園も造られ、現在は国の名勝に指定されている。

現在の益習館庭園（洲本市）

洲本学問所は藩全体の立場が優先され、益習館は稲田家の立場が優先されるという側面があったが、幕末になるまではその教官同士は仲が良く、交流もあった。

▼**篠崎三島《さんとう》**……元文元〜文化十（一七三六〜一八一三）七十七歳。
父が伊予から大阪に出て紙屋を営む。徂徠門人の菅甘谷（かんかんこく）、その弟子の兄楽郊（えのらっこう）に儒学・詩文を、麻田剛立（あさだごうりゅう）に天文を学ぶ。商いは繁盛したが、安永五年（一七七六）家業をたたみ、私塾「梅花社」を開設。混沌社にも参加した。稲田家の賓師となって、洲本にも定期的に教えに行った。

▼**篠崎小竹《しょうちく》**……天明元〜嘉永四（一七八一〜一八五一）七十一歳。
大阪の生まれ。九歳で篠崎三島の門に入り、養子となり、古文辞学を研鑽。しかし、「寛政異学の禁」以後は古文辞学のみでは対応できなくなり、十九歳で江戸に行き数ヶ月間尾藤二洲に学び、さらに二十八歳で古賀精里に半年間、朱子学を学んで大阪に帰って教育した。門下は約千五百人。淡路稲田家に教授として出向き、阿波藩に大きな影響を与えた。円満な性格で交流が広く頼山陽・柴野碧海と親しかった。

篠崎親子は、大阪の古文辞学派の代表格であり、讃岐の中山城山や藤澤東畡とも交流が多かった。「寛政異学の禁」に対して、城山や東畡はあくまでも古文辞学にこだわったが、篠崎小竹は、

篠崎小竹　肖像
（木崎愛吉『篠崎小竹』より転載）

江戸で尾藤二洲や古賀精里の教えを受け、朱子学も導入して折衷した。その後に小竹が益習館で教えたのは、そのような折衷的な学問であった。商人の町である大阪にあって、商家から塾に発展した篠崎家には、根本に実学的発想があったし、様々な職種の子弟を教えるためには、幅広い、応用力を重視する学問でなければ対応できなかった。商家を経営するためには、道徳的な観点も大切であったから、小竹にとっては、折衷的な学問こそがその本領であったともいえる。また、この考え方が、柔軟で実学的発想を重視する淡路の人々に好まれたことも納得できる。

●**石濱勝蔵**……生没年不詳。
淡路洲本の人。純太郎の祖父。広瀬淡窓の咸宜園で漢学を、長崎で蘭学を学んだ。

▼**広瀬淡窓**《たんそう》……天明二～安政三（一七八二～一八五六）七十五歳。
豊後日田出身。名は健、字は子基、通称は求馬、別号は蒼陽。諸藩の御用達商人である長春の子。十六歳で博多の古文辞学派、亀井南冥・昭陽に学び十八歳で帰郷。家業にしばらく就くが弟に譲って、日田で家塾咸宜園を開き、人材育成に人生をかけた。塾生は四千名を超え、梁川星巌の玉池吟社と並び称された。塾からは大村益次郎、高野長英を始め多くの俊秀が輩出した。弟の旭荘（一八〇七～六三）は、咸宜園の指導を手伝った後に大阪・江戸に塾を開いて活躍した。

※**咸宜園**《かんぎえん》
「咸宜」は「みなよろし」で、塾生の意志や個性を尊重する理念を表す。身分・出身・年齢などにとらわれず、全ての塾生が平等に学ぶことができる。四書五経の他にも、数学や天文学・医学のような様々な学問分野にわ

たる講義があった。毎月試験があり、成績評価の発表があり、それで一級から九級まで成績により上下する。一方で漢詩の学習にも力を入れて、塾生の漢詩作品を漢詩集として出版する事業なども行なっている。個性を表現する芸術発表のような意味がある。

広瀬淡窓の師の亀井南冥（一七四三〜一八一四）や子の昭陽（一七七三〜一八三六）は讃岐の中山城山（一七六三〜一八三七）と昵懇で、やはり古文辞学にこだわった学者である。その流れを汲む淡窓も古文辞学の利点を教育にうまく活かした指導法で、咸宜園を大きく発展させた。城山の門人である藤澤東畡も亀井親子との関係は深く、文化十三年（一八一六）、二十三歳で長崎に遊学した時に、福岡の亀井塾で昭陽の指導を受けている。東畡と淡窓・旭荘兄弟の関係も深く、泊園書院との関係も注目すべきものがある。石濱勝蔵にも、咸宜園の自由で幅広く創造的な思想が、強い影響を与えただろう。

②朱子学・国学と尊王主義

既述したように、日本神話の初期の重要な場所であった淡路島は、国学も盛んであった。三原郡伊加利村庄屋だった仲野安雄（一六九四〜一七七八）を頂点とする民間国学者の活躍は注目に値する。現在でも神社が非常に大切にされている。

また、篠崎親子のような大阪の学者たちの影響を強く受けたことは、尊王主義につながる遠因となる。太閤秀吉によって作られた町である大阪には、本質的に江戸への対抗心と共に尊王主義があったからである。

また、「寛政異学の禁」を発した柴野栗山は、水戸学系の尊王主義の強い儒学の盛んな高松藩で育った学者である。彼の唱える朱子学で最も重視されるのは、実は徳川将軍ではなく天皇であった。栗山が幕儒となって日本の文教をリードし、その仲間の尾藤二洲・古賀精里・頼春水らが昌平黌で全国の若者を指導するようになれば、尊王主義が全国に広がっていったのは当然である。頼春水の子の頼山陽は、やはり尊王主義の旗手となったが、篠崎小竹の親友でもあり、淡路に度々来て多くの若者を感化した。

十五代 稲田稙誠は文久二年（一八六二）、藩主に藩として尊王の立場に立つことを訴えた。孝明天皇は、稲田氏の尊王を賞して、京に留まり国事に尽くすように命じた。元治元年（一八六四）、「禁門の変」では、家臣を率いて皇居を守護した。こうして稲田氏は尊王主義の旗手となり、淡路は尊王志士の潜伏場所となった。一時期は、木戸孝允・山県有朋・西郷隆盛等も潜伏していたという。

●**那波魯堂**《なわろどう》……享保十二～寛政元（一七二七～八九）六十三歳。

播州姫路の農家に生まれた。名は師曾、字は孝卿、通称は主膳、別号は鉄硯道人。弟 元継と共に大阪に出て古学派の岡白駒に学ぶ。京都に出て聖護院宮忠誉法親王の侍講となり寺域に家塾を開き、ここで朱子学に転向した。この塾には西山拙斎・菅茶山などが入門して学んだ。宝暦十四年（一七六四）の朝鮮通信使を大阪で応接し、さらに江戸まで同行。道中の筆談で互いに唱和し新知識を吸収した。安永七年（一七七八）五十二歳の時、京住みの阿波藩儒合田如玉の推挙で蜂須賀家に仕え徳島に移った。資性脱俗、風采をかまわず、飄逸自適した。朱子学の代表者となり「四国正学」と呼ばれた。

●**柴野栗山**《りつざん》……元文元～文化四（一七三六～一八〇七）七十二歳。

讃岐三木郡牟礼村（高松市牟礼町）出身。名は邦彦、字は彦輔、別号は古愚軒。初め高松藩の後藤芝山に学び、後に江戸に行き昌平黌に入る。明和二年（一七六五）、京都で国学を高橋図南に学ぶ。この間、西依成斎・赤松滄洲・皆川淇園らと交流し、三白社を興し詩文を盛んにした。明和四年（一七六七）業成って阿波藩に仕え儒官となったが、京都に住んだままの儒官で、家塾を開くと共に専ら朱子学を唱えた。天明八年（一七八八）、老中 松平定信に抜擢されて昌平黌教官となり、朱子学を復興するため寛政異学の禁を行なった。寛政の三博士の一人。

●**柴野碧海《へきかい》**……安永二～天保六（一七七三～一八三五）六十三歳。
讃岐牟礼村に柴野栗山の弟貞穀の次男として生まれた。幼名は大吉、名は允升（まさのり）、字は応登、通称は平次郎、別号は東霞。七歳で京都に出て、京住みの阿波藩儒であった伯父栗山に就学すると共に養子となった。栗山が昌平黌の儒員になると共に江戸に出て儒学を究め、次に長崎に遊学して見聞を広げて江戸に戻った。また二十七歳の時に全国を遊歴し多くの諸儒と交流した。享和元年（一八〇一）二十九歳からは徳島に住み、藩儒として寺島学問所で多くの後進を育てた。詩文に優れ墓表や題跋、賛などを得意とした。頼山陽・篠崎小竹と特に親しく交流した。

▼**頼　山陽《さんよう》**……安永九～天保三（一七八〇～一八三二）五十三歳。
頼春水の子として大阪で生まれる。神辺で菅茶山に、江戸に出て尾藤二洲に学び、広島に帰って『日本外史』を書いた。これは南朝正当論を説き、尊王派の思想の拠り所となって維新に大きな影響を与えた。京都に塾を開き、全国各地を訪れ、漢詩を作り書作品を残した。篠崎小竹とはたいへん親しく、淡路にもたびたび訪れ若者を指導した。

●**山口睦斎《ぼくさい》**……天明七～安政六（一七八七～一八五九）七十三歳。
大阪の篠崎小竹、京都の頼山陽らに儒学を、京都の大江広海、大国隆正に国学を学ぶ。大阪で不遇の年月を過ごし、晩年郷里の淡路に帰り、淡路と京阪を結ぶ役割を果たした。

●**岡田鴨里**《おうり》……文化三～明治十三（一八〇六～八〇）七十五歳。

津名郡王子村（淡路市王子）の庄屋だった砂川（いさがわ）家に生まれ、三原郡榎列村掃守（かもり）の岡田家の養子となった。頼山陽の高弟で、阿波藩儒、洲本学問所教授。最晩年藩政に参画し、参政の職にあった。庚午事変の争いを止めようと努力したが、うまくいかなかった。著書に『日本外史補』『蜂須賀家記』等がある。

●**古東衛山**《しょうざん》……文政二～元治元（一八一九～六四）四十六歳。

三原郡津井（南あわじ市津井）の庄屋。岡田鴨里の娘婿。名は領左衛門。藤本鉄石の感化で、尊王運動に奔走し、財産すべてを天誅組に出費し、獄死した。門下である淡路福良出身の福浦元吉は天誅組の一員として戦闘に参加し、藤本鉄石を守ろうとして戦死した。

岡田鴨里の孫娘の「いま」は、石濱氏の一族の武士の家に嫁ぎ、その子孫にあたるのが石濱裕美子先生である。頼山陽の尊王主義は、淡路に強い影響を与え、その関係者が石濱純太郎の祖父 勝蔵や父 豊蔵らの、極めて近いところに存在したことがわかる。

ここで淡路にとって極めて関係の深い、「天誅組事件」について述べておくことにする。

岡田鴨里　肖像（岡田家文書）

古東衛山　肖像（田村昭治氏提供）

※天誅組《てんちゅうぐみ》事件

文久三年（一八六三）八月十三日、孝明天皇の神武天皇陵参拝、攘夷親征の詔勅が発せられる（大和行幸）。土佐脱藩浪士の吉村寅太郎ら攘夷派浪士は大和行幸の先鋒となろうとし、攘夷派公卿の中山忠光を主将に迎えて京を出発。結成時の同志は三十八人で、うち十八人が土佐脱藩浪士、八人が久留米脱藩浪士。淡路島の勤皇家で大地主であった古東衛山は先祖代々の全財産を処分し、天誅組の軍資金として供出。八月十七日、幕府天領の大和国五条代官所を襲撃。代官鈴木源内の首を刎ね、代官所に火を放って挙兵した。桜井寺に本陣を置き五条を天皇直轄地とする旨を宣言した。

挙兵直後の八月十八日、京都で政変が起こり、大和行幸は中止となり京の攘夷派は失脚。挙兵の大義名分を失った天誅組は「暴徒」として追討される。天の辻の要害に本陣を移し、武器兵糧を徴発し、吉村寅太郎は五条の医師 乾十郎とともに十津川郷（奈良県吉野郡十津川村）の郷士九百六十人を募兵して兵力は膨れ上がったが、烏合の衆で武装は貧弱。半ば脅迫されて集められ、休息も食事もなく戦意に乏しかった。

天誅組は高取城を攻撃するが、高取藩兵の銃砲撃を受けて敗走。幕府は諸藩に命じて大軍を動員して天誅組討伐を開始した。天誅組は激しく抵抗するが、敗退を繰り返した。

朝廷から天誅組を逆賊とする旨が下されると、主力の十津川勢が九月十五日に離反し、忠光は天誅組を解散した。残党は伊勢方面へ脱出を図るが、鷲家口（奈良県東吉野村）で幕府軍に捕捉され壊滅した。

尊王運動の重要な拠点の一つであった淡路からも参加者が多かった。農兵隊がいち早く組織され、藤本鉄石が淡路に来て同志になった人物もいた。古東衛山門下の福浦元吉は藤本鉄石を守って戦死した。顕彰碑が徳島市の眉山大滝山にある。

天誅組事件は、純粋に尊王主義を唱えて朝廷のために行動を起こした若者たちが、朝廷の体制が不十分だったために犠牲になった事象である。淡路からは、この事件に三田昂馬・立木兼善・内藤弥兵衛らも関係して、禁固刑となった。これは朝廷にとっての汚点であったから、明治維新以降はそれで戦死した人々は顕彰され、生きていれば大出世することになる。

三田昂馬が、後に淡路の独立を主張する勇気を持つことになった背景には、彼が天誅組事件の協力者であったことが挙げられる。

同様に尊王運動に熱心で、天誅組事件に関わって、やはり苦労した讃岐琴平の人物に日柳燕石がいる、彼は事件勃発後の八月二十五日に、十七歳の門人である三好殿山を陣中に遣わしている。事件に敗れた後は澤嘉宣ら多くの志士達が琴平に逃れて来た。その後に高杉晋作をかくまった罪で高松藩獄に四年間入れられ、維新後に赦されたものの病没する。『淡路勤皇史』には、燕石が晩年に洲本に在住したという説がある。

●**三田昂馬《こうま》**……天保七~明治三十四（一八三六~一九〇一）　六十六歳。

洲本城下の紺屋町で稲田家家老三田藍水の三男として生まれた。幼名は直方。藍水は篠崎小竹と親しかった。幕末に天誅組に加担して立木兼善や内藤弥兵衛と共に藩から禁固刑に処された。その後、朝命によって釈放されると、明治元年（一八六八）二月に有栖川宮大総督の護衛、軍監役となり、東征に従軍。翌二年六月の版籍奉還によって稲田家家臣が士族に編入されなかったことから、七条弥三右衛門や内藤弥兵衛らと洲本派を結集して、阿波藩からの分藩運動を起こし、これによって翌三年（一八七〇）に庚午事変が起きた。しばらく引きこもっていたが、同六年（一八七三）に大阪に移り、七年（一八七四）に司法省に出仕、東京・埼玉・名古屋・

天草・熊本・浦和・青森などの裁判所で勤務後、控訴院長を経て、貴族院議員となった。

▼日柳燕石《くさなぎえんせき》……文化十四～慶応四（一八一七～六八）五十二歳。

讃岐仲多度郡榎井村（琴平町榎井）の人。儒医である三井雪航（菅茶山門下）に漢詩を学び、奈良松荘に国学を学ぶ。博徒・任侠の世界で顔役。文人志士との交友も多く、慶応元年（一八六五）、亡命中の高杉晋作を潜伏・逃走させた罪で高松藩獄に入獄。同四年（一八六八）出獄、北越征討総督の日誌方として従軍したが、柏崎で病没した。晩年の一時期に洲本に滞在したことを記す資料もある。

後に燕石の孫娘が、石濱豊蔵の後妻になった。純太郎の義母にあたる人である。石濱純太郎の実家も尊王主義に極めて関係が深かったことがわかる。頼山陽も日柳燕石も菅茶山の学統を継ぎ、菅茶山は那波魯堂の門下であるから、山陽も燕石も那波流の朱子学・尊王主義の流れにあるのだと言える。那波家と柴野家は、両家とも阿波藩儒として活躍したので、淡路に於ける朱子学も、やはり尊王主義に直結していたのである。

③西洋・洋学への積極的接近

阿波藩は比較的早い段階で、洋学に接近している。文化・文政時代に阿波藩の高良斎、美馬順三は長崎でシーボルトの門下として学んだ。順三は阿波藩医の賀川玄悦の『産論』をオランダの雑誌に紹介し、シーボルトはそれを世界の医学会で発表したが、胎児が首を下にしている事実は、これによって初めて明らかにされた。

淡路出身の海商　高田屋嘉兵衛は文化八年（一八一一）、ゴローニン事件でカムチャツカに連行されるが、日露交渉の間に立ち事件解決へ導いた。

慶応元年（一八六五）に藩は徳島の寺島に洋学校を開き、もっぱら蘭学を講習させたので、洋学者 高畠耕斎のような学者も出た。耕斎は大阪に出て緒方洪庵に学び、天保年間に帰国して蘭学教授となったが、その弟の高畠五郎は幕府に召されて蕃書取調所教授となり、勝海舟らを指導した。

淡路からも、井上春洋や沼田存庵など優秀な洋学者が出て、多くの若者を指導した。

参考資料1

高田屋嘉兵衛《たかたやかへえ》肖像画幅　岡霞嵩《かすう》画　藤澤東畡《とうがい》賛　（高田菜々氏蔵）

五十歳の嘉兵衛は病気療養のために箱館から郷里の淡路島へ帰る途中に、江戸で画師の「朗卿」に肖像画を描

かせた。嘉兵衛には彌吉という息子がいたが、「壮年の頃、父の勘気に触れて家を出た」という。嘉兵衛の没後に肖像の謹製を思い立った彌吉は、姉くにが花嫁荷物として相続したその肖像画を画師「岡瑞」（雅号は霞嵩）に模写してもらい、二幅の掛け軸を作った。これはその一つで、弘化三年（一八四六）、大阪に「泊園書院」開塾後約二十年の藤澤東畡に賛を書いてもらったのである。

なお、この書幅の存在は、洲本市五色町にある「高田屋顕彰館・歴史文化資料館」で購入した『高田屋嘉兵衛伝』（斉藤智之氏編著・発行）によって知り、高田家後裔である高田菜々氏を御紹介いただいた。

●**高田屋嘉兵衛**……明和六〜文政十（一七六九〜一八二七）五十九歳。

江戸時代後期の廻船業者、海商。幼名は菊弥。淡路島で生まれ、兵庫津に出て船乗りとなり、後に廻船商人として蝦夷地・箱館（函館）に進出する。国後島・択捉島間の航路を開拓、漁場運営と廻船業で巨額の財を築き、箱館の発展に貢献する。ゴローニン事件でカムチャツカに連行されるが、日露交渉の間に立ち、事件解決へ導いた。

●**藤澤東畡**……寛政六〜元治元（一七九四〜一八六四）七十一歳。

讃岐国香川郡安原村（高松市塩江町安原）生まれ。名は甫、字は元発、通称は昌蔵、別号は泊園。幼少から学に志し、中山城山に学び、二十五歳で長崎に遊学。高松福田町で塾を開いた後、文政八年（一八二五）、大阪に出て、泊園書院を設立、「原聖志」「思問録」などを著わして名声は天下に高く、大阪在住のまま高松藩士となった。古文辞学に精通し尊王の志が厚かった。元治元年（一八六四）、将軍家茂に二条城で会見し幕府儒員になるように命ぜられるも辞した。後に彼の蔵書一万六千冊が関西大学に寄贈され「泊園文庫」となった。

【原文】

是高田嘉兵衛翁真也乎。容貌瓌偉、一覧乃知為非常之人。其子彌十郎嘱余題之。因問其状、則口陳之曰。吾家之宗世為阿波藩士。祖父季四郎始分室、住于淡路都志本村、至家父、徙攝兵庫。為人剛勇、夙有事功之志、拮据治產、造巨船、漕轉奇貨、商於松前。一廢一居、家資漸厚。寛政中國家方招懐蝦夷、久那志利諸島既属焉。距久那志利島十餘里、有衛士魯符洲。烟霧深、日月海路不辨。鎮夷府奉公命、募能往者。家父慨然應募、即發、過久那志利島、下碇洋中。候風潮二十日、始有得焉。乃率島民四五輩・譯者一人、直抵衛士魯符洲。召民問土俗、男不耕稼女不紡績、網鳥獣籍魚鼈、喫其肉披其皮、蠢々乎以一洲、為天地者也。家父諄々諭國家洪覆之恩、與衣々之、與食々之、更進百許里、所到皆悦服、既歸詳聞之、賞賜若干、遣吏閲之。家父為之嚮導。於是衛士魯符洲又属焉。爾後家父受公稟領。官船往来不已、遂開別廛於松前箱館。實鎮夷府所在也。先是北狄魯西亜寇蝦夷、鎮府拒之、擒其魁八人。文化中魯西亜復来時、家父自衛士魯符還路、値寇舶為所止、倔然不撓、竟到於狄地。欲有説之、言語不通、以態相示、以意相逆、千反萬復而後其志得達。纏繞踰年解而歸、具白鎮府。鎮府放八人、而狄寇罷、由是蝦夷大寧又有賞賜。蓋家父之勞於夷事、前後幾歳。蹈不測之地、冒不虞之變、艱々苦々。人或稱之、為小張騫。晩老于淡路舊里、使弟金兵衛代司商事。無幾阿波侯召見、亦列藩士班。文政丁亥四月五日病歿、享年五十有九。余傾聽、間覺生氣凜然迫于人。遂叙列之、以酬其嘱爾。抑張騫應漢武之募也。為匈奴所止、經十餘年、未審其艱苦與。翁何如。而功成事遂得封侯。信不為不大焉。獨推其所以、往之故、彼為征也。此為撫也、雖所遇之不同乎、仁暴懸絶、騫何敢望。

弘化丙午秋八月中浣　浪華寓客東讃藤澤甫識

【書き下し文】

是《これ》、高田嘉兵衛《たかたかへえ》翁の真《しん》なるか。容貌瓌偉《ようぼうかいい》、一覧すれば乃《すなわ》ち常《つね》ならざる人為《た》るを知る。其の子彌十郎《やじゅうろう》、余《よ》に之《これ》に題《だい》することを嘱《しょく》す。因《よ》りて其の状《じょう》を問えば、則《すなわ》ち之《これ》を口陳《こうちん》して曰《いわ》く、

吾が家《や》の宗《そう》は世《よよ》阿波藩士為《た》り。祖父季四郎《きしろう》、始めて室《しつ》を分け淡路都志本《つしほん》村に住む、家父《かふ》に至《いた》りて摂《せつ》の兵庫に徙《うつ》る。人と為《な》り剛勇《ごうゆう》、夙《つと》に事功《じこう》の志《こころざし》有り。拮据《きっきょ》して産を治め、巨船《きょせん》を造り奇貨《きか》を漕転《そうてん》し、松前《まつまえ》に商《あきな》う。一廃一居《いっぱいいっきょ》、家資《かし》漸《ようや》く厚《あつ》し。寛政《かんせい》中、国家方《まさ》に蝦夷《えぞ》を招懐《しょうかい》せんとし、久那志利《くなしり》諸島は既に属《ぞく》す。久那志利島を距《へだ》つること十餘里《じゅうより》、衛土魯符《えとろふ》洲有り。烟霧《えんむ》深く、日月《にちげつ》にて海路《かいろ》を弁《べん》ぜず。鎮夷府《ちんいふ》は公命《こうめい》を奉《ほう》じ、能《よ》く往《ゆ》く者を募《つの》る。家父《かふ》は慨然《がいぜん》として募《ぼ》に応《おう》じ即《すなわ》ち発《はっ》す。久那志利島に過《よぎ》りて碇《いかり》を洋中に下《おろ》し、風潮《ふうちょう》を候《ま》つこと二十日、始めて得ること有り。乃《すなわ》ち島民四五輩《はい》・訳者《やくしゃ》一人を率《ひき》いて、衛土魯符洲に直抵《ちょくてい》す。民を召《め》して土俗《どぞく》を問う。男は耕稼《こうか》せず女は紡績せず。鳥獣を網《あみ》し魚鼈《ぎょべつ》を籍《とら》え、其の肉を喫《きっ》し其の皮を披《ひら》き、蠢々乎《しゅんしゅんこ》として一洲を以て天地と為す者なり。家父は諄々《じゅんじゅん》と国家洪覆《こうふく》の恩を諭《さと》し、衣を与え之を衣し、食を与え之を食す。更《さら》に百許《ばか》りの里を進めば、到る所皆悦服《えつふく》す。既に帰れば之を詳聞《しょうぶん》し若干《じゃっかん》を賞賜《しょうし》さる。吏《り》を遣《や》り之《これ》を閲《えっ》し、家父之《これ》が為に嚮導《きょうどう》す。是《ここ》に於《お》いて衛土魯符洲は又属《ぞく》す。爾後《じご》家父公廩《こうりん》を受けて領《りょう》す。官船《かんせん》の往来已《や》まず、遂《つい》に別の店を松前箱館《はこだて》に開く。実に鎮夷府の在る所なり。是に先んじて北狄魯西亜《ほくてきろしあ》は蝦夷《えぞ》を寇《せ》む、鎮府之《これ》を拒《こば》み、其の魁《かい》八人を擒《とりこ》とす。文化中、魯西亜復《ま》た来た時、家父、衛土魯符自《よ》り還《かえ》る路《みち》、寇舶《こうはく》に値《あ》い止《とど》める所と為す。倔然不撓《くつぜんふとう》、竟《つい》に狄地《てきち》に到《いた》る。之を説《と》くこと有らんと欲《ほっ》するも、言語通ぜず、態《たい》を以て相示《あいしめ》し、意《い》、相逆《あいぎゃく》すを以ては、千反萬復《せんはんまんふく》して後、其の志《こころざし》達《たっ》することを得る。纏繞《てんじょう》年を踰《こ》えて解《と》かれて帰り、具《つぶ》さに鎮府に白《はく》す。鎮府は八人を放せば、而して狄寇《てきこう》罷《や》み、是《これ》に由《よ》りて蝦夷は大いに寧《やす》し。又賞賜《しょうし》有り。蓋《けだ》し家父の夷事《いじ》に労《ろう》すること、前後幾歳《いくさい》。不測《ふそく》の地を踏《ふ》み、不虞《ふぐ》の変を冒《おか》し、艱々苦々《かんかんくく》

す。人或《ある》いは之を称《しょう》し、小張騫《ちょうけん》と為《な》す。晩《ばん》は淡路の旧里《きゅうり》に老《お》い、弟金兵衛《きんべえ》をして商事《しょうじ》を代《かわ》りて司《つかさ》どら使《し》む。幾《いくば》く無くして阿波侯召《め》して見《まみ》え、亦《また》藩士の班《はん》に列《れっ》す。文政丁亥《ていがい》四月五日病歿《びょうぼつ》す。享年《きょうねん》五十有九なりと。

余は傾聴《けいちょう》の間《かん》、生気凛然《せいきりんぜん》として人に迫《せま》るを覚《おぼ》ゆ。遂《つい》に之《これ》を叙列《じょれつ》し、以《も》て其の嘱《しょく》に酬《こた》うるのみ。抑《そもそ》も張騫《ちょうけん》は漢武《かんぶ》の募《ぼ》に応ずるや、匈奴《きょうど》の止《とど》むる所と為《な》り十餘年《じゅうよねん》を経《へ》て、未《いま》だ其の艱苦《かんく》を審《つまび》らかにせんや。翁は何如《いかん》か。功《こう》成り事遂《と》げ封侯《ほうこう》を得る。信為《しんな》さざるは大《だい》ならざらん。独《ひと》り其の所以《ゆえん》を推《お》せば、之《これ》に往《ゆ》く故《ゆえ》は、彼《かれ》は征《せい》の為《ため》なり、此《これ》は撫《ぶ》の為《ため》なり。遇《ぐう》する所の同じからざると雖《いえど》も、仁暴懸絶《じんぼうけんぜつ》して騫は何ぞ敢《あ》えて望まんや。

弘化丙午《へいご》秋八月中浣《ちゅうかん》　浪華寓客《なにわぐうきゃく》　東讃《とうさん》　藤澤甫《はじめ》が識《しる》す。

【注】

- 瓌偉…立派なこと。
- 拮据…忙しく働くこと。仕事に励むこと。
- 治産…生計の道をたてること。
- 漕転…水路と陸路とで荷物を運ぶこと。
- 奇貨…珍しい品物。
- 久那志利島…国後島。北海道知床半島の東にあり、千島列島（ロシア語地名：クリル諸島）の最南に位置する島。ロシア名はクナシル島、島の名前の由来は、アイヌ語の「クンネ・シリ（黒い・島）」または「キナ・シリ（草の・島）」からであるが、どちらが本当の由来かははっきりとしていない。江戸時代には、北海道本島から千島南部に点在していたアイヌ人の領域への侵出を進めた松前藩が国後島にも勢力を伸ばし、商人飛騨屋に対して「場所」と呼ばれた交易・漁業拠点の運営を行なわせていた。飛騨屋はアイヌ人を酷使して経営を行ない、不満を募らせたアイヌ人はついに、寛政元年（一七八九）五月、国後島泊の運上屋（交易拠点）を襲撃。これは対岸の根室・標津方面にまで広がり、大規模な「国後目梨の蜂起」に発展した。松前藩は、二百六十名の鎮圧部隊を送り込み、首謀者のアイヌ人三十七名を全員処刑して、蜂起は鎮圧された。この結果、日本人による国後島領有は確立された。文化八年（一八一一）頃、ロシアの海軍軍人ゴローニンが、ロシア帝国軍に命じられた千島列島測量のため国後島に上陸すると、日本の幕府役人は彼を逮捕し、箱館に連行して幽閉した。安政二年（一八五五）の日露和親条約で、国後島の日本領有は国際的に確認された。

- 衛士魯符洲…択捉島。地名の由来は、アイヌ語の「エトゥ・ヲロ・プ（岬の・ある・所）」から。ロシア名はイトゥルップ島。寛政十年（一七九八）、同島を影響下に置く意図をもつロシアに対抗するため、近藤重蔵がアイヌの首長の了承のもと、「大日本恵土呂府」の木柱を立て日本領を主張した。その翌年には蝦夷地を幕府の直轄地（天領）にし、高田屋嘉兵衛に航路を運営させた。安政二年（一八五五）、日露和親条約が締結される。この時日本はアイヌを日本国民としたうえで、アイヌの生活圏が日本領であると主張し、同島の領有をロシアに認めさせた。開国後は、同島は仙台藩の領地となり、仙台藩兵が駐留し警固した。
- 鎮夷府…蝦夷奉行。

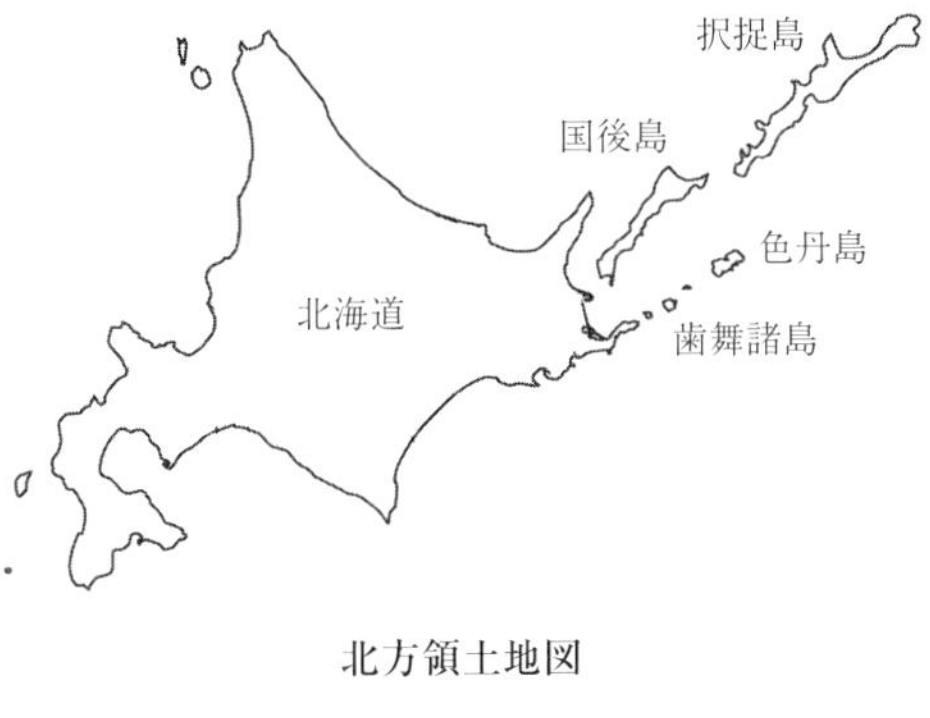

北方領土地図

- 慨然…心を奮い起こすさま。
- 直抵…直接到達する。
- 蠢々…少しずつ動くさま。活気がなくぐずぐずしているさま。
- 諄々…分かるように。理解できるように。丁寧に。
- 洪覆…帝王の恵み。
- 嚮導…先に立って案内すること。また、その人。
- 倔然…ぶっきらぼうで偏屈である。性格や態度が角立つさま。
- 不撓…どのような困難にあっても屈しないこと。
- 不虞…思いがけないこと。また、その事柄。
- 張騫…?～紀元前一一四年。中国、前漢の旅行家で外交家。漢中（陝西省）の人。武帝の初年、月氏への使者として、紀元前一三九年頃長安を出発。途中、匈奴に捕えられること十余年、ようやく紀元前一二六年に長安に戻った。
- 文政丁亥…文政十年（一八二七）
- 凜然…勇ましくりりしいさま。
- 漢武…前漢の武王。武王は、前二世紀の中ごろの漢の全盛期の皇帝。郡県制の実質的施行など帝国の支配を安定強化に成功し、盛んに外征を行って匈奴を討ち、帝国の支配領域を最大にした。その反面国家財政は枯渇し、増収策をとらなければならなくなった。国家統治の理念として儒学を採用し国学とした。武帝は漢帝国の第七代の皇帝。前一四一年に即位したときはわずか十六歳であった。曽祖父高祖のつくった漢帝国の支配を安定させることに満足せず、大帝国に脱皮させる斬新な策を次々と打ち出した。
- 叙列…並べて書くこと。列記。
- 封侯…諸侯に封じること。また、封土を与えられて諸侯の列に連なること。
- 弘化丙午…弘化三年（一八四六）
- 中浣…中旬。
- 寓客…旅に出て、よその土地に滞在している人。

【現代語訳】

これが高田屋嘉兵衛翁の姿なのだなあ。容貌はたいへん立派で、一回見れば普通の人ではないことがわかる。その子の彌十郎は私にこれに題することを依頼した。よってその履歴や人生の状況を問うと、彼はそれを次のように述べた。

「吾が家の先祖は代々阿波藩士であった。祖父季四郎の時、始めて分家となって淡路島の都志本村に住むようになり、吾が父（嘉兵衛）の代になって摂津国兵庫に移った。性格は剛勇であり、早くから世の中に役立ちたいという志があった。仕事に励んで生計の道をたてた。大きな船を造り珍しい品物を運搬し、松前と商売した。一つは廃し、一つは居し、家の資産は徐々に増えた。寛政年間（一七八九〜一八〇四）に、日本国はまさに蝦夷の人々をなびかせようとし、国後諸島は既に日本国に帰属した。国後島から40余km離れたところに、択捉島が有る。霧が深く、日月で海路が判断できない。鎮夷府は幕府の命令でそこに行こうとする者を募った。私の父は勇気を奮い起こしてこれに応じて船を出航させた。国後島に立ち寄って海に碇を下して停泊し、二十日間、潮や天候の良くなることを待ち、ようやく良い時を得た。そこで島民四~五名・通訳一名を連れて択捉島に直行した。その島民にその土地の風俗を尋ねた。それによれば、男は農業をせず、女は紡績をしない。鳥獣を網で捕え、魚類を捕えて、その肉を食べその皮をはいで生活物資にし、のんびりとこの島だけを住む世界としている。吾が父は丁寧にわかり易く日本国の素晴らしさと恩恵を説き、日本の衣を与えて着させ、日本の食物を与えて食べさせた。更に四〇〇㎞ほどを進むと、人々は皆喜んで日本に帰属することを了解した。日本に帰ってこのことを詳しく話すと、表彰され褒美を頂いた。幕府は役人を択捉島に派遣し、その話を実際に確かめようとし、吾が父はそのために先に立って案内した。こうして（国後島に引き続いて）択捉島はまた日本に帰属することになったのである。それ以来、吾が父は公的な倉庫を幕府から預かって経営することとなった。常に幕府の許可を受けた官船の往来があり、父も遂に高田屋の支店を箱館の地に開いた。ここは実に鎮夷府の在る所である。これに先んじて、ロシアは蝦夷を侵略しようとして攻撃してきた。鎮夷府はそれを拒否して、八名のロシア人を捕虜にした。文化年間（一八〇四~一八一八）中にロシアが再び来た時、父は択捉島からの帰り道であり、ロシアの軍船によって捕えられた。しかし全くひるむことなく強い意志を持ち続け、遂に、ロシア領カムチャツカにまで行くこととなった。何かを言いたいと思っても、言語は通ぜず、互いにジェスチュアで示し、それでも意味が通じない時は、何度も根気よく繰り返し、ようやく意思の疎通ができた。翌年に解放されて帰国し、その内容を詳細に鎮夷府に説明した。鎮夷府がロシア人捕虜八名を開放すると、ロシア人の攻撃は止んだ。こうして蝦夷は平和になった。これにより再度表彰され褒美を頂いた。思うに吾が父が蝦夷関係で苦労したのは数年間のことであるが、まったく知らない土地を踏み、思いがけない事件や多くの困難に遭遇し、立派に対応した。人々はこのことを称賛し、「小張騫」と呼んだ。淡路の故郷に戻って晩年を送り、弟の金兵衛が代わって商売を監督した。まもなく阿波藩主に召されてお目通りし、また阿波藩士の地位を得た。文政十年（一八二七）四月五日に病気で亡くなった。享年は五十九であった。」

私はこの話を聞いている間、心がわくわく躍り、勇ましくさわやかな気持ちになった。そこで聞いたことを書き連ねて、依頼に応えることにしただけである。そもそも、張騫は前漢の武帝の募集に応じて、匈奴に捕えられて十余年を経て帰ってきた。しかし、その間の苦労は詳らかではない。高田屋嘉兵衛翁はどうだろうか。功績を挙げて、目的を成し遂げ、武士の資格と俸給を得た。そこには相手と「信」を為して対応することが極めて大きかっただろう。いま私がその原因を推量するならば、彼等が外国に行った理由は、張騫の場合は征服のためであり、嘉兵衛翁の場合はむしろ択捉島の人々を助けて日本国に自らなびかせることである。敵の捕虜になったことは同じであるが、一方は暴力が介在し、一方は愛情が介在している点が全く異なるのである。張騫は征服の為だから、決して自ら進んでは対応できなかったのだろう。

弘化三年（一八四六）秋八月中旬

東讃地区から浪華に出て滞在している藤澤東畡が記述した。

高田屋嘉兵衛は、当時の日本の国際的課題であった日露関係を安定させた、優秀な外交官だったといえよう。
彼がこのように国際的感覚に優れていたのは、淡路の人の基本思考が海洋民族の精神を継承している上に、嘉兵衛自身も海を仕事場にする人だったからである。

この功績は地元でも高く評価されて有名となり、淡路の人々の誇りとして胸に刻まれ、多くの若者にも勇気を与えた。先述の洲本学問所の岡田鴨里が「高田屋嘉兵衛伝」を記している。鴨里の影響の強かった石濱家にも、国際的事象に関する関心を高める効果があっただろう。

●**井上春洋《しゅんよう》**……文化九〜明治二十五（一八一二〜九二）八十一歳。

淡路洲本に銃隊長前羽家の子として生まれ、藩医井上玄貞の養子となる。洲本で中田南洋に学び、京都の小石元瑞に蘭医学を学び、傍ら頼山陽に漢詩を学ぶ。メキシコ漂流から帰った初太郎に聞いた内容を漢詩にまとめて『亜墨竹枝』を刊行。篠崎小竹・広瀬淡窓とも交流。長崎で医学を学び、嘉永二年（一八四九）、徳島で初めて種痘法を実施。文久二年（一八六二）藩命で西洋事情を調査した。晩年は不鳴と号した。

●**沼田存庵《そんあん》**……文政八〜明治三十二（一八二五〜九九）七十五歳。

淡路三原郡神代地頭方村（南あわじ市神代地頭方）の人。沼田丈庵の長男。漢学を洲本の砂川藍谷・中田南洋に学び、大阪の篠崎小竹に入門。また外科術を華岡青洲門に学び、緒方洪庵塾からも影響を受けた。医業と共に私塾で人材育成をした。頼山陽に傾倒、頼三樹と親しい。四男の猛ほか塾生十一人は新政府の私費留学生として三年間の西欧留学をして明治維新に貢献した。

沼田存庵　肖像
（田村昭治氏提供）

●**沼田苔堂《たいどう》**……文政十一～明治二十四（一八二八～九一）六十四歳。

沼田丈庵の三男。兄は存庵。幕末期に横浜在住だった阿波藩士で、外夷交際役。英語に長じ、アーネスト・サトウ（一八四三～一九二九）とも親しく、「英国策論」の日本語訳をした。明治期には鉱山士フェリントンの雇い入れや解雇に関わった。

沼田苔堂　墓

参考資料2

死人口上《こうじょう》屏風（南あわじ市神代地頭方《じとうほう》　延命寺蔵）

南あわじ市　神代地頭方　延命寺

沼田存庵　死人口上屏風

【原文】

死人口上

私義文政八酉年此世に生れてより、長々日本政府の御厄介に相成、且諸君にも御交際被為下難有奉存候。然所此度約定通り命数期限相満候ニ付、以後閻魔大王の支配に相成、即今日其地へ転籍仕候会葬諸君左様なら。

沼田存庵

【書き下し文】

死人口上《こうじょう》

私義《ぎ》、文政八酉《とり》年、此《こ》の世に生れてより、長々《ながなが》日本政府の御厄介《やっかい》に相成り、且《かつ》諸君にも、御交際下され、有り難《がた》く存じ奉《たてまつ》り候。然《しか》る所、此の度《たび》、約定《やくじょう》通り命数《めいすう》期限相満《み》ち候に付《つ》き、以後閻魔大王《えんまだいおう》の支配に相成り、即《すなわ》ち今日《きょう》其の地へ転籍仕《てんせきつかまつ》り候。会葬《かいそう》諸君左様《さよう》なら。

沼田存庵。

この死人口上屏風は、沼田存庵が自らの死期を悟り、葬儀の際に会場である菩提寺の本堂に展示して会葬者に見せるため、亡くなる前に自分で書いて仕立てておいたものである。この機知に富んだ感覚は見事である。書のレベルもたいへん高く、美しい屏風である。これは学問文化的にも、経済的にも、気持的にも余裕がなければ、決して実現しないことである。この一つの作品を見ただけでも、淡路の学問環境が優れていたことが理解できる。

●**石濱豊蔵**……文久元〜明治四十三（一八六一〜一九一〇）五十歳。
オランダ人薬学者ドワルスに製薬法を学んだ西山良造の門に入って製薬業を修得。明治二十一年（一八八八）、大阪淡路町にガレヌス製剤の製造販売会社「丸石商会」を設立、明治三十五年（一九〇二）、大阪製薬同業組合初代組合長となった。豊かな財力を純太郎の教育につぎ込む。後妻として、日柳三舟の娘（燕石の孫）を娶る。

●**石濱純太郎**……明治二十一〜昭和四十三（一八八八〜一九六八）七十九歳。
大阪淡路町の生まれ。裕福な製薬会社、石濱豊蔵の子で藤澤黄坡の妻カツの弟。十歳で泊園書院に入り、藤澤南岳に学ぶ。のち東京帝国大学文科大学支那文学科を卒業、書院の維持・発展につくす。内藤湖南に師事。中・英・独・仏・露語のほか、蒙古語・満洲語・サンスクリットを理解。西夏語研究の先駆者。龍谷大学講師を務め、また関西大学で教授を務めた他、日本チベット学会会長。

まとめ

これまで述べてきたように、淡路の優れた学問環境が、石濱家に、広い視野の学者を生み出させるに至った。廃藩置県の準備の進む混乱期の明治三年（一八七〇）に、淡路が阿波藩から独立しようと画策した一部の武士達に対し、反発した藩士達が洲本を大砲で攻撃した「庚午事変」が起こる。これによって、淡路は兵庫県に移管し、淡路人の意識は、四国よりも関西に向いた。そして大阪の地に石濱純太郎を生み出していくことになる。

主な参考文献

・『概説 中国思想史』 湯浅邦弘編著 ミネルヴァ書房 二〇一〇年
・『阿波の歴史』 三好昭一郎・猪井達雄 講談社 一九七五年
・『徳島県の歴史』 福井好行 山川出版社 一九七二年
・『阿波人物志』 藤井 喬 原田印刷出版 一九六三年
・『ここに人あり――淡路人物誌』 田村昭治 一九九九年
・『御大禮記念 淡路之誇』上巻 片山嘉一郎 實業の淡路社 一九二九年
・『御大禮記念 淡路之誇』下巻 片山嘉一郎 實業の淡路社 一九三二年
・『篠崎小竹』 木崎愛吉 荒木文庫 一九二四年
・「阿波書道と篠崎小竹」(一) 太田 剛 『凌霄』第十六号所収 四国大学 二〇一〇年
・「阿波書道と篠崎小竹」(二) 太田 剛 『凌霄』第十七号所収 四国大学 二〇一一年
・『阿波洋学史の研究』 佐光昭二 徳島県教育印刷 二〇〇七年
・『高田屋嘉兵衛翁伝』 斎藤智之 二〇一五年

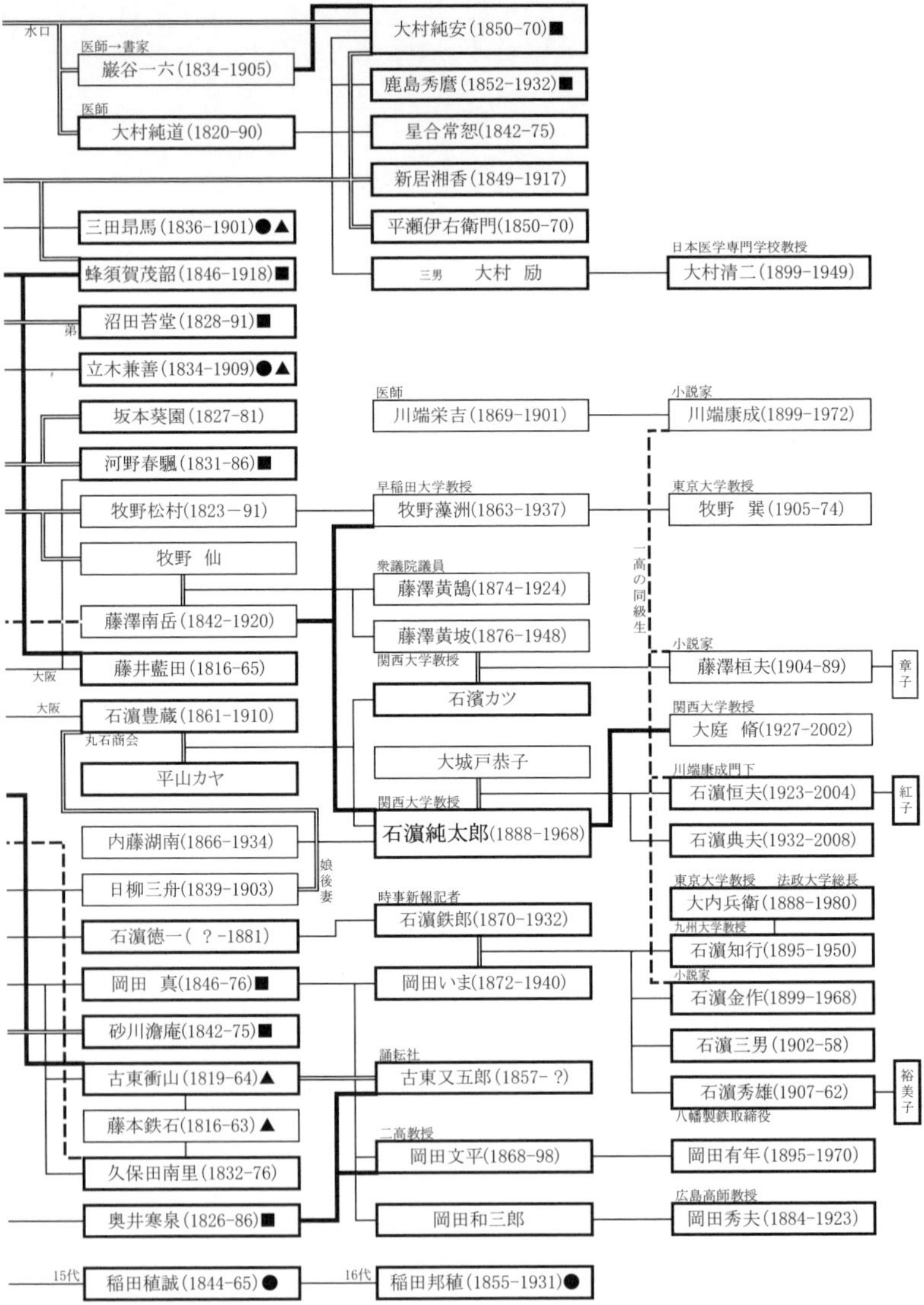

水口
医師→書家
巌谷一六(1834-1905)
医師
大村純道(1820-90)
大村純安(1850-70)■
鹿島秀麿(1852-1932)■
星合常恕(1842-75)
新居湘香(1849-1917)
平瀬伊右衛門(1850-70)
三男　大村　励
日本医学専門学校教授
大村清二(1899-1949)
三田昂馬(1836-1901)●▲
蜂須賀茂韶(1846-1918)■
沼田苔堂(1828-91)■
弟
立木兼善(1834-1909)●▲
坂本葵園(1827-81)
河野春驅(1831-86)■
牧野松村(1823－91)
牧野　仙
藤澤南岳(1842-1920)
大阪
藤井藍田(1816-65)
大阪
石濱豊蔵(1861-1910)
丸石商会
平山カヤ
内藤湖南(1866-1934)
日柳三舟(1839-1903)
娘
後妻
石濱徳一(？-1881)
岡田　真(1846-76)■
砂川澹庵(1842-75)■
古東衡山(1819-64)▲
藤本鉄石(1816-63)▲
久保田南里(1832-76)
奥井寒泉(1826-86)■
15代
稲田稙誠(1844-65)●
医師
川端栄吉(1869-1901)
早稲田大学教授
牧野藻洲(1863-1937)
衆議院議員
藤澤黄鵠(1874-1924)
藤澤黄坡(1876-1948)
関西大学教授
石濱カツ
大城戸恭子
関西大学教授
石濱純太郎(1888-1968)
時事新報記者
石濱鉄郎(1870-1932)
岡田いま(1872-1940)
踊転社
古東又五郎(1857-？)
二高教授
岡田文平(1868-98)
岡田和三郎
16代
稲田邦稙(1855-1931)●
小説家
川端康成(1899-1972)
一高の同級生
東京大学教授
牧野　巽(1905-74)
小説家
藤澤桓夫(1904-89)
章子
関西大学教授
大庭　脩(1927-2002)
川端康成門下
石濱恒夫(1923-2004)
紅子
石濱典夫(1932-2008)
東京大学教授　法政大学総長
大内兵衛(1888-1980)
九州大学教授
石濱知行(1895-1950)
小説家
石濱金作(1899-1968)
石濱三男(1902-58)
石濱秀雄(1907-62)
裕美子
八幡製鉄取締役
岡田有年(1895-1970)
広島高師教授
岡田秀夫(1884-1923)

淡路石濱家につながる儒学の系譜

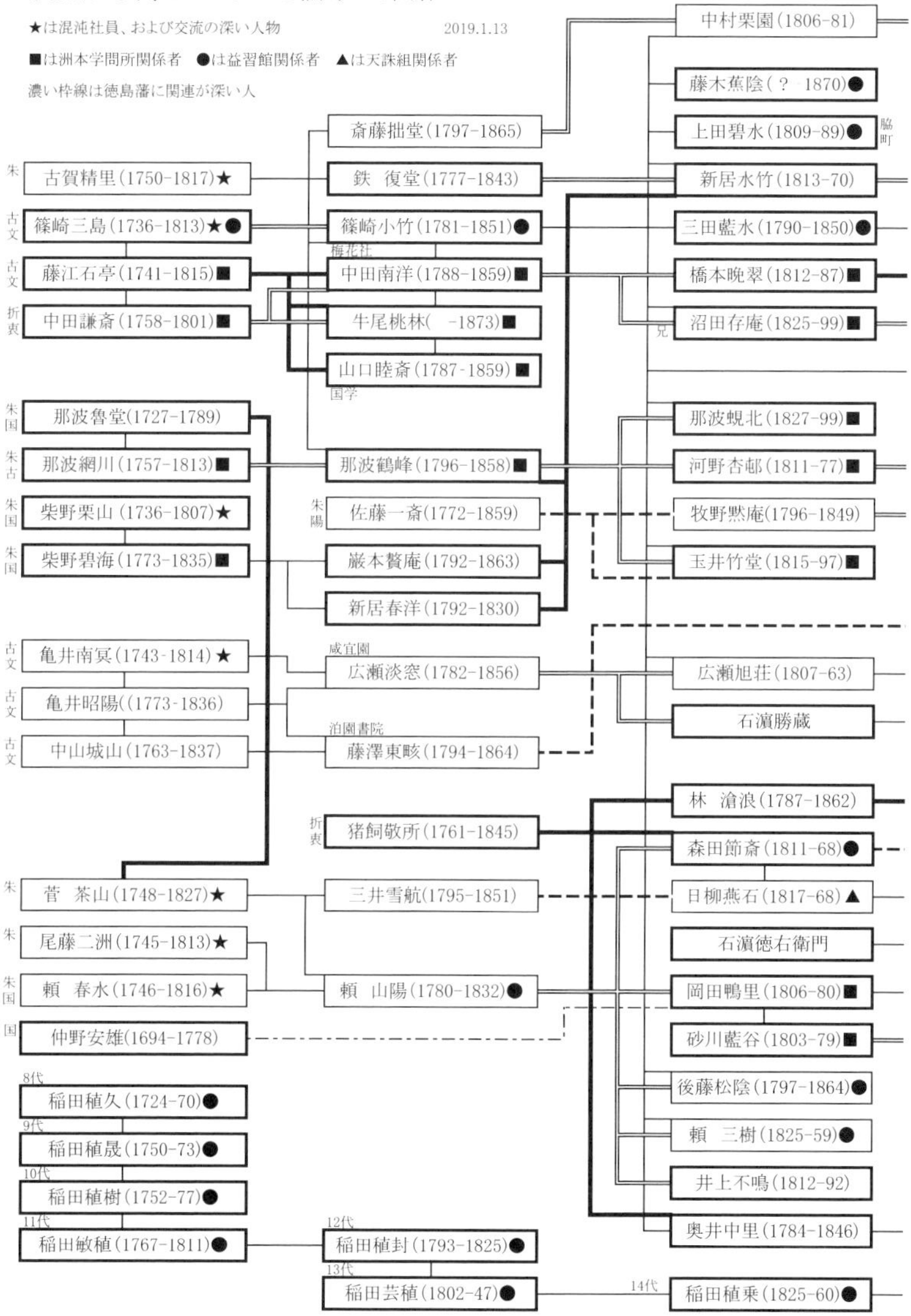

二つの石濱家に見る幕末から大正期の淡路の先進性について

石濱　裕美子

はじめに

石濱純太郎一家の漢学、史学、教育、文学など多領域にわたる事績については夙に知られている。漢学者として泊園書院の最後の院主をつとめ、その後、同院を関西大学の文学部へと昇華させ、日本の東洋史学のパイオニアとして活躍し、チベット学会をはじめとする数々の学会を創設した。また、長子恒夫、同居する甥の藤澤桓夫はいずれも小説家として名をなし、その家は安岡章太郎をして「関西文壇の一角になっている」といわしめる程であった（安岡　一九六六：十四）。

このような純太郎一家の多彩な活動は、同じく淡路島にルーツをもつ人々の明治・大正期における多領域での活躍の中でとらえることも可能である。純太郎と同年に、淡路に生まれたマルクス経済学者大内兵衛（一八八八ー一九八〇）が「淡路は大阪、神戸の郊外みたいなところで、文化的に進んでいた」と言ったように（大内 一九五五：二十三）、淡路は海を通じて京阪のみならず、四国、九州、遠くは北海道の函館にもつながり、常に最新の情報に接していたことから、幕末、明治・大正の激動の時代、政界・経済界・学界の最前線で活動する人材を輩出した。

幕末の洲本においては、頼山陽（一七八〇〜一八三二）の親友である篠崎小竹（一七八一〜一八五一）が益習館で、山陽の高弟である岡田鴨里が学問所で教鞭をとり、津井村の庄屋古東領左衛門（一八一九ー一八六四）が天誅組に資金供与を行うなどしていたため、土佐、長州、九州から幕末の志士が往来し、洲本は志士たちのたまり場の感を呈していた。

明治に入ると、阿波は土佐に発した自由民権運動の波に洗われ、いち早く設立された政治結社である阿波自助社は徳島に慶應義塾大学を誘致した。自助社が閉社の後も淡路人は政論系あるいは政党系新聞の発行に努力し、新聞界に多くの人材を提供した。純太郎一家の活躍はこのような淡路人の活躍の延長としてもとらえることができる。

純太郎一家に影響を与えたと思われる淡路人脈の中で、本稿が特に注目するのは、一家に先んじて、漢学、ジャーナリズム、経済学、文学に人材を輩出した徳右衛門系石濱家の存在である。明治初期の同家の当主石濱鐵郎は、儒学者岡田鴨里の曾孫イマを娶り、戦前の五大紙のうち二つ『時事新報』、『報知新聞』（後の読売新聞）で新聞人として活躍し、四人の子はそれぞれ経済学、文学、実業界で名をなした。純太郎父子については多くの先行研究があるため、本稿ではこの徳右衛門系石濱家とその妻イマの実家の岡田鴨里四代に焦点を絞り、基礎的なデータを提供していきたい。

一　二つの石濱家

石濱純太郎父子と、その祖父勝蔵、父豊蔵三代の墓は淡路島の洲本の遍照院に現存する。遍照院は江戸期には青蓮寺と地蔵寺という高野山真言宗の寺であり、大正末期に青蓮寺が焼失した後、二寺が合併して現在の遍照院となった。

明治十九年に編纂された青蓮寺の墓石簿には、当時青蓮寺に存在した墓石の主とその施主と明治十九年当時の管理者の名前がリスト化されている。この中で石濱姓をもつ墓主をピックアップし管理者を見ていくと、「士族」石濱鐵郎を管理者とする三十一人と、「石濱屋」の屋号をもつグループの十五人とに二分される。(1) 純太郎の父勝蔵はこの石濱屋の屋号をもつグループの中におり、石濱多十郎、石濱屋多助、石濱多十郎の娘、氏名不詳者の四つの墓の管理者となっている。以下にこの二つの石濱家の由来について主に過去帳と墓石簿に基づいて考察してみよう。混乱を避けるために、以下、純太郎の家系を石濱屋系、石濱鐵郎の家系を徳右衛門系と称する。ちなみに、いずれの石濱家も過去帳や戸籍などの公式書類において「濱」は共通して「濱」の字体を用いている。

（一）石濱屋系グループ

まず石濱屋について考察しよう。郷土史家の武田清市氏によると、石濱屋は尾張に起源をもち、江戸初期に蜂須賀家の淡路支配の起点であった由良に移住し、由良引けとともに洲本の街道筋（通町）に居住区を割り当てられて、洲本を代表する商家となった（武田 一九八九：七十七－七十八）。蜂須賀家は秀吉の直臣となって阿波を治める前には尾張海東郡蜂須賀村の出であったことから（岡田 一八七六：十七）、石濱屋は蜂須賀家とともに尾張から阿波に移住してきた集団であると思われる。延宝年間以後阿波藩は農工商を分離したものの、洲本においては宝暦・明和以後も、町人の下役への登用などが随時行われていた。明和（一七六六～）には藩政改革の一環として藩に融資を行った者には名字・帯刀が許されるようになり、石濱屋半兵衛は文化年間に名字帯刀を許されている（武田 一九八九：八十二、九〇－九十一）。

遍照院に残る青蓮寺の過去帳によると、石濱屋の名で最も古い記録は天和四年正月（一六八四）に没した石濱屋半兵衛（戒名：性海眞澄）と、その三年後の貞享四年二月（一六八七）に没した石濱屋半兵衛父（俗名：九郎左衛門：戒名：恵雲高照）である。

明治維新の後、純太郎の祖父石濱勝蔵は明治維新の波にのりそこねて破産したものの、父豊蔵が創業した丸石商会（現丸石製薬）は順調に発展し、純太郎は東京大学卒業とともに家督をつぎ、丸石製薬合名会社員となった。そのため、終生経済的に苦労することはなく研究に打ち込めたのである（大庭脩 一九九四）。

（二）徳右衛門系グループ

次に徳右衛門系石濱家について述べる。鐵郎を戸主とした原戸籍によると、前戸主は鐵郎の父徳一であり、以下、祖母マチと二人の姉の名が記されている。マチは祖父徳右衛門妻、亡曾祖父徳右衛門長女と記されていることから当主は江戸期に徳右衛門号を承襲していたことがわかる（系図参照）。青蓮寺の過去帳をひもとくと石濱徳右衛門本人ないしその係累の名が時代を超えて見いだせる。もっとも古い例としては正徳二年（一七一二）二月二十五日に没した石濱徳右衛門娘（戒名：了夢童子）と享保十年（一七二六）五月になくなった石濱徳右衛門（戒名：樹光宗政）の二人があげられる。

徳右衛門が江戸期に淡路でどのような仕事についていたかは江戸期の古文書から伺い知れる。一七二五（享保十）年に伊加利村庄屋の仲野安雄（一六九四－一七七八）の手になる文書「阿那賀町町送り付御訴訟のこと」の宛先である三人の郡付奉行のうち、一人が石濱徳右衛門である。(2) この三人のうち徳右衛門を除く二人、すなわち角村新右衛門、池沢左吾右衛門の名は貞享二（一六八五）年の「下物部橋架橋普請について」という文書にも見られ（淡路古文書学習会編：二十二）、この文書における三人目の手代の名は石濱甚三郎となっている。阿波藩では一六九三（元禄六）年に、国奉行をおき郷方所務にあたらせ、一七〇〇（元禄十三）年に国奉行の郷方所務が廃止され郡奉行三人がおかれたので（洲本市史編纂委員会：九六四）、角村新右衛門、池沢左吾右衛門、石濱徳右衛門の三人は、この時郡手代に任ぜられたと思われる。貞享二年から正徳二年までの期間に徳右衛門号の承襲が始まったことを考え合わせると、推測の域を出ないものの、石濱姓のものが手代職についたことを契機に徳右衛門号の名乗りを始めた可能性はある。

この後も一七三八（元文三）年に記された参勤交代の際の人足の手配書（淡路古文書学習会編：四十一）中、一七七三（安永七）年に記された徳島で急死した洲本の商人中島屋喜兵衛の跡目相続についての文書中にも相続に係わった役人の一人に徳右衛門の名がみえる（淡路古文書学習会編：五十七）。また、砂川家文書の一八〇九（文化六）年九月、一八二五（文政八）年九月、一八三六（天保七）年八月の書簡にも徳右衛門の肩書きは「津名郡御郡代様御手代」であり、(3) また、一八八三（嘉永六）年の洲本の役付き武士の席順を示す文書「須本諸士役付并席順姓名記」でも町手代と記されていることから（洲本市史編纂委員会：一四九）、徳右衛門は江戸期を通じて奉行所で手代を務めていたことが分かる。

石濱鐵郎の屋敷は原戸籍や登記簿によると「津名郡洲本常盤町八十九番」にあり、一八五六（安政三）年に写された洲本の古地図によっても常盤町に石濱徳右衛門の名が確認できる。(4) 禄制改革の後、手代は九等士族となったため（洲本市史編纂委員会：六四八－六四九）、明治に入って生まれた鐵郎は墓石簿や慶應義塾の入学名簿において「士族」の肩書きを冠している。

（三）両グループの関係

石濱屋系は商人、徳右衛門系は武士階層に属していたため、公的には別グループである。しかし、過去帳において石濱屋半兵衛の名が十七世紀後半から見える一方、徳右衛門は十八世紀初頭より登場すること、前述したように阿波藩では藩政に協力した商人を下役に取り立てていたことなどから、十七世紀末から十八世紀初頭に石濱屋の一人が手代にとりたてられ、その子孫が徳右衛門系となったという可能性が考えられよう。(5)

二つの石濱家はいずれも明治になると淡路をでて大阪、東京に移住した。純太郎の父豊蔵は大阪において製薬業を起こし、その子息純太郎は東大を卒業した後、東洋史学者としてまた漢学者として名をなした。石濱鐵郎は大正末期に儒者岡田鴨里の曾孫イマを娶り、淡路をでて大阪から東京に移住し、明治・大正期新聞界で活躍しつつ、四人の男児（知行、金作、三男、秀雄）を儲けた。長男知行は九州帝国大学の経済学部の教授となり、次男金作は川端康成とともに新感覚派を開き、三男は仏文学者、四男秀雄は八幡製鉄の取締役となった。(6) 洲本を起源とする両家は、古い世代ほど互いを認識しており、後述するように、一九二三年に夭折したイマの従兄弟秀夫の葬儀では、葬列に鐵郎や大内兵衛の長兄の名が見え、純太郎も香典を送付しており、純太郎の長男石濱恒夫も金作を遠戚と認識していた。

鐵郎の家系には徳右衛門系の系図が伝わっていたが、一九四五年の山の手大空襲で焼失した。この系図が存在していれば石濱屋との関係の詳細も判明したと思われるが、現時点で分かることは以上である。

次に、鐵郎の妻イマの家系である儒者岡田鴨里とその学統をついだ三人と石濱鐵郎父子の事績を見ていきたいと思う。

二　岡田鴨里とその三人の継承者

イマの曾祖父である岡田鴨里は幕末の志士たちの愛読書である頼山陽の代表作『日本外史』を書き継ぎ志士の事績を記録した歴史家であり、かつ、藩の御儒者として学問處で教鞭を執る教育者でもあった。その学統を接いだ嫡孫真、養子文平、秀夫三代も漢学者であり、文平以後は帝国大学の教壇に立って漢学を教授したため、岡田家の漢学とその著作は地域・時代を超えて継承されていた。以下に岡田家四代の事績を岡田鴨里関連文書群(7)に基づき概略を述べる。

（一）岡田鴨里（一八〇六－一八八〇）

岡田鴨里は諱を僑、字を周輔といい、淡路島の王子村（現淡路市）の庄屋砂川佐一郎の四男に生まれ、掃守村（現南あわじ市）の豪商岡田家の養子となった。[8] 鴨里の号はこの掃守（かもり）村の名にちなんだものである。一八二八（文政十一）年、二十二才で京都に出て晩年の頼山陽に師事し、山陽の遺嘱を受けて、二十年後に『日本外史補』十四巻を脱稿し、その稿本を一八五〇（嘉永三）年安中藩の板倉甘雨（一八〇九－一八五七）に献じた。[9] この功により鴨里は一八六一（文久元）年九月、徳島藩主により中小姓格にとりたてられ、洲本学問処の御儒者となった。[10] 洲本学問所は一七九八（寛政十）年徳島藩主蜂須賀治昭によって藩の学問處として創設されたもので、鴨里の実兄である砂川藍谷や、中田謙斎・藤江石亭等などが教鞭をとった（洲本市史編纂委員会：四一八－四二二）。

周知のように頼山陽の『日本外史』は勤王の志士の愛読書であり、その学統を継ぐ鴨里の史伝も大義名分論を説くものであり、書も山陽のそれに酷似している。鴨里は頼山陽の息子の頼三樹三郎（一八二五－一八五九）や森田節斎（一八一一－一八六八）を始めとする志士達と深く交わり、[11] 次女カツが嫁いだ津井村庄屋古東領左衛門は、尊皇攘夷運動の頂点で勃発した天誅組の大和挙兵に連座し獄死している。[12] 木戸孝允（一八三三－一八七七）の蔵書に鴨里の代表

岡田鴨里

作『日本外史補』と本書の「列伝」にあたる『名節録』三巻（岡田鴨里関連文書 D.No. 270-272）が含まれていること、大隈重信の著作『開国大勢史』においてもゴローウィン事件についての資料として、藤澤甫（東畡）と岡田僑（鴨里）両名の高田屋嘉兵衛伝が典拠として記されていることなどは、鴨里の著作が幕末から明治にかけて広く読まれていたことを示している（大隈 一九一三：四九一）。[13]

鴨里の著作は同時代資料としても見るべきものがある。江戸の最末期の一八六六（慶應二）年、「吾耻四山十囲喬人」の筆名で幕末日本外交の裏面史『草莽私記』五巻（岡田鴨里関連文書 D. No. 284-289, 291）を著し、志士たちの事績を記録した。また、鴨里の評伝・旅日記などを集めた『鴨里文稿』（岡田鴨里関連文書 D. No. 270-283）の巻1には、鴨里が『外史補』を献じた際の「上板倉甘雨公書」、庚午事変の年の十月に記した「訒庵記」、第三巻には頼山陽の高弟森田節斎との交友を記した「節斎文鈔序」、徳島藩士であり天誅組に加わろうとして逮捕された伊藤聴秋（一八二〇－一八九五）によせた文「伊藤聴秋詩鈔跋」、最後の洲本城代稲田植誠（一八四四－一八六五）の墓誌「國老稲田君墓表」、一八六六（慶應二年）年に没した三原町甚大村地頭方村の医師の墓誌「沼田丈庵墓表」（一八二五－一八六六）、「露液翁表伝」、「青木九萬墓表」、西淡町湊の伊藤海の伝「林滄浪翁小伝」、「紀節婦津田氏事」、日露の外交交渉にあたったことで著名な高田屋嘉兵衛（一七六九－一八二七）の最古層の伝記「高田屋嘉兵衛伝」など同時代人の伝が並ぶ。文稿には、頼山陽、篠崎小竹、森田節斎、昌平黌の斎藤拙堂（一七九七－一八六五）、塩谷宕陰（一八〇九－一八六七）ら、当代きっての儒者たちの硃批が附されており、鴨里の若年よりの秀才ぶりが知れる。

明治元年、鴨里は徳島藩の参政を任じられ、翌年学校懸准物頭席に任ぜられた。一八七〇（明治三）年の庚午事変にあたっては、本藩派の説諭につとめたものの事変を防げず（新見 一九六六 b：十六－十七）、同年官界を去った。一八七二（明治五）年十月、蜂須賀家の歴史を編年体にまとめた『蜂須賀家記』を上梓して藩に対して最後の奉公をした後、[14] 一八七八（明治十一）年 九月に掃守村に帰村して一八八〇（明治十三）年九月五日に舌がんで死去した。

頼山陽の著作は幕末から敗戦直前まで広く読まれ、日本人の国体意識の形成に一役かったことはよく知られている。淡路の知識人にとっても頼山陽の『日本外史』が特別なものであったことは、大内兵衛が敗戦直前の一九四五年の一月に記したエッセーからも見て取れる。兵衛は山陽を「天才」と呼び、『日本外史』を最高の史書と評し、『外史』が牢中で書き始められた経緯を詳説した後、河上肇を現代の山陽としてその清貧を激賞している（大内一九六九：三十五－四十二）。戦後、頼山陽の著作は危険視され、山陽やその弟子岡田鴨里に対する研究者の関心は無きに等しい状態となっている。しかし、マルクス経済学者である兵衛が山陽の大義名分思想を範としていたことが示すように、山陽の思想は幕末から敗戦まで、あらゆる日本人の心性に影響していた。日本人の国体意識の形成や時代の空気を解明する上でも外史や外史補の研究は引き続き必要な作業であると言えよう。

（二）岡田真（一八四六－一八七六）

鴨里はスマ、カツ、ヤスの三人の娘をなした。このうち、スマが与一郎を養子に迎えて岡田家を継ぎ、二人の間にうまれた男子が、「岡田周輔成立書」において鴨里の跡継ぎとされた岡田真である。[15]

真は字を真太郎、号を顒《ぎょう》斎という。純太郎は『泊園』誌上において自らの蔵書として凌雲祖秀の詩集『禪余集』を紹介し、同書の撰者であり序文を記した岡田真を「鴨里先生の嫡孫で、余の先輩故岡田秀夫學士の伯父に當る人。」と記し、続いて片山(一九二九)所載の真の小伝を引用している。岡田真がこの『禪余集』を撰した文久三(一八六三)にまだ十七才であることを鑑みると、その早熟ぶりが知れる。さらに跋を記した大村純安(一八五〇―一八七〇)について、純太郎は「明治初年の淡路の動揺即徳島藩政紛擾事件で死を賜はった志士の一人である。純安の實弟鹿島秀麿代議士と余の先考(豊蔵)とは何か交際があった様である」と記している。[16] ここにあるように岡田真と大村純安は庚午事変(徳島藩政紛擾事件)の際にともに檄文を記し、事変後純安は切腹を命じられた。[17] この『禪余集』の序と跋は二人の早くからの交友を裏付ける資料と言える。

庚午事変の後、真は謹慎を命じられ、謹慎が解けた後は、一八七一(明治四)年八月に徳島県の権大属に、一八七二(明治五)年九月には名東県の権典事に任ぜられた。しかし、一八七三(明治六)年八月に辞職し、東京に遊学する。[18] 真が役人を辞した理由は、淡路における自由民権運動の高まりと無縁ではないだろう。

一八七四(明治七)年一月、板垣退助らが「民選議員設立建白書」を提出し、四月に土佐に立志社を創立した。これに刺激され、四ヶ月後の八月には徳島においても阿波自助社が結成され自由民権運動が高揚した。そしてこの阿波自助社の七人の発起人のうちの一人が真である。[19] 岡田真は「自助社結社大意」(岡田鴨里関連文書G. No. 508)中で、人は生まれながらに天から基本的人権(権利通議)を賜っており、これを保つためには政府に頼るのではなく、自らを治め、独立不羈でなくてはならない。この権利を保全する道を広げるために、法律を始めとする諸般をともに講究・合議する結社を作るという主旨を述べている。

自助社は翌一八七五(明八)年二月、板垣退助を阿波に招いて政府批判の演説会を行い、四月十四日に「漸次立憲体制樹立の詔」が公布されると、七月に慶應義塾大学(校長：矢野龍渓)を徳島に誘致し、八月にはこの詔を一般に向けて解説する「通諭書」を作成・配布し民権運動の宣伝に利用しようとした。

しかし、一八七六（明九）年九月、大審院はこの通諭書を朝憲紊乱にあたるとし、関係者四名は処罰され（通諭書事件）、徳島慶應義塾は閉鎖され、自助社も一八七八（明治十一）年、関係者の協議によって閉社となった。真は通諭書事件の二ヶ月後の十一月、東京で客死し、上野の海禅寺の塔頭、智光院に埋葬された。海禅寺は江戸期に臨済宗妙心寺派の四大触頭の一つであり、蜂須賀家の加護があついことから「阿波様寺」の通称で呼ばれていた。同寺の過去帳によると真の戒名（覺心院尚古顒斎居士）には院号がつけられており、このような由緒ある寺で丁重に弔われたことから、真が旧阿波藩の人脈の中で礼をもって遇されていたことが分かる。

真の遺体はその後改葬され、現在は掃部村の鴨里の隣に眠っている。墓石に記された岡田真の字は四国大学の太田剛教授の鑑定によると沼田存庵（一八二五－一八九九）の手になるとのことである。前述したように鴨里は存庵の父丈庵の伝を記しており、存庵自身は鴨里の実兄砂川藍谷の弟子であり、華岡青洲に西洋医術を学んだ儒医である。また、弟の苔堂はイギリスの外交官アーネスト・サトウ（一八四三－一九二九）の日本語通訳として名高い。この進取の精神に富む沼田一族と鴨里・真が親交を結んでいたことは淡路の先進性を考える上でも興味深い。

岡田真 墓

真の夭折後も自助社の精神は生き続け、阿倍喜平が主催する洲本の私塾積小軒で学んだ三木善八、徳島慶應義塾の校長であった矢野龍渓らの門下生は、明治の新聞界で活躍し中央政府と対峙した。これについては後に鐵郎の項で詳述する。

(三) 岡田文平(一八六〇-一九〇〇)

一八八〇(明治十三)年に鴨里が没した後、真の二人の娘のうちの一人、長女のアイの婿文平が家督を継いだ。岡田鴨里の名が見える最古の戸籍は文平を戸主とし、鴨里を前戸主とするもので、扶養者として真の妻セン、真の長女アイ、次女イマ、文平とアイの間に生まれた一男二女の名が並ぶ。

文平は奥井寒泉(一八二六-一八八六)門下で学び、岡田家から古東家に養子にはいった古東又五郎とともに門下の双璧と謳われた(片山 一九二九:四七三)[20]。文平は近代的な学制の中で漢学をまなぶ道を選び、一八八三(明治十六)年九月に、帝国文科大学(現東京大学)古典講習科漢書課乙部へ入学し、一八八七(明治二十)年七月に同課を卒業した。東京大学は一八七七年に創立したばかりであり、さらに、開設されたばかりの古典講習科漢書課(二期で募集停止)に即座に入学している事より、岡田家が時流の先端をいく家風を有していたことが知れる。

帝大卒業後、文平は一八八八(明治二十一)年には第二高等中学校(現東北大学の前身)の助教諭と漢文学と国文学の教授を兼任し、一八九一(明治二十四)年六月に教授へと昇任した。しかし、一八九七(明治三十)年七月病により辞職し、四十才の若さで一九〇〇(明治三十三)年に歿した。

(四) 岡田秀夫(一八八四-一九二三)

岡田文平が没した後、鴨里の学統をついだのは一八八四(明治十七)年に岡田和三郎・フジ(一八五七-一九三一)夫妻の間に生まれた岡田秀夫である。岡田和三郎は鴨里の長女スマの婿与一郎が、スマの死後に後添えとの間に儲けた子であるため、鴨里と血のつながりはない。しかし、秀夫は鴨里の次女カツの曾孫である静子を娶ったため、秀夫の子供たちには鴨里の血が入ることとなった。この婚姻から大正期においても与一郎系岡田家は鴨里の血筋を追っていたことがわかる。

秀夫は文平と同じく学制の中で漢文を教育する道に進み、一九一〇（明治四十三）年に、東京帝国大学文科（漢文学・文法を専攻）を卒業した。この二年後の一九〇八年、純太郎は同じ東京帝国大学文科大学（現東京大学）支那文学科に入学し、一九一一年に卒業した。当時支那文学科の定員は四人から六人と小規模であり、かつ、二人は同郷であることを念頭におけば、純太郎が秀夫を「余の先輩」といった言葉の深さが伝わってくる。

卒業の前年父豊蔵が歿したため、純太郎は家業を継ぐべく卒業後は大阪に戻り、東洋学と関西の教育・文化の振興につとめた。これとは対照的に、秀夫が歩んだのは帝国大学における教職の道であった。一九一四（大正三）年九月には札幌帝国農科大学（現北海道大学）の講師に、一九一六（大正五）年十二月に廣島高等師範學校（現広島大学）の講師に任用され、一九一八（大正七）年四月には教授に昇進した。一九二一（大正十一）年三月、父の和三郎の死亡に伴い家督を相続したが、その翌年の一九二三（大正十二）年八月、帝国学士院の在外研究員として北京に留学中、北京の日華同仁病院において急逝した。文平と同じく享年四十才の若さであった。

岡田秀夫の葬儀帳（岡田鴨里関連文書 L. No. 760）には秀夫の履歴、葬儀の際の状況などが記録されているが、葬列には石濱鐵郎、大内兵衛の長兄大内宗次郎らがつらなり、死亡通知先には、石濱純太郎は無論のこと、指導教授であった東京大学の岡田正之（一八六四－一九二七）、東京帝国大学教授で中国哲学者の服部宇之吉（一八六七－一九三九）、頼成一、東京帝国大学名誉教授で漢学者の塩谷温（一八七八－一九六二）、言語学者の中目覚（一八七四－一九五九）、広島高等師範学校の斯波六郎（一八九四－一九五九）、重建懐徳堂初代専任教授の松山直藏（一八七一－一九二七）等、錚々たる漢学者・言語学者らが並んでいる。岡田鴨里関連文書は秀夫の妻、静子が保管していたものを静子の孫岡田至が二〇〇九年に神奈川県立歴史博物館に寄贈したものである。

三　石濱鐵郎とイマの息子たち

ここで、いよいよ徳右衛門系石濱家の直系である石濱鐵郎（一八七〇－一九三二）と、彼と岡田真の娘イマ（一八七四－一九四〇）の間に生まれた四人の子のうち、淡路人脈とも関わりの深い知行、金作の事績についてふれる。

（一）石濱　鐵郎（一八七〇－一九三二）

鐵郎は庚午事変のおきた一八七〇（明治三）年に生まれ、十一才の時に父の死を受けて戸主となり、一八八九（明治二十二）年四月に慶應義塾大学に入り、翌年七月に別科を卒業した。[21]現存する慶應義塾の卒業生（塾員）名簿をたどると、鐵郎の住所は一八九三（明治二十六）年には須本（洲本）、一八九六（明治二十九）年には東京の芝区四国町、明治三十三年には東京の京橋區築地、身分は時事新報社員、と変遷しているため、[22]一八九三年から一八九六年の間に鐵郎の拠点は淡路から東京に移ったことがわかる。家伝ではイマが鐵郎を促して上京したといい、一八九四（明治二十七）年に二十四才の鐵郎はイマを娶っているため、家伝は事実である可能性が高い。純太郎の父豊蔵が純太郎の生母が没した後、漢学者日柳燕石の孫娘を娶ったのは、イマが鐵郎に嫁いだ翌年であり、純太郎の姉カツが泊園書院三代院主の藤澤黄坡に嫁いだのは八年後の一九〇二年である。鐵郎とイマの結婚がこれらの事例に先行していることを指摘しておきたい。

真の妻センは鐵郎が一九〇四年に日露戦争に出征するに当たり、東京の鐵郎宅に「当主見舞い」に行き腸チフスに罹って客死した（岡田鴨里関連文書 K No. 795）。センにとって鐵郎が「当主」とされていることは、岡田文平の死後、岡田秀夫が学業を終え一家をなすまでは、イマの夫である鐵郎が岡田家の当主を兼務していた可能性を示唆している。

鐵郎が時事新報社に入社したことについては、淡路人が明治の初期より新聞界で広く活躍していた事実を指摘するべきであろう。イマの父岡田真が発起人の一人となった阿波の自助社は国政参加を目指していたが自助社は通諭書事件の後に衰退したため、新聞縦覧所をもとにした小結社が作られはじめた。一八七七（明治十）年、洲本の儒学者阿倍喜平が『淡路新聞』を創刊し、三年後に同紙は神戸に進出して阿倍門下の鹿島秀麿が主幹、同じく門下の三木善八が代表をつとめる『神戸新報』が生まれた。鹿島秀麿は前述したように庚午事変の後切腹した大村純安の実弟であり、純太郎の父豊蔵と交際があった名士である。秀麿は明治九年に慶應義塾を卒業している（鹿島秀麿　一九九一：二五四－二五五）。

一八八一年、「明治十四年の政変」により大隈重信が下野し自由民権運動が弾圧されると、翌一八八二（明治十五）年、福沢諭吉は「官民調和」「不偏不党」を掲げて日刊紙『時事新報』を創刊し、一方、大隈重信が矢野龍渓（阿波慶應義塾の元校長）とはかり立憲改進党の機関誌にするべく『郵便報知新聞』を買収した。いずれも十年後の国会開設を視野にいれた行動である。

『時事新報』は慶應義塾の出身者によって作られ、初期は学内で印刷されていたため、慶應義塾を卒業した淡路人であり、かつ、自助社の発起人の娘を娶った鐵郎が、新聞人となって時事新報社に入社したことは自然の流れであったと思われる。三木善八は新聞経営の才に富んでいたため、一八八六（明治十九）年、社長の矢野龍渓に招かれて経営難の『郵便報知新聞』社に入社し、一八九四（明治二十七）年に社主となった後は『報知新聞』と改題し、大衆向けの紙面づくりに励み、経営の立て直しに成功した。鐵郎はこの三木に引きぬかれて『時事新報』から『報知新聞』の用度部長職に転職し、定年までを過ごした（日本新聞年鑑、片山 一九二九：三五二）。鹿島秀麿は一八九〇（明治二十三）年の第一回衆議院選挙に当選したことを皮切りに合計八回当選し、神戸を代表する代議士となり市の発展に尽くした。

次に、鐵郎とイマの間に生まれ、いずれも東京大学を卒業し、経済学者と小説家となった長男知行と次男金作について述べよう。

（二）石濱 知行（一八九五－一九五〇）

鐵郎とイマの間に長男として生まれた石濱知行は、一九二〇年に東京帝国大学法学士政治学科を卒業した。これに先立つこと七年前に、同科からは前述した著名なマルクス経済学者大内兵衛が卒業している。兵衛も知行も日本史中の人であり、彼らの思想、受けた迫害については多くの先行研究があるため、ここでは同郷同世代の経済学者としての共通性に留意しつつ二人の人生を略述する。

大内兵衛は鴨里の掃部村に隣接した松帆村の中規模農家に、父万平・母シナの間に九人兄弟の六男として生を

昭和九年　いま、知行、和子、朗子

受けた。生年は純太郎と同年である。男兄弟は石濱家と同じくそれぞれが多領域で活躍し、長男宗次郎は漢詩文をよくし三原郡の書記として地方自治につくした。ちなみに、岡田秀夫の葬儀に石濱鐵郎とともに参列したのはこの宗次郎である。次男幸三郎は藤澤南岳の門下生であり、母の山口家をついで県会議員となって自由民権運動に挺身した。三男愛七は海軍少将、四男亀吉は養子に出るも夭折、五男要は満鉄庶務課長となったが四十六才で夭折、六男が大内兵衛である。兵衛は幼き日、父より淡路の豪農や名家の栄枯盛衰の歴史を聴きながら育った（菊川 一九六六：一三九、大内 一九五五：二一－二二）。父から隣村の名儒者鴨里やその師頼山陽について聞いたことが兵衛の山陽熱の始まりであろう。兵衛は当初は歴史家を志していたが、河上肇が訳したセリグマンの「歴史の経済的説明・新史観」を読んだ後、歴史を理解するためには経済を知らねばならぬと、一九一一年に東京大学法学士経済科に入学した（菊川 一九六六：一三九－一四一）。

卒業後の進路について「官界にいくか、学界に残るか、…新聞記者になりたい」と思い悩んだ三択の中に、新聞記者が入っていることに（大内 一九五五：七十八）、新聞界で淡路人が活躍していた世相が感じ取れる。兵衛は結局官界に進み大蔵官僚をへて一九一九（大正八）年に新設の東京帝国大学経済学部助教授に着任した。しかし、翌年森戸事件に連座して免職となり、ドイツ留学を経て一九二三（大正十二）年に復職した。さらに、時局柄一九三七年に再び検挙され、無罪が確定した後に大学を辞職した。戦後は東京大学に復職し、後に法政大学総長になり、社会党の設立にもかかわるなど、マルクス経済学の大御所として名を残した。

一方、石濱知行も兵衛と同じく帝大卒業後、ドイツ留学を経て九州帝国大学に着任したものの、一九二八（昭和三）年に三・一五事件の余波でおきた九大事件で向坂逸郎（一八九七－一九八五）、佐々弘雄（一八九七－一九四八）とともに教壇を追われ（一九二八年四月二十二日付『朝日新聞』）、以後読売新聞（報知新聞の後継紙）の論説委員となり「筆一本の浪人生活」を送った。九大を追われた直後に知行は向坂逸郎とともに上京し、高円寺に家を借りると、終戦の年に空襲で焼け出されるまでここに住んだ。母イマはこの家の離れで一九四〇年に歿している（石浜知行 一九四七）。

戦後一九四六年、知行は九州帝国大学に復職したものの（一九四五年十一月二十四日付『朝日新聞』）、一九五〇年に結核により死亡した。葬儀は駿河台の政経ビル内の中国研究所の所葬とされ、大内兵衛が葬儀委員長となった（一九五〇年八月二日付『読売新聞』夕刊）。当時中国研究所は、日本統計研究所、大原社会問題研究所、国民経済研究協会の三法人とともに、東亜研究所（初代総裁：近衛文麿）の後身の政治経済研究所に統合され、政経ビル内に入っていた。大内兵衛は当時この政治経済研究所の常務理事をつとめており、知行も中国研究所所員の肩書きをもっていたため所葬となったのであろう。

大内兵衛が東京帝国大学に入学した一年前の一九一〇年に岡田秀夫が同大文科を卒業しており、入学した同年の一九一一年に、石濱純太郎は同大の文科を卒業している。純太郎一家は関西の文化、教育、学界の振興者としてのイメージが強いが、その子息恒夫も甥の藤澤桓夫も京都大学ではなく、東京帝国大学を卒業している。この理由として淡路人脈の影響を考慮することもできよう。

（三）石濱 金作（一八九九－一九六八）

純太郎、イマの次男石濱金作は川端康成（一八九九－一九七二）と同年であり、両者は一高で出会い揃って一九二〇年に東京帝国大学英文學科に進み（石濱金作一九五〇b）、在学中の一九二一年に第六次『新思潮』を創刊し、一九二四年には『文藝時代』の創刊にもかかわり、それらに発表した評論や小説により、新感覚派として一世を風靡したことは文学史上よく知られている。

一九二五（大正十四）年三月、石濱純太郎の甥である藤澤桓夫（一九〇四－一九八九）は大阪高校の文科生を中心とした九人で同人誌『辻馬車』を創刊した。藤澤桓夫は同誌に「冬の花」という短編小説を発表し、川端康成がこれを文芸時評において好意的にとりあげたため、桓夫は新進の小説家として早くから注目された（藤沢 一九八一：一四七－一五〇）。この『辻馬車』の出た翌年の一九二六年七月号には金作が「覗く」という短編小説を、八月号にはその金作の弟三男が「鰡つり」という短編小説を、同号に純太郎の弟石濱敬次郎も一文を寄稿していることから、桓夫・敬次郎、金作・三男の両石濱家は当初は協力関係にあったことが分かる（石濱金作 一九二六、石濱三男 一九二六、石濱敬次郎 一九二六）。

菅忠雄　川端康成　石濱金作　中川与一　池谷信三郎

しかし、川端康成や横光利一や菊池寛たちが芥川龍之介にならってストイックな生活を送っていたことに比し（藤沢 一九八一：一六五－一六七）、金作は酒飲みであった。金作は菊池寛、直木三十五とともに銀座のバーを徘徊し、一九三〇年、菊池のひいきの女給と駆け落ちしたことを契機に文壇から離れ、一九三六年に菊池の斡旋で帝国馬匹協会会誌の主筆となった後は、戦後まで創作から遠ざかった（井上謙 一九六八）。

戦後、金作は文壇を離れた時期をこう回想している。

「あれはもう駄目だ。放っておくより仕方がない」と、私の十数年来の学生時代からの親友である川端康成は、道徳的に私の不しだらを苦々しく思って心で非難していた。私はもう文学も教職も妻も子も何もかも、はかなく、空々しくって、只無名の、巷間の庶民の生活に憧れた（石濱金作 一九五〇a：六十二）。……やはり私には若干の心の引け目があった。大袈裟に云えば、昔ならお手打ちである。主人の思い者を、主人がまだそれを手に入れぬうちに私が取ってしまったのである（石濱金作 一九五〇a：六十三）。……私がたつえに惹かれたのは、きっとその破滅への誘惑であったに違いない。破滅の神がたつえを通じて私を呼びにきたのである。たつえが私と菊池氏の間に立ち塞がり、横光利一、池谷信三郎が私に向かって忠告し、近藤柏次郎がその末路の模範を示し、川端康成が私を呪詛するのは、皆この破滅から私を救ってくれる爲の、人間的な温情だったのだろう。しかしとうとう私はそれに捕らえられた（石濱金作 一九五〇a：六十五）。

このような状態になった後、菊池寛をとりまく文壇の若手が石濱金作について言及しにくくなったことは想像に難くない。藤澤桓夫は一九二六（大正十五）年に東京帝国大学文学部国文科に入学し、一九三一年に卒業した後は肺病に罹患していたことから帰阪し、純太郎の屋敷に同居した。ちなみに、鐵郎の四男秀雄は桓夫とほぼ同時期に東京帝国大学経済学部に在籍していた。

藤澤桓夫が一九四一年に発表した小説『新雪』の主人公の青年のモデルはこの年東京帝国大学文学部美術史学科に入学した純太郎の長男恒夫（一九二三－二〇〇四）である（安岡 一九六六：一四）。石濱恒夫は自宅内にある藤澤桓夫の蔵書を通じて川端のファンとなり、大阪高校一年生だった一九四〇年に、母のつくったお重を新大阪のホテルに滞在する川端に届けた際に、川端と初対面した（茨木市立川端康成文学館 一九八九：二〇－二十一）。後に恒夫は川端康成の弟子となり、ノーベル文学賞を受賞するオスロの旅に同行したことはあまりにも有名である。

しかし、川端にとって石濱といえば一高時代からの友、金作であった。恒夫も以下の様に回想している。

また、兵隊に行く時、今、文学館にあるでしょ、日章旗に寄せ書きの。あれをもって川端さんのとこへお訪ねしたんです。

「ごめんください。石濱です」と言ったら、石濱金作さんとま違うてね、

「金作さーん」と川端さんがパッと出てきてね

「ああ、君ですか」と言ったのを覚えています。

石濱金作さんのご先祖は、淡路島の洲本で、僕とこもそうです。系図みたいなもん残ってませんが、きっとだったらご先祖が一緒で、遠い親戚なんでしょう。そういう親しみもあったんと違いますか（茨木市立川

端康成文学館 一九八九：二十三）

川端も

私の裏町好みの共犯者は、石濱金作氏であった。一高に入学すると直ぐから結ばれた石濱氏との交友は、全く共犯者といふ言葉しかないような深入りであった。書くこと多過ぎて書く気にもなれぬ。二身一体の因果者のやうに、相手が鼻につくことが自己嫌悪と同じに近い友人だった（川端 一九三四）

といい、当の金作も「一方は文壇の最高峰で、一方は文壇の浪人だが、でも二人は三十年来の友人であった」（石濱金作 一九五〇ｂ：六十二）と言うこれらの言葉は、石濱金作と川端康成の長い縁を示しており、それは桓夫や恒夫と川端の関係に先行するものとして銘記しておくべきであろう。

おわりに

以上、両石濱家の歴史を、関係する淡路人とともに幕末から終戦に至るまで概観してきた。要点をまとめると以下のようになる。

両石濱家は大正末期まで洲本の青蓮寺を菩提寺としていた。純太郎、祖父、父、子息恒夫の墓は現在も青蓮寺の後継寺院である遍照院に存在する。

両家ともに漢学の家との婚姻関係を築いた。一八九四年に石濱鐵郎が岡田鴨里の曾孫である岡田イマを娶った後、純太郎の父石濱豊蔵が一八九六年に日柳燕石の孫娘を娶り、一九〇二年に、純太郎の姉カツが漢学者藤澤黄坡に嫁いだ。

帝国大学指向について言えば、鴨里の養子岡田文平（一八八七）が設立されたばかりの東京帝国大学の漢文科入ったことを皮切りに、岡田秀夫（一九〇九）、石濱純太郎（一九一一）、大内兵衛（一九一三）、鐵郎・イマの子である石濱知行（一九二〇）、金作（一九二四）、秀雄（一九三一）三兄弟、純太郎の甥の藤澤桓夫（一九三二）、子息恒夫が、この順番で東京帝国大学を卒業した。つまり、純太郎本人も長男も甥も関西を拠点にしての活動で名をなしたにも拘わらず、東京大学を指向していることは注目すべきであろう。

藤澤桓夫は処女作を川端康成に認められて文壇にデビューし、石濱恒夫も川端康成を師と仰いでいた。そして、川端康成と石濱金作との一高以来の交友関係は恒夫と桓夫二人と川端の関係に先んじていた。

これらのことは、純太郎一家の行路選択にあたっては、徳右衛門系石濱家や岡田家が先行モデルとなって直接・間接に影響していた可能性を示唆していよう。

岡田鴨里の子孫は女系である上に、孫も婿も三代続いて夭折した。曾孫のイマがなした息子たちも、石濱知行は復職後まもなく肺病で歿したため、戦後も活躍した大内兵衛、向坂逸郎二大学者の影に隠れた。大正末期には石濱・川端と文壇でもてはやされた石濱金作も一九三〇年に文壇から離れ、人々の記憶から消えた。しかし、通観すれば彼らは尊皇攘夷運動、自由民権運動、マルクス思想研究、大正期の文壇などその時代その時代を象徴する時流が始まる時、その中心において活動していた人々であった。同郷の純太郎一家の先行モデルとしてだけではなく、淡路の知識人の先進性の具体例としても見るべきものがあるであろう。

参考文献

淡路古文書学習会編（一九九五）『淡路の近世文書』洲本市立淡路文化資料館
淡路資料館編（一九九四）『淡路三原町八木島田家文書』平成六年第一集
池内輝雄（二〇〇四）『時事新報目録文芸篇大正期』八木書店
石濱金作（一九二六）「覗く」『辻馬車』17：一一－七
石濱金作（一九五〇ａ）「青春行状記――人間・菊池寛」『改造文芸』2（5）：五十二－六十六
石濱金作（一九五〇ｂ）「無常迅速――青春修行記」『文藝読物』9（5）：六十二－八十五
石濱敬次郎（一九二六）「Adonis s'assourdit」『辻馬車』17：二十五－二十八
石濱恒夫ほか（一九七四）『川端康成：その人・その故郷』婦人と暮しの会出版局
石浜知行（一九四七）「僕の住宅問題」『商工人』時事通信社：三十一－三十四
石濱三男（一九二六）「鰡つり」『辻馬車』18：一－七
石濱裕美子（二〇一六）「神奈川県立歴史博物館蔵「岡田鴨里関連文書」」『史観』175：一一六－一四三
井上謙・保昌正夫作製（一九六八）「石濱金作年譜　改訂」『日本現代文學全集67　新覺感派文學集』講談社：四四一－四四三
茨木市立川端康成文学館（一九八九）『川端康成その人と故郷』茨木市教育委員会
大内兵衛（一九五五）『私の履歴書』河出新書
大内兵衛（一九六九）『忘れえぬ人』角川選書
大隈重信（一九一三）『開国大勢史』早稲田大学出版部
大庭脩（一九九四）「石濱純太郎」江上波夫編『東洋学の系譜』大修館書店：一五一－一六一

岡田鴨里（一八七六）『蜂須賀家記』東洋社
「岡田鴨里関連文書」神奈川県立歴史博物館所蔵。（Cf.石濱裕美子 二〇一六）
『岡田周輔　成立書幷系圖』徳島大学付属図書館蔵データ番号：HC00002979
鹿島秀麿（一九九一）『行路の灯』日本編集社
片山嘉一郎編（一九二九－三二）『淡路之誇』実業之淡路社
川端康成（一九三四）「文学的自叙伝」『新潮』五月号
菊川兼男（一九六六）『西淡町風土記』西淡町教育委員会
慶應義塾編（一九二四）『慶應義塾々員名簿』慶應義塾
慶應義塾福澤研究センター編（一九八九）『福澤関係文書 福澤諭吉と慶應義塾』［マイクロ資料］雄松堂書店
新聞研究所『日本新聞年鑑』
洲本市立淡路文化史料館編（一九九八）『淡路文化史料館収蔵史料目録第十五集　津名町旧王子村庄屋砂川文書』
洲本市史編纂委員会編（一九七四）『洲本市史』洲本市
高見沢恵子（一九九六）「石濱金作の歩み」『淵叢』5
武田清市（一九八九）『近世淡路史考』近代文藝社
東京大学三学部編（一八八四）『東京大学法理文三学部一覧』丸屋善七
東京帝国大学編（一九三三）『東京帝国大学卒業生氏名録』丸善
徳島県立文書館編（二〇〇一）『阿波の自由民権運動』徳島県立文書館
新見貫次（一九六六a）「淡路の新聞と新聞人」『兵庫史学』43：十八－二〇
新見貫次（一九六六b）『岡田鴨里』兵庫県教育委員会他
新見貫次（一九七〇）『淡路史』のじぎく文庫
西松五郎（一九七九）「『神戸又新日報』略史」『歴史と神戸』18：二－四〇
平田真玄管理（一八八六）『淡路國津名郡川傍町　青蓮寺墓石簿』遍照院所蔵
藤沢桓夫（一九八一）『大阪自叙伝』中公文庫
安岡章太郎（一九六六）『良友・悪友』新潮社

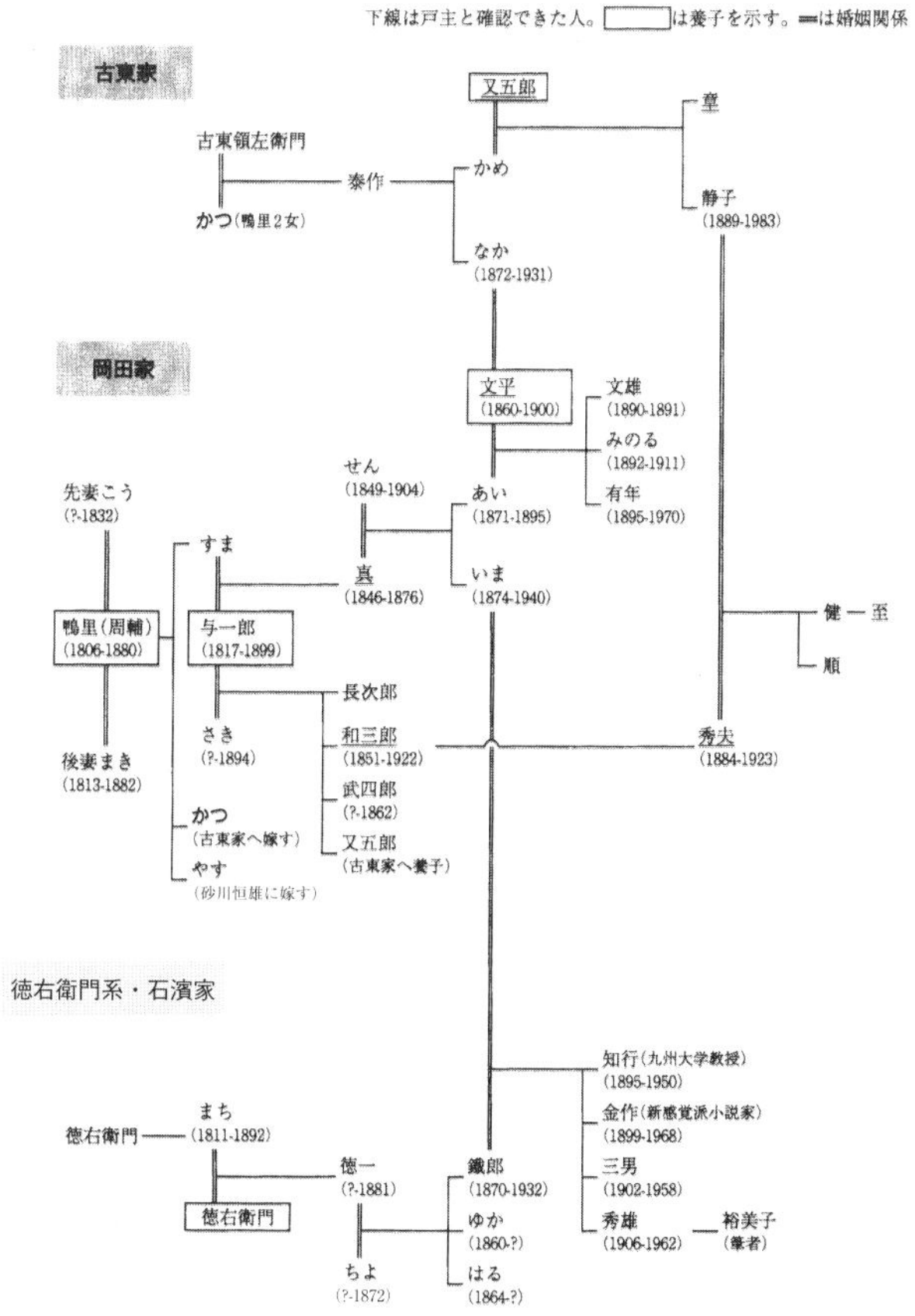
下線は戸主と確認できた人。　は養子を示す。＝は婚姻関係
古東家
又五郎
章
古東領左衛門
泰作
かめ
かつ（鴨里2女）
静子
(1889-1983)
なか
(1872-1931)
岡田家
文平
(1860-1900)
文雄
(1890-1891)
みのる
(1892-1911)
せん
(1849-1904)
あい
(1871-1895)
有年
(1895-1970)
先妻こう
(?-1832)
すま
真
(1846-1876)
いま
(1874-1940)
鴨里（周輔）
(1806-1880)
与一郎
(1817-1899)
健
至
順
長次郎
さき
(?-1894)
和三郎
(1851-1922)
秀夫
(1884-1923)
後妻まき
(1813-1882)
武四郎
(?-1862)
かつ
(古東家へ嫁す)
又五郎
(古東家へ養子)
やす
(砂川恒雄に嫁す)
徳右衛門系・石濱家
知行（九州大学教授）
(1895-1950)
金作（新感覚派小説家）
(1899-1968)
まち
徳右衛門
(1811-1892)
三男
(1902-1958)
徳一
(?-1881)
鐵郎
(1870-1932)
徳右衛門
ゆか
(1860-?)
秀雄
(1906-1962)
裕美子
(筆者)
ちよ
(?-1872)
はる
(1864-?)

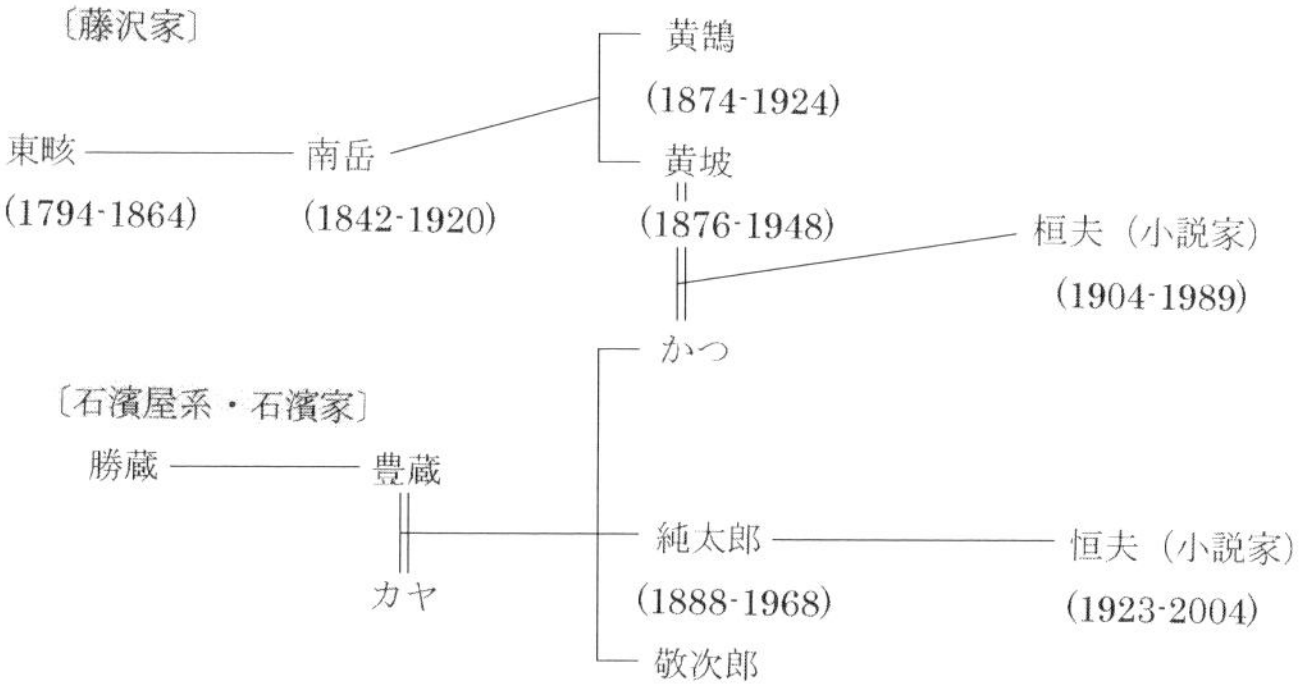
〔藤沢家〕
黄鵠
(1874-1924)
東畡
(1794-1864)
南岳
(1842-1920)
黄坡
(1876-1948)
桓夫（小説家）
(1904-1989)
かつ
〔石濱屋系・石濱家〕
勝蔵
豊蔵
純太郎
(1888-1968)
恒夫（小説家）
(1923-2004)
カヤ
敬次郎

		全国の動き	淡路の動き	岡田家と徳右衛門系の動き	藤澤家と石濱屋系の動き
一七九四					藤澤東畡、高松藩に生誕。
一八〇六				岡田鴨里、阿波藩淡路島に生誕。	
一八二五					藤澤東畡、大阪に泊園塾を開く。
一八二六		頼山陽『日本外史』上梓。			
一八二八				岡田鴨里、京都において頼山陽に師事する。	
一八三二		頼山陽、没。		山陽没。鴨里に『日本外史』の補編を書くことを託す（『日本外史補』序）。	
一八五〇				岡田鴨里『日本外史補』を板倉甘雨に献ず。並びに『名節録』を著す。	
一八五一			藤本鉄石来淡。		
一八五三		ペリー来航			
一八五五			頼頼三樹三郎来淡。		
一八五六			三木善八、生誕。		
一八六〇		三月　桜田門外の変	稲田植誠、一五代洲本城代に。	岡田鴨里、中小姓格にとりたてられ、洲本学問処の御儒者に任ぜられる。	
一八六一		ロシア船が二回、紀州より由良に入港（洲本市史）・七月第一次東禅寺事件。			
一八六二		・五月　第二次東禅寺事件。・八月　薩英戦争。・九月生麦事件・アーネスト・サトウ横浜に着任。			
一八六三		五月　下関戦争	天誅組の變		

一八六四		八月　禁門の変	稲田植誠、禁門の変に際し皇居を守護し、長州征伐に従軍。	・岡田鴨里、「五倫の説」を記す。・岡田鴨里の女婿の古東領左衛門が天誅組の變に連座して獄死。	藤澤東畡、没。
一八六五			稲田邦植、第一六代洲本城代に。		藤澤南岳、家督を継ぐ。
一八六六			・阿倍喜平、私塾積小軒を開く。・森田節斉来淡。	岡田鴨里「草莽私記」完成。	
一九六七		十一月　大政奉還			
一八六八	明治元年	・志士の名誉回復に霊山護国神社建設。・戊辰戦争（〜一八六九）	・小室信夫、徳島藩士に取り立てられる。	岡田鴨里、徳島藩の参政に、嫡孫岡田真は洲本文学教授に任ぜられる。・真が家督を継ぐ。	
一八六九	明治二年		版籍奉還により阿波、淡路が徳島藩に、蜂須賀茂韶が徳島藩主になる。	岡田真、長崎、薩摩を探索。	
一八七〇	明治三年		庚午事変勃発。	岡田鴨里、庚午事変を未然に防ごうとするも果たせず。徳島藩の参政の職を辞す。石濱鐵郎生誕。	
一八七一	明治四年		稲田家家臣団、北海道へ移住。・廃藩置県により徳島藩は徳島県に。一一月名東県に。	岡田真、徳島県の権大属に任ぜらる。	
一八七二	明治五年		『郵便報知新聞』創刊。	・岡田鴨里、『蜂須賀家記』を脱稿。・岡田真、名東県の権典事に任ぜらる。・砂川藍谷没。	
一八七三	明治六年		稲田邦植、北海道静内に移住。	岡田真辞職、東京へ遊学。	藤澤南岳、泊園書院を大阪に再興。

一八七四	明治七年	一月板垣退助が「民選議員設立建白書」を提出。四月、土佐に立志社を創立。	八月、阿波に自助社設立。鹿島秀麿、慶應義塾入学。	・岡田鴨里、『草莽私記』の序文を記す。・岡田真、阿波自助社の発起人の一人に。	藤澤南岳長子、黄鵠生誕。
一八七五	明治八年	四月　漸次立憲体制樹立の詔	四月、自助社が「通諭書」を発行。七月、自助社が徳島慶應義塾を徳島に誘致。		
一八七六	明治九年	西南戦争	一一月、通諭書事件により、徳島慶應義塾大学閉鎖。	岡田真、東京にて客死。海禅寺塔頭智光院に葬られる。	
一八七七	明治十年	四月十二日、東京大学創設。	阿倍喜平が『淡路新聞』創刊。門下に三木善八、鹿島秀麿。		
一八七八	明治十一年		九月、阿波自助社、閉社。	岡田鴨里、掃部村に帰郷。	
一八七九	明治十二年		五月、徳島立志社、設立。		
一八八〇	明治十三年		十二月、交詢社系新聞『神戸新報』創刊（鹿島秀麿が主幹、三木が代表）	・岡田鴨里、掃部村で没。・鴨里の女婿、岡田文平が家督を継ぐ。	
一八八一	明治十四年	明治十四年の政変により大隈重信下野。	矢野龍渓は大隈重信と図り郵便報知を買収、同紙は立憲改進党の機関誌に。	・石濱鐵郎、父徳一の死を受けて家督を継ぐ。・真の遺体が掃部村の鴨里の隣に改葬される。	
一八八二	明治十五年	東京大学に古典講習科設置。・立憲改進党が結党。	福沢諭吉により『時事新報』創刊。		
一八八三	明治十六年		五月、徳島立憲改進党、結党。	岡田文平、帝国文化大学古典講習科漢書課乙部へ入学。	
一八八四	明治十七年		『神戸新報』を吸収して『神戸又新日報』創刊（社主鹿島秀麿、三木善八営業部長。）。		
一八八六	明治一九年	帝国大学令公布	三木善八、社長矢野龍渓にまねかれ郵便報知新聞社に入社		

一八八七	明治二〇年			岡田文平、同課を卒業。	石濱純太郎、豊蔵の長子として生誕。
一八八八	明治二一年	大隈重信外務大臣に。			石濱豊蔵、丸石商会創業。
一八八九	明治二二年	大日本国憲法が公布。		石濱鐵郎、慶應義塾、別科入学。	
一八九〇	明治二三年	第一回衆議院選挙	鹿島秀麿、衆議院議員に。	・岡田文平、第二高等中学校助教授に任ぜられる。・石濱鐵郎、慶應義塾卒業。	
一八九一	明治二四年			岡田文平、同校教授に昇進。	
一八九四	明治二七年	日清戦争（～一八九五年）	三木、社主となり『報知新聞』と改題し大衆化する。	岡田眞の次女イマが石濱鐵郎に嫁す。	
一八九五	明治二八年			石濱鐵郎とイマの間に知行生誕。	石濱純太郎の生母没し、日柳燕石の孫娘が後母となる。
一八九七	明治三〇年	京都帝国大学の創設に伴い、帝国大学を東京帝国大学と改称し、文学部は文化大学（～一九一九）と呼ばれる。		岡田文平、病により同校を辞職。	石濱豊蔵、純太郎を泊園書院に入学させる。
一八九八	明治三一年	大隈第一次内閣			
一八九九	明治三二年			石濱鐵郎、イマの間に金作生誕。	
一九〇〇	明治三三年			岡田文平、没。鐵郎、卒業生名簿で時事新報社員となる。	
一九〇一	明治三四年	福沢諭吉、没。			
一九〇二	明治三五年		永田秀次郎洲本中学校校長になる。		石濱純太郎の姉カツが藤澤黄坡に嫁す。
一九〇四	明治三七年	日露戦争（～一九〇五）		真の妻セン没。	藤澤桓夫、生誕。

一九〇八	明治四一年		三木善八『東京毎日新聞』を買収。		・石濱純太郎、東京帝国大学文科支那文学科入学。・藤澤黄鵠、衆議院議員に当選。
一九一〇	明治四三年	韓国併合		岡田秀夫、東京帝国大学文科卒業。	石濱豊蔵、没。
一九一一	明治四四年		大内兵衛、東京大学法学士経済科入学。		・石濱純太郎、東京大学文科支那文学専修卒業、家業を継ぐ。・藤澤黄鵠、「南北朝正閏問題」をめぐり議員辞職。
一九一三	大正二年		大内兵衛、東京大学法学士経済科卒、大蔵官僚に。		
一九一四	大正三年	第一次世界大戦（～一九一八年）、第二次大隈内閣（～一九一四）		岡田秀夫、札幌帝国農科大学講師に。	
一九一五	大正四年		阿倍喜平、没。	岡田鴨里、大正天皇即位にあたり従五位を追贈。	
一九一六	大正五年			岡田秀夫、廣島高等師範學校講師に。	
一九一七	大正六年			川端康成、石濱金作一高において出会う。	
一九一八	大正七年			岡田秀夫、同校の教授に昇任。	
一九一九	大正八年	文化大学、東京帝国大学文学部へと改称。	大内兵衛、新設の東京帝国大経済学部助教授に着任。		
一九二〇	大正九年		大内兵衛、森戸事件に連座して大学を免官。	・石濱金作、川端康成、東京帝大英文科に入学。第六次「新思潮」を発刊。・石濱知行東京帝国大学法学士政治学科卒。	藤澤南岳、没。

一九二一	大正十年			石濱金作、川端康成らと第六次『新思潮』を創刊。	
一九二二	大正十一年	大隈重信が死去。・関東大震災。		三月　岡田秀夫、父の死に伴い家督を相続。・石濱鐵郎、報知新聞社に移り用度部長職に。	石濱純太郎、大阪外国語学校蒙古語部へ入学。
一九二三	大正十二年		大内兵衛、同校に復職。	岡田秀夫、北京にて客死。菊池寛『文藝春秋』創刊、金作は「新思潮」同人四名とともに編集同人に加えられる。	石濱純太郎、長子恒夫誕生。
一九二四	大正十三年		三木善八、社主を退き顧問に。	・石濱金作帝大卒業。・十月『文藝時代』発刊。	石濱純太郎、内藤湖南と生涯唯一の外遊。
一九二五	大正十四年	治安維持法、普通選挙法成立			三月、藤澤桓夫、同人『辻馬車』で文壇デビュー
一九二六	大正十五年／昭和元年			石濱金作、三男ともに辻馬車に寄稿	藤澤桓夫、東京帝大文学部英文科入学。
一九二七	昭和二年			石濱鐵郎、報知新聞会計局に在籍。	
一九二八	昭和三年	三・一五事件。		石濱知行、三・一五事件で向坂逸郎とともに九州大学を辞職。	
一九三〇	昭和五年			金作、文壇から離れる。	
一九三一	昭和六年	満州事変		・石濱秀雄、東京帝国大学経済学部卒。・石濱鐵郎没。	藤澤桓夫、東京帝国大学文学部卒。肺病に罹患し帰阪。
一九三二	昭和七年	五・一五事件	鹿島秀麿、没。『報知新聞』講談社に買収される。		
一九三六	昭和十一年	二・二六事件	『時事新報』、『東京日日新聞』に合併され廃刊	・川端康成、文化公論社より「文学界」を創刊・金作、戦後まで創作から遠ざかる。	丸石製薬株式会社設立、

一九四〇	昭和十五年			石濱イマ没。	純太郎『富永仲基』著。・石濱恒夫が川端康成と初対面。
一九四一	昭和十六年	太平洋戦争（〜一九四五年）			石濱恒夫、東京帝国大学文学部美術史学科入学。・藤澤桓夫が『新雪』発表。
一九四二	昭和十七年		『報知新聞』が読売新聞に合併。		純太郎『浪華儒林伝』著。
一九四三	昭和一八年				純太郎『東洋学の話』著。
一九四五	昭和二〇年	終戦		大内兵衛、石濱知行名誉回復。	

注

（1）平田真玄　一八八六。管理者不詳その他で石濱屋、徳右衛門どちらのグループに属するか不明な墓主も三名いる。

（2）淡路古文書学習会編：三十七－三十八。仲野安雄については菊川　一九六六：一一一－一一九　参照。

（3）この他にも一八四九（嘉永二）年十月十日また、安政年間3月20日の書簡にも、徳右衛門の名前が確認できる（洲本市立淡路文化史料館一九九八：No. 36-4, No. 37-24, No. 40-25, No. 46-14, No. 52-31）。

（4）屋敷所在地ならびに登記簿の確認に際しては益習の集いの三宅玉峰会長にお骨折りいただいた。ここに謝意を表したい。また、同会の高田知幸事務局長には淡路の江戸期、新聞史関連の論文を蒐集する際、多くのご協力と御助言を戴いた。深謝したい。

（5）石濱鐵郎が管理する墓石の中に文政八年［一八二五］四月二十二日になくなった石濱半兵衛（戒名：真光童子）という名の者がいることも二家の関係を暗示している。

（6）八幡エコンスチール株式会社発行、昭和三十七年六月二十五日『ニュースエコン』号外社長追悼号。知行と金作の事績については後述する。

（7）四代の詳細な年譜は石濱裕美子　二九一六参照。岡田鴨里関連文書の目録は石濱裕美子　二〇一六：一二八－一四一に掲載されている。概要としてはA～E群が岡田鴨里の著作とその資料群、G群が真、H群が文平、I群が秀夫の著作群であり、L群の雑物、Ⅱの追加にも鴨里以後の岡田家の動向を示す文書類が含まれている。
（8）鴨里の生家である砂川家は兵庫県淡路市王子五七四に現存する。岡田家は藩より御銀主の身分をもらった豪商であった（岡田周輔成立書）。
（9）以上は『日本外史補』の序文に基づく。外史補の自筆の草稿、完成稿は岡田鴨里関連文書B群、使用した資料類はC群である。
（10）「岡田周輔成立書」によると、鴨里が中小姓格となって独立した後、岡田家の家督は長女の婿、与一郎に譲られた。同成立書は岡田家の由来、鴨里の二人の妻、三人の娘の嫁ぎ先、長女の婿であり養子の与一郎の実家などの情報も提供している。
（11）一例として岡田鴨里関連文書K. No. 804の頼三樹三郎の軸装書簡が挙げられる。
（12）天誅組の挙兵の二ヶ月前の六月、鴨里は「五倫の説」を記している（岡田鴨里関連文書No. 290）。古東領左衛門についての菊川　一九六六：一二〇－一二七参照
（13）京都大学附属図書館谷村文庫に木戸孝允の蔵書印「長門桂氏図書之記」の捺された『日本外史補』と『名節録』が所蔵されている。
（14）岡田鴨里関連文書A群は『蜂須賀家記』の未定稿と資料類である。
（15）カツは鴨里の実家砂川家に、ヤスは前述のごとく津井村の庄屋古東領左衛門に嫁いだ。これら三家と鴨里の子孫との関係については石濱（二〇一六）を参照。
（16）魚石（純太郎の雅号）「好治間事室藏書記」『泊園』五十五：一九四二年一月三十一日。本記事は吾妻重二教授にご教示賜った。謝意を表したい。
（17）真と純安の関係は鹿島秀麿　一九九一：二五三：洲本市史編纂委員会：六八四－六八五参照。庚午事変の檄文は岡田鴨里関連文書II. No. 768にも収録されている。
（18）官歴については岡田真墓誌に主に基づく。
（19）明治七年八月三日に結社の届け出をだしたのは賀川純一（賀川豊彦の父）、新居敦二郎、湯浅直通、藤本文策、岡田

直（真）、高井幸雄、井上高格七人である（明治七年九月十一日付『徳島新聞』）。

（20）奥井寒泉は藤森弘庵（一七九九－一八六二）門下の淡路の朱子学者であり、益習館の儒者篠崎小竹（一七八一－一八五一）の親友奥井中里（一七八四－一八四六）の子息である。古東又五郎と岡田家の関係については系図を参照。

（21）入社帳の記録では住所の後に「戸主士族」とあり、下宿先と思われる「芝区愛宕下八壱町目四番地　平井　断方」が記されている。卒業の記録は『明治二十三年卒業名簿』で確認できる（福沢関連資料 K5-A01-01）。

（22）明治二十九年の住所の典拠は『卒業生現在生　姓名録』（福沢関連文書 K5-A08-01）による。四国町の名はかつて四国大名の家臣の家が多かったためにこの名がついた。明治三十三年の情報の典拠は『慶應義塾塾員姓名録』（福沢関連文書 K5-A09-01）による。

執筆者・訳者一覧（掲載順）

石濱　俊造
吾妻　重二（関西大学文学部教授、泊園記念会会長）
高田　時雄（京都大学名誉教授、復旦大学歴史学系特聘教授）
キリル・ソローニン（中国人民大学国学院教授）
ジェレミー・ウッド（二松学舎大学東アジア学術総合研究所研究員）
劉　進宝（浙江大学歴史系教授兼主任）
畑野　吉則（奈良文化財研究所アソシエイトフェロー）
池尻　陽子（関西大学文学部准教授）
中見　立夫（東京外国語大学名誉教授）
生田美智子（大阪大学名誉教授）
玄　幸子（関西大学外国語学部教授）
横山俊一郎（関西大学文学部非常勤講師）
湯浅　邦弘（大阪大学文学研究科教授）
堤　一昭（大阪大学文学研究科教授）
陶　徳民（関西大学文学部教授）
中谷　伸生（関西大学文学部教授）
増田　周子（関西大学文学部教授）
大原　良通（神戸学院大学人文学部教授）
太田　剛（四国大学文学部教授）
石濱裕美子（早稲田大学教育・総合科学学術院教授）

関西大学東西学術研究所研究叢刊 59

東西学術研究と文化交渉

石濱純太郎没後 50 年記念国際シンポジウム論文集

2019 年 11 月 1 日　発行

編著者　吾　妻　重　二

発行者　関西大学東西学術研究所
〒564-8680　大阪府吹田市山手町 3-3-35

発行所　関　西　大　学　出　版　部
〒564-8680　大阪府吹田市山手町 3-3-35

印刷所　株式会社　遊　文　舎
〒532-0012　大阪府大阪市淀川区木川東 4-17-31

ISBN978-4-87354-708-4 C3021　落丁・乱丁はお取替えいたします。